第 26 辑

梅因：从身份到契约（下）

高鸿钧　鲁楠　主编

清华法治论衡

清华大学出版社
北京

内 容 简 介

英国著名法学家梅因在《古代法》这一名著中做出了一个著名论断:"所有进步社会的运动,到此处为止,是一个'从身份到契约'的运动"。这一论断极富洞见但也广受争议。本书是"梅因:从身份到契约"专号下辑,围绕这一著名论断,研究并讨论了梅因的比较历史法学思想,及其在人类社会不同法律传统中的体现。本书不仅适合从事法理学、法史学领域专业学者阅读,而且适合民商法、国际法等部门法领域的专家参考。

本辑执行编辑 陈西西

图书在版编目(CIP)数据

清华法治论衡. 第 26 辑,梅因:从身份到契约(下)/高鸿钧,鲁楠主编. —北京:清华大学出版社,2018
ISBN 978-7-302-50938-7

Ⅰ. ①清… Ⅱ. ①高… ②鲁… Ⅲ. ①法治—文集 Ⅳ. ①D902-53

中国版本图书馆 CIP 数据核字(2018)第 190442 号

责任编辑:袁 帅
封面设计:傅瑞学
责任校对:王荣静
责任印制:李红英

出版发行:清华大学出版社
      网 址:http://www.tup.com.cn,http://www.wqbook.com
      地 址:北京清华大学学研大厦 A 座 邮 编:100084
      社 总 机:010-62770175 邮 购:010-62786544
      投稿与读者服务:010-62776969,c-service@tup.tsinghua.edu.cn
      质量反馈:010-62772015,zhiliang@tup.tsinghua.edu.cn
印 装 者:三河市金元印装有限公司
经 销:全国新华书店
开 本:155mm×230mm 印张:27.5 插页:1 字 数:379 千字
版 次:2018 年 10 月第 1 版 印 次:2018 年 10 月第 1 次印刷
定 价:72.00 元

产品编号:080876-01

目录

卷首语

历史比较法学的重生 ……………………………… 鲁　楠　（1）

主题文章

历史和理念之间

——梅因的自然法批判再解读 ……………… 叶开儒　（5）

法的历史比较方法及其反思：以梅因为中心

的考察 ……………………………………… 李晓辉　（26）

仪式缘何受到如此重视？——以梅因《古代法》

为中心考察 ………………………………… 赵天宝　（55）

论关系契约理论的合理性与潜力 ………… 陈西西　（78）

梅因的法律发展理论及其批评 …………… 白舟舟　（98）

从祝福到"诅咒"？——印度嫁妆制度的

现代变异 …………………………………… 赵彩凤　（118）

从法经到法论：法律规范的析出与确立…… 陈王龙诗　（141）

法治纵论

从实践到理论：诉讼逮捕程序的维度

之辨 …………………………… 高　峰　唐益亮　（160）

论刑事诉讼的进程调控机制——关于刑事诉讼时间

问题的一种创新性探索 …………………… 郭　晶　（190）

农地信托中的监察人 ……………………… 于　霄　（227）

《摩诃婆罗多》中的法律 ……………………… 段鹏超 （255）

读书品茗
中世纪的罗马法文献及罗马法研究 ………… 苏彦新 （267）

域外法音
黑色盖尤斯——寻求西方法律传统之多重文化

渊源 ……… ［意］蒙纳特里著　周　静译　朱景文校 （278）

依旧求月？——为印度更好的正义创造机会 ………………

…………… ［英］沃纳·蒙斯基著　陈王龙诗译 （362）

印度法的现实主义观 ………………………………………

……… ［美］唐纳德·R. 小戴维斯著　鲁　楠译 （392）

编后记 …………………………………… 袁开宇 （429）

CONTENTS

FOREWORD

The Rebirth of Historical Comparative Law ········ Lu Nan　(1)

MAIN TOPIC

Between History and Concept: Re-interpretation of Maine's Natural
Law Criticism ···································· Ye Kairu　(5)

Historical Comparison Method of Law and Its Reflection: A Study
Focused on Maine ······························ Li Xiaohui　(26)

Why Is the Ceremony So Important? A Study Focused on Maine's
Ancient Law ································ Zhao Tianbao　(55)

On the Rationality and Potential of Relational Contract Theory ···
·· Chen Xixi　(78)

Maine's Theory of Legal Development and Its Criticism ············
·· Bai Ranran　(98)

From Blessing to "Curse"? — The Modern Variation of the Dowry
System in India ···························· Zhao Caifeng　(118)

From Dharmasūtra to Dharmaśāstra: Precipitation and Establish-
ment of Legal Norm ·············· Chen Wanglongshi　(141)

ARTICLES

From Practice to Theory: An Analysis on Arrests Procedure ······
·· Gao Feng, Tang Yiliang　(160)

On the Mechanism of Regulation and Control of Criminal Litigation
.... Guo Jing (190)

Supervisors in Farmland Trust .... Yu Xiao (227)

The Law in *Mahabharata* .... Duan Pengchao (255)

REVIEWS

Medieval Roman Law Documents and Roman Law Study ....
.... Su Yanxin (267)

TRANSLATIONS

Black Gaius: A Quest for the Multicultural Origins of the "Western
Legal Tradition" ... Molateri, trans. by Zhou Jing (278)

Still Asking for the Moon? Opening Windows of Opportunity for
Better Justice in India ....
... Werner Menski, trans. by Chen Wanglongshi (362)

A Realist View of Hindu Law ....
.... Donald R. Davis, Jr. , trans. by Lu Nan (392)

Editor's Notes .... Yuan Kaiyu (429)

卷首语

历史比较法学的重生

鲁　楠

　　英国著名法学家波洛克曾说:"历史方法并非法学或其他任一学科分支的专属财产。它是一种最新也最强大的工具,不仅对于道德科学与政治科学,对于大部分的自然科学也是如此,且它的影响范围正日增月涨。进化论学说无非是将历史研究的方法应用到自然界的事实上,历史研究的方法无非是将进化论学说应用到人类社会与制度上。"在 19 世纪,萨维尼、马克思、韦伯、梅因等思想家生活的年代,历史方法几乎是一种普遍的研究范式。而在法学中,对历史方法加以彻底贯彻者,梅因当属第一人,是英国历史法学的代表人物。

　　不仅如此,梅因还有意识地将比较方法运用于历史研究中,是比较法学的思想先驱。他的所有法史研究,都或隐或显在东西方之间往返比对,特别是在他心目中同属"雅利安"族系的古罗马与古印度社会之间加以比较,形成了独特的比较法传统,可谓历史比较法学。故梅因著名的"从身份到契约"论断,实扎根于历史研究与比较法学的结合。如果不看到这一点,我们将既无法评断并继承梅因的学术遗产,也难以领会梅因的良苦用心。

　　但令人遗憾的是,与德国历史法学的命运不同,梅因所代表的英

1

国历史法学,似乎并未枝繁叶茂。梅因既没有形成萨维尼那样的学统,似乎也没有对英国产生深远影响。直到今天,除了法人类学以外,正统法学家们除了像口头禅一般,称引"从身份到契约"的箴言,似乎将梅因遗忘在了法学史深处。这对于强调历史重要性的学者来说,近乎一种反讽。

为什么梅因会被有意识地遗忘? 我们今天重提梅因,是否还有意义?

梅因之所以长期遭到遗忘,或许有三个深层原因:一是在梅因身后,法律实证主义大行其道,吸引了法学家们的目光。在英国,法理学的正统被认为是奥斯丁以降的分析实证主义法学,这种研究更关注法律的技术之维,法律与政治的关系之维,却具有强烈的非历史性,逐步挤压了历史法学的生存空间,造成梅因思想的退场。二是梅因的比较法思想,以雅利安族系为潜在背景,难以涵盖更广泛的人类社会,且这种预设无法完全与种族主义、殖民主义切割,故而到了20世纪,受到西方左翼法学家们的批判。三是梅因用进化论的眼光看待人类历史,将东西方社会划成进步或静止二端,与当今学界风行的文化多元论相对立——如此反潮流,更兼"政治不正确",当然要被打入冷宫,别置另册,被视为"法律东方主义"的残渣余孽了。除此之外,英国学术自身的特点也是不可忽视的原因。与德国相比,英国人学术重精巧而轻体系,重个性而轻传承,同属历史法学,德国人萨维尼与英国人梅因相比,身前身后名声影响,恰成对比。

对此三点指责,笔者无意翻案,但欲为梅因略作辩解,或可为贤者提供反思之机。法律实证主义大兴,实与近代以来法律系统的成熟有关,从法律系统运作来讲,此趋势乃势所必至,理有固然。但从学术来讲,梅因的历史比较法学却能将视野延至深广,使法学跻身于文史哲的行列,而毫无愧色。诸君试想,19世纪的思想宗师,如马克思、韦伯、萨维尼等,焉有一人不诉诸历史探究与跨文明比较,以期发现人类社会运转之奥秘? 与此相反,倒是汲汲于律师攻防术、法律"雕刻"技巧的时髦"学问家",无法经受时间考验,其著作和其身体一样,化作尘土。今日学者批评梅因是进化论者,仿佛人文社会科学沾上"进化"二字,便是大谬。考诸历史,究其原因,固然有社会达尔文主义滥用的缘故。但看思想背景,不难发现,但凡社会剧变之时,进化思想较易萌发,承平安定之日,稳定思维较占主流。而梅因恰处资本主义社会剧变之时。他考察历史,探本寻根,以总结人类社会古今变化的原理,不亦宜乎?反观我们,将进化思想全盘否定,是否也是由于历史处境造成局限所致?例如,梅因认为,与古印度相比,古罗马社会属"进步"社会,由于法律较早甩脱宗教桎梏,迈向世俗,为从身份向契约的转变开路,这导致法律迎合社会发展,弥补二者裂隙的能力增强;而古代印度,其社会关系早为宗教所焊定,法律必须在僵死的宗教世界观中匍匐,导致自身变化有限,难于伸展,故无法为新的社会变迁开路。如今古罗马与古印度法的研究资料日丰,借此材料优势,反思梅因的论断,仍不可谓毫无道理。而若将法律故事,放诸政教关系之下省察,梅因的价值更形凸显。或有时下学人,将"东方主义"的高帽送与梅因,认为他是维多利亚时代英帝国主义的"御用学者"。但若体会梅因初衷,实情却似乎与此有差。梅因受历史语言学思潮影响,将罗马人与印度人视为同根同源,却由于极复杂之历史因缘,分道扬镳,形成不同传统,造成不同社会。恰如一家兄弟,分家单过,百千年后,兄家后代挟威势以临弟家后人,岂非历史悲剧?梅因深感历史之吊诡,命运之乖谬,法理之复杂,欲寻找原因,探明究竟,亦颇可理解。如今看来,雅利安神话未必可信,但各文明之发展分途,模式迥异,却是铁的事实。人类学或可不计较成败得失,以理解或审美眼光欣赏文化之多样;法学家却不得不计算后果,衡量结局,稍敛爱美之心、求善之意,而将文明竞争之结局考虑在内。故人类学家眼冷而心热,法学家眼热而心冷,此实乃宿命,不得不然也,悲夫!因此,若有学人能返身回顾,评定先贤,抱理解同情之心,稍抑轻薄讽刺之意,亦未为不可,当颔首称赞矣。

且吾以为,值21世纪,梅因及其历史比较法学,正当重生之机缘,故略陈管见,求教方家。

其一，如今全球化过程大为深入，"地球村"已然形成。法律不再仅是一家一姓、一方一域、一国一族之规范，而成关乎人类命运，执掌世界运转的系统。故而回到历史，吸纳各文明的传统，再造适应全球化的新法学，是当务之急。梅因的历史比较法学，恰可为此使命的完成，提供助力。

其二，科技革命大潮奔涌向前，人类社会又到飞速变革的历史关口。其时局激变，恰如梅因所处之 19 世纪，或有过之而无不及。当此之时，抚今追昔，重寻人类历史之脉络，借由回到过去而通向未来，不亦宜乎？梅因曾做"从身份到契约"的论断，那么契约之后，将又怎样？身份复归乎？契约升级乎？看互联网之扩张，区块链之涌现，若带入梅因旧说，似可帮助我们窥破天机，别发新声！

其三，中国固有尊重历史的传统，每逢大变，必回归历史，汲取经验。历史实乃中国人之史诗，中国人之宗教，其意义恰如印度人看待《摩诃婆罗多》，西方人看待《圣经》。因此，历史研究恰是中国人研究法学之正宗，惜乎过去的历史研究，多是整理国故，内求有余而外观不足。基于此，梅因或可于华夏找到思想知音？不仅如此，梅因思想深处，暗含现代史观。其力主法学应积极进步，法学家应奋发有为，人类社会应摆脱宗教、身份，乃至旧制度、旧伦理之束缚，借由反思历史，迈向自由之境，故品味梅因作品，貌似保守，实则激进。此对国人抱残守缺、尊王复古的痼疾，不失为一剂良药。且梅因思想，借比较方法而有扩大胸襟、消除我慢之作用，对击破国人天朝上国、文明中心以及其种种现代民族主义版本的妄想，也极富价值。

基于此，我们聚会诸贤，研读梅因作品，勒成专号两册，以作野芹之献。希冀同仁体会我等真心实意，正所谓嘤其鸣矣，求其友声，让我们共同呼吁历史比较法学的重生！

历史和理念之间
——梅因的自然法批判再解读

叶开儒[*]

一、引言：自然法的危机

在西方法律思想史中，自然法思想毫无疑问是贯穿古今并具有鲜明西方特色的一种观念。甚至毫不夸张地说，自然法的历史就是整个西方伦理学和法哲学的历史。当然，自然法的思想并非一成不变，它的内容在具体的历史情境中不断地被批判、吸纳和融合，从而具有鲜明的时代特点和历史使命。但是，尽管自然法思想在西方历史中几经沉沦，但是它在 19 世纪所遭遇的挑战无疑是空前绝后的。它不仅在哲学基础上面临来自存在主义者釜底抽薪的威胁，而且同时在实践哲学上面临历史主义的经验挑战。

对于前者而言，尼采无疑的最重要的批判者之一。他写道："自然法，一个迷信之词：当你们兴高采烈地谈到遵循自然法的时候，你们要么认为所有自然的事务都遵循它们自己施加给自己的法律（这

---

　　* 清华大学法学院 2017 级博士生。本文受到高鸿钧、鲁楠以及"法文化专题"课程的各位师友的启发和指点，在此表示感谢。当然，文责自负。

时你们是在赞颂自然的道德），要么是执迷于对一位制造出最精巧钟表的能工巧匠的想象，所有的生物都是这钟表上的饰物。借助'遵循法律'这一表达方式，自然中的必然性变得有了人情味儿，也有了神话幻梦的最后避难所。"①因而，在尼采看来，自然法并不具有客观性和普遍性，它不过是不同的人群借助法来道德化自然以及借助自然来客观化道德的一种人为虚构。进而，尼采试图对整个道德哲学进行颠覆，即无论是古典的形而上学传统、中世纪以来的神学传统还是自然法传统，最终不过是人的权力意志的体现。②

与此同时，来自实践哲学方面的批判则显得更为直接。这当中，作为历史法学的代表，梅因在其名著《自然法》中对自然法这一带有"先验主义"的理论进行了激烈的批判。如果说尼采从意志论的角度试图解构自然法的认识论根基，那么梅因则是运用详实的历史叙事将自然法的现实基础予以瓦解。不过，倘若从尼采的角度看，既然自然法学说是自然法学者的权力意志体现，那么历史法学本身也可看作梅因权力意志的产物。这意味历史法学所描述的历史并非是真实的历史发展进程，而是经过梅因的思想观念"裁剪"后的历史。由此，我们不禁要问，梅因对自然法的历史经验的解构是否成立？进一步来说，梅因对自然法的历史批判是否在逻辑上构成了对自然法理论的内在批评？要回答上述问题，我们首先要分析梅因对自然法的具体看法。

二、自然法：法律适用还是政治哲学？

梅因对自然法到底是一种什么态度？目前的研究从其历史法学的立场出发，显然认为梅因对自然法乃持一种批评的态度。③ 这一观

---

① Nietzsche Friedrich, *Menschliches*, *Allzumenschliches*, Berlin: Gruyter, 1988, p. 384.

② ［德］尼采：《权力意志》，张念东、凌素心译，北京，商务印书馆，1991。

③ 相关论述见［英］梅因：《古代法》，沈景一译，亚伦导言，北京，商务印书馆，1959；陈颐：《梅因历史法学方法论简述》，载《华东政法大学学报》，2007(5)，127～133 页。

点在《古代法》第一章开篇部分的论述中可以获得证成。梅因整本书的开头就阐述了其法律的历史方法路径，即由于早期的历史文件资料没有受到道德的、形而上学概念的影响，所以它远比后期资料更具有真实可靠价值，更有可能包含法律在后来表现自己的一切形式。因而，法学家进行调查研究的方法和物理学与生物学中所用的调查研究方法十分近似。于是，像"自然法"或"社会契约"这些看似可信的、内容丰富的概念，其实是未经历史证成的理论，它们的出现将会使人们"远离真理"。[①]

但是，正如前文所述，自然法作为一个几千年的理念，其每个时期都呈现不同的特点，发挥不一样的作用。如果笼统地说梅因对自然法持批判的态度，反而违背了梅因一直所坚持的历史研究方法。事实上，倘若我们仔细阅读《古代法》第三章和第四章，会发现梅因对自然法的历史进行了古典和现代的划分，前者主要讨论了罗马万民法对希腊自然法传统的吸纳以及衡平法的出现，后者则阐述了近代自然法学派对现代法权秩序的奠基和国际法的诞生所发挥的影响。对于前者，梅因没有持否定态度，反而将其视为处理法律的稳定性和灵活性关系的典范；而对于后者，梅因也并非将矛头指向现代自然法的全部，而是对其中的核心概念"自然状态"进行了批判。

（一）古典世界的自然法：成就罗马法的伟大

在《论李维》中，马基雅维利对共和国的类型区分为两种，一种是希望成为帝国的共和国：罗马；另一种是只想维持自身的共和国：斯巴达和威尼斯。[②] 对于后一种共和国来说，斯巴达和威尼斯都将其政治力量交给了贵族，同时，斯巴达严格控制了公民的数量，威尼斯则不将平民组织成军队，战争时只用雇佣兵。由此，他们的共和国是没有纷争的，但也是没法扩张的。但是，对于志在建立广阔疆域的帝国来说，只有罗马共和国的政治形态方能实现。

---

① ［英］梅因：《古代法》，2 页。

② ［意］马基雅维利：《论李维》，冯克利译，59 页，上海，上海世纪出版集团，2005。

　　与封闭性的希腊和中世纪不同,罗马从诞生之日起就因为统治与发展的需要而成为一个同质性和封闭性较弱的共同体。在罗马诞生的神话中,很关键的一个情节就是罗马人劫夺萨宾妇女,为罗马生养后嗣。而且随着共和国的对外扩张以及帝国的逐步形成,罗马人也通过将不充分的公民权逐渐向盟友及被占领地居民开放完成周边领地的罗马化进程。① 因此,无论在共和国时期还是帝国时期,如何正确处理好内外关系,始终是罗马统治的重要环节。换句话说,无论是在平民和贵族之间、还是在罗马公民和外邦人之间,罗马内部一直蕴藏冲突和张力,但这种张力却给共同体内部注入了源源不断的革新动力。马基雅维利指出,这一内在的张力恰恰造就了伟大的罗马帝国。②

　　如果说马基雅维利从政体和社会结构上为罗马的伟大提供注解,梅因则从法律角度阐释了罗马的历史遗产。梅因认为,古代世界公民之间的结合主要是依靠血缘这一自然关系为基础,因而早期罗马在“宪令”和“市民法”中都强制排除外邦人。然而,法律的规定必须适应统治和民事关系发展的需要。一方面,商业关系的发展使得罗马人与外邦人的交往日益频繁;另一方面,古代社会的脆弱性使得罗马人必须正确处理好内外关系,否则随意诉诸武力只会加剧共同体颠覆的危险。③ 因此,法律作为一种温和的手段,必然需要对此发挥应有的作用。于是,罗马法学家将古意大利各部落习惯的共同要素进行归纳整合,创造了一种适用于所有国家的共同法律,这就是

---

　　① 公民权实际上是非常重要的外交和政治措施。拉丁公民权的扩展就是这一工具应用的充分展示。公元前 90 年的《关于授予拉丁公民罗马公民权的尤里乌斯法》(*Lex Iulia de Civitate Latinis Danda*)即是重要的文案。这一做法也被认为是罗马人取得莫大成功的重要原因之一。这一扩展的终点是卡拉卡拉皇帝 212 年颁布的《安东尼敕令》(*Constitutio Antoniniana*),该法令授予所有罗马境内的成年男性以罗马公民权(*Cives Romani optimo Iure*),成年女性以相应的公民权。

　　② [意]马基雅维利:《论李维》,64 页。

　　③ [英]梅因:《古代法》,33 页。

"万民法"。①

可见,与帝国的扩张一样,万民法的诞生也是"必然性"驱使。②万民法并非一开始就受到罗马法学家的重视。万民法的产生,一是由于他们轻视所有的外国法律;二是由于他们不愿意以其本土的"市民法"的利益给予外国人。但是,随着希腊的"自然法"理论被引入罗马万民法实践,万民法就不再是市民法的一个"卑贱的附属物",而成为伟大的法律典范。于是,梅因才会说:"我找不出任何理由,为什么罗马法律会优于印度法律,假使不是自然法的理论给了它一种与众不同的优秀典型。"③

值得注意的是,梅因在此所说的自然法是指斯多葛学派所阐述的自然法。在芝诺及其追随者看来,"自然"不是严格意义上的自然物质世界,而是某种和谐的秩序;不仅是事物的秩序,也是人的理性。人的理性是自然的一部分,理性支配宇宙,因而人作为宇宙的一部分也受理性的支配。理性是适用于所有的人并使所有的人能够平等地、协调地生活在一起的支配原则。因此,按照理性生活就是自然地生活。自然法就是理性法,它构成了现实法和正义的基础。在希腊被征服后,这种哲学在罗马社会中立刻有了长足的发展,即这种观念渗透罗马社会,对罗马法产生了深远的影响。古希腊自然法思想对罗马法的影响不在于"法律条文的数目",而是在于"伟大的(虽然是模糊的)教人抑制情欲的一些原则中",即影响罗马法的一些基本原则。④

当然,理念最终要转化为现实规范,还需要通过某种中介,这就是"衡平"。与希腊的"衡平"追求公民内部的平等不同,罗马人的"衡平"是把民事法律以外的一种法律适用于不一定由公民组成的阶级,

---

① [英]梅因:《古代法》,33 页。

② "许多事情纵使没有理性的引导,却有必然性促使你完成,所以,即使共和国的制度能使它不事扩张,却有必然性促使其扩张,这会逐渐毁坏它的基础,使它很快覆灭。"[意]马基雅维利:《论李维》,64 页。

③ [英]梅因:《古代法》,52 页。

④ 同上书,38 页。

尤其是外邦人。因此,罗马的衡平法,主要源自于裁判官法,涉及罗马市民和外国人以及外国人和外国人的案件,由外事裁判官处理。外事裁判官根据万民法发布告示,以代替市民法。不过,这种用裁判官告示的方式改进法律必然遇到很多障碍。例如,裁判官要克服罗马人的偏见,因为罗马市民法根深蒂固,而且单纯的哲学很少能影响罗马法。而只有自然法这一带有普世性的观念进入罗马后,罗马的形式主义才逐渐消除,万民法才得以进一步发展。

不过,尽管自然法蕴含自然正当的普世主义内涵,但并不意味着自然法就可以取代现存法律。梅因强调,"在民事法律还没有被废除以前,自然法却不能把它们取而代之",因此,它的职能是"补救性的,而不是革命性的或无政府状态的"。① 这一做法使得罗马超越了早期社会法律发展的两个陷阱。在梅因看来,在早期社会,法律和社会的结合存在两种特殊的危险,一是法律可能发展得太快,二是原始法律的僵硬性阻碍了人类的进步。前者的代表是希腊,后者的代表是印度。希腊由于过于重视崇高理念下的实质正义,却忽略了法律规则本应带来的形式性和稳定性,最终不仅导致法律与事实的混淆,而且使得法律的萌芽无法生长。在印度,宗教的过于强盛使得法律从一开始就被束缚在原始的宗教观念中,从而趋向于僵硬。而只有罗马同时兼顾了法律的稳定性和进步性,从而造就了罗马法学称赞为"文雅之物"的罗马法。②

由此可见,自然法通过裁判官的努力最终内化为罗马处理内外关系的法律工具。古罗马的法权观念强调法律所确保的稳定社会关系中的正当诉求,当面对外邦人这一新的诉讼主体出现时,倘若罗马人无法对他们的正当诉求予以回应和处理,那么这种对于自己"应得的部分"的权利诉求本身就有可能变成霍布斯和洛克所说的"自然权利",最终形成一股颠覆罗马社会的革命性力量。正如西塞罗所言,

---

① [英]梅因:《古代法》,52 页。
② 同上书,51～53 页。

一旦发生内乱或战争,法律无法确保稳定的社会秩序和公正的纠纷解决,个人诉诸暴力以执行自己所理解的正义也是"自然的"。① 但罗马人创造性地运用"衡平"手段,将具有革命潜质的自然法转化为改革法律僵硬性的动因,最终实现了纠纷的化解和法律的进步。

与此同时,自然法观念所宣示的理性、平等、自由正义的价值,充分体现了其对个人权利的尊重,使它能够成为推动罗马法走出狭隘的城邦的特别法的范围,成为当时欧洲世界共同法的重要动力。正如梅因所言:"罗马自然法和市民法主要不同之处在于它对个人的重视,它对人类文明所作最大贡献就在于把个人从古代社会的权威中解放出来。"②因此,自然法不仅成就了罗马法的经典,也成就了罗马帝国的伟大。

(二)现代自然法:新的政治哲学

按照梅因的叙述,自然法到了现代发生了根本性的改变,它不再以现存法作为依托,也不再是调和现存法缺陷的方式,而是成为颠覆传统秩序的革命性力量。事实上,自然法作为一个整合国家的方式在近代依然存在。从法律适用角度来看,法国可分为南部的成文法区域和北部的习惯法区域,前者承认成为的罗马法为其法律基础,后者只在它能提供一般表现形式或他能给提供同当地惯例相一致的法律推理方法时才加以采用。"在习惯法区域,就其习惯的性质而言,省与省之间不同,郡与郡之间、市与市之间又不同;在成文法区域,掩盖在罗马法上面的封建规则,其层次组成亦非常复杂。"③因此,要调和这些矛盾,只能运用自然法这一普世性的法律以实现国家法律的统一。"自然法可以说已成为法国的普通法,或者无论如何,承认它的尊严和要求已成为所有法国法律实务者一致同意的一个哲理。"④

---

① Cicero, Marcus Tullius, *Speech on Behalf of Publius Sestius*, ed. and trans. by R. A. Kaster, Oxford: Oxford University Press, 2006, pp. 91~92.
② [英]梅因:《古代法》,167 页。
③ 同上书,56 页。
④ [英]梅因:《古代法》,57 页。

可见,梅因对自然法在现代国家整合中发挥的积极作用还是予以肯定的。

但是,近代国家的权威塑造仅仅依靠法律上的统一是不能完成的,必须在政治哲学层面为其奠定逻辑基础。为此,近代的自然法学者引入了"自然状态"这一核心概念作为自然法的基础,从而改变了自然法在历史上的命运。虽然"自然状态"具体呈现的形态不太一样,但是作为一种前政治状态,它都设想一种人在原初意义上的主体形态。而政治国家的权力则必须以个体的自然权利为前提,其权威的塑造也必须以个体间的集体同意为基础。因而,它从根本上改变了古典自然法以"自然正当"为前提的政治哲学,从而将个体的"自然权利"推上了神坛。① 由此,传统以血缘和神学为纽带的政治权威,此刻都必须服从于个体的神圣权利,从而在根基上颠覆了传统社会权威根基。这一理念的出现无疑是革命性的,其最终的结果就是将上帝和贵族的权威摧毁,让"人民"成为现代世界的"新神"。

然而,这一革命性的后果是在梅因这是不可接受的。在梅因看来,现代的"自然法"假说不再是罗马法中指导实际的一种理论,而是"纯理论信仰的一种信条"。这种信条产生了或强烈地刺激了当时几乎普遍存在的智力上的恶习,如对现实法的蔑视、对经验的不耐烦,以及先天的优先于一切其他理性等。"这种哲学紧紧地掌握住了那些比较思想得少、同时又不善于观察的人,它的发展趋势也就比例地成为明显的无政府状态"。② 在此,梅因把矛头集中对准了卢梭,认为他将自然法状态描述为一个具有完美秩序的社会。在自然状态下,每一个现实的人都被剥离了历史性而成为一个假设的"人","每一种法律和制度,凡是不能适合于这些理想情况下的这种想象的人,都被加以非难,认为是从一种原始完美状态的堕落"。③ 同时,对于同胞霍

---

① 参见[美]施特劳斯:《自然权利与历史》,彭刚译,北京,生活·读书·新知三联书店,2003。

② [英]梅因:《古代法》,61页。

③ 同上书,58页。

布斯和洛克的"自然状态"学说,梅因认为都是不符合历史事实的逻辑推理的产物,这种"以人类的、非历史的、无法证实的状态作为他们的基本假设","认为在原始状态中的人和在社会产生后的人两者之间,存在着一个巨大的鸿沟把他们分离开来",[①]最终使得人类社会处于动荡之中,失去了循序渐进发展的节奏。

梅因在此还特别举了"平等"的概念作为例子,以比较自然法在罗马和现代所发挥的不同作用。在罗马,自然法运用使得公民与外邦人之间、人民与奴隶之间、"宗亲"与"血亲"之间在法律适用上不应有所区别。但到了现代,"人类一律平等"就从法律适用上的主体平等成为政治主体上的原初平等——"人类应该平等"。[②] 这样原来属于法律规定的平等条款就成了政治教条的宣言,成为法国大革命爆发和美国革命的政治信条,从而深刻地改变了社会结构和国家政治的原则。

事实上,即便在政治哲学角度,罗马的共和主义者西塞罗也对自然法采取了与现代自然法学者不一样的态度。虽然西塞罗认为自然法产生于国家和人法之前,具有普遍理性和永恒性,人法应该遵循自然法的指导,但是与"自然状态"论者不同的是,他把法律所确保的稳定政治秩序视为常态,把战争和内乱视为暂时的、很快会被还原到常态的异常状态,因此不会从异常状态推导出常态应当如何,其诉诸"自然"的本身仅仅是为纠偏和调和。

由此可见,梅因对现代自然法学的批判,核心在于后者提出的"自然状态"学说的非历史性,或者亚伦所说的"先天主义"。这种没有经验支撑的历史概念给人类描绘了一个虚幻的原始社会,最终带来的结果却是无政府状态。[③] 与之相比,罗马人对待自然法的态度显然更值得推崇,因为罗马人在尊重自身历史和传统的基础上,将自然法视为调和法律僵硬性和社会多元性冲突的有效方式,最终实现了

---

① ［英］梅因:《古代法》,76 页。

② 同上书,62 页。

③ 同上书,61 页。

法律的进步和帝国的繁荣。因此,要消除现代自然法所带来的不利影响,就必须对其核心概念"自然状态"进行历史解构,正是后者让现代自然法与古典自然法最终走向了不一样的道路。

二、国际法:主权国家＝自然主体?

除了批判"自然状态"学说对现代国家的革命性影响以外,梅因还从历史角度重新考究了现代自然法对国际法的诞生所发挥的作用。正如前文所述,自然法对万民法的形成产生了积极的影响,于是以格劳秀斯为代表的自然法学家通过考察万民法在罗马时代发挥的作用,认为在现代国际世界中,自然法像万民法一样,不仅"确定"存在,而且在国家间有拘束力。[①] 与国家的制定法不同,在国际社会并不存在一个共同的主权者,每一个国家都处在无人法规制的自然状态中。因而,现代的自然法学者认为,正如市民法在被排斥不能适用是万民法所发挥的作用一样,在国际社会当国家的制定法无效时,自然法就充当了国家间的法律。进而,由于适用万民法的每一个主体是平等的,所以在自然法支配下的每一个国家主体也是绝对平等的,这就是"国家主权平等"这一国际法原则的来源。[②]

梅因显然对这种论述感到不满。但是我们不禁要问,为何梅因要对主权国家的独立性和平等性进行历史解构呢? 为此,我们不妨先回到格劳秀斯关于主权国家的论述,其中剑桥学派代表人物塔克(Richard Tuck)对格劳秀斯的解读尤其关键。

在《捕获法》中,格劳秀斯重点讨论了惩罚权这一基本权利:

> 惩罚的权力本质上不是属于国家的吗? 完全不是。相反,正如赋予地方法官的每项权力均来自国家一样,国家这些同样的权力也来自于个人;同样地,国家的权威是集体同意的结果……因此,由于没有人能够转让本不属于自己的

---

① ［英］梅因:《古代法》,64～65 页。
② 同上书,67 页。

东西,显然在国家拥有惩罚的权力之前个人就拥有同样的权力。关于这一点,下面的论述同样十分有力:国家对其遭受的侵害行为加以惩罚,不仅惩罚自己人还惩罚外国人。然而,根据民法它又不能获得相对于外国人的权力,民法对公民可以有约束力,只因为他们对民法表示认同。因此,自然法或国际法才是根源,国家从这里才获得其中的权力。①

在这段论述中,格劳秀斯认为,在本质上一个自然个体在进入政治社会之前,在道德上等同于一个国家,国家基于自然法获得的惩罚权力,与个人在自然状态下所拥有的自然权利是一个性质。因而,国家与个人可以用同样的方式、为同样的目的——自我保存而使用暴力。

然而,自然社会最大的问题在于其缺乏一个真正的利益共同体,因此必须"通过一种更为可靠的保护方法巩固这个普世社会,同时旨在通过更加便利的安排将众多个人劳动所生产的、人类社会所需要的大量产品聚集起来"。② 这就是自然社会向公民社会转变的动因。在公民社会中,公民不仅要避免伤害他人,还应该保护他人;不仅不得夺取他人的财产,而且还应对他人和整体有必要的贡献。

根据塔克的分析,格劳秀斯关于主权国家的原型来自荷兰联合省的各个共和国。联合省是一个联盟,任何一个加盟国都不放弃自己的任何主权,被称为"自由的民族和统治者"的联合体。公民社会中人与人之间的关系,就像联合省中各个主权共和国之间一样,有防备的合作,各方既有许多保留,又有许多地方要求一致。③

事实上,霍布斯也提到了相似的例子,只不过霍布斯将国与国之间的关系描述得更为极端:

　　在所有的时代中,国王和最高主权者由于具有独立地

---

① Hugo Grotius, *Deiure Praedae Commentarius* I. , trans. Gladys L. Williams and Walter H. Zeydel,Oxford:Oxford University Press,1950,pp. 91~92.

② Richard Tuck , *The Rights of War and Peace* ,New York: Oxford University,p. 87.

③ Ibid. ,p. 83.

位,始终是相互猜忌的,并保持着斗剑的状态和姿势。他们的武器指向对方,他们的目光相互注视;也就是说,他们在国土边境筑碉堡、派边防部队并架设枪炮,还不断派间谍到邻国刺探,而这就是战争的姿态。①

在霍布斯看来,人性在自然社会和政治社会中并没有本质改变,国家间由于缺乏一个共同主权者,所以就体现为一种战争状态,这本质上与人处于自然状态中没有太大区别,都是人性在没有公共权力下的必然体现。

由此,自然法学家关于自然状态和自然权利的描述并非完全没有经验基础。正如哈特在 1955 年发表的《存在自然权利吗?》中所指出,自然权利构成了个体对其生活某个部分的一种主权。从国际关系上看,通过考察主权国家相对于其他国家的权利,我们能够深刻理解个体相对于他们所拥有的权利。②

如果这一论述得以成立,梅因对格劳秀斯的批评就可以理解了。事实上,根据塔克的说法,受近代早期怀疑论的影响,早期的人文主义者也采取了和格劳秀斯、霍布斯同样的进路,即剥离了一切人为观念后,人与人之间、国与国之间的基础都是恐惧,而非正义。③ 由于我们不能看到人与人在自然状态到底是一个什么关系,所以一个可供思考的范例无疑就是国际社会中国家间的关系。

但是,在梅因看来,这种经验范例并不符合历史的事实。首先,在罗马法中没有内容显示自然法在独立国家间有拘束力,现代国际法只是在论证有关领土(dominion)问题上借用了罗马民法的概念,但罗马法(尤其是万民法)没有提供一套调整国际事务的法律制度。④ 其次,如果将国际法下主权国家的关系类比为万民法下各个法律主

---

① [英]霍布斯:《利维坦》,黎思复等译,96 页,北京,商务印书馆,1985。

② H. L. A. Hart,"Are There Any Natural rights?",64 *Philosophical Review*,1995,p. 184.

③ Richard Tuck,*The Rights of War and Peace*,p. 10.

④ [英]梅因:《古代法》,66 页。

体的关系,就必须满足两个前提:一是主权与领土相关;二是主权者是国家领土的绝对(absolute)所有人而不仅仅是最高(paramount)所有人。[①] 但是,在罗马帝国解体后很长一段时间,国家都不具备现代主权国家的关键特征:领土性、绝对性和自主性。为了说明这些特征,梅因回顾了"领土主权"出现前欧洲的统治形态。

第一种形式是蛮族入侵后的"部落主权"。这些游牧部落"并不根据土地占有的事实而主张任何权利,并且在实际上甚至对于占有的事实也并不认为有任何特别重要性"。[②] 第二种形式是"普遍领土",它的产生是因为君主失去了与其部落的特殊关系,于是君主借用了罗马皇帝统治术重塑其个人的特权。第三种形式是"世界帝国",它的出现是因为部落首领不再想称国王,因而就矢志为世界帝国的皇帝。但实际上,他们的统治范围和力度都非常有效,这一称号仅仅是一种观念。上述三种统治形式都没有与土地发生紧密联系,尤其对于前两种统治而言,他们权力支配的对象更多是人而不是土地。

上述情况甚至在查理曼死后法兰克帝国"一分为三"后也没有多大改变。但是,随着西欧封建制度的确立,领土第一次与个人的权利联系起来。在封建时代,最高的世俗统治者不是国王而是教皇,国王仅对自己的领土享有主权,对于下一层级的封地,国王只有名义上的最高权力,这些土地的实际统治者是贵族,而国王与贵族的关系是通过封建土地契约建立的。可见,在封建关系中,并不存在一个绝对的主权者,而在整个欧洲,教皇在理论上成为最高世俗统治者。在这种背景下,封建国家间的关系是根据罗马民法,而不是"万民法"展开的。

这一情况直到宗教改革后才得以改变。新教不仅冲击了天主教皇和世界皇帝的普遍权威,而且其刺激各国国王寻求国家自主性,建立绝对王权的欲望,这使得封建关系也逐渐走向瓦解。最终,欧洲国

---

① [英]梅因:《古代法》,68 页。
② 同上书,69 页。

家陷入了"三十年战争"中,但却推动了欧洲民族国家的诞生,而格劳秀斯的国际法理论无疑在这时候才真正拥有了现实基础。也就是说,如果没有现代意义上的领土主权观念,主权国家在近代早期并没有获得像个体一样的绝对性和自主性:

> 主权的领土性质并不是被始终承认着的,因为在罗马统治解体以后,人们的心理是长时期处在和这类概念不相协调的观念的支配之下。在"国际法"上这两个主要假定被普遍承认之前,一个旧的制度以及建筑在它上面的思想观念必然地要腐败,一个新的欧洲,以及与之相适应的新观念必然地要生长起来。①

这里所谓的"新的欧洲"就是以领土主权为核心的民族国家,以及以之为主体所构建的威斯特法利亚体系。这是一个新的历史阶段,与在此之前世界帝国、基督教王国、封建国家所处的阶段并不一样。正是在这一新的历史阶段下,格劳秀斯和霍布斯关于自然状态的经验描述或许才得以成立。因此,国际法关于主权平等独立的自然法原则是一个现代的产物,与罗马法中的平等理念不相同。从国家间的关系推导自然状态下人与人之间的关系,在历史经验上也不成立。

三、自然状态:家庭还是个人?

在历史上,对"自然状态"非历史性的质疑,梅因显然不是第一位。早在 1656 年 11 月,霍布斯一位年轻的法国崇拜者珀洛(Fran-cois Peleau)在通信中就咨询了其关于霍布斯的"自然状态"学说的疑问:

> 我正被(霍布斯的反对者们)用三段论包围,这些论据专门设计来证明(你的政治学中所阐释的)严格意义上的自

---

① [英]梅因:《古代法》,68 页。

然状态从来就没在世界上存在过,即使我说在世界上出现任何城镇、城市和共和国之前,在任何人与人之间的公约或协定出现之前存在过这样的状态,也是毫无作用。争辩说这种状态在美洲依然存在着,土著人内部发动了一场所有人对所有人的战争;诺亚死后,他的三个儿子闪、雅弗和含如果愿意的话,本来也可以发动一场这样的战争,因此这种自然状态是有可能的。但是他们坚持认为在世界上总是存在家庭,由于家庭是小的王国,它们会排斥自然状态……请就这个问题给予我指导。①

霍布斯如何为这位年轻的崇拜者进行解释,我们现在已不得而知。但是,从这封信我们可以看到,同时代的反对者们对霍布斯提出强有力挑战,并不在于自然状态是不是"一切人对一切人的战争状态",而在于"世界上总存在家庭",有家庭就意味着有共同体的支配关系,这显然与霍布斯以个人为中心的自然状态描述相矛盾。

以家庭为基础论述共同体的起源在思想史上并不陌生。亚里士多德在《政治学》第一卷中就提出,家是人与人出于自然必然性的第一种"结合"关系,村庄是为了满足超出日常的自然需求而建立的"第一个共同体",城邦这种政治共同体则被视为在更严格意义上的"自然存在"。虽然人只有在城邦中才能实现其自然目的,过上"好"的生活,但城邦的存在并没有消除家庭和村庄的自然性,而家庭和村庄恰恰构成城邦的基础。② 霍布斯同时代的思想家菲尔墨(Robert Filmer)则从家庭的支配关系中总结出"父权论"的理论,并将其作为君主主权的自然基础。③ 而恩格斯在《家庭、私有制和国家的起源》认为,国家是被发明出来的。在国家产生之前,个人始终无条件地服从的共同体,是一种"自然给予的,神圣不可冒犯的更高权力",它就是

---

① Noel Malcolm(ed.), *The Correspondence of Thomas Hobbes*, Oxford: The Clarendon Press, 1994, Letter 95, pp. 331-332.
② [古希腊]亚里士多德:《政治学》,吴寿彭译,5~7页,北京,商务印书馆,1965。
③ [英]菲尔墨:《"父权制"即其他著作》(影印本),北京,中国政法大学出版社,2003。

家庭和以家庭为单位产生氏族。只有当这种自然力量形成的共同体的纽带被打破了,才逐渐产生了国家。①

除了上文否定主权国家间的关系构成"自然状态"经验基础以外,梅因对"自然状态"的批评也延续了这一思路。在梅因看来,"自然状态"学说将个人主义与分析的理性主义结合在一起,误解了古代社会和法律的根本特征:

> 古代法律几乎全然不知个人。它所关心的不是个人而是家族,不是单独的人类存在,而是集团。即使到了国家的法律成功地渗透到了它原来无法穿过的亲族的小圈子时,它对于个人的看法,还是和法律学成熟阶段的看法显著不同。每一个公民的生命并不认为以出生到死亡为限;个人生命只是其祖先生存的一种延续,并在其后裔的生存中又延续下去。②

在梅因看来,古代社会不是如同现代自然法学者所认为的"个人的集合"(collection of individuals),而是"家族的聚集"(aggregation of families)。这种以血缘和宗法为纽带的家族,其核心是父权制支配下的共同体,它会逐步构成氏族、部落和国家。因此,国家也不过是"来自一个原始家族祖先的共同血统而结合在一起的许多人的集合体"。在此,梅因尝试用"父权制社会"的理论取代"自然状态"学说,③原始社会中是家族(特别是服从罗马法意义上的父权的家族)而非个人,构成社会的基本单位。进而,所有进步性的社会的特点就是"家族依附的逐渐瓦解,以及代之而起的个人义务的成长"。考虑所有人身法律中的"身份",其实都起源于古代属于家族所有的权利和特权,那么梅因著名的从身份到契约的运动,其实质不过是以父家长权为

---

① [德]恩格斯:《家庭、私有制和国家的起源》,100~101页,112页,北京,人民出版社,1999。

② [英]梅因:《古代法》,167页;梅因:《早期制度史讲义》,冯克利、吴其亮译,174~176页,上海,复旦大学出版社,2012。

③ 梅因自己意识到的,这是洛克与费尔默争论的继续。

核心的家族集团向"自然状态"下的个体权利的变动。①

然而,霍布斯并非对历史一无所知。② 如施特劳斯所指出,正是借助历史打破了(传统)哲学的理性准则,现代政治哲学才得以形成并建立新的政治观。现代政治哲学中业已包含了"历史"的思想要素。③ 而关于父权下的家庭统治在原始社会中的存在,霍布斯也毫不避讳:

"日耳曼地区在古时,也像所有其他地区一样,起初是由无数的小领主或族长割据,彼此征战不已。"④

"原先每一个人的父亲也是他的主权者,对他操有生杀之权。建立了国家之后,这些家庭的父亲就放弃了这种绝对权力。"⑤

在美洲,父权和家庭统治则体现得更为直观:"对于美洲很多地方的原始人来说,只有小的家族管理,和谐的基础是自然的欲望,根本没有政府,而且今天还在以这样粗野的方式生活。"⑥尽管如此,霍

---

① 梅因指出,罗马的家父权"必然"成为考察原始父权的典型,《古代法》,91 页,及第五章各处。但是,后来大量的人类学研究发现,"父权制"并非原始社会的唯一形态。就在梅因《古代法》出版的 1861 年,瑞士法学家巴霍芬(John Jacob Bachofen)出版了著名的《母权制》。但是该书没有直接推动人类学家对母权社会问题的研究,反倒是《古代法》的出版引起了学界的轰动,直接掀起了学界关于"父权制"的讨论。1865 年英国人类学家麦克伦南(John Ferguson McLennan)出版的《原始婚姻》一书,就是针对梅因的"父权制"理论。虽然他没有否认"父权制"是许多文明社会的形态,但是在到达这个阶段之前,还存在诸如多夫制和母系亲属制等形态。麦克伦南之后,最重要的挑战者莫过于美国人类学家摩尔根(Lewis Henry Morgan)。在其名著《古代社会》中,他认为人类历史上出现过 5 种婚姻形态:血婚制、伙婚制、偶婚制、父权制和专偶制。其中希腊、罗马的父权制并不是专偶制的典型形态,而是刚刚摆脱偶婚制时代的情形,是专偶制的低级形态。因此,作为梅因眼中唯一的家庭形态,父权制在摩尔根看来不过是人类发展史的例外。参见摩尔根:《古代社会》,杨东莼、马雍、马巨译,474~478 页,北京,商务印书馆,1981。或许是受到摩尔根等人的学说的挑战,梅因后来将这一权力与血缘关系的结合形态,看作雅利安等高等种族的社会特征。见[英]梅因:《早期制度史讲义》,第三讲,特别是第 33 页以后。

② 显然,霍布斯对家庭和自然状态问题的讨论并非"历史"的,也就是说,无论是"父权制"还是"母权制",要形成一种合法的统治关系,还缺少一个逻辑论证。

③ [美]施特劳斯:《自然权利与历史》,第 6 章。

④ [英]霍布斯:《利维坦》,70 页。

⑤ 同上书,266 页。

⑥ [英]霍布斯:《利维坦》,96 页。

布斯并不满足于这种经验的描述。由于目睹了基督教世界的不断战争状态,尤其是他自己经历过的英国内战状态,[1]在国家起源这个问题上,霍布斯必须回答如何在根本上终结这种"一切人对一切人"的战争状态,为国家奠定一个全新的政治基础。在他看来,显然父权制下的家庭统治不足以终结这种战争状态,所以必须超越原始社会的统治形态,构筑一个彻底不尽完美的人类状态。在这个原始状态中,不存在任何秩序,只存在一切人对一切人的战争状态,而其根源,莫过于人性。

于是,"家庭"中所有的自然关系和法律关系,都必须依据"自然状态"的自然权利原则进行重构才得以稳定。家庭作为所谓"自然国家",不是人的自然情感关系或天伦纽带,而是一种在自然状态下通过征服建立的权力关系:在家庭中,凭借自然权利,胜利者是被征服者的主人,因此,凭借自然权利,对婴儿的支配首先属于那个首先将婴儿置于其权力之下的人。在霍布斯看来,血缘不是构成父母和子女之间关系的关键,否则父母就对孩子拥有平等的支配权,而孩子不可能服从两个主人。在出生时,孩子首先处于母亲的支配之下:"母亲可以养育他,也可以抛弃他。如果她养育他,婴儿的生命便来自母亲,并因此有义务服从她,而不是别人,从而建立的对婴儿的支配权就属于母亲。"[2]因而在自然状态下,作为被征服者的孩子,只有通过假定的同意服从于母亲,才能获得自我保存。[3] 可见,家庭的权力性质与人为国家的主权性质一样,都是建立在同意的契约上的产物。

在家庭和国家的关系上,霍布斯不否认从历史角度看家庭是国家的开端。但是,在家庭这一"自然国家"转变为"政治国家",显然缺

---

① 包括苏格兰长老会在内的新教团体以基督教中教义中的自然平等之名反对斯图亚特君主的"君主的神圣权利"说,他们主导的议会招募军队打败了查理一世的军队,并以"叛国罪"的罪名处决了国王。

② [英]霍布斯:《利维坦》,155页。

③ 同上书,154页。

少一个逻辑环节,否则将出现两个最高权力。政治国家要建立统一的绝对性权力,需要拥有绝对权力的家长放弃权力,建立主权国家才能得以实现。家长之所以愿意放弃这一权力,根源还在于作为"自然国家"的家庭无法保存自身、终结战争状态。由此可见,家庭作为原始的小王国,或者自然状态下的不能充分实现自我保存的"自然国家",都严格地符合霍布斯有关自然状态和人为国家的政治哲学基本架构。霍布斯对家庭和征服的历史理解,是其契约国家论的一部分,而不是相反的证据。[①]

因此,霍布斯虽然称"自然状态"为"政府状态"之前的状态,但这种"在前"并非历史意义上的在前,而更多的是一种政治哲学的逻辑起点。这种逻辑上"在前"的"自然状态"并不意味着它是一种"优先"的状态,毋宁说是一种逻辑上的缺省状态。[②] 后来,罗尔斯在《正义论》中也进行了同样的表述:

> 在作为公平的正义中,起点平等与传统社会契约论中的自然状态是相符的。当然,这个起点并不是被作为现实的历史状态,更不是被作为原初的文化条件来思考的,它被理解为一种纯粹的假定状态,借以推导出一定的正义观念。[③]

因而,我们完全可以将自然状态视为一种启发式的工具或是一种"思想实验",就像理论物理学中无摩擦力的物体。在剥离了行为主体的全部具体文化特性后,人们剩下的就只有似乎具有普遍意义的自然权利和义务,在这个原点上,人们能否创造一种不同于传统的正当权威,这也是整个现代政治哲学需要思考的问题。

---

① 李猛:《自然状态与家庭》,《北京大学学报》,2013(9),30~40 页。

② 李猛:《在自然和历史之间》,载《学术月刊》,2013(1),63~70 页。

③ John Rawls, *A Theory of Justice*, Oxford University Press, 1972, p. 12.

四、结语：权威与秩序的奠基

由上述分析可见，如果说梅因关于"自然状态"的经验范例——主权国家间的关系的批判成立，那么他关于"自然状态"学说（尤其是霍布斯）的内在逻辑并没有构成实质挑战，父权制家庭的存在不仅不足以批驳霍布斯的理论，反而为霍布斯提供了辩护。[①] 但是，不是现代自然法学者的理性建构方式就优越于梅因的历史主义进路，事实上，无论是理性逻辑构建的秩序还是历史传统所赋予的权威，实质上都是在回应古代形而上学奠定的等级秩序崩溃后，如何在现代世界重新建构一个稳定和谐的社会。

在古代，无论是奠定宇宙秩序的"自然神"还是"上帝"，都代表至高无上的先验的真理或理性，从而为世间万物奠定了坚实稳健的法权秩序，而人间法权秩序莫过于是对这种"宇宙基本法"的模仿，只有当其符合自然所蕴含的真理时，法律秩序本身才有权威。这种等级秩序所导致的结果是立法者的立法本身至少从形式上具有权威性。但是在现代世界，个人的主体性获得了巨大的解放，政治的合法性已经不再来自形而上的自然与神，而是来自每个人的意志。尤其卢梭的思想革命，法权秩序的基础只能来源于个人的权利，这样就将古典思想中真理或理性相对于自由的优先性颠倒过来，于是一个个分散的个体如何建立一个稳定的秩序本身就成了问题。

正是在这个大背景下，梅因和现代自然法学者展现了不同的"历史哲学"。在现代自然法学者看来，既然人类世界的秩序已经不能在哲学上或神学上获得安全的保障，那么创造秩序的责任就落在"人"自己身上，因此，就必须摆脱以往全部历史的桎梏，从逻辑起点上探究人性的基础，并在此基础上通过同意契约建构一个全新的国家。在这个意义上，秩序并不独立与人类一致，而只是人类意志的产物，自然法学者不是在描述过去，总结经验，而是先验科学层面想象未来

---

① ［美］施特劳斯：《霍布斯的政治哲学》，申彤译，122 页，南京，译林出版社，2012。

的可能性。

　　但对于梅因来说，他看到这种人类主体性获得极大释放后所带来的不利后果："这些理论使人类的理智丧失了自制力，这使得人类的理智，在 18 世纪行将结束之际，就陷入了放纵的境地。毫无疑问，对所有关于社会发展与法律形成的历史研究，这些先验理论都持有一种错误的偏见。"①在他看来，罗马运用法律的手段调节社会矛盾，推动社会进步的方法更为可取。这与英国普通法的传统非常类似，即尊重传统，又不迷信传统，而是因时制宜，推陈出新，在法律的理性规制中进行渐进改革，防止暴力革命的出现。事实上，与自然法学者不同的是，梅因始终相信，真理并不是在石破天惊的观念中产生，而是在历史之中产生的。通过研究人类历史的具体观念和实践，我们就可以开拓出一条通往未来之路。

　　人类的未来在哪里？用我们时髦的话说，是在历史中就可以寻找到未来世界的源代码，还是人类必须重新创造一种新的源代码？这或许是我们探讨这一争论的真正意义。

---

　　① ［英］梅因：《民众政府》，潘建雷、何雯雯译，1 页，上海，上海人民出版社，2012。

法的历史比较方法及其反思：以梅因为中心的考察[*]

李晓辉[**]

茨威格特和克茨认为："现代比较法的奠基者们主要是重要的法律史学家。"[①]此论断既基于现代比较法生成于 20 世纪初，这一紧紧承接 19 世纪历史法学繁盛的时间点，又基于比较法学的主题、内容和方法与历史法学之间存在复杂而又紧密的联系。一个多世纪过去了，比较法与法律史这一对"姐妹花"之间并没有越走越近，反而在认识论和方法论上距离越来越远。现代比较法更多关注当代法律体系的发展，工具性与功利性明显；而法律的历史研究则掌握在经过严格训练的历史学家手中，其学科目的往往满足于挖掘史料和构建历史

* 本文系教育部 2015 年度人文社科青年基金项目"现代比较法方法论危机及其应对"（项目批准号 15YJC820029）中期成果。
** 中国政法大学比较法学研究院副教授。

① ［德］茨威格特、克茨《比较法总论》，潘汉典、米健、高鸿钧等译，12 页，北京，中国政法大学出版社，2004。

真实。① 由于学术分工的精细化，即便在当今中外学术界中，纯熟应用史料、历史方法，纵横开阖、联系内外古今的比较法学术能力也十分稀罕。在这样的背景之下，梅因这个名字也就越发令人怀念。梅因（Sir Herry Sumner Maine），其学术生命繁盛于大英帝国国力最强盛的维多利亚时代。他在英国法经验主义和判例传统中开启了法律研究的历史和比较之门。历史法学和历史比较分析最为迷人之处就在于其对于法律发展机制的研究，并把法律拉回到社会和历史的环境中去。梅因不仅明确使用了"比较法"这一名称界定法律比较，使其开始走向一种专门的学术方法和领域，而且"在方法论上的最大贡献是结合了历史方法与比较方法"②。尽管梅因的历史比较方法繁复精致，但却并没有对现代比较法形成绵延有力的影响。原因多半在于既有的梅因研究往往是标签式的，用一句《古代法》中"从身份到契约"就概括了，对梅因学术的整体理路缺乏观察，尤其是忽略了梅因的方法论贡献。今天看来，无论是从比较法学术内在机理的层面、从方法论反思的层面，还是从全球化时代需要的层面，梅因的方法论都需要更深入地挖掘、需要被认真地对待。

一、批判的历史比较

凡方法的应用在于目的之满足。考察梅因历史比较方法的选择，首先即应关注其目的指向。一般认为历史比较方法的功能是描述和再现，但梅因的历史比较却并不同于上述一般认识，而是充满了法哲学的批判韵味。梅因的历史比较方法意不在描述而在于批判。梅因在《古代法》一书的序言中称："本书的主要目的，在于扼要地说明反映于'古代法'中的人类最早的某些观念，并指出这些观念同现代思想的关系。"在理论上，梅因的研究冲动源于对当时法律理论的

---

① 参见 Mauro Bussani & Ugo Mattei(eds.) *The Cambridge Companion to Compara-tive Law*,Cambridge University Press,2012,pp. 22-23.

② ［英］F. P. 沃顿：《历史法学派与法律移植》，许章润译，载《比较法研究》，2003(1)，53 页。

不满,"……认为这些理论不能真正解决他们标榜着要解决的问题"。① 梅因认为,当时英国主流的法律理论:自然法、奥斯丁的分析概念法学和边沁的功利主义都存在"先天主义倾向",存在将当代概念和假定投射到普遍历史中的"头脚倒置"问题。这些先验理论都忽视乃至完全遗忘了对真实历史的考察。这种错误如同一个科学家仅考察统一的物质宇宙而完全忽略了世界的构成要素一样,是违背科学常理的做法。梅因认为,对人类早期法律现象的观察和理解是困难的,其难度在于人们习惯于用现代的观点观察这些现象带来的陌生感和疏离感。但如同理解一棵植物要从理解它的胚芽开始,对于古代法的考察并不是浪费精力,而可以照亮自然法、分析法学和功利主义等先验理论所蒙蔽的盲点,并从这些胚芽开始理解现代的制度。"因为现在控制着我们行动以及塑造着我们行为的道德规范的每一种形式,必然可以从这些胚种当中展示出来。"②而观察早期制度的方式往往需要借助三种素材,即"观察者对于同时代比较落后的各种文明的记事、某一个特殊民族所保存下来的关于他们的原始历史的记录以及古代的法律"。③ 梅因认为,历史经由时间沉淀之后,由现代人的回望能够清晰地梳理当时社会所具有的某种稳定特质,可以概括一些解释性的概念和理论。而这种回溯和远望所带来的整体感能够生成理解当下的历史视角,这种历史视角是澄清那些先验假设最好的方法。在这一意义上,梅因的历史研究是批判性的。也正是基于此,梅因成为那个时代欧洲思想史上最伟大的批评家之一。梅因以历史比较方法对自然法、奥斯汀的分析法学,附带对边沁的功利主义都进行了直接而有力的批判。

（一）对自然法的批判

梅因研究了古希腊的自然和自然法的词义。在古希腊"自然指的是物质世界,是某种原始元素或规律的结果"。其"最简单和最古

① ［英］梅因:《古代法》,沈景一译,68 页,北京,商务印书馆,1997。
② 同上书,69 页。
③ 同上书,69 页。

远的意义，就是从作为一条原则表现的角度来看的物质宇宙。"①而在古希腊后期，智者们才在"自然的概念中，在物质世界上加了一个道德世界"。从而把这个名词扩大到"自然不仅仅是人类社会的道德现象，而且是那些被认为可以分解为某种一般的和简单规律的现象"。②随后，斯多葛派提出了著名的"按照自然而生活"的命题。古希腊和斯多葛派的影响在古罗马那里直接转化为一种对法律制度的理解。"自然"开始成为罗马人向往的那个"失落的黄金时代"。尤其是在共和时期，罗马人认为旧有的"万民法"已经失去了"自然"的格调，没有能够实现自然理性所给定的规则，是一种已经退化了的模式，而包括裁判官和法学家在内的社会角色负有义务恢复自然法。罗马人的法律改革就是在自然法的旗帜之下开展的。通过罗马式的"衡平"——裁判官的"告令"逐渐将法律制度"平准"地适用于所有罗马境内的公民。但实际上，最早罗马"万民法"是指古意大利各部落吸收的所有外国法律、各种习惯共同要素的综合，不具有更广泛意义上"人类理性之自然法"的代表性。而且，梅因的考察认为，罗马法学家对"万民法"的重视，"一部分是由于他们轻视所有的外国法律，一部分是由于他们不愿将本土市民法的利益给予外国人"。因此罗马万民法中包含了大量繁复的各种仪式，这就是要过滤掉各意大利部族习惯差异的剩余物。而且，作为罗马自然法的重要工具——"衡平"（大量裁判官告令形成的万民法式的衡平法）与英国的衡平法一样，带有某种副作用，即固守可能过时了的道德并僭越了立法和普通法的权威。尽管自然法为整个文艺复兴之后的欧洲带来了巨大而深远的革命，但梅因认为自然法仍然是建立在某种反向投射和理想思维基础上的，"自然法把过去与现在混淆起来了"③。历史上不存在自然法理论家的自然状态，所谓自然状态中的自然法只是一个"属于现代的产物，

---

① ［英］梅因：《古代法》，31 页。
② 同上书，31 页。
③ 同上书，42 页。

和现存制度交织在一起的东西"①。在理论逻辑上,梅因也论证了,自然法是法律之后的产物,自然法不能取代任何民事法律制度,而组成一个自然的私法秩序。那些信奉自然法理论的国家,比如法国,其政治和法律秩序仍然是一片混乱。历史的现实证明,"一个自然法假说已成为不复是指导实际的一种理论,而是纯理论信仰的一种信条"②。尽管孟德斯鸠在18世纪使用了历史方法进行研究,但他忽视了人性中某种趋向于稳定的可能性。而卢梭式社会契约论和霍布斯的自然权利逻辑根本的错误就在于将自然状态中的人理解为孤立的个体。而历史研究已经证明,在人类早期发展史中,共同体是普遍的存在,古典社会的基本单位是家族,而不是原子式的个人。卢梭的社会契约论的理论逻辑,也在梅因的早期契约的研究中被击中。梅因的早期契约史研究认为,契约的存在至少需要两个要素,即"一个契约是一个合约或协议加上一个债。这个合约在还没有附带着债的时候,它成为空虚合约"③。合约就是指经由要约和允约构成的一个合意。而"债则是法律用以把人和人结合在一起的束缚或锁链,作为某种自愿行为的后果"。债作为法锁是建立在法律的基础上的。因此,在逻辑上,没有法律之前是不可能有契约的。卢梭颠倒了契约和法律秩序的关系,法律建立契约,而不是契约达成法律。而洛克式作为自然权利的个人财产权,在人类的早期制度史上也几乎是找不到任何线索的。财产权概念和制度不是从来就有的,而且"真正古代的制度很可能是共同所有权而不是个别的所有权,我们能得到指示的财产形式,则是些和家族权利及亲族团体权利有联系的形式"。④ 梅因在《古代法》《东西方乡村社会》《早期制度史讲义》中研究的古印度"村落共产体"、日耳曼村落、爱尔兰的村落组织甚至恺撒时代的法兰克村落都证明了这一点。基于上述对主要自然法理论的前提和逻辑的批

---

① ［英］梅因:《古代法》,42页。
② 同上书,49页。
③ 同上书,182页。
④ 同上书,147页。

判,梅因认为,尽管自然法的影响如此巨大,但"自然的学说及其法律观点之所以能保持能力,主要是由于它们能和各种政治及社会倾向联合在一起,在这些倾向中,有一些是由它们促成的,有一些的确是它们创造的,而绝大部分则是由它们提供了说明和形式"。①

（二）对奥斯汀分析法学的批判

梅因无疑是奥斯汀法理学最强有力的反对者之一。奥斯汀法理学在其身后留下的遗产几乎是维多利亚时代英国法理学的招牌之一,在整个欧洲大陆都产生了广泛的影响。奥斯汀建立了以主权概念为核心,以法律权利、义务、法律规则等一系列概念为附属的一整套体系,表现了建构一套基于实在法的系统分析哲学的强烈愿望。在《早期制度史讲义》的最后两章,梅因对奥斯汀的主权概念和分析法哲学进行了批评。奥斯汀认为一个"独立的政治社会"中有一个具有最高决定权的上级,受到社会的习惯性服从,这个具有绝对和最高权力的上级就是这个社会的主权者。主权者有可能是个人、家族集团或者群体。所有的社会成员处于依附和臣服于主权者的状态。主权者的命令就是法律,法律是制度化的武力。而那些社会中存在的习惯或者惯例,在没有被主权者命令禁止之前,则可以视作主权者所同意的,而"主权者所同意的就是他的命令"。但梅因认为:"抽象出主权概念过程中所摒弃的是每一个共同体的全部历史。"②"在所有的语言中,法律最初是指主权者的命令,被延伸用于自然界的有序现象,这种说法是极难以证实的。"③在人类早期初级群体制度中,相应于我们的立法机构的是村民议事会等组织,这些组织成长为后来雅典著名的公民大会,罗马的国民议会、元老院和执政官会议。这些早期组织可以理解为某种奥斯汀所谓的"集体主权"。但这些早期组织,立法的功能是非常微弱的,司法的功能反而要更为明显一些。在

---

① ［英］梅因:《古代法》,52 页。
② ［英］梅因:《早期制度史讲义》,冯克利、吴其亮译,176 页,上海,复旦大学出版社,2012。
③ ［英］梅因:《古代法》,182 页。

早期社会中,人们对法律的服从来源于宗教或者习俗的顽固力量,而不是主权者命令的威慑。而且,奥斯汀的理论不能覆盖可能存在的无政府状态和小规模社会,对于分析美国、西欧的复杂民主体系也存在困难。梅因用印度"五河之地"——旁遮普在归属英印帝国前后的政治形态变化说明,即便是存在一个集权暴虐的专制者,如锡克首领朗基特·辛格,他也从不制定法律,而是认可当地的习俗和规则形成的社会秩序。这样的专制者从未想过建立或者改变规则。一位印度的法学理论家宣称"这些被专制者同意的命令形成了暴力为后盾的法律"是非常奇怪的。犹太文献中记载的亚述帝国和巴比伦帝国,希腊文献中的米底帝国和波斯帝国也很少干涉臣民的宗教和世俗生活。奥斯汀的理论无法解释这些历史上真实存在的政治现象和法律秩序。在国家形成的历史中,梅因发现,国家是从村庄、市镇等小的共同体通过征服等过程逐渐合并而成的。即便是在大帝国和大政府之下,这些小社会的地方生活也没有因此绝迹。只是随着罗马法的影响以及后期与蛮族习惯法的混合,使立法在一定意义上整合、覆盖或者替代了习惯法,成为以主权者立法为主的形态。在这一过程中也出现了大量的不顾社会和自然群体习俗造成的暴力滥用,从而使法律失去了民风的辅助。在分析法学发展的过程中,霍布斯和边沁赶上了与他们的学说相匹配的无与伦比的时代,欧洲国家的民族自觉带来了主权者不断增加的立法活动,从而将主权巩固为法律秩序建构的基本条件。但是,梅因郑重提醒人们:即便分析法学有与同时代多数人无法理解的早慧,但"被视为事实的主权和法律,是逐步呈现出与霍布斯、边沁和奥斯汀的概念相符的样子,这种相符在他们的时代确实已经存在,而且不断趋向于更加彻底"。① 因此分析法学是一种现代的造物,只有在这样的时代,分析法学家才能创造一种有严格一致性的概念体系,而且这些概念的准确性不至于毁损它们的价值,被他们舍弃的历史要素也不至于影响其分析功能,但这种理论不

① ［英］梅因:《古代法》,193 页。

能解释制度的早期形态，不具有普遍性。

（三）梅因历史批判方法的折中性

尽管梅因对自然法分析法学提出了有力的批判，但这种批判又在其自身的论述中被弱化了锋芒。一方面，他批评自然法理论是"先入之见"，不过是现代政治理想化的投射；另一方面，他也感叹自然法所产生的巨大的社会历史影响力，坦然承认"真的，如果自然法没有成为古代世界中一种普遍的信念，这就很难说思想的历史、因此也就是人类的历史，究竟会朝哪一个方向发展了"[1]。一方面他从根基上批判以奥斯汀为代表的分析法学；另一方面他承认"分析法学对法理学和道德的一项不可估量的贡献是：它为它们提供了一套严格自洽的术语体系。"[2]。一方面梅因批评边沁的理论存在大量完全忽略历史的错误，另一方面他又大大赞扬功利主义法学"最大多数人的最大幸福"原则带来了前所未有的人类平等[3]。

梅因用一种近乎执拗的历史分析和比较方法，把所有的问题用历史的丝线串联起来，并刻意放大那些"拾珠"与"遗珠"的过程。梅因的批判性并非"以古非今"，而毋宁是"以古论今"。梅因的目的和工作不是摧毁自然法、分析法学和功利主义，他反对的是那种想当然的抽象和"将理想照进现实"般的投射。他所批判的是那种可以解释人类前世今生甚至可以预测未来的"普遍"理论。他要说明自然法与分析法学都是特定时空和特定历史节点的产儿。要使这些理论本身具有说服力，不是去除历史因素和理论纯化，而是沿着历史的丛林野径一路走来，看看我们沿袭了什么、摒弃了什么又最终留下了什么。这些理论基于时代的局限，在他们的光芒背后，那些历史阴影里究竟隐藏了什么。但如同众多梅因批评者所言，梅因的历史比较方法批判有余，建设不足。他只实现了预期理论理想的一半，即解释自然法、功利主义和分析法学等理论的先天不足，阐释这些理论不过是时

---

① ［英］梅因：《古代法》，43 页。
② ［英］梅因：《早期制度史讲义》，180 页。
③ 同上书，194 页。

代的阶段性产物,不能完全说明过去,也不能完全指明未来。但梅因没有建立一种自己的法理学,①更没有提出较分析法学、自然法学和功利主义,对于理解法律的本质、功能等问题更好的解决方案。梅因欠了法学理论一个一般体系,但也许那个可能的"梅因理论"恰恰是他最不想要的,是他刻意避免的。

梅因的方法论在 17—18 世纪历史主义崛起的时代是有很多共鸣的,如德国哲学家赫德尔(Johann Gottfried von Herder)亮出了鲜明的历史主义的旗帜,认为:"不同时代的民族文化都有其独特的价值,在历史进步过程中,这种独特的价值在每一个历史阶段都发挥着特殊的作用,都形成了本民族的道德观念和社会幸福尺度。"②赫德尔之外,在德国还有一大波的历史法学和社会法学冲击理性主义概念法学和先验自然法的堡垒,呼应梅因的研究:萨维尼的民族精神、耶林的法律目的论、普赫塔(Georg Friedrich Puchta)的法律家法乃至马克思的法律思想等。但梅因的方法与萨维尼所代表的德国历史法学有一定的区别。③尽管梅因与萨维尼同样反对理性主义的空想与杜撰,倡导法律发展与社会事实和历史事实之间的联系。但梅因并未将历史视角和比较视角用来建立法律发展与民族历史的乃至民族性格的必然联系,而是着眼于更大的历史时空,意欲探求各法律文明早期基因、历史演变中呈现共性与差异。而且梅因也没有萨维尼及其德国后继者们(如普赫塔)那般强烈的体系化追求。梅因基于上述的批判旨趣使其与萨维尼的历史法学形成了不甚相同的指向。萨维尼以罗

---

① 关于梅因留予当代法理学的遗产及其局限,请参见 Ramond Cocks, *Sir Henry Maine: A Study in Victorian Jurisprudence (Cambridge Studies in English Legal History)*, Cambridge University Press, 2004, pp. 209~216.

② 曹茂君:《西方法学方法论》,250 页,北京,法律出版社,2012。

③ 关于梅因与萨维尼、耶林等德国历史法学家的理论联系,参见 Ramond Cocks, *Sir Henry Maine: A Study in Victorian Jurisprudence (Cambridge Studies in English Legal History)*, Cambridge University Press, 2004, pp. 24~31。在这一部分中作者详尽列举了坎特诺维奇、保罗·维诺格拉多夫等人关于梅因与德国历史法学之间的联系与区别的相关论述。总的认为梅因对德国历史法学、对萨维尼的评价是模糊的,有消极的也有积极的方面。

马法为反观，论证法之民族精神的意义，带有鲜明的民族主义色彩并着力建构国家法概念体系。因此，在茨威格特和克茨那里，萨维尼被理解为"封闭的"历史法学，甚至"对于比较法的发展起了一种奇特的妨碍作用"①。但梅因的历史法学则全然打开了真正的"世界之窗"。即便是研究自然法上最具有普适性的人性，梅因亦认为"研究人性的理论家极有可能忘记了整个世界的一大半，只有在考察了全世界及其全部历史后，才能对事实有足够的把握"。② 时代是梅因"世界主义"理论视野的催生婆和助产士。维多利亚时代，英国作为不可一世的日不落帝国，有遍及全球的殖民地，面临人类史上最浩大、最复杂的殖民治理工程。梅因本人也深度参与了印度殖民治理。如果说萨维尼的历史使命是体系化罗马法、建构德意志法律的民族认同，而梅因面临的则是实现大英帝国的全球殖民治理，在历史纵轴和时间横截面上多维度地讨论多样性与普世性的关系。

　　将梅因的研究主题理解为"人类社会的全部发展史就是从身份到契约"的历史。这种论断即便不是误读，也是一种过于简单化的解释。梅因"从身份到契约"的概括是在第五章最后一段中做出的论断。其前提条件是，这一结论仅适用于西方为代表的、发展的"改革社会"，而不适用于如印度这样的冷冻社会；是对从罗马法意义上的"人法"研究中获得的结论；是针对奥斯汀的"主权"理论进行批判过程中提出的结论。"在'人法'中所提到的一切形式的'身份'都起源于古代术语'家族'所有的权利和特权，并且在某种程度上，到现在仍旧带有这种色彩。因此，如果我们依照最优秀著者的用法，把'身份'这个名词仅用来表示这一些人格状态，并避免把这个名词适用于作为合意的直接或间接结果的那种状态，则我们可以说，所有进步社会的运动，到此处为止，是一个'从身份到契约'的运动。"③而后世对"身份到契约"某种"神话"和"泛用"将限定条件从中抽离，过度扩张了这

① 参见［德］茨威格特、克茨《比较法总论》，75 页。
② ［英］梅因：《早期制度史讲义》，358 页。
③ ［英］梅因：《古代法》，97 页。

一结论的适用范围,已经脱离了梅因原本的含义。

从现代史学方法论的角度来看,历史比较的目的总的来说有四种:分析、解释、理解和认同。[①] 其中分析性的历史比较相对客观,能够较为准确地把握历史进程、建构历史模式,具有较为开阔的视角,并尊重历史进程的多样性和矛盾性。"对另一社会的整体理解始于比较,始于对同作为比较出发点的社会相比的社会差异性及共同性程度的思考。"[②]理解性的历史比较更加注重挖掘规则、现象、概念背后的深层次社会原因,也更加关注不同社会历史之间的交流和联系。分析性比较是审慎的,较少评判,而理解性分析更为尊重所比较对象的历史个性。在现代历史学上也存在带有一定倾向性的比较分析,比如带有批判性的对照性比照,意在突出文明与野蛮、进步与落后。而认同性历史比较则通过历史比较建立对特定社会历史和文化的认同。如果用上述历史比较的类型理解梅因,梅因主要是一种分析式的比较、理解式的比较。其比较的目的不在于历史本身,而是指向理解法律制度和人类社会的一般理论。

二、梅因研究中的比较法:主题与路向

(一)在历史发展机制中讨论多样性问题

法律史研究的核心主题是"恒与变"(法律的稳定性与变革),而比较法研究则围绕"一与多"(共性与多元)的问题展开。相较于社会学、人类学等其他学科,历史比较的特殊性在于以不同的方式处理时间和空间的关系。时间的对照处理是历史方法特有的,也是其所擅长的。历史学家对时间的偏爱和精确性是其学科训练带来的特殊能力,他们擅长对时间进行分割和段落化,善于将时间理解为一种开放的结构。而比较法更多处理的是时间横断面上的制度比较,往往倾向于在设定的时间维度中开展研究,而不是铺展发展的时间轴。但

---

① 参见[德]哈特穆特·凯博:《历史比较研究导论》,赵进中译,37 页,北京,北京大学出版社,2009。

② [德]哈特穆特·凯博:《历史比较研究导论》,47 页。

这两个学术领域在主题和方法上的差异，并不能无视在法律发展中现实存在的古今内外视角的交叉、缠绕与重叠。刘星教授认为法律存在天然的"地方性"，而法律理论则天然地追求"普适性"，当二者之间的矛盾激化到了一定的程度，在人类的地理空间不断扩展和信息技术不断发达的条件下，就必然开启了解法律上"他者"历史的过程，"法律以及法学意义的'异邦'，逐渐地被建构起来，其中，对照比较，则是必经的手段。……在此，'史学'研究走向'比较'研究，几乎是必须的"。① 梅因主要的学术目的在于批判现有的法律理论，寻求解释和阐释法律的更具有普遍意义的结论。当研究跨越了对历史横断面各种不同文明比较的要求，试图探求能够对不同社会的不同历史阶段都具有普遍意义的结论的时候，比较研究就开始和历史研究产生了奇妙的化学反应。比较的素材开始跨越时空在尽可能宽泛的时空之内展开对话。

总的来说，梅因研究集中在"恒与变"的主题上，即法律发展变革机制问题上，或者更确切一点说，是集中在西方"变革社会"的法律发展机制上。梅因在《古代法》等作品中不仅探索法律历史发展机制，大量使用了比较的方法和素材，而且也附带讨论了这些变革机制如何在不同环境和历史时段中导致了共性与多样变化。梅因认为，自法典化始，法律的自发发展即告终止，而法律即开始受到来自社会，主要是法律职业阶层和其他外在因素的影响。而在人类民族中，"静止状态是常规，而进步恰恰是例外"。② 这些"进步社会"较多使用的协调法律和社会发展的手段有三，即"法律拟制、衡平和立法"。③ 梅因所说的"拟制"（fictiones），是指在法律还没有变化的情况下，为了适应现实环境，通过司法诉讼等手段实现公认为有益目的的某种善意的"权宜"或者"变通"。"拟制是法律制度发展形成层面的一种模

---

① 刘星：《历史比较的某些问题：关于中西比较的法律理论》，载《法制与社会发展》，2007(3)，6页。

② ［英］梅因：《古代法》，14页。

③ 同上书，15页。

拟性决断或决断性虚构。"①"拟制虽然表现为一种逻辑可能性,但其决断性和终局性的力量却不是来源于逻辑,而是来源于价值。"②如罗马法上的"拟诉弃权"和"市民籍拟制",又如英国法上的拟制,"通过虚构性断言"扩大财政法院的管辖权、"拟制租借""收养的拟制"等。梅因将拟制夸大到理解更抽象的宏大制度,甚至将社会发展中从血亲家庭到氏族再到国家,也可以理解为一种对家族的拟制。梅因认为"拟制"是一种相当粗糙的方式。拟制会存在合法性问题,并妨碍正义。但不可否认的是,在其他法律制度的不同发展时期也同样存在拟制。甚至当代在各个法律制度实施过程中都或多或少存在拟制,只不过其拟制的过程不再以明确的形式规定下来,而是通过诸如大陆法系的扩大解释等方式,以使同一概念囊括更多的新形式,协调僵化的法律与变化的时代。比如将网络游戏账号和装备作为"虚拟财产",实际上就是一种拟制。尤其是在即便扩大解释也涵盖不到的地方,法律拟制就成为弥补僵化立法的便捷之路。尽管这种拟制是短暂的、是权宜,但在法律没有变化之前,这是法律回应时代发展不得不采取的形式。萨维尼在体系化罗马法的过程中认为拟制是建构法规范内在体系性的一种方式。他在研究法律漏洞填补过程中认为,拟制是对法规范进行有机扩张的形式之一,给予了拟制一种功能性的肯定。③ 梅因所说第二种协调法律与社会发展的机制是"衡平"(equity)。衡平的例子是罗马"裁判官法"和英国衡平法。衡平不同于拟制,并非公开明白地在法律修改之前干预法律,而是通过对法律中公认的原则的应用,对僵化的法律进行变通。梅因认为,衡平是较法律拟制更为先进的一种法律发展机制,因为它比较好地避免了合法性问题。梅因所说第三种协调法律与社会发展的机制是立法。通过"立法"完成法律的变革是以合法的立法权为后盾的方式。尽管通

---

① 卢鹏:《拟制问题研究》,32 页,上海,上海人民出版社,2009。
② 同上书,84 页。
③ 参见[德]萨维尼:《当代罗马法体系Ⅰ》,朱虎译,227 页,北京,中国法制出版社,2010。

过立法的变革最为迟缓，但确实最能够满足合法性和民主的形式。在上述三种形式之外，罗马法学家的解答和英国律师在审判实践中的文书和理论著述等也起到了调和社会发展与对法律变革的作用。

梅因在讨论古代法向近现代过渡过程中，使用了女性在家庭法中的地位作为例子。由于妇女与父系家族的联系，在一定程度上降低了夫权的效力，在罗马法发展后期，已婚和未婚妇女的权利都在扩大，而基督教倾向于缩小这种自由。在走向近代的过程中，在法国，较低等级的已婚妇女取得了罗马法所准许的处分财产的全部权利；而在苏格兰，妻子的地位并未有实质提高；斯堪的纳维亚的法律始终对待妇女持一种苛刻的态度；英国普通法受经院法的影响，在没有衡平法或立法修正的部分，仍然对妻子的法律地位相当保守；在印度，对妇女的"终身监护"制度则被严格保留了下来。通过对女性在家庭法中地位的历史比较分析，梅因试图说明，基督教对各地区家庭法律的影响程度和影响方式不同、罗马法的继受和传承方式的不同是造成各法律体系中家庭法妇女地位不同的原因。上述妇女在家庭法中地位在各个法律体系和文化中形成的差异，就是梅因在讨论法律发展机制中附带说明制度差异生成原因的例证。梅因的历史哲学与黑格尔式的目的论历史哲学基本上是相悖的①，倒是与康德的"进步论"②史观有一些暗合。梅因所分析的法律在"进步社会"中呈现的发

---

① 庞德在《法律史解释》中将梅因作为"政治解释"中的重要方面，认为"实质上，梅因的理论乃是一种黑格尔式的理论"。[美]庞德：《法律史解释》，邓正来译，78页，北京，中国法制出版社，2002。庞德认为梅因将法律史理解"从身份到契约"式的自由理念的实现和展开："梅因所概括的其余内容不是从罗马法律史的事实中获取的，而只是作为法理学核心概念的法律意志论——亦即对有关法律的目的就是要最大限度地实现个人自由的观念所做的形而上学的阐释——表达。"[美]庞德：《法律史解释》，80页。庞德的这种判断有失公允。从整体上看，梅因所反对的恰恰是黑格尔式的从抽象理性中演绎历史的逻辑。梅因定会反对"历史是精神在世界中的行进，而法律史则是自由在市民关系中的行进"这种论断。

② 康德认为："一部历史如何先天地可能呢？答案是：如果预言者自己造成并且安排了他事先宣告的事件。"[德]康德：《康德历史哲学论文集》，李明辉译，233页，台北，联经出版事业公司，2002。"……应该探讨他是否能在人类事物的这一悖谬的进程中发现有某种自然的目标，根据这种自然目标被创造出来的人虽则其行程并没有自己的计划，但却可能有一部服从某种确定的自然计划的历史。"[德]康德：《历史理性批判文集》，何兆武译，2页，北京，商务印书馆，1990。

展机制及其历史结果就展现了制度走向文明化的过程,但梅因没有将这种发展归因于康德意义上的理性和道德的力量,而是客观地呈现了这一发展的过程,从而避免了康德的"普遍历史哲学"难以解释的多样性问题。而康德晚年所呈现的趋向于保守的历史观就与梅因有了更多的共性。"康德晚年在自由问题上对人的感性活动包括人的情感和人在现实社会历史中的种种权利关系的容纳是有条件的,即只承认这些活动和关系是在现象世界中对人的本体自由的某种暗示和类比,而在客观上,若从思辨的,即科学知识的立场看,康德认为人类历史的一切文明成就都是偶然的,完全有可能一夜之间倒退到史前的野蛮时代,并没有什么不变的历史规律。"①梅因的历史观本质上是经验主义的,尽管对人类理性的作用和道德力量做了历史展示,但他没有和启蒙主义者一样站在"能动的理性高于经验"的角度进行历史目的蓝图的描画。

(二)反对非历史的比较

出于上述经验主义的历史观,梅因对于非历史的比较研究之厌恶就顺理成章了。如果说梅因在《古代法》讨论法律与社会发展机制过程中附带讨论了法律的"一与多"问题,在《东西方乡村社会》中则对于古罗马、印度以及日耳曼等古代社会的制度的研究中使用了更为彻底的比较方法,即更多地去比较相同历史阶段的社会制度形态,更为集中地讨论了比较法的共性与多样问题。19 世纪是个比较主义盛行的时代,但梅因对当时的法律比较中存在的问题,即在一个概念体系之下展开的不问"前世来生"的比较并不赞赏。他认为,当时的比较法存在的问题在于"它(比较法)所做的,是将两个不同社会的法律制度拿到一个法律(概念,笔者注)的名义之下——例如,某种契约,或'离婚法'——而对这些制度成因部分的比较不做考虑。它(比较法)取出法律的各种名词,法律在这些名词的历史发展中的任意关

---

① 邓晓芒:《康德历史哲学:"第四批判"与自由感:兼与何兆武先生商榷》,载《哲学研究》,2004(4),28 页。

节上被考察，但不会去影响它们有争议的历史，对于比较法来说，历史无关紧要"。① 而梅因所要打破的恰恰是这种忽视历史视角的比较，突破那种把多样的法律现象都一律装入事先限定的概念和基本原则中去的比较法方法。"如果可能，我们将以发展的角度来考察一些并行的现象；其中的一些现象在历史的序列中相互关联。"②梅因认为拓宽研究视角，关注多样的法律实践可以对研究本国的立法和司法实践带来帮助。梅因呼吁应使比较法研究在英国产生更大的影响，希望法科学生在学习本国的实证法体系的过程中也学习和领会一种其他的法律体系，使学生在法律学习中就了解，除却本国的制度安排，还可以有其他的可能。通过历史的比较，能够看到现代的制度和观念与历史制度的联系，以及与当下仍然存在的制度之联系。尤其是当我们比较那些还大量包括了西方制度早期形态的体系时，如印度法（梅因称印度是古代社会片段的集合）时，过去与现在的界限就模糊了。过去就是现在，当下的横向比较就相当于当代法（如当代英国法）自身不同发展阶段的纵向比较。而当我们看到那些从过去一直延续下来的制度或者观念，也会产生过去在当下中存在的感觉。

　　梅因称主要使用的历史比较素材是印度法和罗马法的原因是：印度法是古代习俗和思想的大仓库，而研习罗马法则是因为罗马法将古代习俗和制度与当下英国联系起来。由于梅因所使用的历史比较方法和古代法素材，茨威格特和克茨倾向于认为梅因的研究是比较人类学法律研究或法律人类学研究。认为梅因研究的目的与固有的比较法不同，"他们关心的事情是在普遍的文化框架之内专门阐述全世界的普遍法律史"。③ 法律人类学的法律比较研究从所谓的"元素思想和民族思想"出发，"从人的统一的心理结构出发认为人类在

---

① ［英］梅因：《东西方乡村社会》，刘莉译，苗文龙校，3 页，北京，知识产权出版社，2016。

② 同上书，5 页。

③ ［德］茨威格特、克茨：《比较法总论》，13 页。

世界上到处并且在一切地域,也不论什么种族,归根结底都经历过同样的发展阶段"。① 这种在一个同一概念之下的,统一模式之下的比较恰恰是梅因所反对的。茨威格特和克茨还认为,梅因和法律人类学研究的基本原理是一样的,认同"世界上每一文明发展,在每一民族和每一种族那里都是一种历史事件,因此都是独特的",但又无法解释不同民族种族在发展上的一致性和共性,因此只能用继受和民族迁移来解释。不能不说茨威格特和克茨对梅因的评价存在一定的偏差。他们不仅忽略了梅因学术的历史背景和理论发展的前因后果,将其历史比较方法的批判性置之不理,而且在对梅因的主题和方法上也做出了过于粗糙的论断。尽管梅因主要处理的是法律发展的历史机制问题,但茨威格特和克茨仍然错误地理解了梅因所秉持的对法律多元及其生成机制的关切,而且并没有看到梅因在《古代法》之外,诸如《东西方乡村社会》《早期制度史》中所使用的横断面比较和那些跨域古今纬度的丰富研究。梅因没有简单地将法律文明多样性的成因归因于继受和民族迁徙,所使用的也不仅仅是古代法的素材,其目的亦非探古寻幽式地挖掘现代法律的本源。梅因不仅处理了茨威格特和克茨所提到的,所谓"类型性的诸因素"(反复出现的因素)与"非类型性的诸因素"(种族、特殊的能力、历史)在一个民族法律的形成过程中的关系②,而且也谈及了这些因素是如何生成了共性和多样。

"历史比较的意义是对历史理解和历史解释手段的扩大和强化",通过确定类似性和差异性以寻求共性,或者"在其个性中更为准确地把握历史对象并把之与其他历史对象相互区别开来"。③ 现代历史学意义上的历史比较一般是对于相同时代不同社会的平行历史比较,或者处于不同历史时代但处于相同发展阶段或同一历史进程的错位历史比较。一般而言并不包括同一社会的不同时代的历史比

① [德]茨威格特、克茨:《比较法总论》,13 页。
② 同上书,14 页。
③ [德]哈特穆特·凯博:《历史比较研究导论》,5 页。

较，这一过程是传统历史学的一般方法。这里的社会可以指民族国家，可以指更小单元意义上的地区、城市、村镇，当然也可以指更加宏大的、整体性的文明体系之间的比较。鉴于历史比较往往是在具有区别度的不同体系与特点之间展开的比较，因此"大多数历史比较首先是围绕差异性进行的……然后由此出发对差异性进行解释以及在历史社会的整体背景中描绘出他们的内在逻辑及其意义。共同性在这里只起到辅助性的作用"。① 尽管在目的类型中，历史比较存在一种相对于"特殊性比较"而言的"整体性比较"，以探求不同社会之间的共同历史因果关系和历史规律。但自 20 世纪以来，整体比较所需要的史料和方法繁多复杂，与历史学发展的实证化和量化趋势相违背，呈现了衰落的趋势。而关注特定课题，形成某种反观和反差效果的特殊性比较是主流。较之以普遍性历史解释为目的的比较研究，"特殊性比较"在历史原因的解释上，接受并寻求对历史因果关系的个性化解释，即接受不同社会的历史发展呈现的结果可能归结于不同的历史原因，即不同的历史原因可能产生相同的结果，或者相同的历史原因可能产生不同的结果。由此，所建立的历史解释仍然是特殊性的而不是一般性的。梅因的历史比较几乎覆盖了历史比较的所有可能纬度，并有效结合体现了某种以差异性为主要目的的整体性比较（历史批判的层面）和特殊性比较（具体制度比较的层面）。

三、梅因历史比较方法探微

梅因著作中涉猎的法律秩序和法律规则之繁复到了令人眼花缭乱的程度，古代法部分涉及古希腊、古罗马、基督教教会法、欧洲封建领主法、印度法、日耳曼习惯法、法兰克法、古爱尔兰法、古英格兰法等，现代法则使用了英格兰法、德国法、法国法、印度法（主要是印度归属于英帝国之后）、美国法等；所涉猎的法律部门不仅包括私法领域的遗嘱、财产、契约等，还包括了司法程序、犯罪与刑罚、宪法、国际

---

① ［德］哈特穆特·凯博：《历史比较研究导论》，11 页。

法等;理论上涉及自然法、分析法学、功利主义、德国概念法学、德国
历史法学等诸多线索。梅因在这些素材之间,站在当下回望历史,以
欧洲为主要立足点,以雅利安印巴文化体系为主要对象,展开了可能
是法律理论发展史上最为复杂的历史比较分析。在微观比较中,梅
因在开放、交叠的时间结构中以高超的手眼选材,以具体制度比较见
长,以批判理性主义、功利主义和概念法学为目标,展现了经典的比
较分析过程。剖析、详解这些过程,能够为当代法的历史比较提供研
究范本,以资借鉴。

(一) 遗嘱、财产、契约和不法行为的早期史

1. 遗嘱

在具体选择比较素材的过程中梅因注意了一些方法,并应用这
些方法有针对性地选择比较素材。在《古代法》第六章之后进行具体
制度早期史的分析过程中,梅因首先进入的是对遗嘱早期史的分析。
梅因认为意欲在英国法学研究中突出历史研究的意义,选择遗嘱制
度作为研究对象非常适合。考虑到遗嘱制度内容多、时间长,最能够
体现历史研究的优越性并能够挖掘与非历史比较无法发现的结论,
从而与那些仅从表面分析而来的结论形成某种鲜明的对照,梅因认
为,所谓"'遗嘱'或'遗命'是一种工具,继承权的转移即通过这个工
具而加以规定"。[①] 而"继承权是概括继承的一种形式。概括承权是
继承一种概括的权利,或权利和义务的全体"。[②] 尽管当代英国受让
人继承破产者财产只在遗产限度内清偿债务,但这也是对源自罗马
法的概括继承的一种修正形式。梅因详尽分析了罗马法上的继承权
概念和不同形式的概括继承,尤其是"汉来狄塔斯"(Hæreditas,继承
权)即为继承人在被继承人死亡时概括继承被继承人全部法律人格,
也就是继承了被继承人的全部权利和义务。在比较罗马法和英国当
代法律之后,梅因得出了一个高度一般性的结论,即"在社会的幼年

---

① [英]梅因:《古代法》,101 页。
② 同上书,101 页。

时代中，……人们不是被视为一个个人，而是始终被视为一个特定团体的成员"。① 随即，梅因的分析又回到了其所处时代的英国法，认为英国法学家所称的"集合法人"（真正的法人）和"单一法人"（拟制的法人）与罗马时代的个人和家族的关系完全相同。罗马法上的个人相当于英国法上的"单一法人"，当死亡发生时就会出现法人人格的概括继承。在包括罗马法在内的古代法中，"从遗嘱人转移给继承人的是家族，也就是包括家父权中和由家父权而产生的各种权利和义务的集合体"。遗嘱实际上是家族维系的手段。因此也就不难理解为什么遗嘱会同古代宗教和法律最"古怪"的遗物——"家祭"相联系。因为"家祭是用以纪念家族同胞之谊的祭祀和礼仪，是家族永存的誓约和见证"。② 因此，在印度法中"继承一个死亡者财产的权利是和履行其葬仪的责任相辅而行的"。③ 印度法保留了大量的关于祭祀与继承权相关的制度。在印度起到遗嘱制度替代作用的是"收养"，与遗嘱一样可以起到维系家族的作用。当社会变革发生，财产开始在个人与家族之间产生分割需要的时候，也就是遗嘱制度发生根本性变革的时候。在分析相关"无遗嘱继承"制度中，梅因还列举了犹太希伯来"摩西之法"和日耳曼法，以说明在古代法中存在强制性的共有产家族内部分配而不进入继承范围的"无遗嘱继承"形态的存在。梅因大量分析了罗马法中贵族阶层的遗命和"告令法律"使遗嘱成为带有公共事务色彩的行为。而平民的"曼企帕因"（mancipium）遗嘱程序，是"现代社会如果没有了它们就很难团结在一起的两个伟大制度，即'契约'和'遗嘱'的母体"。④ 在《古代法》第七章后续讨论遗嘱制度中，梅因比较了罗马法、现代欧洲、印度法、苏格兰高地的法律制度甚至提及了作为阿拉伯习惯法的穆罕穆德法中的继承制度，解答了法律史研究中的一个难题：既然遗嘱继承和无遗嘱继承都

---

① ［英］梅因：《古代法》，105 页。

② 同上书，109 页。

③ 同上书，110 页。

④ 同上书，116 页。

是一种法律人格的传承,事关家族,往往涉及均分或者利益均沾,那么如何解释随后历史中出现的长子继承制和宗法制。经由比较,梅因概括出了一个结论:"宗法制不仅是家庭的,而且是政治的……"

2. 财产

在《古代法》中,梅因还分析了财产的早期史。在这一部分中,梅因在比较历史研究中运用了罗马法、当时的英国法等素材,在研究古村落共产体中则涉及印度、俄罗斯、古斯拉夫的历史。在这部分研究中,梅因的历史比较意在批判关于最初财产权利建立的理论,如"占有说""时效说"可能存在的问题。"'先占'是实物占有的有意承担;至于这样一种行为赋予人们对'无主物'享有权利的看法,不但不是很早期社会的特征,而且很可能,这是一种进步法律学和一种在安定情况下法律产生的结果。"[1]也即,占有不是法律上所有权产生的条件,而是法律之后的行为。无稳定的法律秩序就不可能存在占有。"只有在财产权利的不可侵犯性在实际上长期得到了认可时,以及绝大多数的享有物已属于私人所有时,单纯的占有可以准许第一个占有人就以前没有被主张所有权的物品取得完全所有权。"[2]而时效说对于在先权利的毁灭性影响是不合理的。时效取得之所以被后世所接受,是因为"'时效取得'实在是一种有用的保障,用以防止过于繁杂的一种让与制度所有的各种害处"。[3]而包括与"时效占有"有关的"交付"等概念则是应用动产思维理解不动产的一种发展。在现代所有权和流转制度形成的过程中,拟制和衡平起到了重要的作用。梅因对财产权早期史的梳理,集中体现了其研究目的和初衷:破除自然法和法律学说所形成的"理所应当"和那些与历史真实发展不符的"假定"。在还原历史真实的过程中,探求现代法律机制形成的历史机理和现实功能。

---

① ［英］梅因:《古代法》,145 页。
② 同上书,145 页。
③ 同上书,162 页。

3．契约

在契约的早期史中，梅因主要针对社会契约论的理论前提，社会契约缔结的可能性与正当性展开评论。使用了罗马法、印度法、同时代英国法作为历史比较素材。不同于他处的是，梅因在契约早期史研究中使用了类型化分类的方法，按照历史顺序研究了四种类型的契约：口头契约、书面契约、要物契约和诺成契约。契约的早期史中四种类型契约的更替，显示了契约内在的意志合意的重要性，而缔约形式逐渐成为合意的一种象征。但由于梅因认为其他古代社会的契约比较法资料不充分或者完全逸失了，因此梅因在关于早期契约制度演变的分析中主要使用的是罗马法。社会契约理念可以说是形而上学和古罗马法相互影响的一种衍生产物，契约概念被借用，以理解社会组织的过程，从而揭示了社会契约理论是受罗马法契约理念和制度发展影响的产物，而不是源于历史真实。

4．侵权和犯罪

在《古代法》具体制度的分析中，"侵权和犯罪的早期史"与遗嘱、财产和契约相比不是代表性的，而是一种补充性的分析。梅因认识到在早期法典中，除《十二铜表法》以外，包括"条顿法典"在内的古代法中，关于不法行为和侵权的法规规定所占的比重都要大于民事法律。通过对这些早期不法行为及其救济形式的研究，梅因发现，在最早的时代，国家通过法院等司法机制干预不法行为的原因"很少是由于国家受到了损害这个观念"。国家和负责裁判的管官吏不过是一个临时的"私人公断者"的角色。在罗马法发展和教会法的影响下，梅因论证了对于犯罪和不法行为的干预如何发展成为一种国家行为和公法行为。

（二）历史比较的范围与条件

在 1931 年的《古代法》导言中，克莱顿（Carleton Kemp Allen）指出，《古代法》"是雅利安民族各个不同支系，尤其是罗马人、英国人、爱尔兰人、斯拉夫人以及印度人的古代法律制度的一个比较研究"。①而梅因在《东西方乡村社会》中则更加突出地体现了"印欧人"（雅利安人）的人种学范围。雅利安人的人种学概念来源于语言学，是印欧语系的语源、传播而应用的概念。19世纪的语言学研究认为，在公元前2000年—公元前1000年的远古时代，中亚的"雅利阿"族群的一支南下在印度河上游定居，另一支进入亚细亚。"自18世纪欧洲语言学界发现梵语同希腊语、拉丁语、克尔特语、日耳曼语、斯拉夫语等有共同点后，即用雅利安语一词概括这些语言，也就是印欧语系语言，英国、德国、俄罗斯以及南部地区以外的印度都属于这一语言系统。"②"由于受到印欧语系中的比较语言学的影响，当时出现了一种语言学倾向；它推动了比较方法在各个领域中的发展，而且这种发展在历史法学派中也是显见不争的。"③梅因历史比较分析的人种学限定，表达了他历史研究的审慎态度和非进化论者的立场，"他试图通过比较来填补直接的历史证据，一个有限的领域内一系列具体的相似性看起来能够用以证成"。④梅因的这种人种学限定，一方面是19世纪"科学时代"方法论的体现，另一方面也可能是这样一个范围能恰好与梅因本人的学术领域和兴趣相契合。梅因在《东西方乡村社会》中的比较基本上是《古代法》中关于遗嘱、财产早期史的一种展开。梅因精通罗马法，又在担任印度委员会法律委员期间亲历印度法的实践，并收集了解了大量的印度法资料，加之以家乡英格兰为基础的，对于古爱尔兰法、对欧洲其他国家古代和现代法的了解，使其能够开展雅利安体系内的比较。这是一种个人知识、背景和兴趣的绝佳结合。梅因的雅利安法律体系的限定是以人种学为基础的，这种思路也是反对以理性思辨理解法律史的体现。梅因意在以人种学、比较法律史建立一种实证主义法律理论。但梅因以人种学为基础的比较法律史

---

① ［英］梅因：《古代法》，导言10页。
② ［英］梅因：《东西方乡村社会》，导言7～8页。
③ ［美］庞德：《法律史解释》，72页。
④ ［英］梅因：《东西方乡村社会》，10页。

没有进入群体心理学和民俗心理学层面，没有强调"民族精神"和"民族心理"，而是集中在雅利安族群的整体制度比较层面，与萨维尼相比较，具有更加突出的开放性。

在梅因的研究中，印度法的"出镜率"之高在西方法学理论著作中是非常突出的。梅因选取印度法的原因在于印度是各种古代制度和观念的大仓库，是一种顽固维持习惯法形态的冷冻社会，是一种与雅利安其他法律体系形成鲜明对比的、缺乏进步和发展动力与机制的社会，是一种于现代中的古代是一种可供研究的活化石。在印度法与罗马法、英国法、日耳曼法的比较中，梅因建立了其对古代村社制度的许多共性理解，如财产的共有等。梅因对印度法的发展做出了诸多公允的分析，如认为英国殖民统治妨碍了印度法的自然生长和革新，印度治理者应采取尊重印度习俗、融合印度习惯法的治理方式。而且梅因在比较研究中还发现了印度法在英治前后所发生的有趣转变，即随着权利意识的增长，印度人开始意识到可以借助国家机器和法律主张或者救济当地习惯法所赋予他们的习惯权利。[1] 梅因的印度法研究不仅是历史比较研究的需要，也是当时英国印度治理的需要。无论在学术上还是在政治上，梅因都并没有将印度理解为一个具有独立文化尊严的主体，而始终将其理解为一种衬托西方"先进""进步"的影子。与此相反，梅因给予罗马法的尊重确实是超乎寻常的。梅因几乎将罗马法作为理解一切雅利安体系的历史标尺和核心素材，并将罗马法与英国普通法的联系发展到了最紧密的程度，认为罗马法是理解欧洲法、英国法和所有西方制度的基本框架。梅因研究中，即便在雅利安人种学概念中，进步与停滞、文明与落后的对比仍然是非常鲜明的。

四、对梅因的批评及对历史比较方法的反思

梅因的历史法学和德国历史法学一起"奠定了一个健全的比较

---

[1]　[英]梅因：《东西方乡村社会》，51页。

法律史的基础,并以此取代了18世纪依据理性推测而建构的普遍法律史所明显具有那种肤浅性"。① 但"也在反对自然法理论的过程中,朝着相反的方向走得太远了,因为他们试图把人类改进法律和发展法律的努力从人类进行有意识努力的领域中排除出去"。② 19世纪末到20世纪,对梅因及其历史法学的批评主要来自社会法学。其矛头主要指向两个方面:一是"法律发现"论中的单纯经验主义,忽视人类理性构造的作用,即保守有余创造不足,是一种"保守且压抑的思想模式";二是"历史即正当"所引发的客观性和正当性问题,一方面历史比较存在选择与主观性,另一方面又"根深蒂固地认为,一项业已确立的法律规则,只要法律年鉴能够表明它早已存在或依然成为历史原则的一部分,在今天也必须是一项适当的甚或是必要的行为规则"。

(一)保守性问题

梅因的早期和成熟期研究,以《古代法》为代表,高度关注法律发展机制问题,提出了拟制、衡平和立法三种机制。而且在分析具体问题过程中,概括了"身份到契约""集体人格到个体人格"等发展规律。《古代法》时期的梅因尽管不能说是一个改革者或者革命者,但仍不失为一个承认、关注并探讨法律发展进步可能机制的进化论者。但晚期梅因的研究却走向了相当保守的道路。《民众政府》是梅因著作中较少被提及的一部晚期作品,原因不外乎该书中大量对民众政府(民主政府)的批评。如"民主这个头脚倒置的君主政体"③"人民的偏见比特权阶级的偏见更强烈、更庸俗、也更危险,因为他们的行为更可能和科学的结论冲突"④……梅因通过对英国宪政史、美国立宪史、法国宪政史的比较,认为"在我们英国,脱胎于部落自由的民众政府很早就复兴了,比其他任何地方都早;由于英国地域狭小,民众政府

① [美]庞德:《法律史解释》,98页。
② 同上书,98页。
③ [英]梅因:《民众政府》,46页。
④ 同上书,38页。

才得以成功存活，也正因此，英国宪法成了'时代大势'中的一个重要例外"。① "不列颠宪法在特定条件下取得了成功……而美国宪法在更特殊且很可能不会再现的条件下取得了成功。"②而法国、西班牙引入民众政府的历史则充斥了战争、革命与混乱。德意志和奥地利的民主宪法则都通过王室之手。"从整个欧洲的范围来看，民众政府最成功的实验，要么发生在那些无力卷入对外战争的社会，像荷兰、比利时，要么就是斯堪的纳维亚这样的国家，这些国家都有深厚的政治自由传统。"③尽管梅因声称其运用历史学方法研究人类政治制度的目的是澄清那些无知的想法，以论证民众政府的观点不过是先验自然法假说的另一套演绎："民主的产生实际上是从日常的历史先例中自然演化而来的。"④梅因认为应充分看清民众政府的弱点，主张以美国式的制衡和遏制手段防范民众政府的风险。梅因对民众政府的诸多判断是一针见血的，但终归是逆时代潮流的，难免被淹没在民主进程的潮声中。相比较《古代法》时期的客观和公允，梅因在其晚期作品《民众政府》中表现更多的固执甚至偏执，因此受到了大量的批评，最严重的批评莫过于对梅因历史比较方法论的责难。恩斯特·巴克爵士(Ernest Barker)批评梅因："如果我们翻开《民众政府》，我们会发现历史学方法的最终结局似乎就是一种忧郁的保守主义。"⑤恰恰是历史方法的"回头看"思维最终将梅因推到了一个非常保守的历史墙角，成为了壁上花。

福柯对历史法学十分不屑，认为 19 世纪历史法学的兴盛是由于欧洲进入创造力减退的时期，仅仅保有了"自卑粗俗的好奇"⑥。从理论发展的线索看，德国的历史法学从萨维尼到普赫塔到耶林，开始逐

---

① ［英］梅因：《民众政府》，46 页。
② 同上书，31 页。
③ 同上书，10 页。
④ ［英］梅因：《民众政府》，前言第 4 页。
⑤ 同上书，导言第 5 页。
⑥ 参见［法］福柯：《尼采、谱系学、历史》，载《福柯集》，王简译，161 页，上海，远东出版社，2002。

步走出历史主义的道路,渐次步入德国法律科学,发展成为以教义学为核心的理性主义法律理论体系。而梅因之后的 20 世纪英国法理学则继续在经验和实证的大方向上走向了分析法学和哈特。历史不应成为敌视改革的理由,也不应成为回避现实问题的庇护所。相较于朝向变革的自然法方法,历史研究这种向后看的方法一旦进入批判现实和建构制度领域就会带来保守主义的问题,并面临从经验向构建跨越的认识论休谟鸿沟——历史中的经验现实到认识中的理性之间的鸿沟。历史方法所提供的知识是阶段性或者暂时性的,一旦法律的历史经验中发现了主要法律原则,那么历史性的研究工作就完成了其使命,法学就进入更重要的阶段,即利用已经发现的法律原则构建一种真正科学的法律体系的阶段。历史方法与体系方法相结合才能保证法律科学成为一门真正的科学。而法律史学也必须与法教义学或者实证法研究相结合才能回答时代面临的问题。

(二) 客观性与正当性问题

梅因论证的选材带有相当很强的主观性,在很多讨论中没有区分法律史中的偶发事件和普遍事件,没有区分个殊性概念和一般范畴。他也缺少萨维尼对待罗马法一般的整全性和体系性追求,存在对罗马法和其他法律制度与文化的断章取义问题。实际上,梅因历史比较法中反映的客观性问题在所有历史方法中是普遍存在的。从奥斯丁的《上帝之城》的神学历史观到伏尔泰的道德形而上学史观,西方历史哲学从先验论开始。但 19 世纪实证科学方法的进入,大大提高了对历史真实性的要求,力图发现事实、概括规律,从而把历史研究从先验唯心论中解放出来。再到康德、黑格尔的思辨历史哲学,已经走向了形而上学与经验实证的对话。康德把历史理解为人类自然禀赋充分展开的进化过程,但他也同样重视历史现象之间的因果关系。而黑格尔则更注重把经验历史引向自由意志的客观发展。梅因的历史比较研究大体上处于科学方法对历史研究产生浓重影响的阶段。但他显然也已经身处康德哲学和黑格尔哲学产生影响的时代[1]。在方法论原则和历史观的层面，梅因带有一定反思辨的特征，主张静观历史，反对把历史放置到"普洛克路斯忒斯之床"，从而与黑格尔的历史哲学存在根本性的分歧。在启蒙的思辨历史哲学之后，"分析历史哲学"的兴起，使历史研究开始"放下"对历史过程客观性本身的纠结，而转向对历史学认识论和历史知识本身。狄尔泰认为，历史不同于研究抽象客观自然世界的自然科学，毋宁是建立在历史学家个人体验基础上的。而克罗齐则提出了标志性的主张：历史都是当代思想的产物，一切历史都是当代史。折中的历史哲学主张：历史学家既不能做历史谦卑的奴仆也不是它暴虐的主人，历史研究既是科学也是艺术。[2] 历史学家的任何思想都必须建立在对历史事实的客观性基础上。福柯之后，后现代思潮的历史哲学则开始打破历史的理性和连续性"神话"，将非理性问题史、边缘问题史放置到历史研究中。但在方法上，福柯的"考古学""谱系学"使用了大量来自分析语言哲学的方法，通过这种方法回到历史本身。基于时代的局限，梅因历史比较研究反映了19世纪历史主义反规范、反先验的方面，但同时也几乎完全抛弃了历史哲学另一进路——目的论历史哲学、规范性历史哲学可能带来的启发。梅因历史比较研究尽管具有批判性和哲学性，但是这种哲学性不是来自对历史过程和历史发展本身的总结。历史事实在梅因那里只是承担了一种工具性的功能。在这个意义上梅因是非历史的，他不是一个历史学家，而毋宁是一个法理学家。

五、结语

从经验中反观理性，作为法理学家，梅因以批判和反思为目的的

---

[1] 关于梅因与康德在"人格权""契约"等法律概念理解上的差异请参见张永和：《血缘身份与契约身份：梅因"从身份到契约"的现代思考》，载《思想战线》，2005(1)。

[2] 参见[英]汤因比等：《历史的话语：现代西方历史哲学译文集》，张文杰编，译文集序，桂林，广西师范大学出版社，2002。

历史比较研究,架起了法律史与一般法理论研究的桥梁。当代比较法正在努力破除以西方法律传统为原点,突破以西方法律文明的传播为基本线索的传统格局。梅因历史比较的跨文化宽广视野和多中心的开放性,对于当代比较法理论和实践具有直接的启发意义。梅因的微观比较在处理可比性条件、进行比较素材的选择和组织等技术上也值得当代比较法学家学习。但时代更迭,体系化与哲学化的法学理论追求亦是梅因之后、身处当下的我们不能不顾及的。20世纪末以来,历史比较研究在实证方法不断发展的情况下,也已经有了新的可能。社会科学对现当代的社会发展数据有了更为详尽的记录,也有了更为便捷的实证分析工具。在社会科学实证研究领域呈现一种历史比较方法的复兴,[1]尤其是在政治学领域,历史比较成为区别于流行的使用大样本的政治学行为主义实证分析的一种研究方法。这种研究方法使用较少数量的样本,并注重历时性的比较从而从以积累性数据分析更好地佐证结论。[2] 在社会科学意义上的历史比较研究的回潮可以给法律研究提供一种方法论指向:结合功能主义的问题意识和导向,发掘和应用现当代的历史数据和方法,可以在容易积累数据的诉讼、司法等相关领域开展更有科学性的历史比较。

---

[1] 参见陈那波:《历史比较分析的复兴》,载《公共行政评论》,2008 年(3)。

[2] J. Mahoney & D. Rueschemeyer, *Comparative historical analysis in the social sciences*, Cambridge University Press, 2003. 此书以及诸多以此为名著作的出现被认为是历史比较方法论的自觉之体现。

仪式缘何受到如此重视？
——以梅因《古代法》为中心考察

赵天宝[*]

被誉为"十九世纪乃至其他世纪中唯一的法学畅销书"[①]的《古代法》，系 1861 年出版的英国著名法律史学家梅因的代表作，至今仍为法律史学、比较法学和法人类学的经典之作。在《古代法》中，梅因以古罗马法为基准，参酌古印度法的史料，融合东西地探寻了古代法从判决到习惯再到法典的演进历程，这三个法律发展阶段又大致映射个人英雄时代、贵族政治时代和民主政治时代的历时性政治变迁，而法律为了适应社会结构和政治形态的渐次改进方法为法律拟制、衡平和立法。在此基础上，梅因得出了一个惊世骇俗的研究结论："所有进步社会的运动，到此处为止，是一个从'身份到契约'的运动。"[②]这一结论被认为是对"法理学最杰出的贡献"[③]。唯此，关于梅因《古代

---

[*] 西南政法大学应用法学院副教授，西南民族法文化研究中心研究员。

[①] A. B. Simpson, "Contract-The Twitching Corpse", 1 *Oxford Journal of Legal Study*, 1981, p. 265.

[②] ［英］梅因：《古代法》，沈景一译，112 页，北京，商务印书馆，1959。

[③] ［美］博登海默：《法理学：法律哲学和方法》，邓正来译，92 页，北京，华夏出版社，1992。

法》的研究成果层出不穷①,其中有专门关注"身份与契约"关系的,尽管赞同梅因结论并阐发者居多②,但也有结合现代语境而反思其不足以求完善的成果③;有着重梅因方法论研究的④,也有侧重研究《古代法》对现代法治影响的⑤,还有注重梅因法人类学思想研究的⑥。综观现有成果,笔者发现专门研究《古代法》中"仪式"的成果尚付诸阙如,是故本文欲弥补这一缺憾。法国著名社会学家涂尔干曾言:"社会科学的使命首先是呈现社会事实,然后以此为据建立理解社会的角度,建立进入社会范畴的思想方式,并在这个过程之中不断磨砺有效呈现社会事实并对其加以解释的方法"。⑦ 本文即遵循这一研究理路,

---

① 在中国知网上,以"梅因"为主题词搜索,共搜到 309 条结果;以"古代法"为主题词搜索,共搜到 565 条结果。最后访问日期:2018-02-06。

② 如梁治平:《从身份到契约:社会关系的革命》,载《读书》,1986(2);邱本、董进宇、郑成良:《从身份到契约》,载《社会科学战线》,1997(5);邱本:《从契约到人权》,载《法学研究》,1998(6);陈刚:《从身份社会到契约社会》,载《南京师大学报》,2005(1);唐志荣、苏治:《"从身份到契约"新读》,载《研究生法学》,2002(2);张保成:《析梅因的"从身份到契约"》;李丹:《从身份到契约——读梅因〈古代法〉所感》,载《法制与经济》,2011(5);李朋来:《浅议梅因之"从身份到契约"》;张丽鲜、郭新杰:《试论"从身份到契约"》,载《佳木斯教育学院学报》,2012(7);等等。

③ 如董保华、周开畅:《也谈"从契约到身份"——对第三法域的探索》,载《浙江学刊》,2004(1);蒋先福:《近代法治国的先声——梅因"从身份到契约"新论》,载《法制与社会发展》,2000(2);张金海:《重思"从身份到契约"命题》,载《云南大学学报》(法学版),2006(2);张永和:《血缘身份与契约身份——梅因"从身份到契约"的现代思考》,载《思想战线》,2005(1);等等。

④ 如韦绍英:《梅因的历史方法探析》,载《法学评论》,1985(3);胥波:《梅因——历史法学的集大成者》,《辽宁大学学报》,1996(5);陈颐:《梅因历史法学方法论简述》,载《华东政法大学学报》,2007(5);叶秋华、郝刚:《梅因与〈古代法〉法学历史方法论》,载《河南省政法管理学院学报》,2005(1);谢郁:《梅因〈古代法〉结论之形成逻辑——兼论梅因方法论的作用与局限》,华南理工大学硕士论文,2013;等等。

⑤ 如肖洪泳:《传统与法治——在梅因〈古代法〉上的展开》,载《湖南社会科学》,2008(5);张秀仕:《契约文化与中国现代法治建设》,载《玉溪师范学院学报》,2003(7);陈金钊:《〈古代法〉中的法典运动》,载《史学月刊》,1993(6);王健铭:《法律进化与法典编纂的心结》,载《法制博览》,2015(7);等等。

⑥ 如孟洁:《法的起源——由梅因的〈古代法〉展开》,载《当代法学论坛》,2011(4);丁文君、王静宜:《梅因〈古代法〉中的法人类学思想》,载《思想战线》,2013,39 卷;余金阳、魏东:《试论梅因〈古代法〉对法人类学的影响》,载《法制与经济》,2012(1);等等。

⑦ 转引自赵天宝:《景颇族习惯规范研究》,1 页,北京,民族出版社,2014。

首先将《古代法》所含"仪式"的内容进行呈现，然后深入揭示"仪式"备受重视的缘由，最后对"仪式"的现实语境及未来发展进一步分析和预测，力求对梅因眼中的"仪式"有一个更为清晰的透视。

一、《古代法》仪式的内容呈现

遍观梅因《古代法》全书，经电子版①搜索和纸质版②校对，含有"仪式"二字的内容共计出现 42 次，特列表如表 1 所示。

表 1　《古代法》中的"仪式"内容统计

序号	内　　　容	页码	章节	类别
1	梅因提出的各个阶段：一是把债务同真正的以身体自由为质物（耐克逊借贷）看作一回事，带有严格的神圣仪式；二是以庄严的口头问答和以诚意担保的债务；三是有书面文字的无可辩驳的证据；四是真正契约的"巨大道德进步"，这些契约代表公正的基本原理，即根据一致同意的条件，受领和享有他人有价物件的人，有归还它或其价值的义务	14	导言	契约仪式
2	到现在为止，还保存原始社会某些最古怪特点的印度习惯法（Hindoo Customary Law），对于人们所有的一切权利和继承的一切规定，几乎都要在死人安葬时，也就是说在家族延续发生中断时，按照举行规定仪式时的严肃程度决定	5	第一章　古代法典	继承仪式

---

①　[英]梅因：《古代法》，沈景一译，序 1 页，导言 1～6 页，正文 6～85 页。
②　同上书，序 1 页，导言 17 页，正文 255 页。

续表

序号	内　　容	页码	章节	类别
3	像这样,在罗马四周各个不同的国家中,对于财产的让与虽然都必然地伴着很不同的形式,但是准备要让与的物品的实际移转、交付或是送达乃是它们之中共有仪式的一部分。例如,这就是"曼企帕地荷"(Mancipation)或是罗马所特有的让与方式中的一部分,虽然是一个次要的部分	33~34	第三章　自然法与衡平	财产移转仪式
4	也许我们会认为,这种共同的要素是进行交易所必需的本质,而剩下来的在各个社会中不相同的仪式,则只能被认为是偶然的和非必要的	34	第三章　自然法与衡平	财产移转仪式
5	因此单纯匀称和通晓易懂就被认为是一个好的法律制度的特点,过去对于复杂言语、繁缛仪式和不必要困难的好尚,便完全消除	38	第三章　自然法与衡平	法律程序仪式
6	法律的这样组成是为了要适应一个小的独立团体的制度。因此,它的数量不多,因为它可以由家长的专断命令增补。它的仪式繁多,因为它着重处理的事务,类似国际间的事务的地方,多于个人间交往的迅速处理	83~84	第五章　原始社会与古代法	法律程序仪式
7、8	在古代,按照罗马的惯例而缔结婚姻的方式有三种,一种是用宗教仪式,另外两种是按照世俗仪式进行。宗教婚姻叫共食婚(Confarreation),高级形式的民事婚姻称为买卖婚(Coemption),低级形式称为时效婚(Usus)。通过这些婚姻,夫对于妻的人身和财产取得了多种权利,总的说来,是超过现代法律学任何制度所赋予他的	102	第五章　原始社会与古代法	结婚仪式

序号	内　　容	页码	章节	类别
9	曼企帕因或后来在拉丁文中所谓"曼企帕地荷"，把我们带回民事社会的萌芽时代。由于它的产生远在书写艺术发明之前，至少是在书写艺术广为流行之前，所以手势、象征的行为和庄严的成语便被用来代替文件形式，冗长的和繁复的仪式是为了要使有关各造都能注意到交易的重要性，并使证人们可以因此而获得深刻的印象	134	第六章　遗嘱继承的早期史	财产移转仪式
10	"遗嘱人"是让与人；五个证人和司秤都到场了；受让人的地位由一个在术语上被称为家产买主（familiyemptor）的所占有。于是就按照一个普通"曼企帕地荷"的仪式进行。经过某种正式的手势和言语的宣述。家产买主用一块钱敲击天平以表示价金的支付，最后，"遗嘱人"即用所谓"交易宣告"（Nuncupatio）的一套话语批准刚才所做的，这一套成语在遗嘱法律学中已有长久历史，已为法学家所熟知	134～135	第六章　遗嘱继承的早期史	继承财产仪式
11	在一个不容易明确决定的时期，罗马"裁判官"在处理"遗命"时，习惯于按照法律的精神而不是法律的文字来举行仪式。不定期处分在不知不觉中成为成规定例，直到最后，一种完全新形式的"遗嘱"成熟了，并且和"告令法律学"正规地衔接在一起	137	第六章　遗嘱继承的早期史	继承财产仪式

序号	内　容	页码	章节	类别
12	某年的"裁判官"一定曾在其就任的"布告"中列入了一个条款，说明他决意支持通过某种仪式而执行的一切"遗命"；这种改革在被发现为有利的以后，其有关条款便被"裁判官"的继承者重新引用，并再为其后任重复采用，直到最后由于这样地被继续编入而被称为"常续"或"永续告令"（Continuous Edict）这一部分法律学的一个公认部分	137	第六章　遗嘱继承的早期史	继承财产仪式
13	因此"裁判官遗嘱"必须有七个证人：其中两个相当于司秤和家产买主，他们不是作为象征的性质，他们到场的唯一目的是为了提供证言。这时不再举行象征的仪式，只是把"遗嘱"诵读一遍；但是为了要永保"遗嘱人"处分的证据起见，很可能（虽然不能绝对地肯定）必须有一书面的证件	138	第六章　遗嘱继承的早期史	继承财产仪式
14	同时，我们有证据证明我们所最熟悉的那种形式的"长子继承权"是一种原始的形式，其传统是当越过一个幼小的继承人而作出有利于其叔父的决定时，须先取得部族的同意。在麦克唐纳氏（Macdonalds）纪年史中有关这种仪式的相当真实的例子	157	第七章　古今有关遗嘱与继承的各种思想	王位继承仪式

续表

序号	内　容	页码	章节	类别
15、16	古代法中的契约和让与既然不是以单独的个人而是以有组织的人的团体为当事人,这些契约和让与就有高等仪式;它们需要多种多样象征性的行为或言辞,其目的是使整个交易能深深地印在参与仪式的每一个人的记忆中;它们并且要求一个很大数目的证人到场	176	第八章　财产的早期史	契约仪式
17、18	在这些障碍并不存在或是能够克服的地方,让与行为本身一般都为一大套不能有丝毫疏忽的仪式所重累。古代法一致拒绝废除一个单独动作,不论它是如何地荒诞;一个单独的音节,不论其意义可能是早已被忘却了;一个单独的证人,不论他的证词是如何地多余。全部的仪式应该由法律规定的必须参加的人们毫不苟且地加以完成,否则让与便归无效,而出卖人亦恢复其权利,因为他移转的企图并未生效	178	第八章　财产的早期史	财产移转仪式
19	真的,古代仪式的害处,上面所说的仅及其半。假使只在土地移转中需要有书面的或行为的精密让与,由于这类财产绝少在极匆忙之中予以处分,在移转时发生错误的机会是不会多的	179	第八章　财产的早期史	财产移转仪式

序号	内　　容	页码	章节	类别
20	可能除此以外,存在或产生了又一类的物件,这些物件是不值得坚持采用全部的"曼企帕地荷"仪式的。当这些物件由所有人移转给所有人时,只须进行通常手续程序的一部分,这一部分就是实际送达、实物移转或交付,这是一种财产所有权变更的最明显的标志	180	第八章　财产的早期史	财产移转仪式
21	因此,它们就不知不觉地提高到和"要式交易物"处于平等的地位,一种固有的低级的印象就这样逐渐消失,人们也就看到了在他们移转时,如果用简单的手续,比较采用复杂和严肃的仪式有更多的利益。法律改良中的两个媒介即"拟制"和"衡平"就被罗马法律学专心一致地运用着,使得"交付"能具有"曼企帕地荷"的实际效果	180	第八章　财产的早期史	财产移转仪式
22、23	各种低级的财产,由于蔑视和忽视,首先从原始法律所喜爱的复杂仪式中释放出来,此后,在另一种智力进步的状态下,简单的移转和恢复方法便被采用,作为一个模型,以它的便利和简单来非难从古代传下来的繁重仪式。但是,在有些社会中,财产所受到的束缚是过分地复杂和严密,不能轻易地得到放松	181	第八章　财产的早期史	财产移转仪式

续表

序号	内　　容	页码	章节	类别
24、25、26、27	古代法特别使我看到粗糙形式的和成熟时期的"契约"间存在一个很远的距离。在开始时，法律对于强迫履行一个允约并不加以干预。使法律执有制裁武器的，不是一个允约，而是附着一种庄严仪式的允约。仪式不但和允约本身有同样的重要性，并且仪式比允约更为重要。因为成熟的法律学着重于仔细分析据供一个特定的口头同意的心理条件，而在古代法中则着重于附着在仪式上的言语和动作。如果有一个形式被遗漏了或用错了，则誓约就不能强行。但是，另一方面，如果所有形式经表明已完全正确进行，则纵使以允约是在威胁或欺骗之下作出为辩解，也属徒然	201	第九章　契约的早期史	契约成立仪式
28、29、30	起初，仪式中有一个或两个步骤省略了；后来，其他的也简化了或者在某种条件下忽略了；最后，少数特殊的契约从其他契约中分离出来，准许不经任何仪式而缔结定约，这种选定的契约都是些社会交往活动和力量所依靠的。心头的约定从繁文缛节中迟缓地但是非常显著地分离出来，并且逐渐成为法学专家兴趣集中的唯一要素。这种心头约定通过外界行为而表示，罗马人称之为一个"合约"（Pact）或"协议"（Convention）；当"协议"一度视为一个"契约"的核心时，在前进中的法律学不久就产生了一种倾向，使契约逐渐及其形式和仪式的外壳脱离	202	第九章　契约的早期史	契约仪式

序号	内　容	页码	章节	类别
31、32	铜片和衡具是"曼企帕地荷"的著名附属物，即在前章中描述过的古代仪式，通过这种仪式"罗马财产"最高形式中的所有权就由一个人移转到另外一个人。"曼企帕地荷"是一种让与，因此就发生了一个困难，因为这样的定义似乎把"契约"和"让与"混淆起来了，而在法律哲学上，它们不仅仅是个别的，而且在实际上是相互对立的	203	第九章　契约的早期史	财产移转仪式
33、34、35	一切要式行为在开始时可能只有一种庄严的仪式，在罗马，它的名称在过去似乎就是耐克逊。过去在让与财产时所用的同样形式，后来似乎就恰恰被用于缔结一个契约。但经过不多时候，我们到达了这样一个时期，当时一个"契约"的观念又被从一个"让与"的观念中分离了出来。这样，就发生了一个双重的变化。"用铜片和衡具"的交易，当它的目的是在移转财产时，采用了一个新的、特殊的名称，"曼企帕地荷"。而古代的"耐克逊"则仍旧用以表示原来的仪式，但这样仪式只被用于使契约庄严化的特殊目的	204～205	第九章　契约的早期史	契约成立仪式
36	我也深信在最早应用"耐克逊"时，也即是在原来应用它的人们的心目中，"耐克逊"的作用是在使财产的移转有适当的庄严仪式	205	第九章　契约的早期史	财产移转仪式

序号	内　　容	页码	章节	类别
37、38	其次传下来的是仪式的观念，它伴随同时尊崇定约，这个仪式已变化而成为"约定"。原来"耐克逊"的主要特点是庄严让与，这种庄严让与转变为单纯的问题和回答，如果我们没有罗马"遗嘱"史启发我们，将始终是一个秘密	210	第九章　契约的早期史	契约仪式
39	无可否认，它们有这样一种价值，这是逐渐被承认的；但根据我们权威著作的陈述，有证据证明它们有关"契约"的职能在起先是形式的和仪式的，并不是每一个问题和回答都是自古以来就足以构成一个"约定"的，只有用特别适宜于特定情况的专门术语表白的一个问题和回答，才能构成一个"约定"	210	第九章　契约的早期史	契约仪式
40	我们由"耐克逊"开始，其中"契约"和"让与"是混杂在一起的，其中伴随合意的手续形式甚至比合意本身还要重要。从"耐克逊"，我们转到"约定"，这是较古仪式的一个简单形式	216	第九章　契约的早期史	契约仪式
41	因此，在这个时代中，就没有任何的犯罪法律、任何的犯罪法律学。所用的程序和通过一条普通法令的形式完全相同；它是由同样的人物提议，并且用完全同样的仪式进行的	239	第十章　侵权和犯罪的早期史	法律程序仪式

续表

序号	内　　容	页码	章节	类别
42	我们所知道的最古的司法程序是罗马人的"誓金法律诉讼"（Legis Actio Sacramenti），所有后期的罗马"诉讼法"（Law of Actions）都是从它发展来的。该雅士曾详尽地描述它的仪式。初看起来，这好像是毫无意义甚至荒谬的，但稍加注意，就可使我们了解它的意义	240	第十章　侵权和犯罪的早期史	法律程序仪式

　　通过表1可以清晰地看出"仪式"一词在梅因《古代法》全书的分布，其中第九章"财产的早期史"和第十章"契约的早期史"出现频数最高，达26次，占全书"仪式"出现总次数42次的近62%；第二章"法律拟制"和第四章"自然法的现代史"未见"仪式"二字的身影，导言、第一章"古代法典"和第七章"古今有关遗嘱及继承"仅出现1处"仪式"，而导言中的1处还是评述第十章"契约的早期史"之"耐克逊"提起的。契约的背后往往隐喻财产的移转，梅因精准地发现了"仪式"对于人们相互之间财产移转的重要性，是故"仪式"在第九、十两章的"财产史"和"契约史"中高频出现亦就不足为奇。但仅对《古代法》中的"仪式"进行直观呈现尚很不够，对这些"仪式"进行恰当合理的分类方有利于对其进一步阐释。涂尔干和莫斯舅甥二人认为："所谓分类，是指人们把事物、事件以及有关世界的事实划分成类和种，使之各有归属，并确定它们的包含关系或排斥关系的过程。"[①]据此而言，准确界定上表中所列仪式的包含及排斥关系已属不易，如契约仪式和财产移转仪式就可能存在交叉甚至融合关系，因为多数契约仪式的背后均包含财产流转关系，上表最后一栏的简单分类主要是根据梅因所述内容进行简单总结的结果，目的是帮助大家对各类仪式有

---

① ［法］涂尔干、莫斯：《原始分类》，汲喆译，2页，北京，商务印书馆，2012。

一个初步的认知。但学术研究的魅力就在于不断对研究对象进行深入挖掘，力求从不同视角再现事物的原貌或发觉其中的规律性所在，是故我们必须明知其难而为之地对上表 42 处"仪式"进行分类。笔者认为，鉴于梅因对《古代法》的分析主要立基于罗马法，我们不妨就以罗马法的分类体系——人法、物法、诉讼法的分类标准对前表所列"仪式"进行界分。不可否认，罗马法的此种分类系按照权利保护的主体、客体和程序进行划分的，其中"人法是规定人格与身份的法律，包括权利能力、行为能力、婚姻与亲属关系等；物法是涉及财产关系的法律，包括物、物权、继承和债等；诉讼法是规定私权保护的方法，主要包括诉讼程序及法官职权等"。① 相应的，上表所列"仪式"亦可分为如下三类：人身权利保护仪式、财产权利保护仪式和法律程序保护仪式。前述表格中，第 7 条和第 8 条的缔婚仪式及第 14 条的王位继承仪式属于人身权利保护仪式；第 5、6、41、42 条的处理事情的程序仪式属于法律程序保护仪式；而第 1、24、25、26、27、28、29、30、33、34、35、37、38、39、40 条的契约成立仪式，第 2、10、11、12、13 条的财产继承仪式，第 3、4、9、15、16、17、18、19、20、21、22、23、31、32、36 条的财产移转仪式均属于财产权利保护仪式。综观这三种仪式，其中财产权利保护仪式在《古代法》中共出现 35 次，占全书"仪式"出现总数 42 次的 83.3%，可见仪式对于人们的财产权利保护的重要意义。这既符合当时英国及西方世界"私有财产神圣不可侵犯"的思维逻辑，也映显了人类社会发展过程中人们对自身权利和切身利益的内在追求。然则个中原因为何呢？

二、仪式倍受重视的原因透视

作为一种社会文化现象的仪式，是人类所独有的展演社会秩序的形式之一，是"一切文化形式的最早雏形，在人类最初的规范和准

---

① 曾尔恕主编：《外国法制史》，59 页，北京，北京大学出版社，2009。

则中,仪式是重要的组成部分"①。由此可见仪式的规范与秩序意义,这对于法学同仁而言尤为重要。不唯如此,在人类发展的历史长河中,仪式"作为文化源动力的'窗户',人类通过仪式可以认识和创造世界"②,从而不断推进文化的进步和社会的整合。申言之,仪式之所以倍受重视的根本原因与其内蕴的规范之源和社会秩序密切相关,唯此它才"能够建立对物质环境的外部适应和这些组合的个人与群体之间的内部适应,以便使有秩序的生活成为可能"③。而有序生活正是人类的永恒追求,这就需要有效保护人们的权利。作为法学家的梅因对此了然于胸,其在《古代法》中所提到的 42 处仪式均与权利保护相关,也是笔者前文将这些仪式分为人身权利保护仪式、财产权利保护仪式和法律程序保护仪式的又一根据。这不仅体现了梅因对仪式的权利保护功能之深邃洞见,而且也深蕴了仪式倍受重视的深刻原因。兹结合仪式的功能,笔者将其分为内在原因和外在原因予以详细分析。

(一) 外在原因:宣证与维权

在《古代法》中,梅因阐述古罗马的财产移转时提到两种较重要的形式——"耐克逊"和"曼企帕地荷"。其中"耐克逊"是拉丁语的音译,可以认为是现代契约的鼻祖,作用"是财产的移转有适当的庄严仪式",④系古罗马让与财产所用的形式;而"曼企帕地荷"则是"当'契约'观念从'让与'观念分离出来后,当它的目的是在转移财产"⑤时的专用名称。进言之,"曼企帕地荷"是"耐克逊"的进一步发展,区别在于后者涵盖的范围可能更为广泛,但二者均包含的庄严的仪式当无疑问。为了更清楚地说明古人在缔约时非常注重仪式,试看如下

---

① 杨志刚:《中国礼仪制度研究》,11 页,上海,华东师范大学出版社,2001。

② Bell. *Ritual Theory*, *Ritual Practice*. London: Oxford University Press, 1992, p. 3.

③ [英]拉德克里夫·布朗:《社会人类学方法》,夏建中译,58 页,上海,华夏出版社,2002。

④ [英]梅因:《古代法》,204 页。

⑤ 同上书,205 页。

二例。

1. 买卖奴隶仪式

作为古罗马五大法学家之一的盖尤斯在《法学阶梯》中曾描述一个关于奴隶的交易案例,具体程序为:"使用不少于5人的成年罗马市民作为证人,另外还有1名具有同样身份的人手持1把铜秤,他被称为司秤。买主则手持铜块说'根据罗马法此人是我的,我用这块铜和这把秤将他买下'。然后他用铜块敲打铜秤,并把铜块交给卖主,好似支付价金。"①

2. 共食婚仪式

共食婚为古罗马人的一种结婚仪式,在最后一环"成亲"仪式中,"由新郎将新娘领到男方家中祭祀祖先和神灵的台案前,首先行水火之礼,即向她洒圣水,以示洁净其身;然后让新娘手触神火,以示其成为夫家一员;最后让新郎新娘面对悬挂的天神和祖先之像,供上麦饼。此时除男方家长和双方亲友在场外,还需有祭司、神官和10名证人参加,神官主持祭神仪式并念诵祈祷之词,众人则为新人祝福。在一篇庄严的祝福声中,新郎新娘共食祭祀的麦饼,婚礼乃成"。②

由此可见,无论是第一例的奴隶买卖仪式还是第二例的缔婚仪式,均极度关注仪式的展演。尽管以现代人的眼光来看,仪式中的许多动作、言语着实滑稽可笑,但在古罗马时代却绝非如此,彼时"仪式不但和允约本身有同样的重要性,仪式并且还比允约更为重要"③。对于类似第一例的要式转移物——奴隶、土地、大牲畜而言,"全部的仪式应该由法律上所规定的必须参加的人们好不苟且地加以完成,否则让与便归无效,而出卖人亦恢复其权,因为他的移转企图并未生

① 转引自马俊驹、陈本寒:《罗马法契约自由思想的形成及对后世法律的影响》,载《武汉大学学报》,1995(1),66页。

② 《古罗马的宗教婚姻仪式》,http://wenda.tianya.cn/question/6bb10f09e62618a4(最后访问时间:2018-03-31)。

③ [英]梅因:《古代法》,201页。

效"①;对于类似第二例的婚姻、继承等人身保护仪式而言,"古代法则着重于附着在仪式上的言语和动作。如果有一个动作被遗漏了,则誓约就不能强行"。②究其因,并非是古代人愚昧无知,反而体现他们的生存智慧。古人之所以特别重视仪式的展演,乃是因为其具有的独特的宣示证明功能,以现代法眼法语讲,就是能够充分展示主体做过某种行为的证据功能,目的在于"以不变应万变"地维护主体的切身利益。对此梅因心知肚明,他说"由于它(曼企帕因或曼企帕地荷)的产生远在书写艺术发明之前,至少是在书写艺术广为流行之前,所以手势、象征的行为和庄严的成语便被用来代替了文件的形式,冗长的和繁复的仪式是为了要使所有各造都能注意到交易的重要性,并使证人们可以因此而获得深刻的印象"③;而且"它们需要多种多样象征性的行为或言辞,其目的是使整个交易能深深印在参与仪式的每个人的记忆中;它们并且要求一个很大数目的证人到场"④。这两段话背后的隐喻是:人们生活在世界上,不可能保证一生不与他人发生纠纷,而纠纷的背后是当事人双方锱铢必争的利益算计和爱恨情仇的感情纠葛;为了在可能发生的纠纷中占有证据优势抑或尽量避免纠纷的无限扩大从而发生家族间甚至民族间的械斗,仪式的宣示证明功能无疑是古人创造的、符合当时机械团结式的社会结构的重要规范,毕竟仪式中的参与人及证人的数量与该行为的传播领域呈正相关,只有如此才能最大程度地维护主体尤其是弱势一方主体的切身权利。同时我们必须清楚,重视仪式并非古罗马人的独创,早在我国古代西周时期的许多铭文、金文记载的土地买卖契约,就不仅有中人或保人作为证人,而且还要在司法官面前庄严起誓。这说明在人类未开化时期抑或刚刚迈入文明社会的门槛之际,注重仪式的宣证功能乃是人类社会的共同认知,尽管当时它可能尚未达到规范的程

---

① [英]梅因:《古代法》,178 页。
② 同上书,201 页。
③ 同上书,134 页。
④ 同上书,176 页。

度，"还只是一种气氛"①，但已经具备了现代"法"的部分功能，能够担当维护人们自身权利的重任。

可能有读者会问，既然仪式如此重要，为何财产权利保护仪式，如契约成立仪式等随着社会的发展日益衰落了呢？对此笔者并不否认，但这是仪式问题的另一面向。伴随社会的进步和商品经济的发展，人们交易的数量和范围日渐增加，而社会需求的增加必然导致社会结构的变革，先前的烦琐的交易仪式已经弊端重重。在梅因看来，"人们看到了在进行财产移转时，如果用简单的手续，比采用复杂和严肃的仪式有更多的利益"，②并且"在起初，仪式中有一个或两个步骤省略了；后来其他的也简化了或者在某种条件下忽略了；最后少数特殊的契约从其他契约中分离出来，准许不经任何仪式而缔结定约，这些选定的契约都是些社会交往活动和力量所依靠的"③。正如生产力推动生产关系的改进一样，社会需求推进社会结构的变革，而社会结构的变革推动了契约仪式的简单化，而梅因所总结的契约发展四部曲——从口头契约到文书契约再到要物契约最后到诺成契约，正是契约仪式不可或缺的庄严肃穆到几乎化为乌有的只重实质的变迁历程。但有一点很值得玩味，尽管契约的成立仪式随着文化的普及与科技的发展确实呈现颓落之势，但先前仪式所彰显的宣示证明和维护权利的功能非但没有减弱，反而得到加强。原来主要依靠庄严的手势、言语、动作的仪式显示的宣证功能的契约或让与，现在却有"空口无凭，立字为证"的书面证据甚或还有刻下比较通行的网络电子签约，只要你已登录自己独有的客户端，你的一举一动都会留下非你本人所能控制的电子痕迹。这简直就是一个财产移转"区块链"，你的每一次电脑操作就会有无形的千万双眼睛的监督。因此，我们可以自豪地说，仪式在契约成立的形式上确实衰落了，但其宣证和维权功能一点也没衰落。从某种程度来说，只是契约成立仪式的直观

---

① [英]梅因：《古代法》，6页。

② 同上书，180页。

③ 同上书，202页。

表象有所削弱,其本质功能却依然保留,只是退隐幕后却依然坚贞不渝地维护者人们的切身权利。

(二)内在原因:信仰与秩序

仅仅了解仪式的外在功能——宣示证明和维护权利尚还不够,我们仍需深入发掘仪式的内在功能——强化规范信仰和维持社会秩序,因为"人类有秩序的社会生活依赖于社会成员头脑中某些情感的存在,这些情感制约着社会成员相互发生关系时产生的行为。仪式可以被看作某些情感的有规则的象征性体现。因此,当仪式对调节、维持和一代代地传递那些社会构成所依赖的社会情感起作用时,仪式的特有社会功能也就显示出来"[1]。易言之,布朗所言的"仪式的特有社会功能"就是强化"某些情感的有规则的象征性体现"——规范信仰。对此,涂尔干表达得更为清晰,且认为任何宗教均可分为信仰和仪式两大范畴,他们属于宗教的一体两面,"前者属于主张和见解,并存在于许多表象之中,后者则是明确的行为模式"[2]。申言之,信仰是仪式的内容,是仪式所追求的目标;仪式则是信仰的载体,表达并实践信仰的意旨。抑或"仪式是为维护信仰的生命力而服务的,而且它仅仅为此服务,仪式必须保证信仰不能从记忆中抹去,必须使集体意识最本质的要素得以复苏"[3]。而这种"集体意识"正是人类某一族群共同认可的集体观念,他们通过年复一年且定期不定期举行的各类仪式活动强化仪式行为与"集体观念"——族群规范信仰之间的联系,从而实现该族群共同体的定期自我肯定,使每一位仪式参与者从内心深处意识到他们有共同的族群习惯和规范信仰,沟通了参与者的情感与仪式规范的交流,践行仪式的规范传播功能及对参与者的规训教育功能,再通过参与者的传播向族群所有成员及四周扩散,凸

---

① Radcliffe Brown, A. R. *Structure and Function in Primitive Society.* New York: Rout ledge Press. 1979. p. 175.

② 转引自史宗:《20 世纪西方宗教人类学文选》(上),61 页,上海,三联书店,1995。

③ [法]爱弥儿·涂尔干:《宗教生活的基本形式》,渠东、汲喆译,541 页,上海,上海人民出版社,1999。

显仪式对该族群社会的整合功能，最终实现社会的安定有序。遗憾的是，梅因在《古代法》中对仪式的功能着墨不多，但仔细斟酌却也内蕴其中。比如前述的奴隶买卖契约仪式和共食婚仪式的庄严性及烦琐性既有所彰显，在法律程序保护仪式中则较为直接地得以体现。

在梅因看来，后期罗马"诉讼法"是从罗马人最古的司法程序"誓金法律诉讼"发展而来，并列举了该雅士描述的一起奴隶归属争议案。

奴隶归属诉讼仪式："当诉讼开始时，原告手持一竿前进，这根竿子象征着一支枪。他抓住了奴隶，说：'我根据公民法的规定主张这个人是我所有的。'接着用竿触他，说：'现在把枪放在他身上。'被告进行同样的一系列的行为和动作。这时裁判官吩咐两造放手：'放开枪。'他们服从了。原告要求被告提出其干涉的理由：'我请求这物件，你有什么理由主张权利。'原告主张：'我已主张这物件是我所有，所以把枪放在他身上。'到这时，原告提出一笔成为'誓金'的金钱作为赌注，并说：'你的权利主张没有根据，我愿以誓金决胜负。'被告于是说'我也给'，接受赌注。……"①

若欲细究此"誓金"诉讼仪式及前述的奴隶买卖仪式和共食婚仪式，不能仅仅停留在其过程的展演上，必须探寻仪式展演背后的象征意义，才能更为深刻地认知仪式的强化规范信仰和维持社会有序之功能。英国著名仪式研究专家维克多·特纳认为："象征符号是仪式中保留仪式行为独特属性的最小单元，也是仪式语境中独特结构的基本单元。"②在解析仪式结构的基础上，特纳将象征符号分为工具性象征符号和支配性象征符号，前者倾向于充当实现特定仪式所指目的的手段，后者则倾向于自身就成为目的。③为了进一步分析仪式的象征意义，特纳又将支配性象征符号根据意义的不同所指分为两极——理念极和感觉极，前者指向的是某族群的社会规范及内在价

---

① ［英］梅因：《古代法》，240～241 页。

② ［英］维克多·特纳：《象征之林》，赵玉燕、欧阳敏、徐洪峰译，23 页，北京，商务印书馆，2012。

③ 同上书，57 页。

值,后者则指向呈现的过程,往往与外在样式紧密相关。在仪式的展演过程中,参与者的感觉极和理念极的视阈往往会发生碰撞、互换和交融,"感觉极聚集了那些被期望激起的人的欲望和情感的所指;理念极则能使人们发现规范和价值,它们引导和控制人作为社会团体和社会范畴成员的行为。"①申言之,通过仪式使参与者感受象征符号两极的辐射,完成了参与者和象征符号的交流与融合,让仪式的象征意义——规范信仰"润物细无声"般地印在参与者的脑海并逐渐植入其内心,从而实现规制人们的行为和维持社会有序的目的。在前三个例子中,买卖奴隶仪式中的 5 个证人、铜块、铜秤及买受人敲秤的动作;共食婚仪式中的祭祀祖先和神灵的台案、圣水、神火、麦饼以及两位新人的动作;誓金诉讼仪式中的竿子、誓金、两造的动作及言语均为特纳所言的工具性象征符号,目的在于强化仪式过程的神秘性和庄严性,通过参与者一系列行为的运作激发人们"感觉极"符号的视阈,在亲历奴隶买卖生效、新人婚姻成立和奴隶权属明晰的仪式结果的程序后,进而实现"理念极"象征符号所指的缔约规范、结婚规范和诉讼程序规范内化于心之鹄的。一言以蔽之,正是依靠仪式象征符号的"感觉极"和"理念极"在参与者的视阈中的互动与转换,才能渐次实现将仪式展演和规范信仰的结构耦合。诚如涂尔干所言:"在所谓的庄严契约中,人们为言辞和仪式赋予了一种神圣的力量,言辞一旦说出就不再属于言说者,它也不能撤销,受到神的约束和同伴的约束。通过誓言和乞灵,神圣存在会变成交换诺言的保护人,约束关系是通过神圣的庄严仪式而最终得以确立的。"②可以直言不讳地说,此处涂尔干所言的"约束关系"就是特纳所说的"理念极"支配性象征符号的指向,最终均是为了强化参与者的规范信仰。其深刻意义在于,维持社会秩序的长期稳定和谐必须以满足人们认可的正义为坚实基

---

① [英]维克多·特纳:《象征之林》,35 页。
② [法]涂尔干:《职业伦理与公民道德》,渠敬东译,中译序 16 页,北京,商务印书馆,2015。

础,亦即"正义必须呈现出生动形象的外表,否则人们就看不见它",①
通过仪式的戏剧化展演实现人们心目中认可的正义——规范信仰和
维持秩序,这才是古人重视仪式的真正目的。

三、仪式的未来走向及现实价值

综上,仪式通过彰显宣示证明已维护个人权利释放其外在功能,
通过强化规范信仰以维持社会秩序释放其内在功能,"使人的情感和
情绪得以规范的表达,从而维持这种情感的活力和活动。反过来,也
正是这些情感对人的行为加以控制和影响,是正常的社会生活得以
存在和维持"②。既然仪式如此重要,那么其未来的发展前景如何呢?
按照前文分类的三种仪式,笔者认为可能各有不同的走向。梅因着
笔最多的财产权利保护仪式,尤其是契约仪式会随着经济的高速发
展和市场主体间交易频次的迅猛增加,不仅会如梅因所言"在前进中
的法律学不久就产生了一种倾向,使契约逐渐和其形式和仪式的外
壳脱离",③而且会继续在保持其宣证及维权功能的基础上继续向简
易便利的方向发展。人身权利保护仪式尤其是缔婚仪式尽管可能会
有些许变化,但却会长期存在,正如当今西方人的教堂婚礼依然庄严
肃穆,中国人的婚礼依然喜庆热闹一样,毕竟与人身权利相关的仪式
多是"过渡礼仪"④——均为人生的重要节点,彰显生命的意义,在某
种意义上讲具有普世性和恒久性。法律程序保护仪式则与财产权利
保护仪式恰好相反,会向更为完善的发展方向进军,只不过随着个人
权利意识的觉醒和人权保护的呼声日渐弥高,在法律诉讼程序中对
原被告双方当事人的仪式要求会力求精简,而对司法审判仪式的要

---

① [美]伯尔曼:《法律与革命》,贺卫方等译,69 页,北京,商务印书馆,1988。
② Radcliffe Brown,A. R. *Structure and Function in Primitive Society*. New York:
Rout ledge Press. 1979,p. 179.
③ [英]梅因:《古代法》,202 页。
④ [法]阿诺尔德·范热内普:《过渡礼仪》,张举文译,166 页,北京,商务印书馆,
2012。

求则会更为严格。

"人类学不只应该利用我们的心理、我们的文化来研究蛮野风俗,也应该利用石器时代所给我们的远近布景来研究我们自己的心理。"①仪式的研究亦为如此,它不仅倍受古人重视,而且不乏现实价值,这种价值在法律领域的重要体现就是借鉴仪式彰显的功能完善当今的司法审判仪式和培育民众的法律信仰,最终推动吾国法治现代化的进程。不可否认,21世纪新中国成立后的50年,"广场化"的仪式审判大行其道,"剧场化"的司法仪式不受推崇,②直至21世纪初法槌、法袍、律师袍等象征司法仪式的工具性象征符号才步履蹒跚地在吾国法庭展演,近几年又有"马锡五审判方式永不过时"③的强劲呼吁,"广场化"司法仪式又有所抬头,所以加强完善司法仪式势在必行。刨除司法体制改革的重大问题,我们的司法部门尤其是法院必须注重以下两个方面:一是要求法官注重自身仪容仪表,在审判仪式中严肃庄重,言行举止都要彰显法律的威严;二是注重法庭审判仪式气氛的烘托,千方百计地营造一个庄严肃穆的审判仪式环景,让两造及旁听者一进入法庭就感受到法律的权威与神圣。让司法审判仪式的物质性象征符号与参与者的内心实现"感觉极"和"理念极"互动与交融。正如西言所云:"法官不禁要主持公正,而且要人们明确无误地、毫不怀疑地看到他是在主持公正,这一点不仅是重要的,而且是极为重要的。"④申言之,司法审判仪式与法律信仰是一个硬币的两个方面:前者是形式,后者是内容;前者是手段,后者是目的。两者相辅相成,居于抽象层面的法律信仰只有通过司法审判仪式这个载体才

---

① [英]马林诺夫斯基:《巫术宗教科学与神话》,李安宅译,183页,上海,上海社会科学院出版社,2016。

② 详见舒国滢:《从"司法的广场化"到"司法的剧场化"——一个符号学的视角》,载《政法论坛》,1999(3)。

③ 在中国知网上以"马锡五审判方式"为关键词进行搜索,共搜到结果289条,其中2009年后计发表260篇。

④ [英]丹宁勋爵:《法律的正当程序》,李克强等译,86~87页,北京,法律出版社,1999。

能实现向具体的转化,才能外在地映显在民众的视阈之下;而司法审判仪式也只有在法律信仰的引导下才能展演法律至上的精神意旨,因为"法律如同宗教一样源于公开仪式,这种仪式一旦终止,法律便失去其生命力"①。是故不断完善司法审判仪式,从中渐次培育民众的法律信仰,对推动吾国法治现代化的进程大有裨益。这不仅展示了仪式研究的极大现实价值,更是本文研究的意旨所在!

---

① [美]伯尔曼:《法律与宗教》,梁治平译,21 页,北京,中国政法大学,2003。

论关系契约理论的合理性与潜力

陈西西*

一、引言

作为 21 世纪的观察者,回望 19 世纪与 20 世纪的社会变迁,不免惊叹彼时的理论家们对时局观察之敏锐。

就契约理论而言,在 19 世纪这样一个社会经历转型与变革的时代,自由主义盛行,成为社会各领域的价值取向,在契约领域也不例外。英国法学家梅因在其著作《古代法》一书中提出了"从身份到契约"的著名论断,亦即"家族依附的消灭和个人权利义务的增长"[①],这可以说是彼时自由主义的经典诠释。以自由主义作为价值基础,19世纪在契约领域形成了以契约自由为原则,以合意为核心要素的古典契约理论。

在 20 世纪,由于形成于 19 世纪的古典契约理论无法解释社会生活中一些新出现的契约现象,美国法学家格兰特·吉尔莫提出了"契约死亡论",认为以契约自由为基础的古典契约理论在社会现象和原

---

* 清华大学 2017 级比较法与法文化专业博士研究生。

① [英]梅因:《古代法》,沈景一译,110~112 页,北京,商务印书馆,2015。

理两个层面上已经死亡。① 而美国契约法学界著名教授麦克尼尔却不以为然,并同时提出了一套基于社会学视角的契约学说,称为"关系契约理论"。

本文的写作目的在于,通过对比 19 世纪与 20 世纪这两个历史节点的契约转型,论证"关系"才应该是契约理论的关注焦点,并试图从功能主义与契约的动态视角两方面论证麦克尼尔关系契约理论的合理性,最后结合 21 世纪新的社会背景阐释关系契约理论所具备的理论潜力。

二、契约历史与转型

(一) 契约的概念

在对契约进行类型划分和历史转型描述之前,有必要就契约的概念进行明晰和限定。

今天我们使用的"契约"一词,往往是指在私法领域,双方或多方可以通过自由签订协议为自己创设权利与义务。但是,如果回溯历史早期,契约却可以有多方面的意涵。何怀宏教授在对西方契约历史进行考证和研究后,提出四种契约的概念,分别是:作为经济法律概念的契约,主要见之于罗马法;作为宗教神学概念的契约,主要见之于《圣经》;作为社会政治概念的契约,主要见之于近代霍布斯、洛克、卢梭等人的著作;作为道德哲学概念的契约,主要见之于罗尔斯等人。②

从何怀宏教授的考证中,我们需要注意以下几点:①"契约"一词,除了表层的字面意思外,背后却隐藏不同的文化意涵;②我们今天所使用的法律意义上的契约概念主要是受来自罗马法的影响,实际上"契约"一词远不止实证法中的定义;③私法与公法的区分并不

---

① 日本学者内田贵阐述了"作为社会现象的契约之死"以及"作为原理的契约之死",详见[日]内田贵:《契约的再生》,胡宝海译,北京,中国法治出版社,2005。

② 何怀宏:《契约伦理与社会正义》,10～12 页,北京,中国人民大学出版社,1993。

③ 同上书,10 页。

是一开始就存在,这样的划分也是源自罗马法的影响①。实际上,历史上的一些契约公法效果,②但却不以公私法区别的视角考察它,因为这样的区分不能增进我们对契约本身的理解。

为了使研究焦点更加集中,本文主要以私人领域的契约为考察对象,但并不局限于此。本文认为,对契约概念的掌握应该打破公私法领域的划分③,甚至突破实证法框定下的契约概念,而在更广义上对契约概念进行把握。

(二)三种世界观下的契约

1. 神学世界观下的契约

神学世界观下的契约可以追溯到摩西律法,而摩西律法是希伯来人最原始的法律渊源和集中表现形式。摩西律法与苏美尔时期的苏美尔法典以及巴比伦时期的汉谟拉比法典一个显著的不同之处在于,后两者并不具备"神启"的特质,而前者作为"神启"经典,只有通过神的启示才能为人所知;律法是神的意志的体现,以戒律的方式让人服从。④摩西律法可以看作上帝耶和华与以色列部族之间订立的人神之间的契约,作为缔约一方,以色列部族的义务是谨慎遵守上帝规定的戒律,这些戒律中尤以"摩西十诫"最为著名。作为履行义务而得到的报偿是,以色列部族能够获得上帝的关怀和保护。⑤

---

① 早在罗马帝国早期,法学家盖尤斯就在其著作《法学阶梯》第一卷就提出了公法与私法的划分。

② 例如西欧封建时期领主与封臣之间的身份契约,对其性质学者之间存在不同意见,一派学者认为领主与封臣的关系为公法上的契约关系,而另一派学者认为这种关系属于私法上的关系,即领主与封臣之间私人性的契约关系取代了君主与臣民之间的公共关系。见高鸿钧等主编:《新编外国法制史上册》,240 页,北京,清华大学出版社,2015。

③ 由于古典契约理论强调"合意",亦即当事人之间的达成共识,自然与私人之间的协议密切相关;关系契约理论强调"关系",该理论视角有助于打破契约关系所存在的公共领域和私人领域的划分。详见孙良国:《关系契约理论导论》,99~105 页,北京,科学出版社,2008。

④ 黄天海等,《摩西法律的契约形式和以律法 为核心的希伯来宗教》,载《世界宗教研究》,2002(3),65~76 页。

⑤ 韩晓捷:《西方近代社会契约理论研究》,61~67 页,南开大学研究生院,博士学位论文,2012。

　　除了人与神之间的约定外,古代近东的契约概念也涉及人与人的契约层面。"在英文圣经传统中专用 covenant 一词来表示希伯来文 berit 中所指的神与人之'圣约',而用 agreement、alliance、compact、league、treaty 等表示其他类型的契约"①,以此将人与神的契约和人与人的契约区分开来。而人与人之间的条约可见于后来出土的赫悌王国与附属国所订立的盟约。

　　在远古时期,由于缺乏文字记载,契约缔结的方式仅仅是口头协定,因而十分注重缔约的仪式,见证人的祝福以及违背约定的诅咒。后来出土的盟约文书内容和格式显示和希伯来律法诸多方面的一致性,尤其是见证人包括双方供奉的神,立约双方都以神的名义起誓,对契约加以祝福和施以诅咒等。②

　　神学世界观中契约的仪式性在很长时间内都得到了保留,并且成为契约法律效力的唯一来源。"使法律执有制裁武器的,不是一个允约,而是附着一种庄严仪式的运用。仪式不但和允约本身有同样的重要性,仪式并且还比允约更为重要;因为成熟的法律学着重于仔细分析提供一个特定的口头同意的心理条件,而在古代法中则着重于附着在仪式上的言语和动作。"③

　　关于契约的法律效力之来源从烦琐的仪式过渡到缔约双方的合意,梅因从罗马法的历史上进行了考察,虽然仅仅是针对罗马法,但亦为我们提供了一窥现代契约发始的线索。古代罗马契约史经历了四个阶段和类型:口头契约、文书契约、要物契约和诺成契约。其中,口头契约在达成合意后还需要经过一种言辞的形式才能有法律上债的效果。文书契约在达成合意后还需要在总账簿或记事本中载入才能有法律上债的效果。要物契约达成合意后还需要送达作为预约主体的物时,就能有法律上债的效果;梅因认为这是第一次将道德上的考虑视为契约的一个要素,一方的履行就可以使另一方负担法律责

---

① 黄天海等,《摩西法律的契约形式和以律法为核心的希伯来宗教》。
② 同上。
③ [英]梅因,《古代法》,201 页。

任。诺成合同即为从协议中产生契约不需要经历任何形式程序,双方的合意成为考虑的焦点,梅因认为这是所有现代契约的发始。①

在罗马与别国的交往中,诺成契约逐渐被视为万民法契约,它只存在于市民法不能适用的时候,在罗马时期也不是契约的主流形式,但是它已经包含"双方合意为契约唯一要件"的理念,只不过当时罗马法学家关注的还多是契约的技术性程序。② 诺成合同为契约自由的思想保留了火种,近代以后最终发展成为私法的核心理念之一。从罗马法的这四种契约类型的发展来看,契约繁重的形式和仪式逐渐被剔除,而契约的合意更是在近代以后的契约理论中逐渐成为关注的重点。

2. 19 世纪法学世界观与契约

19 世纪的法律世界观大致与邓肯·肯尼迪描述的第一次法律思想全球化相一致,即古典法律思想产生并全球扩展,"法律作为规制私人和公共行动者的自治系统,这个系统的边界由法律推理所界定,而法律推理被理解为一种科学实践",并且这个系统具有个人主义和形式主义的特征。第一次法律思想全球化的典型产物是由法学教授主导的诸多法典成果。③

在经济交往方面,19 世纪自由主义市场经济占据主导地位。而19 世纪的法国注释学派对《法国民法典》第 1134 条做了简化解释,即仅解释为契约自由原则。④ 这样的解释,使得市场经济领域的自由主义与契约之缔结相结合,契约自由原则瞬间成为 19 世纪几乎最重要的私法原则,并继而引出了在西方世界占据契约法主导思想的"唯意

----

① [英]梅因,《古代法》,208～217 页。

② 同上书,198～199 页。

③ [美]邓肯·肯尼迪:《法律与法律思想的三次全球化:1855—2000》,高鸿钧译,见高鸿钧著:《全球视野的比较法与法律文化》,316～383 页,北京,清华大学出版社,2015。

④ 关于法国注释学派对契约自由原则影响的详细论述,请参见傅静坤:《二十世纪契约法》,2～3 页,北京,法律出版社,1997。另,《法国民法典》第 1134 条内容为:"依法成立的契约,在缔约当事人之间有相当于法律的效力。前项契约,仅得依当事人的相互的同意或法律规定的原因取消之。前项契约,应以善意履行之。"

志论"。①

　　除此之外,还必须提及古典经济学理论中对市场参与者的"经济人假设"学说。经济人的概念最早来源于经济学鼻祖亚当·斯密,但在19世纪,英国哲学家与经济学家约翰·穆勒在继承斯密学说的同时,受到边沁功利主义的影响,对前人学说进行整合并进而提出了"经济人假设"。他认为,尽管存在反对追求财富原则的人,但是"政治经济学只关注那些渴望拥有财富的个人,并且此人能够判断达到该目的的各种方法的相对效果"。"人类的全部活动只是获取和消费财富",尽管人们存在各种不同的活动,例如订立并且尊重财产制度,提高劳动生产力等,都是为了追求财富。② 他对社会生活中的人进行政治经济学上的抽象提炼,预设经济人都是自利的和理性的,他们趋利避害,追求财富最大化;同时他们熟知各种实现目标的方案并且择其最优。

　　"经济人假设"中隐含的人的"同质性"在法律领域,尤其是契约法领域,对应形式平等,"自利性"对应个人主义,"理性"对应科学主义,而经济人可以任意选择实现财富目的的最佳方案这一预设对应契约自由主义。可见,古典经济学理论与古典法律思想,当然也包括古典契约理论,存在极为明显的内在一致性。

　　就这样,科学主义、自由主义、个人主义和理性主义几股思潮融为一体,孕育了主导世界契约法思想的古典契约理论。

　　在欧洲大陆法系一边,《法国民法典》和《德国民法典》等各国法典化集大成之作标志自由主义时期古典契约理论的诞生。在海峡对岸,拥有不同法律传统的英国,法学家约翰·奥斯丁和杰里米·边沁在极力主张普通法应往概念化、体系化的方向发展。虽然二者并未成功,但是却影响了安森、波洛克等人将英美有关契约的习惯法改造

---

① 傅静坤:《二十世纪契约法》,3页。
② [英]约翰·穆勒:《论政治经济学的若干未定问题》,张涵译,103～103页,北京,商务印书馆,2016。

成为以对价为中心的系统化的理论体系。[①] 在大西洋彼岸同属普通法阵营的美国,在法学家兰代尔、霍姆斯、威灵思顿等法学家的推动下,亦开始了判例法概念化、形式化、系统化和科学化的改造运动,并取得了显著的成果。其中,1932 年出台的《美国第一次合同法重述》标志美国古典契约法的形成。[②]

意志论在个人单方面来说,更多意味着缔约的自由,而在契约双方则强调二人的合意或允诺。[③] 前文我们已经阐述了罗马契约法历史上逐渐演化出诺成契约这一类型,合意取代形式成为契约法律效力的来源。进入现代以后的古典契约法方面,以两大法系的代表国家法国和美国为例,《法国民法典》第 1101 条规定:"契约是一人或数人据以对另一人或另数人负担给付、作为或不作为之债务的协议。"[④]《美国第一次合同法重述》第 1 条规定:"契约是一个或一系列允诺,违反允诺法律赋予救济,或以某种方式承认其履行为法律义务。"可见,从两国的契约法关于契约的定义来看,合意都属于契约的核心要素。

除合意成为契约效力的核心要素外,此阶段的契约理论还呈现形式主义特征。由于"形式"一词在诸多场合被使用,由于本文探讨的是契约理论的形式主义,因此既包括契约法上的形式主义,也包括缔约过程中的形式主义。

契约法的形式主义,意指在适用法律的过程中,只依据规范的规定而不考虑其后的深层次理由,即使有时候直接适用规定不能实现实体价值。[⑤] 强调法律的形式主义,与彼时道德、政治逐渐与法律分

---

① 傅静坤:《二十世纪契约法》,7~8 页。
② 刘承韪:《英美契约法的变迁与发展》,20~33 页,北京,北京大学出版社,2014。
③ 《美国第一次合同法重述》第 1 条规定"契约是一个或一系列允诺",而美国学术界讨论时更多使用合意一词。孙良国认为允诺理论和合意理论并无差别,本文采取此观点。详见孙良国:《关系契约理论导论》,67~68 页。
④ 《法国民法典》,罗结珍译,784 页,北京,法律出版社,2005。
⑤ Larry Alexander,"Law and Formalism",https://papers.ssrn.com/sol3/papers.cfm?abstract_id=829327,(最后访问时间:2018-03-31)此处亦参考了孙良国观点,详见孙良国:《关系契约理论导论》,39 页。

离有关,法律向着自成一个系统的方向发展。随着一批独立的法学教授发起的法典化运动,形式主义成为现代法律最主要的特征之一。① 形式主义主张适用在审理案件时适用法内标准而排斥道德、伦理等实质价值对案件审理的影响,这个三段论的逻辑推理形式凸显了人的理性和法律的科学,追求同案同判的实际效果。

缔约上的形式主义,在神学世界观和传统社会中广泛存在。正如前文已述,源自巫术与宗教上的形式特征在古代法的诸多契约中是契约的法律效力来源,但是随着合意取代形式成为契约的核心要件,契约的形式要求逐渐从效力性形式过渡到保护性形式,亦即缔约的形式要求从关乎契约生效的核心要素转变成为只是出于法律政策上的保护目的。② 例如针对特定的合同法律规定必须采取书面形式或公证形式等表现形式合同方可生效。

3. 20 世纪多元主义世界观与契约

在社会层面,19 世纪末 20 世纪初,西方经济模式进入垄断资本主义阶段,基于 19 世纪自由主义市场经济的各种预设开始从法学理论上与制度上表现种种不适,例如缔约当事人之间比起 19 世纪显得更加不均质,缔约谈判能力悬殊更大等。同时,20 世纪是一个国际矛盾和各国国内社会矛盾激烈的时代,严守古典契约理论不仅不能适应经济发展的需要,也不利于维护社会秩序的和谐。

在思想与价值层面,与 19 世纪自由主义一枝独秀的局面不同,20世纪社会各领域都呈现出多元主义的景象。与本文论述主题相关的主要是以下两个方面:①主体多元主义,即与 19 世纪从封建束缚中解放出来的原子化的自由人相比,20 世纪随着工业化的发展,商人共同体、工会等各种新型社会团体,他们作为新兴的行动者对社会秩序的演化起重要作用;②规范多元主义,即认为国家作为体制之一,国

---

① 孙良国:《关系契约理论导论》,39~41 页。
② 林新生:《合同的形式研究》,42~43 页,中国社会科学院研究生院,博士学位论文,2006。

家立法仅是社会规范的一种,并且国家应该起协调规范秩序的作用。①

具体到契约领域,大型工业社会中出现的一些更为复杂的契约现象,无法通过古典契约理论得到良好解决;并且,契约责任正在被侵权责任吞噬,后者正逐渐发展成为内容更丰富的民事责任理论,这就是吉尔莫所说的"契约的死亡"。② 针对古典契约理论遭遇的困境,西方契约法学界也展开了对过去僵化的形式主义的批判,采取了适用诚实信用条款与显失公平条款等弹性原则,承认商业贸易习惯和交易习惯的规范作用等修正措施。但总的来说,新古典契约法理论仍是以简单个别性契约为模型构筑契约法,以承认例外的方式对古典契约理论进行修补。③

麦克尼尔同样不赞同吉尔莫的"契约死亡论",他认为"现代技术世界是一个典型的以契约为基础的世界。……契约不仅远未死亡,而且已经横扫世界"。④ 与 19 世纪的简单个别性契约相比,20 世纪的契约呈现"关系性"特征。这样个别性契约与关系性契约的区分正是由麦克尼尔提出的,个别性契约强调契约双方除了物品交换外不存在任何关系。而关系契约分为两类:一类是原始共同体内的所有交互在一起的原始契约关系,另一类是存在于高度复杂化、专业分工精细、经常变化的大型社会的现代契约关系。个别性契约与关系性契约的关系是,关系性契约,无论是原始契约关系还是现代契约关系,都是以个别行契约为出发点的;而个别性契约,也并不是完全只涉及物的交换,而是必然地在部分意义上属于关系契约,因为它始终交涉种种关系。⑤

① [美]邓肯·肯尼迪:《法律与法律思想的三次全球化:1850—2000》,342~343 页。
② [美]格兰特·吉尔莫:《契约的死亡》,曹士兵等译,117 页,北京,中国法制出版社,2005。
③ 刘承韪:《英美契约法的变迁与发展》,137 页。
④ [苏格兰]麦克尼尔:《新社会契约论》,雷喜宁、潘勤译,65 页,北京,中国政法大学,1994。
⑤ 同上书,10 页。

尽管"关系性契约"的概念主要是由麦克尼尔提出来的,但是针对 20 世纪中大型复杂社会中存在的契约关系性难题,也存在各种各样的学说理论解释和应对,如肯尼迪等人的"批判法学运动"和麦考利的"合同之经验理论"等学说[1],而在这其中,麦克尼尔的关系契约理论显得最为独特。

麦克尼尔的关系契约理论中关于契约的定义就突破了实证法意义上的契约,这与 19 世纪以来形成的法律世界观下的契约定义存在显著差异[2]。在麦克尼尔看来,"契约是关于规划将来交换的过程的当事人之间的各种关系",认为契约的初始根源有四,即社会、劳动的专业化和交换、选择、未来意识。[3]

关系性契约理论最大的特点在于将观察契约的焦点落在"关系"上,他提出关系契约的四个核心命题:①所有的交易都是存在复杂关系,即使是个别性契约也必然存在于社会之中,从而具有关系性;②要真正理解交易关系,需要理解可能对交易产生影响的包络关系(enveloping relations)中的所有因素;③对交易的有效分析要求对所有的重要关系性因素进行识别和考量;④结合语境分析会比脱离语境分析获得更好的对交易的认识。[4] 可见,麦克尼尔的关系契约论有非常浓厚的社会学色彩,并不是仅在法学领域探讨契约。

关系契约理论的开放性还体现在规范的多元主义。关系契约理论认为,在契约行为进行当中,就会产生相应的惯例性规范,由于契约行为可以分为个别性契约行为和关系性契约行为,因而基于这两种契约行为类型就会生成三种契约规范:个别性契约规范、关系性契约规范和共同契约规范。这三类规范的差异只是契约规范中不同侧

---

① 刘承韪详细列举了各学派对于契约"关系性"难题所作出的回应,详见刘承韪:《英美契约法的变迁与发展》,193~201 页。

② 例如梅因在论述契约产生的历史时,认为契约是由"允约"附加"法锁"构成的。

③ [苏格兰]麦克尼尔:《新社会契约论》,2~4 页。

④ Ian R. Macneil, "Relational Contracts Theory: Challenges and Queries", 94/3 *Northwestern University Law Review*, 2000, pp. 877-907.

面被强化的程度不同。关系契约理论拒绝古典契约法规范假设所有契约主体理性、平等并基于形式主义法律能够实现未来安排之现时化的观点，认为国家法律制度只是契约规范的一种，惯例、习惯、道德、制度化的行为模式等，都发挥规范契约行为的功能。[①]

（三）19 世纪的转型

由于 19 世纪以前人类社会存在各式各样的契约，既有宗教神学意义上的契约，也有诸如罗马法上的法学意义上的契约，很难将其归纳为某一契约理论和范式。但我们不能因此对与契约相关的剧烈的社会变化视而不见，在诸多转型中，我们需要特别关注以下三点，即社会关系的契约化、从形式到合意的转变以及契约规范的变化。

1. 社会关系契约化

社会关系的契约化，主要是指梅因所说的"从身份到契约"的变化，也就是人的社会地位不再因其出生而被决定，而是法律允许他用签订契约的方式创设或者改变他的社会地位。[②]

社会关系的契约化与两个因素相关：一是得以通过契约结成社会关系的空间变大；二是契约自由得到保证。

我们可以通过契约结成社会关系的空间变大了，不仅仅是因为个人从传统身份束缚中解放出来，也因为现代化过程中经济交往变得更加频繁和复杂，新的产业、领域以及新的通信方式等拓展了很多新兴的社会空间，人与人通过契约的方式进行联结变得越来越常见。

当我们使用契约自由一词的时候，需要十分谨慎，需要避免现代人观察古代人时容易产生的优越感和同情心。因为事实上，古代社会诸如收养契约的缔结与今天行政法上对收养关系所作的种种限制相比可是要自由得多。[③] 同时我们也要避免这样的观点，即认为由于古代社会人们的有限自由是强制体制所带来的结果，因为"社会生活

---

① ［苏格兰］麦克尼尔：《新社会契约论》，34 页。
② ［英］梅因：《古代法》，196 页。
③ ［法］涂尔干：《社会分工论》，165～168 页，北京，生活·读书·新知三联书店，2013。

只要是正常的,它就是自发的"。①

与过去不同的是,今天的契约自由作为契约法的根本原则获得了法律的保障,法律除了规定这一原则外,在其他方面尽量退位。"法律逐渐倾向于成为一种表层,在它下面是不断变化的契约规则的集合,除非是为了强迫服从少数基本原理或者为了处罚违背信用必须诉求法律外,法律绝少干预这些契约的规定。"②

随着缔约空间变大以及契约自由获得法律的保证,我们可以说,契约关系深入社会生活的各个角落。

2. 契约:从形式到合意

聚焦契约本身的变化,则最为明显的转型是由宗教神学意义上的契约的仪式性转变为只关注合意,外在行为除了作为内心意图外化的证明外,并不具有特别重要的意义。

宗教世界观下的祭祀仪式,作为一种形式非理性的机制,被带入逐渐发展的诸多契约关系中,契约的缔结需要履行相应的程序和繁杂的仪式方能成立;随着商业的发展,罗马法上的契约经历了几个发展阶段,逐渐产生关注合意的诺成契约。19世纪时期,自由主义兴盛,契约自由不仅仅是自由放任市场经济的要求,在法学上也成为契约法发展的核心原则。契约自由意味着只有基于自我意志的自由选择和同意才能为自我设定义务,合意成为了契约成立的核心考量因素。

3. 契约规范:形式理性化

在规范领域的变化,19世纪前的西欧封建时期法律呈现多元的特征,教会法、王室法、封建法、庄园法等法律共同构成了中世纪法律图景。③ 但到了19世纪,科学主义法律观随之兴盛,人们认为法律是一个理性建构、自洽自足的系统,可赖以解决社会生活中的各种纠纷,并在科学法律的大前提下,凭借逻辑推理实现同案同判的司法效

---

① [法]涂尔干:《社会分工论》,161页。
② [英]梅因:《古代法》,197页。
③ 高鸿钧编:《新编外国法制史上册》,231页。

果。如此按照理性主义与科学主义而订立的契约法规则体现客观化、标准化的特征,①亦即韦伯意义上的形式合理性法律。

契约法领域的形式化过程伴随 19 世纪欧陆的法典化运动,典型的例子是在《法国民法典》中已有了关于合意之债的独立章节,美国也在反思和总结判例与习惯法的过程中,颁布了《第一次合同法重述》。

(四) 20 世纪的转型

与 19 世纪转型中的社会关系契约化不同,20 世纪的转型更加体现契约关系的社会化,前者与"从部落到个人"的运动相关,而后者与"从个人到再部落"的运动相关。

1. 契约关系社会化

契约关系社会化及其引发的"关系性"难题在前文已有提及,此处结合 20 世纪的时代背景阐述契约关系社会化可能的表现和成因。

契约关系社会化主要表现在三个方面,即契约主体社会化、契约内容社会化和契约价值理念的社会化。② 在契约主体方面,自从法国大革命破除封建制度后,个人以原子化的状态存在于社会当中,尽管在古典契约理论和相应的法律规范的保证下,个人得以通过契约方式嵌合到社会当中,但是这种建立在个人主义基础上的社会关系是脆弱的,同时也导致了诸多社会不公。尤其是 20 世纪垄断资本主义的发展,使缔约主体之间的不平等性更加明显,古典契约理论建立在自由主义经济学"经济人"的假设在现实社会中面临破产,无论是市场主体的同质性、自利性还是理性,都只是理论学说上的纯粹假设。社会生活中涌现工会、商人共同体等社会主体,他们在法律上的存在体现于契约法中关于经营者与消费者、雇主与劳动者等特殊主体的划分,19 世纪契约法的单一同质的抽象"经济人"人格向着 20 世纪多样化的具体的"社会人"人格发展,这样的主体变动对于缔约过程中

---

① 刘承韪:《契约法理论的历史嬗迭与现代发展——以英美契约法为核心的考察》,载《中外法学》,2011(4),777～779 页。

② 刘承韪:《英美契约法的变迁与发展》,192 页。

的利益平衡和维系契约关系产生了重要影响。[1] 在契约内容方面,契约内容社会化。与 19 世纪理论预设的个别性契约相比,20 世纪的契约不再是缔约双方的简单缔约,而是涉及更多人的利益,受到诸多因素的影响,在更为复杂的社会环境种缔结的。在契约价值理念方面,曾经被奉为最高追求的自由主义受到限制,这主要是针对愈加明显的缔约双方的实力悬殊而造成契约过程中的不公平现象的提出的。

2. 从合意到关系

古典契约法理论建立在自由与理性的基础上,基于契约自由达成的合意,在契约规范中处于核心地位,这与 19 世纪强调自由放任的经济方式相契合。但这种基于自由主义经济学的"经济人"主体之间的个别性交易模式上建构的契约理论"把伴随契约而来的社会关系从法的世界中摒除"。[2] 麦克尼尔认为,关系性契约中,契约自由并非不重要,但是不再处于绝对地位,[3] 人与人之间的关系和相互性才是重点。他通过雇佣关系中全额给付退休金、失业保险、社会福利救济金等例子说明,国家直接或间接的干预影响了劳工和雇主之间的权力平衡和相互性,在这个阶段,契约自由受到了压缩和挑战,而使得雇佣关系能够维持和存在,实现更大的社会公平。[4]

需要补充的是,20 世纪的新古典契约法理论已经对 19 世纪的古典契约法理论作出了调整,例如出现了显失公平和诚实信用等原则性条款,承认商业性条款和交易惯例的重要作用,[5] 但是麦克尼尔认为,新古典契约法理论还是建立在个别性交易上,而当个别性与关系性的原则出现冲突时,新古典主义契约法就会缺乏相应的应变能力,

---

① 孙良国:《英美契约法的变迁与发展》,27~31 页。

② 内田贵:《现代契约法的新发展与一般条款》,胡宝海译,见梁慧星主编:《民商法论丛》,第 2 卷,128 页,北京,法律出版社,1994。

③ [苏格兰]麦克尼尔:《新社会契约论》,79 页。

④ 同上书,79~83 页。

⑤ 刘承韪:《契约法理论的历史嬗迭与现代发展——以英美契约法为核心的考察》,载《中外法学》,2011(4)。

并举 UCC2—207 条款与劳动仲裁裁决两个例子进行了论证。[①]

3. 契约规范：从形式到实质

与 19 世纪的自由主义、个人主义不同的是，20 世纪的关键词在于"社会"。由于现代社会中大型契约关系广泛存在，关系契约理论注重契约关系的长期存在，强调权力的平衡和人际相互性，所以在规范层面上，关系契约理论试图调和契约自由与社会公平之间的关系；同时，也为了应对现代工业社会契约关系社会化的问题，虽然立法上仍然声称"无契约便无责任"，但合同行为过程中，当事人运用伸缩条款等作为维持契约关系的调整手段；司法过程中，法官也运用语境主义将其他规范与法律规范结合，遏制对契约自由原则的滥用，平衡契约双方的利益。[②] 可见关系契约理论强调规范应该平衡缔约当事人之间的谈判能力与筹码的平衡，维护人际相互性，在自由与公平的天平两端，19 世纪过于倾向自由，而 20 世纪的关系契约理论希望能促成更大的公平，以维持社会的正常运转。

三、关系契约理论的合理性

（一）从功能主义角度论证

1. 契约的功能是实现社会合作

契约作为一种人际关联机制，承担一定的社会功能。采用社会学视角的法学家麦克尼尔同样认为如果将契约同产生它的社会割裂开来，我们将无法理解契约的功能。[③] 从社会分工的角度讨论契约的产生是社会学家偏爱的视角。德国社会学家涂尔干也说："契约关系本来是不存在的，只有到了社会劳动开始分化的时候，它们才逐渐发展起来。"[④]

---

① ［苏格兰］麦克尼尔：《新社会契约论》，66～70 页。
② 刘承韪：《契约法理论的历史嬗迭与现代发展——以英美契约法为核心的考察》，《中外法学》，2011(4)。
③ ［苏格兰］麦克尼尔：《新社会契约论》，2 页。
④ ［法］涂尔干：《社会分工论》，165 页。

契约在所有社会,尤其是在当今社会存在的必要性在于社会分工,愈加精细化的分工使得交换不可避免,而契约的功能正是使交换得以可能,如此从功能主义的视角,我们才能理解麦克尼尔所说的"要理解契约法,我们要想到的必须是交换等问题,其次才是法律"。[1]

除了社会分工的角度,我们可以从社会合作的角度理解契约的功能(事实上,分工与合作本身就是同一件事情的两种描述方式)。社会分工带来的不仅仅是交换的必要性,更有合作的必要性,尤其是未来长期合作愈显重要,这就迫使我们不能只将契约看成一次性的交换,而必须看成相互依赖的动态关系。

2. 契约规范的功能是信用保障机制

但是光有契约或者协定还不够,从洽谈、签订到执行的整个契约过程都需要一定的信用保证机制。这里不得不停下来探讨一下信任与社会秩序的关系。社会秩序的构建有三个来源:强制、互惠和习俗,[2]这三个来源并不都与信任有直接关系,但是却都与信用保证机制相关,例如依据强制建立的全权统治可以不依赖信任形成社会秩序,但法律上对权利的保护制度也在担当人际合作的信用保证机制,而不至于烧杀抢掠。虽然强制、互惠和习俗都可以作为社会秩序的来源,但是却存在效果上的差异。市场经济中主体之间存在互惠性,基于互惠可以产生一定的信任,但这样的信任总是受到"一次性博弈"的挑战,一方总是受投机获利而背叛对方的诱惑。[3] 因此,仅仅依靠市场主体的自觉是不现实的。

如果社会需要实现某种功能,就会演化出某种机制承担这样功能。契约过程中的信用保证机制同样如此。宗教神学中的契约借助神怒和降临灾难实现信用保证,从而实现社会秩序;法律世界观或者实证法下的契约借助立法与司法的方式解决违约问题;而多元主义视角或者社会学视角则会同时关注国家立法、宗教习俗、社会中间组

---

① [苏格兰]麦克尼尔:《新社会契约论》,5页。
② 郑也夫:《信任论》,112~118页,北京,中国广播电视出版社,2001。
③ 同上书,117~118页。

织等各方面的力量。

关系契约理论正是处在多元主义的时代背景和从社会学的研究视角出发,认为作为信用保证机制的契约规范不应只包含实证法,还应包括各种中间规范。

此处值得一提的是,随着科技的发展,信用的保障机制可能会超越既有模式,而出现新的可能。例如,基于区块链技术的智能合约,作为一种分布式记账的加密算法,具有去除中心因素影响、透明以及不可更改的特点,合同双方达成的协议被编成机器语言,上传至区块链并进行扩散。智能合约的逻辑简要概括就是:if,then,otherwise。也就是说,只要满足智能合约中的触发机制,合约就会自动被执行;而如果一方未履行合同义务,则另一方可取回上传到区块链的数字化担保资产。

3. 合作的目的是社会关系的存续

既然契约的功能是维持社会合作,那合作的目的是什么呢?

麦克尼尔在《新社会契约》中有一段关于人与关系的描述十分值得探讨。他说,无论是在原始共同体关系契约中,还是现代社会的关系契约中,许多关系中的成员虽然也有更新,有些人终生处于关系中,有些人只是暂时存在于关系中,但无论如何,关系本身仍然继续下去。[①] 这不禁使我们联想到,在当今高度复杂化的社会,确实存在诸多关系实体,例如公司或者社会组织,其中的成员来来去去,但是这些实体却始终存在并以自己的节奏运行下去。

结合上文讨论的两次社会转型,以及此部分的论述,可以看出,古代法中契约的形式要素可以被抛弃,古典契约理论中的合意也可以被挑战,但是社会及其中的关系的存续和运作却是不可能消失的(消失以后也就没有探讨理论的意义了)。所以从这个角度出发,关系契约理论主张契约关系应该以"关系"为观察点就具有了合理性。

① [苏格兰]麦克尼尔:《新社会契约论》,20 页。

（二）以动态视角对待契约更具合理性

关系契约理论的另一贡献在于，否认当事人之间总是希望并且可以依靠理性和法规范的保障将未来的安排敲定，此种"现时化"的预设也是古典契约理论基于个别性交易模型而坚持的；关系契约理论主张从维护契约关系的角度出发，允许人们根据具体的情况和情景对契约关系进行调整。

以动态调整的态度对待契约，与诸多因素有关，此处主要分析以下五个因素：①由于人们已有的和能够获取的信息是有限的，个人对于信息的处理能力也是有限的，而在决策时间的压力下，人们并非总是能做出最优化选择，而是往往做出最满意的选择。[1] ②从交易成本上看，在每件事情上都讲究理性，并不是一种经济的做法，[2]会增加交易过程中的成本，因此很多时候，人们行动时仅仅是凭借习惯和习俗。③由于存在语言的有限性，缔约过程中当事人之间总是会针对契约内容出现理解上的分歧，双方关于未来的计划安排都需要在不断的沟通中达成共识。④在具备良好诚信环境的社会中，或者在继续性契约中，人们总是采用模糊的语言订立契约，契约的权利义务内容和履行的期限等都存在不确定性。例如，内田贵描述了存在于日本社会的"契约回避现象"，人们出于相互信任而在契约中只定个大概内容，并指出这样的情况也存在于美国社会。[3] ⑤由于契约本身不是缔结之后一定会被履行，如果不存在百分之百的保障机制，契约总是面临被破产的风险。

综合上述从功能主义讨论契约的作用在于维护社会合作，进而维系社会关系的运作，以及对契约的观察和理解需要采用动态视角两个方面的论述，我们可以看到关系契约理论相比于古典契约理论更加具备合理性。

---

[1] 关于有限理性对于契约理论的影响，孙良国进行了详细的探讨。详见孙良国：《英美契约法的变迁与发展》，15～27 页。

[2] 郑也夫：《信任论》，68 页。

[3] ［日］内田贵：《现代契约法的新发展与一般条款》，126 页。

四、关系契约理论的潜力

麦克尼尔将 20 世纪社会的复杂性主要归于社会组织方方面面的科层化,[①]人们被一中心控制的社会结构罩住。而同时代的加拿大媒介理论家麦克卢汉却早早就从电报这样一种早期电力媒介中看到了社会结构将发生的巨大变化。他以邮政为例,认为曾经地方邮政不得不通过邮局这个中介依赖于邮政服务和政治控制;美国政府也通过铁路、邮局和报纸的相互影响建立了中央政治控制。这种资源的垄断形成一种"一中心"的层级结构。但是,电报却使得地方邮政打破曾经那种中心—边缘垄断模式,"电力媒介废弃了空间的向度,而不是拓展了空间的范围。借助电力媒介,我们到处恢复面对面的人际关系,仿佛以最小的村落尺度恢复了这种关系。这是一种深刻的关系,它没有职能的分配和权力的委派"。[②]

今天,身处 21 世纪的我们为麦克卢汉敏锐的观察所折服。随着互联网的发展,社会关系的从曾经的单中心科层制结构转变为多中心的平面化的结构。这些变化在契约领域可能产生诸多后果,此处我们探讨与本文更加相关的两个:①互联网技术使得沟通便利获得极大提升,使我们对于契约须在缔结之时尽可能确定所有契约内容的压力减小了,因为我们可以时刻通过各种沟通媒介来明确、协商或者做出调整。②如果说单中心科层化的社会结构下,国家立法尚能发挥规制社会各领域的作用,那么在信息化时代下,多中心平面化的社会结构中出现的大量自治性客体将进一步挑战民族国家对规范的垄断,[③]使关系社会中的规范多元主义更上一个层级。

---

① Ian R. Macneil, "Bureaucracy, Liberalism and Community—American Style", *Northwestern University Law Review*, vol. 79, nos. 5&6. 1984—1985, p. 904.

② [加]麦克卢汉:《理解媒介——论人的延伸》,何道宽译,304~317 页,北京,商务印书馆,2000。

③ 参见余盛峰:《全球信息秩序下的法律革命》,载《环球法律评论》,2013(5),106~118 页。

五、结语

通过对麦克尼尔关系契约理论的考察,我们发现,麦克尼尔的研究方式带有浓厚的社会学色彩,对于理解真实世界中的契约以及与契约相关所有现象都更有帮助。作为对契约死亡论的回应,关系契约显示一种进行法理建构的气魄。但是实际上,关系契约理论还存在诸多有待完善的地方,其中最紧迫的部分可能在于关系契约规范的实际运用层面。关系契约主张突破实证法的边界,倡导规范多元主义,但是同样处于变革时期的我们,一方面民族国家立法在规范体系中还占据主导地位,如何在司法过程中吸收并协调有不同渊源的规范,关系契约理论上缺乏一套理论;[①]另一方面自治性客体的出现证实了民族国家立法的力不从心,但关系契约理论尚未对此作出最新回应。

但无论如何,关系契约理论都为我们提供了新的视角和理论资源,去理解和解释契约及契约规范,从而理解这个我们身处其中的不断变化的社会。

---

① 关于关系契约理论如何在司法实践中发挥作用,内田贵结合解释学进行了非常简短的论述,理论性显得不足。详见[日]内田贵:《现代契约法的新发展与一般条款》,152～153 页。

梅因的法律发展理论及其批评

白冉冉[*]

利维坦由何而来？流行的观点是，自然状态中的人们缔结契约，将自己的权力转移给主权者。作为历史法学的研究者，梅因拒绝承认这种想象的观点，并且试图从真实世界的历史中发现现代国家起源的秘密。他从原始社会中的父权制家庭出发，一步一步，以其严缜的推论和丰富的细节，为我们发现制造利维坦的方法。

一、研究方法与研究对象

梅因的研究视域广阔又狭窄。他的研究对象横跨东西半球，然而，却被共同的血脉所联络，他们都是梅因所关注的"雅利安人"。这种"雅利安"式的比较方法很大程度上依赖于比较语言学的成果，其中鲍普和雅各布·格林的著作对于"雅利安理论"的"出笼"起到了关键性的作用。[①]

雅利安理论认为，因为印度和欧洲许多民族的语言高度相似，可

---

[*] 清华大学法学院比较法与法文化专业 2016 级硕士生。

[①] ［意］蒙纳特里：《黑色盖尤斯——寻求西方法律传统的多重文化渊源》，周静译、朱景文校，见朱景文编：《当代西方后现代法学》，130 页，北京，法律出版社，2002。

以从语言学证明这几个民族有共同的祖先。在 19 世纪某期,许多研究都企图以一种雅利安种族共同体的强调重建"雅利安原初法"。[1]

这就是为何梅因在其著作中认为,雅利安种族的原始部落是其乃至所有法理学研究者关注的人类部落。[2]

所谓的雅利安人被认为包括讲日耳曼语族语言的日耳曼人,讲希腊语的希腊人,讲意大利语族语言的拉丁人,讲凯尔特语族语言的凯尔特人,讲斯拉夫语族语言的斯拉夫人等。而这也是梅因着力所在。在《古代法》的导言中,梅因的后学喀莱顿·亚伦说道,"因此,《古代法》应该被认为好像是梅因毕生工作中的一个宣言书,这是雅利安民族各个不同支系,尤其是罗马人、英国人、爱尔兰人、斯拉夫人以及印度人的古代法律制度的一个比较研究。"[3]

虽然同样的语言和近似的原始状态把这些人联系了起来,但是,梅因又区分出了"进步的"和"静止的"的雅利安社会。"进步的雅利安社会"是极少数的。[4] 某些社会始终停留在了人类发展最初的阶段,有一些社会越过了这个阶段,却在别处停留下来,没能成为梅因口中进步的社会。[5] 进步社会和静止社会的差别,是法律史学家必须考虑的一个问题。[6]

那么,研究这些静止的、不进步的社会,到底有何意义? 难道仅仅是出于纯然的好奇心? 或者仅仅是为了统治的便利? 并不是这样。梅因认为,研究印度、爱尔兰甚至是斯拉夫人法律制度是有帮助的。他认为,在雅利安种族各分支中存在的所谓性质上的差别,其中许多或者说大部分实际上仅仅是发展程度上的差别。[7] 印度法中深

---

① [意]蒙纳特里:《黑色盖尤斯——寻求西方法律传统的多重文化渊源》,周静译、朱景文校,见朱景文编:《当代西方后现代法学》,131 页。

② 参见[英]梅因:《东西方乡村社会》,刘莉译,33 页,北京,知识产权出版社,2016。

③ [英]梅因:《古代法》,沈景一译,北京,商务印书馆,9 页,1959。

④ 同上书,16 页。

⑤ 同上书,16 页。

⑥ 同上书,16 页。

⑦ [英]梅因:《早期制度史讲义》,冯克利译,47 页,上海,复旦大学出版社,2012。

藏着英国法的种子,而日耳曼人的马克公社可能是解开英国土地制度的关键。

在观察这些还残存人类早期遗迹的社会时,在印度、爱尔兰、斯拉夫人的村庄里,现在与过去的差别消失了。有时,过去就是现在;更经常地,是通过改变根本不能用时间测算和表达的距离,过去与现在之间的差别被移除了。进而直接观察能够对历史研究有所帮助,同时历史研究又帮助直接观察。① 梅因时代的印度和爱尔兰,就是处于原始社会时期的英国和德国。

而考察原始社会意义重大。法理学的研究者们"应该从最简单的社会形式开始,并且越接近其原始条件的一个状态越好"。② 也就是说,法理学学者应该尽可能地深入原始社会历史,而深入研究这些社会的胚种之后,就会发现,"因为现在控制着我们行动以及塑造着我们行为的道德规范的每一种形式,必然可以从这些胚种当中展示出来"。③

在文明世界的角落,那些古怪的东方村庄里,藏着梅因渴望发现的人类文明的密码。

二、梅因的法律发展观

梅因在其系列著作中对于人类历史的不同发展阶段有过丰富的描述,然而,这些描述散落在不同著作的不同章节,需要通过仔细的寻觅才能发现其中内在关联。

(一)家族与家父长

"他们既没有评议会,又没有地美士第,但每一个人对妻子和儿女都有审判权,在他们相互之间,则是各不相关的。"④梅因引用了《奥德赛》中的诗句描述人类的原初社会。

---

① [英]梅因:《东西方乡村社会》,5 页。
② [英]梅因:《古代法》,79 页。
③ 同上书,79 页。
④ [古希腊]荷马:《奥德赛》,转引自《古代法》,82~83 页。

人类最初是分散在完全孤立的集团中的,这种集团由于对父辈的服从而结合在一起。① 原始社会并非如自然法学派所设想的那样,是一个个人的集合体;事实上,原始社会是一个许多家族的集合体,家族是原始社会实质上的组成单位。② 在亚洲和欧洲的大陆上,各类家族星罗棋布,在其上没有一个统治者,每个父亲就是家庭最高的王者。

父亲对于妻子和儿女的人身和财产有终身的权力,梅因从罗马法中借用了"家父权"一词来称呼这种权力。③ 子女和妻子对于父亲的臣服是出于自然的且不需要特殊论证的。④ 这是梅因理论大厦开始构建的最初假设。血亲作为凝聚共同体的纽带,往往被认为等同于对一个共同权威的臣服。权力观念和血缘观念融为一体。⑤

然而,父权随着父亲的死亡而终结,但是,加在子女身上的束缚并未解脱。再次借用罗马法的名词,个体的人以"宗亲"关系为纽带,再次被包裹在了"家族"之中。所谓的"宗亲",是指"血亲"去除所有的女性卑亲属后遗留下来的人。⑥ 宗亲与血亲不同,一方面,宗亲不包括所有的女性卑亲属;另一方面,宗亲中有许多和原始家族毫无血缘关系的人。养子和其他因收养关系而来的人,即被拟制为亲子的,事实上毫无血缘关系的人,被视作宗亲。然而,这也不是家族的重点,除了"宗亲"之外,家族还包括其他的人。"家族"首先包括因血缘关系而属于它的人们,其次包括因收养而接纳的人们;但是还有一种第三类人,他们只是因为共同从属于族长而参加"家族"的,这些人就是"奴隶"。⑦

家族不断扩大,家族中的每个人都服从于"家父",家父是他们的

---

① ［英］梅因:《古代法》,83 页。
② 同上书,83 页。
③ 同上书,89 页。
④ 同上书,90 页。
⑤ ［英］梅因:《早期制度史讲义》,34 页。
⑥ 参见［英］梅因:《古代法》,97 页。
⑦ 同上书,8 页。

立法者,也是他们的统治者。古代的法律仅能审判和制裁家父,而家子和奴隶则是处于家父的羽翼庇护之下的,家父应为他们的侵权行为而负责。① 可以这么说,在家族小王国之外所施行的公共领域的国家法律,仅仅是"填补作为社会原子的各个大集团之间的罅隙"的"国际法"。②

由家父权结合的"家族"是孕育罗马法"人法""卵巢"。③ 罗马法中的"妇女终生监护制度"和"男性孤儿监护制度"都是此一"卵巢"中孕育的特殊法律制度。④ 除此之外,在罗马法的继承法、财产法中也都能发现家父权的影子。

除了罗马的家族,分布在世界各地的雅利安民族都发展出了特色的家族制度。譬如印度的联合家庭,是普遍诞生于父权制家庭,是由自然的或收养的后裔臣服于仍在世的最年长前辈——父亲、祖父或曾祖父——而凝聚的群体。⑤ 然而,印度的家庭并没有存在如同罗马一样肆意专断的家父。印度人选择了联合家庭血脉最纯正家庭中的最年长男性作为他们的家族首领,然而,这种"家族首领"并不是家父长,也不是家庭财产的拥有者,而仅仅是家庭事务的管理者和家庭财产的管理人。⑥ 当这位家族首领不足以担当重任之时,印度人就选择另外一位可以承担责任的男子。

事实上,选举逐渐取代了血缘,成为选择首领的主要方式。斯拉夫人同居共同体的头领或管理者便是一位经公开选举产生的代表,有的时候,属于最古老家系的同族所组成的议事会取代了个体管理者。⑦

不管是确定其成员还是确认其首领的过程中,血缘在共同体中

---

① 参见[英]梅因:《古代法》,95 页。
② 同上书,109 页。
③ 同上书,100 页。
④ 同上书,100~105 页。
⑤ [英]梅因:《早期制度史讲义》,56 页。
⑥ 同上书,56 页。
⑦ 同上书,57 页。

的重要程度,似乎正在不断下降。

(二)部落与首领支配

在罗马、印度和斯拉夫,家父的权威,或者说是,家族首领的权威处于不断衰减和丧失的过程当。在印度的很多村庄,"老人咨议会"成为村庄事务事实上的阐释者和决定人。有些村庄还存在世袭或选举而来的首领,但他们也需要和老人咨议会分享权力。[①] 老人咨议会被认为是一个代议组织,而非一个世袭权力组织。印度没有类似于日耳曼"男子集会人团体"的组织,咨议会老人们的经验和智慧足以应对一切事务。在初民社会,在村庄集会中对年轻人给予重视的原因是"需要"。[②] 而印度的村庄共同体往往屈服于一个君主,处于由苛税而换来的和平环境当中。

但是,在另外一些国家,迟迟没有形成有力的中央政府。在这些国家,首领因其作为军事领袖而获得了更大的特权。[③] 爱尔兰和斯拉夫社会即是如此。

首领和咨议会不断获得更大权力的过程,就是家族逐渐失去权力的过程。这个过程和人们定居于土地上的过程是同步进行的,即从部落最终在某个确定的地点定居那一刻起,土地便开始取代血亲关系成为社会的基础。这种变化极其缓慢地渐渐发生,在某些细节上甚至现在仍未彻底完成,但它在整个历史进程中持续进行着。[④]

土地在最初是共同体共有的财产,也就是说,一种爱尔兰式的部落所有制,或者一种印度式的村落共产体。我们有强有力的理由,认定在某一个时期中,财产不属个人甚至也不属于个别的家族,而是属于按照宗法模型组成的较大的社会所有。[⑤]

本文无意讨论梅因给出的不同雅利安社会分配土地的方式,也

---

① [英]梅因:《东西方乡村社会》,80～81 页。
② 同上书,82 页。
③ [英]梅因:《早期制度史讲义》,57 页。
④ 同上书,36 页。
⑤ [英]梅因:《古代法》,174 页。

无意讨论土地的划分与轮耕制度。需要阐明的仅仅是,部落领土在理论上为整个部落所有。但是,事实上,大部分土地被永久分配给了部落小团体,一部分以特殊方式分配给了部落的首领,一部分被部落中分散的人所占据,剩下的从未被占用的部落土地被视作"荒地"。值得特别叙述的是,在不同的雅利安社会,村落或者部落中,都会留出未曾耕作的荒地。而这些荒地将会成为首领权力赖以生长的主要方式。

首领被视作部落土地的管理人。显然从最古老的文本来看,许多部落土地似乎不断转让给部落分支、家庭或从属的头领。① 另外当为首领或者国王提供私人劳役,则可能获赠土地。② 所有的这些都让首领的土地不断增加。

首领另外的重要的权力乃是来自其财富——他所拥有的牛。梅因研究了爱尔兰的法律,并发现,在其本土法律,即在布雷亨册页所反映的早期雅利安社会中,财富(尤其是牲畜的财富)具有极大的重要性。③ 真正难以获得的,并非是土地,而是耕种土地所需要的工具,尤其是牛。因此,除了土地本身,对农耕器具的所有权,在早期农业共同体中是第一位的权力。④ 而这些原始的资本,这些农耕器具,是通过战争劫掠获得的,而战争则是由这些以战争为业的贵族阶层,也就是首领们发起和领导的。对首领来说,将部分牲畜放养在部落成员中变得颇为重要,而对部落成员来讲,他们时常发现自己由于环境所迫需要牲畜耕种土地。因此,出现在布雷亨法律中的部落首领总是"提供牲畜",部落成员则接受牲畜。⑤ 部落成员变成了首领的债务人,并被不断榨取其劳动所产生的财富。

不断依附于首领的外来人口,让首领的权力再一次扩大。这是

---

① [英]梅因:《早期制度史讲义》,63 页。

② 同上书,69 页。

③ 同上书,66~67 页。

④ 同上书,82 页。

⑤ 同上书,77 页。

一种被称为"庇护制"的关系。① 爱尔兰的首领们在荒地上安置附属于他的外来佃农,即来自别的部落寻求他保护的逃亡者和"破产"的人,他们和这个新部落的关系仅在于他们对首领的依附和首领加在他们身上的义务。② 另外,外来佃农的加入使得原有部落成员的地位进一步下滑,流动耕作团体使得部落成员彻底失去了对抗领主的能力。

最后,首领还通过臣属和盟友,获得了更多的物质力量和人手扩大他的权威。③ 通过军事征伐而获得权力的首领们的权力逐渐变得无以复加。他们不再是共同体选举出的管理人。他拥有大片的土地,拥有依附于他的许多佃农,部落成员们都对他负有债务。

(三)庄园群与领主支配

出现于部落和村落之上的更大共同体让部分地转移了首领的权力。封建制度在西欧和英国产生了。印度和爱尔兰从未完成封建,但是,在这些共同体中,已经可以看到封建制度的萌芽。④

梅因这个新的群体称作庄园群,他认为,被专制地组织、统治的一群佃农,终结了一群组织化的、管理民主的家庭。每个新庄园群都代替了由曾经完全保有地产所有权的所有者构成的村庄群体。⑤ 迄今为止,它就像那些古老的耕种共同体,但是又与它们不同,它通过多样的对封建首领——唯一或共同的领主——的服从关系结合在一起。⑥

庄园是由许多通过自由保有而持有领主土地的人们和许多通过在其起源上能展现奴隶性的保有而持有领主土地的人们构成。⑦ 那

---

① [英]梅因:《早期制度史讲义》,63页。
② 同上书,63页。
③ 同上。
④ 参见[英]梅因:《东西方乡村社会》,第9~10页;[英]梅因:《早期制度史讲义》,42页。
⑤ [英]梅因:《东西方乡村社会》,89页。
⑥ 同上书,88页。
⑦ 同上书,88~89页。

些自由保有领主土地的人，乃是原有村落或部落共同体的成员们，而类似于奴隶的持有领主土地的人，则与先前部落中的外来依附者成分相同。而领主，则自然是由原先的首领们转换而来的。但是，不得不问，这个过程是如何发生的？用德国学者的话来说，庄园如何产生于公社？①

流行的说法是，封建制度受到"封地"的巨大影响。部落酋长们将土地让与罗马的教会，而教会则将这些土地赐给为他们提供军事服务的人——通常也是这些酋长。② 有些人补充道，因为日耳曼人倾向于将公职变成世袭性的职位，所以，一开始终身持有的封地，最后可以从父亲传递到儿子。③

梅因认为，这个解释显然是不完整的。他将目光转向了日耳曼社会及其学者的研究。因为封建化过程早期阶段的遗迹在德国比在其他地方都更可辨别，既在文件记录方面也在地貌方面；这无疑部分地要归功于上层和中心权威相对较弱的执行力。④

德国的学者们认为，各个日耳曼的小共同体，即其特有的马克公社，之间喜欢争吵和战争。一个共同体征服另一个，并且战利品通常是战败共同体的共有公社或荒地。征服或者侵占并在通过这种方式取得的荒地上进行殖民；或者他们拿走整个领地，然后还给被征服者，这由胜利者一方决定。⑤ 这两种方式都导致了不平等的产生。被侵占的荒地和共有土地优先交给了胜利共同体中做出最大贡献的成员，而交还给被征服者的土地上则产生了对其的宗主权，即一个共同体对另外一个共同体产生了宗主权。同样的，庞大的共同体会将许多家庭殖民群体派出到不同地方去殖民。由此，原有的共同体自然可以对于新的共同体主张一种优先权或者宗主权。

---

① ［英］梅因：《东西方乡村社会》，95 页。
② 同上书，87 页。
③ 同上书，87~88 页。
④ 同上书，95 页。
⑤ 同上。

我们已经知道了一个共同体凌驾于另外一个共同体之上的方式，再将对于爱尔兰首领方式扩大的论述转移至此处，即一些特殊的人或家庭会享受这种宗主权带来的好处。这是形成封建制度的来源之一，即封建制度的原始生长。

强有力的日耳曼君主政体开始形成时，另外一个原因就表现出来了，他们将国家的荒地或被征服的土地授予出去。无疑，一些被让与人就是已经在本土的日耳曼环境中变得有权利的家庭首领。① 而有大量的人为这些领主耕作，这些人或是原住民，或是被征服省份的人。

由此，封建制度彻底形成了。人人都成为另外一个人的丛属，然而，差距又并非非常之大。用梅因的话来说："社会呈金字塔或圆锥体形式。人数庞大的农耕者位于底部，越往上越小，直至达到顶点；这个顶点往往看不见，但总被认为是可以发现的，要么是皇帝，要么是教皇或全能的上帝。"②

这个过程在印度也能看得到。在英国要求印度土地进行"清算"的过程中，原本属于村庄共同体的土地被掌握清算权力的寡头掠取了，印度形成了一个土地贵族政体。而这些掌握清算权力的人，就是原本印度村落中处于类似于首领地位的人。③ 虽然印度的封建从未完成过，但是，我们却能从中看出发生在英国和德国同样的情形。

在封建的欧洲，土地不再是联合共同体的纽带了。庄园群维持在一起的约束显然是庄园法庭，它由领主或他的代表主持。④ 庄园法庭包括刑事法庭、领地法庭和习惯法庭。同样地，领主们通过其司法权，即领地法庭行使其权力。

（四）现代社会与主权者支配

现代社会潜藏在部落、村庄和庄园中。或者说，现代国家这个共

① ［英］梅因：《东西方乡村社会》，97 页。译文有更改。
② ［英］梅因：《早期制度史讲义》，79 页。
③ ［英］梅因：《东西方乡村社会》，99～100 页。
④ 同上书，92 页。

同体取代和终结了所有的共同体。较大的群体的历史终结于现代的国家和主权观,较小群体的历史则终结于现代土地财产观。①

现代的贵族制和君主制的早期历史是从部落首领制开始的。②而封建制度的解体则直接生出了现代社会。正是因为封建社会的瓦解,封建社会对于个人的控制能力放松,才能产生现代社会最为重要的一些观念;正是因为封建社会的瓦解,土地才开始进入市场开始流转;正是因为封建社会的瓦解,国家即因共同国土而结合在一起更大共同体的权威在现代获得巨大的增长;正是因为封建社会的瓦解,主权,以及奠基于其上的现代法理学观念才能得以成长;正是因为封建社会的瓦解,奥斯丁的"法律是主权者的命令"和边沁"为最大多数人的幸福而立法"的观念才得以被提出。③

在梅因所考察的原始社会的样本——雅利安共同体——亲眼所见的印度、法律典籍中的爱尔兰和历史记载中日耳曼和斯拉夫社会中,梅因都没能发现现代社会。

虽然现代社会和现代国家诞生相当之晚。但是,国家早就是存在的。在日耳曼人还深居于丛林之中时,罗马帝国的旗帜已经飘扬在地中海的周边了。

"有关国家这种政治共同体的起源,可以断定为几乎普遍存在的事实是:它们由群体的合并而形成,原初群体的规模无论如何不会小于父权制家族。"而后,"阿提卡的村庄合并形成了雅典国家,原始的罗马国家则是由原来居住于山区的小共同体合并而成"。④

然而,许多这样的原始国家,亚述帝国和巴比伦帝国、米底帝国和波斯帝国,他们的君主绝非是现代意义上的主权者。这些国家仅仅征税,而干涉臣民的日常宗教和世俗生活。他们从不制定法律。⑤

---

① [英]梅因:《早期制度史讲义》,38 页。
② 同上书,63～64 页。
③ 同上书,42～64 页。
④ 同上。
⑤ 同上书,187 页。

他们仅仅是征税帝国,而非立法帝国。我们所熟知的立法帝国仅有一个,即罗马帝国。"它是第一个不但征税而且立法的伟大统治。"①罗马帝国开创了一种新的统治模式,它"直接或最终导致了高度集权化、立法活跃的国家的形成"。② 而在现代国家的机制中,最重要的事实就是立法机关的能量。③

然而,罗马帝国也绝非是现代国家。罗马帝国和现代国家最大差别之一乃是,罗马帝国的统合能力远远不如现代国家。即便在受到罗马帝国影响的地区,小的共同体生活仍然在继续,在遥远帝国的权威下过自己的生活。然而,在现代国家,小共同体被彻底吞没。地方生活和村社习俗在国家这一巨大的共同体中大幅度衰落。④

梅因从未说过,原始的罗马帝国如何转变为现代的主权国家。一个可能的推测是,封建制度赋予了原始帝国转型为现代主权国家的能力。封建制度有一种特殊的双重土地所有权观念,即封建地主所有的高级所有权以及同时存在的佃农的低级财或地权。⑤"领上主权——这种把主权与地球表面上一块土地的占有联系起来的见解——明显是封建制度的一个支流,虽然是一个迟缓的支流。"⑥

封建制给了现代国家以领土主权的观念,而罗马帝国给了现代国家以"立法"的观念。由此,现代国家产生两个最重要的要素已经备齐。再加上霍布斯、奥斯丁和边沁的伟大贡献,使得英国拥有了一种全然不同的法哲学。⑦ 主权者统治下的现代国家横空出世了。

在现代的法理学中,拥有统治权的人不再是部落首领或者领主,主权者成为了实质上的统治者。"在每一个独立的政治共同体中,即在自身之上没有一个上级要习惯性服从的政治共同体中,某一个人

---

① ［英］梅因:《早期制度史讲义》,190 页。
② 同上书,190 页。
③ 同上书,198 页。
④ 同上书,189 页。
⑤ ［英］梅因:《古代法》,190 页。
⑥ 同上书,171 页。
⑦ 参见［英］梅因:《早期制度史讲义》,168 页。

或几个人的组合体拥有强迫其他共同体成员按他的意愿行事的权力。这唯一的一个人或组合体,即(用奥斯丁的话来说)主权者或集体主权者,见于每一个独立的政治共同体中,这就像物质世界有一个引力中心一样确定。"①

而被统治者,也从父亲、首领和领主的权力之下解放了出来。他们作为个体的人,成为主权者的臣民或者公民。统治的权力,毫无疑问,都是主权的生发,也就是强制的暴力和不可抗拒的主权者的命令。

到此为止,梅因已经一路带领我们走进了现代社会。

三、梅因法律发展观批评

从梅因的《古代法》及其系列作品发表以来,对于梅因理论的批评一直不绝于耳。如罗斯柯·庞德认为,梅因的理论不能用来解释普通法的发展;莫里斯·戈亨认为契约观念的发展和商业活动的扩大并无相互依存关系。然而,这些批评主要集中在梅因的"从身份到契约"这一论断上。梅因的社会形态和法律发展理论则甚少受到注意和批评。对于梅因法律发展理论可以从以下几个方面进行评析。

(一)历史叙事与假想前提

梅因对自然法学派和实证主义法学派最大的批评在于:"在这些纯理论中,都忽视了在它们出现的特定时间以前很遥远的时代中,法律在实际上究竟是怎样的。"②他对于自然法学派的批评固然正确,但是,这种批评对于梅因自身的理论也是成立的。

洛克设想了一种完备无缺的自由状态,"一切权力和管辖权都是相互的,没有一个人享有多于别人的权力"。③而霍布斯的自然状态则是一切人仇视一切人。在他们的自然状态中,个体的人是此时的主角。此种理论显然和梅因所说的"家父权"不同。

然而,在另外一位社会契约论者卢梭看来,"我们不妨认为家庭

---

① 参见[英]梅因:《早期制度史讲义》,171页。
② [英]梅因:《古代法》,79页。
③ [英]洛克:《政府论》(下篇),3页,北京,商务印书馆,1964。

是政治社会的原始模型：首领就是父亲的影子，人民就是孩子的影子；并且，每个人都生而自由、平等，他只是为了自己的利益，才会转让自己的自由"。① 在关于原始社会政治单位的想象上，梅因居然与其论敌卢梭达成了一致。那么，这种想象是真实的吗？

显然不是。自然法学者们模糊了历史的真相，但是，梅因也并未能对人类在原始社会的历史有一个更加清晰的见解。家庭—家族是梅因想象中人类的共同体开端，"权力观念和血缘观念融为一体"。②

在 20 世纪后半叶，大批人类学著作蜂拥而出，关于北美洲、澳大利亚和印度洋群岛上原始人的生活图景被展现在欧洲读者的眼前。摩尔根的调查显示，在家庭这一形式产生之前，以血亲关系为基础的共同体至少经历了十个阶段。③ 梅因笨拙地回应了来自摩尔根的挑战，他的回复有三点：第一，这是反常的、非雅利安的，即并不在他的研究范围之内；第二，没有证据可以证明雅利安种族的家庭形态也是由这种反常而低等的血缘秩序发展而来，所以，研究者不需要关注这些来自人类学的挑战；第三，即便在梅因所设想的原始雅利安家庭之前有更早的血缘形态，"它与我们的关系也十分遥远"。④

梅因以历史考察为标榜，并对他深信自然法的论敌大加嘲弄，但是，在人类学的实证材料前，他却采取了与其论敌相同的方法来回避问题。因此，梅因系列作品的前提，即历史的开端之处乃是家庭—家族及其生活，已经如同自然状态下的个人一般，成为一种玄虚的假设。

梅因的傲慢同他的选材有一定关系。不管是对于罗马法的解读，还是对于爱尔兰《古制全书》《艾锡尔书》的分析，梅因所利用的都是成文的书写材料，也就是文字创制之后的材料，即便是追溯到《奥德赛》，梅因所能窥见的，也是人类文明较晚的时期。在《东西方乡村社会》中，梅因使用了大量的人类学调查材料，并坚持认为印度乃是

---

① ［法］卢梭：《社会契约论》，何兆武译，5 页，北京，商务印书馆，1963。

② ［英］梅因：《早期制度史讲义》，34 页。

③ ［美］摩尔根：《人类家族与姻亲体系》，见梅因：《早期制度史讲义》，34 页。

④ ［英］梅因：《早期制度史讲义》，34 页。

英格兰"干枯的骸骨",但是,被殖民前的印度早已有过辉煌灿烂的文明,离开人类生活的最初阶段很久了。

在选取材料时狭窄的视野和对于人类学研究的轻视,使得梅因的论证前提出现了重大问题,其说服力也直线下降。

(二)身份、契约与权力的虹吸效应

梅因在《古代法》中写道:"所有进步社会的运动,到此处为止,是一个'从身份到契约'的运动。"①然而,在描述个人从共同体中获得解放的同时,梅因还在试图描述更大共同体的形成。那么,这种所谓的对于个人的解放是否似乎成立?与其说此种过程是个人权力的增加或者解放,不如说是权力的转移路径,即"作为对法律规范维护的各种权力和职能,它们是从个人和他的亲属团体的性质,上升到作为一种社会实体的国家的性质的"。②

梅因在试图建立其原始社会—部落社会—封建社会—现代社会这一法律发展的路径之时,同时描绘了从家庭家族—部落—庄园(王国)—主权国家的发展过程。这一过程伴随共同体联系纽带的改变和土地财产权利的不断转移。

梅因设想的原始社会中,"每个人对妻子和儿女具有审判权,在他们相互之间,则是各不相关的"。③ 也就是说,每个家庭中的家父对仆人、妻子和子女拥有最高权力。随着人们定居于固定土地这一过程,权力也逐渐发生了虹吸作用,聚集到社会的顶端。首领和"老人咨议会"们逐渐掌握了一定程度的司法权力,这种司法权力的来源有二,其一是社会生活新展开的面向,其二则是来源于家父所出让的审判权。而后,庄园领主获得了这份权力,现代国家则紧接其后。

在推出其著名结论的过程中,梅因写道:"在运动发展的过程中,其特点是家族依附的逐步消灭以及代之而起的个人义务的增

---

① 〔英〕梅因:《古代法》,112 页。
② 〔美〕霍贝尔:《原始人的法》,严存生等译,307 页,北京,法律出版社,2006。
③ 〔古希腊〕荷马:《奥德赛》,见《古代法》,82~83 页。

长。'个人'不断地代替了'家族',成为民事法律所考虑的单位。"①梅因用曾属于家父权支配之下的仆人、妻子和子女逐渐获得更多自由的过程证明这一过程确实存在。这个过程和上述权力的虹吸过程是同步发生的。对于个体来说,他们逐渐获得了有限的自由,从"家子"逐渐变为"公民"。然而,硬币的另外一面是,对于个人所有的不法甚或是失当——不法和失当随着时代不同而改变——的行为,始终有人在追责,不管这个人是父亲还是首领,是庄园领主还是主权者。

也就是说,"从身份到契约"是一个双向命题,不光代表个人的解放,也代表权力通过虹吸作用逐渐聚集于顶层的过程。

另外值得注意的一点是,在梅因的早期作品《古代法》中,梅因的法律发展理论似乎并未成型,其论述重心还在于提炼"从身份到契约"这一命题。然而,在《早期制度史讲义》和《东西方乡村社会》中,梅因对这一命题却甚少提及。相反,在《早期制度史讲义》中,梅因提到存在一些"完全外来的制度从外部引入一个假定的血缘关系为基础的社会"。② 爱尔兰的行会兄弟制度、教士"氏族"制、教父教子女的精神亲缘制度,梅因用大量的例子证明,在个人从家庭身份中脱离出来之时,他们在别处重构了血缘伦理关系。也就是说,从血缘身份到拟制血缘身份。当然,这种拟制的血缘身份也可以被认为是契约的一种,但是,这种个人的自由"合意"背后始终存在身份性关系的阴影。

(三)城市法、封建法与其他

可以说,梅因的法律发展理论一直和土地财产—继承这一法律领域紧密关联。不管在原始时期、部落时期或是封建庄园时期,梅因所叙述的重点都是土地财产制度的变迁。不可避免的,梅因的眼光始终集中在最广大的乡村地区,爱尔兰、英格兰和日耳曼等地的荒地

① [英]梅因:《古代法》,110页。
② [英]梅因:《早期制度史讲义》,116页。

如何被利用是梅因最大的关怀之一。然而,在从远古到近代的广大乡土世界之外,还存在许多变异体,它们或在时间空间上与乡村土地法交集不多,或与土地法处于同一时空而结构迥异,正是这些变异体所蕴含的磅礴力量推动法律走向现代化。

1. 城市法

城市是浮于乡村世界之上的岛屿。城市是一个大型聚落,不同于乡村,"城市就是一个其居民主要是以来工业及商业——而非农业——为生的聚落";①同时,"在聚落内有一常规性的——非临时性的——财货交易的情况存在,这种交易构成当地居民生计(营利与满足需求)中不可或缺的一个要素。换言之,即一个市场的存在。"②

就梅因的关怀重点,即土地法来说,"适用于城市住宅的法律,在某些方面与适用于农村土地的法律大不相同"。③ 在乡村中,农民的土地往往受多重权利关系的束缚,而城市中的地产在原则上则可以自由转让、继承而不受到封建义务的束缚。

城市中的身份秩序和乡村也大不相同。印度的城市中会形成新的种姓,罗马和中世纪的城市中的奴隶为恢复自由而经营。市民阶层径自瓦解了领主的支配权。④

城市为法律发展贡献了许多材料。地中海沿岸的商业城市们是商法最初的发源地,城市这一誓约共同体可能是"法人团体"这一概念的由来,建立城市的特许状乃是最初的宪法,教育、保健、济贫和公共娱乐制度及其相关法律最初都是在城市中产生。

那么,城市为什么与乡村有如此巨大的差异呢?"因为城市化的变革分解了亲属纽带的力量,这种情况就产生了一种需要,即用集中系统的法律手段控制和影响来自不同地方、不同民族,具有不同经

---

① [德]韦伯:《非正当性的支配——城市的类型学》,康乐、简慧美译,392 页,桂林,广西师范大学出版社,2010。

② 同上书,393 页。

③ 同上书,429 页。

④ 同上书,431 页。

历、习惯和基本要求的许多点上有冲突的一大批综合到一块的人群。城市生活使法律得到了迅速的发展。"①

令人遗憾的是,梅因的关注视野始终集中在农村及其土地上,对于城市的诸多忽视使得其理论多有欠缺。

2. 封建法

梅因在其关于封建化的过程中继续了其以往以土地财产权利为纲领的做法,大篇幅介绍了封建土地占有的不同形式。然而,在我们所称为封建法的内容当中,实质上包含两种法律,即封建法和庄园法。封建法调整封建占有关系(采邑)和领主—封臣关系(忠诚),庄园法则调整领主—农民关系以及农业生产和一般的庄园生活。②

梅因清晰地讨论了其所称"庄园群"的财产和政治权力关系,但是,对于领主——封臣关系则语焉不详。在《古代法》中,梅因肯定,"最早的采地受益人都是君主的个人随从"③即以军役换取领主赐予的采地。

然而,除此之外,梅因对于封建法、领主权利和封臣权利等内容并无阐释。这不可以不说是一大遗憾。

四、结语

梅因始终关注英国、罗马、日耳曼、斯拉夫、爱尔兰和印度的村庄共同体,并且试图从其中发现通往现代世界、现代民族国家的阶梯。用今天的话来说,梅因实质上想要研究的,乃是"政治现代化"的问题。

他从未言明,但是,他却给出我们社会不同发展形态下的不同图景。这些图景分散在不同的书籍中,针对不同的描述对象,以至于晦

---

① [美]霍贝尔:《原始人的法》,307页。
② [美]伯尔曼:《法律与革命——西方法律传统的形成》,贺卫方、高鸿钧、张志铭等译,361页,北京,中国大百科全书出版社,1993。
③ [英]梅因:《古代法》,195页。

暗不清、扑朔迷离。然而,一旦将东方和西方、过去与现在放入同一个坐标体系,我们立刻就能发现梅因所竭力描绘的世界图景。

在最初,雅利安社会的人们以血缘结合,生活在某个家父的羽翼之下。而后,家庭日益扩大,形成了家族,拟制的血亲不断加入家族,血缘的纽带被不断稀释,家父变成了"家父长"。

之后,这些家庭定居在一定范围的土地上,以农业为生,土地取代血缘成为共同体的纽带,他们形成了"村落共产体"。在此,不同的雅利安社会走上了不同的路径。和平的印度形成了老人咨议会;好战的日耳曼人以年轻男子为尊,形成了男子集会人团体,成为权力的拥有者;而在爱尔兰和斯拉夫,人们开始选举自己的首领。首领的权力经过了几次扩张,并通过征服、让与土地给教会和获赠土地,逐渐转变成庄园领主,封建制度随之建立。

在封建制度中,领主通过庄园法庭维系庄园群。他通过领地法庭实现自己的权力。封建制产生了一种双重的土地所有权制度,由此产生了现代国家的主权理论。立法帝国、双重土地所有制度和关于主权的学说共同构成了现代国家。

梅因在发展过程中,仔细考察了共同体形态的变迁、土地制度的流转、统治者的改变等一系列详尽的问题,最终,为我们建构了一座宏大的理论大厦。梅因一生的学术路径,都是在研究各个共同体的产生、特性以及如何被更大的共同体所包括,最终,他的理论回到了建国理论。他和自然法学者的对话有了最终的句点,利维坦绝非由人民的缔结契约而来,每一步的法律路径,都已经在梅因的书中了。

但是,梅因的理论也有其不足之处。首先是梅因的基础预设。梅因犯了和自己论敌同样的错误,他对于人类学的材料的忽视和对人类原处状态的假设和自然法学者如出一辙。在这个意义上,梅因所谓的历史研究方法,也不过是另外一种构建。

第二个不足之处是,除了有限的土地法律,雅利安民族历史上的许多法律类型都没能吸引梅因的注意力。他简单地提及了教会法,对商法、封建法、城市法、王室法则几乎毫无关注。由这样的材料及研究视野总结的法律发展观念始终是值得商榷的。

梅因以其"从身份到契约"的论断而出名,他关于"进步的法律"和"不进步的法律"之划分充满了争议。然而,国内对梅因的研究仅仅止于这二者,这是相当可惜的,作为英国法律史的巨擘,梅因及其理论值得更多关注和研究。

从祝福到"诅咒"?
——印度嫁妆制度的现代变异[*]

赵彩凤[**]

一、引言

2000 年 11 月 3 日午时 12 点左右,一位结婚不到 3 年的印度少妇吉妲,在自家被丈夫及其亲属纵火焚烧身亡。这是一起被冠以"嫁妆致死"(dowry death)罪名的印度典型案例。[①] 自 20 世纪后半叶以降,印度每年有数以千计的已婚年轻女性,因婆家对嫁妆[②]不满而被

　* 本文得到了清华大学自主科研计划课题"Z04-1-中国社会经济文化重大专项——中国佛教法律文化研究"(项目批准号:2015THZWSH01)的资助,是该项目成果的一部分。深深感谢业师高鸿钧教授的悉心指导与鼓励。感谢项目组给予我真诚帮助与团队温暖的诸位师友、同仁,特别感谢陈王龙诗博士耐心帮我校对了所有梵文用语,并纠正了不少舛误,感谢鲁楠、余盛峰为拙文提供了重要参考文献与写作建议。自然文责自负。

　** 广西桂林电子科技大学讲师,清华大学比较法与法文化学博士。

　① Satya Narayan Tiwari @ Jolly & Anr. Vs. State Of U. P. (2010)13 SCC 689.

　② 英文 dowry,印度地方语言有 dahej、daaj 等写法。近现代学者一般以梵文女性财产(stridhana)与该词对应。有学者使用"妆奁"一词指代"嫁妆",例如周枏:《罗马法原论》(上册),215 页,北京,商务印书馆,2016;秦文:《印度婚姻家庭法研究——基于女性主义的分析视角》,115 页,北京,法律出版社,2015。也有学者发现,社会生活语境中,妆奁与嫁妆有所区别,如阎云翔调查指出,中国东北某地区"妆奁"钱特指由新郎家提供给新娘家用来为新娘购买衣服、鞋及其他小物件的现金性礼物,俗称"买东西钱",所买物品归新娘个人所有;嫁妆含义则广泛得多。参见阎云翔:《礼物的流动》,李放春、刘瑜译,176、172～174、181～184 页,上海,上海人民出版社,2000。为避免歧义,笔者在此采用"嫁妆",将其作广义理解。

谋杀或不堪受虐自杀,案发数量总体上呈递增趋势。据印度国家犯罪记录局统计,2015 年"嫁妆致死"案例有 7 634 起,[①] 即平均每隔大约 1 小时 9 分钟,就有一个年轻女子非正常死亡。真实发生的案件远不止这些。另外,有大量妇女因嫁妆遭受家庭暴力而幸存的事件,通常没有在官方统计之列。嫁妆,蓖麻油、易燃的尼龙纱丽,无情的丈夫、贪婪的婆婆,遭受虐待的年轻媳妇,是这类案件的关键词。嫁妆引发的犯罪,成为印度最为醒目的案例类型之一,也成为国际社会有关女性、家庭暴力等主题关注的焦点。为此,印度政府出台了一系列措施,专门针对嫁妆(/涉婚支付)问题进行法律与社会改革。然而这些变革并未消弭嫁妆现象,进入 21 世纪以来,嫁妆之风愈演愈烈,不仅在印度本土,还在海外印侨中广为盛行;印度周边一些国家和地区受印度影响,也兴起以高昂嫁妆为主导的涉婚支付风俗。

　　嫁妆并非印度特有的现象。根据人类可考的历史,自初民社会开始,附随婚姻的财物支付已成为人类普遍礼仪。这类制度一般以公平交换原则为基础,着眼于从长远角度维护双方的利益均衡。礼物交换不仅具有物利互惠性质,还蕴含更多社会意义,是"社会与宗教、巫术与经济、功利与情感、司法与道德"的功能综合物。[②] 根据财物流动方向,涉婚支付主要分为两种方式:一为嫁妆,即伴随新娘、从新娘方家庭转移向新婚小家庭或新郎方大家庭的财物;二为财礼(彩礼),乃新郎方家庭赠与新娘方家庭,用以交换新娘的聘礼。嫁妆与财礼赠与时间以结婚时为主,但不限于婚礼举行过程,也可能在婚前或婚后特定期限内给付。世界各地涉婚支付史上,这两种方式组合成了多种运行模式,如单一嫁妆制,单一财礼制,嫁妆与财礼并行制等。现代大多数国家和地区,涉婚支付已非婚姻法定程序。印度也以国家立法形式废除了作为涉婚支付的嫁妆制度,但生活实践中嫁妆迄今仍是结婚要件,关系婚姻缔结的成败,对印度人的婚后家庭生

---

　　① 参见印度国家犯罪记录局网,http://ncrb.nic.in/(最后访问时间:2017-02-15,09:20)。
　　② 参见 Claude Lévi-Strauss, *the Elementary Structures of Kinship*, trans. by J. H. Bell et al.,Beacon Press,1969,p.52。

活,起着重要的制约作用。人们认为,昂贵的嫁妆已成为印度社会普遍之"恶",是印度妇女频遭家庭暴力、社会地位低下的主要原因。是否果真如此,嫁妆在现代印度究竟是什么样态? 本文拟通过对印度嫁妆的起源和现代变异的考察,分析该制度变迁的原因及其社会后果,指出这种制度的变革路径和发展趋势。

二、溯源:女性财产①

一般认为,印度嫁妆可以溯源于古老的女性财产(strīdhana)制度。关于女性财产的记载,现存最早文献为圣传经时代的《高达摩法经》(Gautama-Dharmasūtra,形成于公元前 600—前 300 年)。从词源上说,女性财产是复合词,由"strī"与"dhana"组成,前者指称"女性",后者意为"财富"。据此这一词语本义是"女子的财产"。② 印度教后续发展的各个时期,经典文本中也均有女性财产的记述。如《摩奴法论》确立了六类基本女性财产:阿德耶戈尼(adhyagni)、阿德雅瓦诃尼克(adhyāvāhanika)、"夫主喜欢的时候给的""得自兄弟的""得自母亲的"和"得自父亲的"。③ 另外女子继承自母亲的遗产和外祖母

---

① 关于印度嫁妆的起源与历史演变,笔者另有专文详解,见《嫁妆之觞:传统印度女性财产与涉婚支付制度研究》(未刊稿)。

② 参见 Preeti Sharma, *Hindu Women's Right to Maintenance*, Deep & Deep Publications, 1990, p. 9。

③ 此处译文前两项为梵文音译,后四项采用蒋忠新先生译本。在笔者所参考文本中, adhyagni、adhyāvāhanika 二词,蒋本分别译作"财礼""嫁妆";马香雪转译的《摩奴法典》(以下简称"马本")译为"在婚姻圣火前给予她的,于归夫家之际给予她的"。其他英文文本或文献转引与马本所译相仿。笔者认为,蒋先生的译法容易让人产生误解,因为其同一文本中有另外一词也译为"财礼",即舒尔克(śulka),是我们通常理解的那种聘礼式财礼,因有"卖女儿"之嫌,为摩奴所贬抑;而且如果从礼物的流动方向理解,印度嫁妆不限于归夫家之际的礼物,广义的嫁妆甚至可涵括除夫主喜欢时赠与物以外的其他五类基本女性财产。参见蒋忠新译《摩奴法论》第九章第 194 节(以下简称"蒋本九:194"),三:51、53;九:97、98、100。《摩奴法论》,蒋忠新译,193、45、185 页,北京,中国社会科学出版社,2007;《摩奴法典》,[法]迭朗善译,马香雪转译,219 页,北京,商务印书馆,2012; *The Laws of Manu*, trans. by Wendy Doniger & Brian K. Smith, Penguin Books, 1991, p. 219(以下简称 W & B 本); Patrick Olivelle, *Manu's Code of Law: a Critical Edition and Translation of the Mānava-Dharmasūtra*, Oxford University Press, 2005, p. 200(以下简称 P. O. 本); Preeti Sharma, *Hindu Women's Right to Maintenance*, p. 10.

赠与的财物,也属于女性财产。^① 根据这些经典可知,早期女性财产主要是与涉婚支付有关的赠与性财物,包括女子在婚礼举行时以及婚前、婚后,娘家亲友、新郎及其亲属赠与她的各种礼物;另有少量继承自女性尊亲属的女性财产。女性财产的外延在后世得到多次扩展,陆续增加了一些新种类,其中最为重要的是"舒尔克"(śulka)。舒尔克起先意指财礼,是新郎家庭给予新娘监护人的聘礼,在《摩奴法论》中被指斥为"卖女儿"之财。^② 后因新娘家人收到聘礼往往并不留作私用,而是将其作为陪嫁礼物部分或全部返赠新娘,舒尔克便实际转化为"嫁妆",成为女性财产的组成部分。《迦旃延那法论》将女性财产予以扩大解释,创立了新术语"娑达伊克"(saudāyika),用以广泛指称女子婚前或婚后任何时间所收到的各种礼物。^③ 后世有人直接用娑达伊克指代女性财产。中世纪《米塔克沙拉》(Mitākṣarā)、《达耶巴加》(Dāyabhāga)对女性财产做了进一步扩充。前者主张将女子作为遗孀继承的亡夫遗产,以妻子或母亲身份参与析产、继承的联合家庭财产份额也纳入女性财产范畴;后者将女性财产分为"技术性"和"非技术性"概念两部分,以往以嫁妆为主要形式的女性财产是技术性概念,析产、继承及其他方式所得的财产属于非技术性范围,只有前者才是女子独立所有的财产。

从性质上说,女性财产属于女子独自享有与支配,至少在理论上是女子完全行使所有权的财产;未征得她同意,丈夫及其他人均无权支配这笔财产。女性财产的给付主体主要是新娘的监护人(父母及兄弟)以及新娘的舅舅;给付并非在结婚时一次性完成,而是延伸到婚后相当长一段时期。这种延期的给付责任,实际上是出嫁女子对娘家财产的变相析产和继承方式。女性财产的继承,不受联合家庭财产规则制约,女子死亡后,其财产将单独引发继承关系,总体继承原则是:主要按财产性质和来源进行,母系血脉传承优先。女性财产

① 参见蒋本九:192、193。
② 参见蒋本、W & B本、P. O. 本三:51、53;九:97、98、100。
③ 女子婚后,朋友所赠与的工艺品、陌生人的赠与物除外。

是在父权制联合家庭共同财产制度下对女子经济利益的特殊保护。

概言之,女性财产的组成,主要是与婚姻有关的财物,最初指女子结婚时收到的象征祝福的礼物,后来扩及女子婚前和婚后收到的大部分礼物性财富。这些财物的共同特征是,与出嫁的女子一同流转。鉴于转移方向、归属方式与嫁妆一致,女性财产在很多语境中,直接被当作嫁妆的同义词。但女性财产中舒尔克的存在与转化,实际标示了两套涉婚支付法的分化:嫁妆法与财礼习惯法。一方面,由于法论学者的诠释,嫁妆从习惯法升级为宗教达摩,成为正式法律;在舒尔克完全转化为嫁妆的场合,嫁妆与(技术性)女性财产几乎是同构的,可以等义使用。另一方面,财礼在实践中未曾消失,那些舒尔克未(完全)返赠新娘的族群,延续了古老的财礼习惯法,这种情况下女性财产、嫁妆一般仍少量存在,不过以财礼支付为主。此后在很长历史时期内,嫁妆与财礼一直平行或交叉发展,演化出多样的运行模式。各地区、各族群具体实行哪种涉婚支付制度,主要与种姓和婚姻模式相关。从种姓而言,大体上婆罗门以嫁妆法为主,首陀罗主要沿袭财礼制,其他种姓两者兼而有之;就婚姻模式来说,除了一些特例以外,印度北部顺婚群体主要流行嫁妆制;南部交换婚族群主要盛行财礼制;中部各种姓内婚群体,则大多采取嫁妆与财礼双向交叉模式。这种多元的涉婚支付制度一直持续到近现代英国殖民前期。此后印度社会发生了巨大变迁,多元涉婚支付制度逐渐为单一嫁妆模式所取代,嫁妆本身产生了实质性变异,与女性财产原义剥离。

三、变异:现代嫁妆

可见,传统嫁妆只是印度涉婚支付制度之一,财礼自始与嫁妆并行存在,两者均与女性财产制度相联结。财礼虽宗教地位低于嫁妆,却最契合种姓内婚原则,有其存在的现实基础,体现了"物物"交换的世俗法则;嫁妆的兴起与婆罗门的倡导有关,并与顺婚模式有密切联系,被赋予了高尚的宗教意义,显示婆罗门种姓的精神领袖地位。自近代起400多年的社会演变中,嫁妆逐渐压倒财礼,独自成为印度主要的涉婚支付模式。现代嫁妆从量变到质变、从渐变到突变,逐渐蜕去了女性财产的原貌。

首先,现代嫁妆种类、数量大幅度增长。在现代嫁妆中,仍具女性财产意义的传统嫁妆只占很小比例,仅限于新娘结婚时的少量随身衣物、礼服、首饰等个人用品。另外两类新型支付才是重心。一类为有形财物,如巨额现金、有价证券,各类现代电器、高档轿车、商品房等贵重耐用物品;另一类为婚礼期间支出,包括婚礼宴席、婚庆仪式开支,新郎亲属参加婚礼的服装、珠宝首饰乃至趁机旅游观光的费用等。[①] 具体财物与支付名目,根据新郎家庭要求各有差异。这些开支经常是新郎或其亲属主动索要,悉以"嫁妆"名义,由新娘家庭负担。[②] 现代嫁妆索要数量、种类及索要时间没有节制,具有不对称性、不确定性和不可预测性特征。曾有新郎亲属去新娘家迎亲时,向新娘家人索要"真正的"苏格兰威士忌,拒绝饮用印度威士忌。[③] 女方如不满足嫁妆要求,男方就有可能威胁终止婚礼仪式,或在婚后以此为借口实施家庭暴力,伤害、遗弃甚至谋杀新娘。有学者将这些新型财物支付称为"现代嫁妆",[④]以区别于传统嫁妆。

其次,现代嫁妆的人域、地域范围不断扩大。其一,就学历、职业而言,现代嫁妆最先兴起的群体,是受过西式高等教育,就职于英殖民政府"组织化部门"[⑤]的男子。继而这种新习惯传播到 IT 行业、工商管理硕士等新兴高薪职业群体;随后其他职业阶层以及无业人群也参与了嫁妆实践。从总体上看,男子受教育程度对嫁妆数额有直接影响,有高学历者往往索要或收取高额嫁妆。如在 20 世纪初,一个

---

① 参见 *The Dowry Prohibition Act* (1961),Section 2;M. N. Srinivas,"Some Reflections on Dowry",in Srimati Basu,*Dowry & Inheritance* (ed.),Zed Books,2005,pp. 12~13.

② 也有人仅将前一类财富视为嫁妆。

③ M. N. Srinivas,"Some Reflections on Dowry",p. 6.

④ Ibid.,p. 8.

⑤ Organized sector,根据印度官方统计口径,所谓组织化部门是指"公有部门机构,以及私有部门中雇佣十人或十人以上的非农业机构"。Ibid.,p. 8;项飙:《全球"猎身":世界信息产业和印度的技术劳工》,王迪译,49 页注①,北京,北京大学出版社,2012。

加尔各答大学法学学士毕业的男子,就能索要 1 万卢比的嫁妆(在当时相当于 700 英镑)。① 女方学历及职业情况对嫁妆数额影响不大。其二,从种姓等级、宗教信仰来看,现代嫁妆不再是婆罗门的"特权",而是所有种姓和无种姓群体的共同涉婚支付方式。嫁妆从印度教徒的内部规则,扩张为跨宗教的普遍惯习。耆那教、锡克教等印度教"异教徒",穆斯林、天主教徒等外来宗教信众,均实行起嫁妆实践。其三,在地域范围上,嫁妆不仅流行于农村,也兴盛于城市;先在印度北部流行,后扩散至中部、南部,再到后来向周边国家或地区辐射,直至远播海外。南部印度原盛行交叉表亲的地区,虽仍采取种姓内婚,但男方选择对象的新准则是,嫁妆给付多者优先于交换婚姻。② 斯里兰卡、缅甸、孟加拉、巴基斯坦等印度邻国,广泛兴起嫁妆风习。③ 海外的印度侨民,将嫁妆习惯法搬到了其所在国,在美国、英国、澳大利亚等西方发达国家,均可见到收取或支付高额嫁妆的印度人。④ 进入 21 世纪以来,财礼在印度少数地区虽仍存在,但从整体上说,现代嫁妆已成为全印度普适的涉婚支付模式。

再次,现代嫁妆的传播时间、速度和空间均不平衡。自 17 世纪初至 20 世纪前期的 300 多年间,现代嫁妆主要处于缓慢量变过程,仅在北方顺婚群体偶尔出现索要嫁妆的事件;自 20 世纪中期开始,现代嫁妆加速度变化,索要和给付高额嫁妆的行为迅速增多,最终成为普遍

---

① 参见项飙:《全球"猎身":世界信息产业和印度的技术劳工》,49 页注①;M. N. Srinivas,"Some Reflections on Dowry",p. 9.

② Rajni Palriwala,"the Spider's Web:Seeing Dowry, Fighting Dowry",in Tamsin Bradley et al. (eds.),*Dowry:Bridging the Gap between Theory and Practice*,Zed Books Ltd. ,2009,p. 161.

③ 参见 S. J. Tambiah,"Dowry and Bridewealth,and the Property Rights of Women in South Asia",in Jack Goody and S. J. Tambian,*Bridewealth and Dowry*,Cambridge University Press,1973,pp. 112~114,151~152;Santi Rozario,"Dowry in Rural Bangladesh:an Intractable Problem?",in Tamsin Bradley et al. (eds.),*Dowry:Bridging the Gap between Theory and Practice*,pp. 29~52;"巴基斯坦政府网",http://molaw. gov. pk/laws/(最后访问时间:2016-12-15,11:23)。

④ 参见项飙:《全球"猎身":世界信息产业和印度的技术劳工》,36~64 页。

现象。人类学者认为,现代嫁妆制度在印度确立大概不超过 100 年,在很多地区可能不超过 30 年。[①] 比如南方地区索要嫁妆现象出现的时间,从 20 世纪 60 年代到 90 年代不等。[②] 据项飙教授调查,在印度中部实行交换婚姻的某沿海村落,第一宗嫁妆婚姻 1996 年才发生。那一年该村第一个受过高等教育的男子(一名医生)成婚,向女方索要嫁妆。由此开始,村里受过教育的年轻人迅速采行嫁妆制度,嫁妆支付者与收取者均以此为尚。[③] 现代嫁妆基本遵循这样的传播规律:似乎在一夜之间先冒出个例,随后有大批跟风者,整个地区在数年之间,嫁妆取代了财礼,成为不分种姓界限的涉婚支付通则。

复次,现代嫁妆的性质发生根本变异。现代嫁妆在给付意向上,从地位低者向地位高者的献贡,变成地位平等主体间的经济博弈;支付方式上,从女方自愿给付变为男方强行索要;寓意上,从对婚姻的宗教性祝福变为婚姻契约成立的世俗化要件;功能上,从女性预先继承娘家财产的纵向代际转移,变为男方对女方家庭财富的横向掠夺;归属上,嫁妆不再是新娘个人的女性独立财产,也不是新婚小两口的夫妻共同财产,而变成了新郎联合家庭的共同财产,归新郎父母及其他亲属支配使用,且常被用作支付新郎姐妹的嫁妆。

最后,现代嫁妆的地位彻底改变。嫁妆先前作为涉婚支付方式之一,只是婚姻中的附属环节和象征性礼仪,现在变为婚姻的主导程序。种姓、婚姻模式不再是涉婚支付的决定因素,无论哪个种姓或非种姓群体,不管实行顺婚或种姓内婚(包括交换婚)的族群,均主动或被动选择了现代嫁妆支付。作为人生仪式,现代嫁妆甚至超越传统的葬礼,[④]占据了现代印度人礼仪事务的大部分财力和精力。最终,作为社会制度和行为模式,现代嫁妆由正式法律变为非法习惯。印

---

① 参见项飙:《全球"猎身":世界信息产业和印度的技术劳工》,49～50 页。
② Rajni Palriwala,"the Spider's Web: Seeing Dowry,Fighting Dowry",pp. 153-158.
③ 参见项飙:《全球"猎身":世界信息产业和印度的技术劳工》,50 页。
④ Rajni Palriwala,"the Spider's Web: Seeing Dowry,Fighting Dowry",p. 159.

度议会于 1961 年通过专门立法《嫁妆禁止法》,规定凡索要、收取和给付嫁妆,或约定给付和收取嫁妆者,均构成违法乃至犯罪行为。该法于 20 世纪 80 年代历经两次修订;印度刑法典、刑事诉讼法、证据法等也相应进行了修改,索要嫁妆、嫁妆致死案件被纳入刑法制裁范围。尽管半个多世纪以来,这些立法的运行效果不够理想,但法律以国家权威的方式,宣告了嫁妆制度合法性地位的终结。

四、影响:婚姻、家庭与社会

变异后的现代嫁妆,对印度人生活形成了宰制,塑造印度婚姻、家庭运行模式,并影响了印度社会的方方面面。

现代嫁妆改变了婚姻的性质。婚姻不再是神圣的宗教事务,也不再是联结社会关系的情感纽带,而变成了纯粹利益交易的商品市场。其一,嫁妆本身成为婚姻的动机,无嫁妆不婚姻,嫁妆不足不成婚。适婚男子最后选择跟谁结婚,基本取决于嫁妆的多少。项飙教授在对印度海外 IT 行业侨民的调查中,记录了一桩婚姻"谈判",可充分展示嫁妆市场的交易过程。谈判双方是一名在澳大利亚游学男子的父亲和一户新娘候选人的家长。当进入"谈判"最后阶段时,女方父亲同意在结婚后,新娘自费申请签证和购买赴悉尼机票,不料在机票价格问题上,双方产生分歧,导致谈判破裂。当男方父亲"提起去悉尼的机票要花费 1200 澳元,并且没有淡季折扣价时,女方的父亲立即发难。他将印度前往美国不同城市的机票价格如数家珍地背了一遍,明确指出去悉尼的票价不可能这么贵"。随后男方父亲"转战其他三宗谈判",前两宗仍出师不利。其中一宗是因女方有了更优选择——在美国的 IT 男;另一宗是由于女方家长提议让双方儿女进行网络视频"面谈"时,男方舍不得花 200 澳元买视频设备。遭遇三连败后,在第四桩谈判中,男方父亲终于"谈成了一笔'交易'"。[①] 其二,嫁妆时常引入某些市场机制,使婚姻成为自由化市场经济"创新"的实

---

① 项飙:《全球"猎身":世界信息产业和印度的技术劳工》,59 页。

验场。如 21 世纪初,在印度中部海得拉巴市郊外的某乡镇,嫁妆市场引进"提前预售"和"期货"等营销策略,有女方父亲看上哪个潜力股男孩,就出资赞助其大学学费或者出国留学费用,预购准女婿。为防止男方变卦,双方往往会先行公开举行订婚仪式,或者在男子出国前履行结婚登记手续(但暂不举行宗教仪式)。待新郎出国安顿下来后,再回来与新娘举行宗教婚礼正式完婚,并一同出国。男方也会利用这些"创新"策略,借口读书或出国索取高额嫁妆。① 其三,嫁妆"交易",是两方家庭之间的经济行为,而非两个年轻人的个人事务。嫁妆谈判的在场当事人(不是代理人)并非缔结婚姻的青年男女,而是他们的家长。其中收取嫁妆的男方处于谈判主动地位。当男女双方父母商谈子女婚事时,男方有时向女方列出他们在儿子培养教育上的花费细目,以此作为索取嫁妆的依据。在索要的嫁妆中,经常有房子、轿车这样的昂贵物品,男方父母既可无条件享用,又不必在严格意义上据为己有,还使新娘无法作为私房钱积攒。在嫁妆市场,"伟大无私的父母之爱和精明刻薄的经济计算达到了理想的调和"。②

现代嫁妆固化了印度传统家庭结构与亲属关系模式。一方面,嫁妆使联合家庭结构及其共同财产制度更加稳固。为女孩备办嫁妆是全家的责任;男孩所得的嫁妆是全家人可均沾利益的共同财富。如在海外印侨中,兄弟之间通常相互分享彼此所得的嫁妆,作为出国资助;在异国工作的男子时常将收入寄回家里,为姊妹支付嫁妆所用。③ 传统嫁妆作为女性"独立财产"的印记几乎被抹除;"个人财产"对于作为联合家庭成员的现代印度人而言,大多仍停留于书本概念。另外一方面,嫁妆塑造血亲、姻亲关系的面目。亲属之间,在新郎一方,由于可以共享嫁妆收益,会加强彼此间的团结;在新娘一方,则可能因此造成亲属关系的紧张。由于嫁妆是新娘家庭全体成员的负担,女孩作为家庭"累赘",通常难以充分享受父母、兄弟的友睦亲情;

---

① 项飙:《全球"猎身":世界信息产业和印度的技术劳工》,53 页。
② 同上书,53 页。
③ 同上书,54~57、62 页。

一些父母为了将女儿嫁出去,有时过度"盘剥"某个经济能力强的孩子,从而导致亲子关系破裂。曾有一位三个女儿的父亲,因长女收入高,多番找借口回绝别人给她提亲,以便让她继续为家庭创收,帮助两个妹妹积攒嫁妆。该女孩为此与父亲多次爆发激烈冲突。[①] 姻亲关系与嫁妆的支付情况有直接关联,双方亲疏程度、交往走动频度,与男方对嫁妆的满意度成正比。原先以血缘、感情、互惠礼仪为纽带的亲属联合,变成了主要由经济利益支配的人际关系。

现代嫁妆直接或间接引发了违法、犯罪等社会问题。例如,杀女婴、选择性堕胎现象与嫁妆存在关联。在18世纪中后期,英国殖民当局的调查业已显示,大量贫困农民溺杀女婴,是由于不堪为女儿置办嫁妆的压力。后来又出现了一种风习,也与嫁妆有关,即一些妊娠期妇女进行胎儿性别鉴定,如果怀的是女孩,就选择堕胎。这些做法造成了印度人口的男女比例失衡,至21世纪的统计数据显示,女童明显少于男童。[②] 再如,嫁妆刺激了重婚案的发生。嫁妆与顺婚相互助长,导致一夫多妻现象广泛存在。据杜蒙调查,近代孟加拉邦有些婆罗门男子,娶妻数目达到令人震惊的程度。该地拉尔里婆罗门,分成库林和史罗翠亚两个次种姓;库林身份较高,史罗翠亚女子倾向于嫁库林男子,于是一个库林男子经常娶数十名史罗翠亚女子为妻,每次娶妇都从女方得到一大批嫁妆财物。[③] 现代印度国家法虽确立了一夫一妻制原则,一夫多妻行为非但没有消失,还传播到了海外。在20世纪90年代末,印度中部海得拉巴市有一位法学院院长,几年内接下了至少20起印侨重婚案,[④]当事人或迫于父母压力,或为巨额嫁妆所惑,在国外结婚后,又回印度娶年轻女孩。又如,嫁妆成为各种家庭

①　参见[美]普尔尼马·曼克卡尔:《观文化,看政治:印度后殖民时代的电视、女性和国家》,晋群译,87~88页,北京,商务印书馆,2015。
②　参见[印度]阿马蒂亚·森:《惯于争鸣的印度人》,刘建译,171~176页,上海,上海三联书店,2007。
③　参见[法]杜蒙:《阶序人:卡斯特体系及其衍生现象Ⅰ》,2版,王志明译,204页,台北,远流出版事业股份有限公司,2007。
④　参见项飙:《全球"猎身":世界信息产业和印度的技术劳工》,52页。

暴力滋长的土壤。由于嫁妆给付期限和数量没有约束机制,婚后不断索要嫁妆,成为男子及其亲属满足贪欲的捷径,嫁妆不足变成男子发泄对生活不满的借口。男子伙同家人索要嫁妆未果则对妻子实施暴力伤害,是嫁妆类案件的普遍情节。更有甚者,嫁妆成为一些女性死亡的直接起因。自 20 世纪 70 年代起,印度媒体和官方陆续报道了大量妇女因嫁妆死亡的事件。有些是女子为免除家庭负担,或不堪婆家借索要嫁妆施虐而自杀;大多数是丈夫及其亲属实施的故意杀害,谋杀动机主要是为再娶,以获得更多的嫁妆。针对这种情势,80年代印度将"嫁妆致死"以专项罪名纳入了刑法典。但此后妇女因嫁妆死亡案件有增无减,以致成为国际社会瞩目的犯罪类型。

　　现代嫁妆是导致印度女性家庭及社会地位低下的重要原因。传统嫁妆的礼物"献贡"寓意,使嫁娶行为本身造成了姻亲身份的差等;嫁妆与顺婚的结合,加剧了双方的不平等。现代嫁妆延续了这种传统,并从多方面支持了新等级身份的再生产。其一,现代嫁妆导致了以生育性别为界限的贫富分化:生男预示着致富,生女意味着致贫。嫁妆成为男子及其家庭资本的关键来源,一些未婚、无业男子公开宣称:"我们找不到工作,但我们可以凭嫁妆来开始工作。"[1]其二,现代嫁妆加剧了重男轻女的社会倾向。嫁妆几乎耗尽了女性一生的合法权利。只有在自己的婚礼上,女子才成为被关注的中心。婚前和婚后,家庭对于女性都不是安全的堡垒,女子能得到的爱护有限。嫁妆已成为印度女性地位低下的标识。其三,现代嫁妆被认为是一系列婚姻和女性问题的根源。因为"愁嫁"的压力,女性倾向于早婚,这阻碍了她们受教育、就业等自我发展的机会。由于嫁妆对女性的绑缚,家庭和社会对女性的多方面剥夺呈现"共变状态",性别差异在印度"事实上不是一种苦楚,而是多种问题"。"一种类型的性别不平等,往往激发并维系其他种类的性别不平等。性别不平等各方面不是独

---

① Srimati Basu,"the Politics of Giving: Dowry and Inheritance as Feminist Issues", in Srimati Basu (ed.), *Dowry & Inheritance*, Zed Books, 2005, p. xv.

立的,它们互通声气,又是相互促进。"①

现代嫁妆也使全社会男性成为实际或潜在的受害者。虽然男性总体上占据婚姻市场主导地位,但在特定群域内,性别资本的配置并不平衡。在婚姻交易相对自由的情境,一些优秀男子可能相对处于竞争劣势地位,成为婚姻市场由封闭转向开放过程的牺牲品。② 如一些海外留学人员,如果就读的不是热门专业,或者即使所学为紧俏专业,但没有在外国取得永久居民身份,往往也难以找到合适对象,获得丰厚嫁妆。③ 另外,收取了高额嫁妆的男子,有可能因此对生活不能自主,遭受"精神折磨"。曾有男子接受嫁妆后,受岳父家人撺掇放弃自己的本业,出国改学热门专业,却因失业在海外生活无着落,承受巨大的压力。④ 从长期来看,所有男子既可能是受益者,又必定是受害者。因为嫁妆是根据出生性别的随机性区分受害与受益群体,暂时收取嫁妆而致富的男子,有可能因下一代生了女儿跌回贫困状态;反之亦然。所有男子均有生女儿的概率,则都有承受嫁妆负担的可能性。现代嫁妆犹如赌博游戏,男性从中获益只是暂时侥幸,从中受害的风险,才是全体"游戏"者面临的必然命运。

现代嫁妆对印度社会各方面发展起到了诱导或制约作用。经济上,嫁妆需求刺激了印度经济多种产业的繁荣。珠宝首饰、高档服装、高级轿车等奢侈品行业,现代家用电器、大宗家具等耐用消费品行业,均得到了迅速发展。嫁妆对于职业分工具有导向作用,一些热门、高薪专业,由于最容易吸附高额嫁妆,聚集了大量印度本土和"海归"高科技人才;那些冷门、低薪的传统行业,则人才流失严重,有些原本学有所成的专业人士也半途改行,投身热门行业。如21世纪初,有位在澳大利亚留学的印度医生,就曾因佳偶难觅,试图改行IT业。那些家境殷实、专钓海外"金龟婿"的准岳父们,一听是医生就断然拒

---

① [印度]阿马蒂亚·森:《惯于争鸣的印度人》,167页。
② 与此悖反的是,在包办婚姻依然盛行的群域,某些低素质男子却能获取高额嫁妆。
③ 参见项飙:《全球"猎身":世界信息产业和印度的技术劳工》,144页。
④ 同上书,54页。

绝:"医生不行。我们只找搞电脑的。"因为在当时,只要是从事 IT 专业者,在澳大利亚就能轻易找到收入不菲的工作,获得永久居留权;但是外国医生却须花数年时间通过当地资格考试,才获准行医。[①] 这种导向,使印度现代产业沿着自由化的路径畸形发展。政治上,现代嫁妆作为印度性别不平等的标志性存在,对印度政府的国际形象产生了负面影响,在一定程度上制约印度外交活动的开展。法律实践中,嫁妆类案件成为印度司法的敏感领域,有关嫁妆的重大案件,无论刑事或民事性质,都极易引起社会舆论的关注,舆论则反过来可能制约司法的独立性。文化上,现代嫁妆助长了拜物主义、消费主义的泛滥。印度民众一面痛感嫁妆之弊,一面却照旧为子女举办奢华婚礼,将有能力支付嫁妆看作荣耀。奢侈消费、拜金风气附体现代嫁妆,在印度广泛流行。"不管是男性还是女性,不管上层种姓还是低层种姓,人们都相信消费主义会给他们的后代带来中产阶级的生活方式。"[②]极浓厚的宗教氛围与极强烈的世俗欲望,在现代印度得以怪诞地共生。

五、原因:殖民与文化

关于印度现代嫁妆上述样貌的原因,学界主要有两种立场:一种可称为"殖民论",主要是印度本土学者,或对印度持同情式理解的外国学者,认为英国殖民统治是现代嫁妆的症结所在;另一种可谓之"文化论",主要是一些采取外在观察视角的学者,认为是印度文化本身的特性,孕育了印度式现代嫁妆。试图单一归因的解释往往各有偏颇,事实上,印度现代嫁妆是多种因素作用的结果。

自古迄今,嫁妆作为涉婚支付制度都不是印度独有的惯例,其形成和存续有人类社会的共同因素。在传统社会,这些共同因素主要体现为功能论意义上的三类需求:利益交换需求、人情及面子需求,

---

① 参见项飙:《全球"猎身":世界信息产业和印度的技术劳工》,59~60 页。

② [美]普尔尼马·曼克卡尔:《观文化,看政治:印度后殖民时代的电视、女性和国家》,154 页。

以及扩大种群繁衍机遇的需求。现代社会普遍出现了一些新因素，对全球涉婚支付实践共同起到了推动作用：如适婚男女人口比例不平衡，造成了地域性或族群性的单方婚姻市场；现代化、城市化的生活方式，提高了婚姻家庭生活的成本；大众传媒广告不断推送多元化的现代产品，刺激了物质消费主义的膨胀；婚姻的基本性质发生改变，现代婚姻日益变成私人性的世俗事务，成为个人实现自我多层需求——包括物质欲求——的契约性选择。这些因素成为现代涉婚支付变迁的现实情境。在此情境下，通过婚姻交换获取巨额财富成为可行的迅捷发家致富方式。印度现代嫁妆正是这类交易致富模式的一个典型样本。

印度近代的被殖民历史与传统社会独特的文化情境，是形塑现代嫁妆的特殊因素。一方面，近现代法律制度、经济和社会结构的变迁，是印度嫁妆变异的首要动因。如"殖民论"派学者所分析，印度嫁妆的变迁与英国殖民统治在时间上高度吻合。[①] 在婚姻家庭制度领域，身份方面，殖民者主要遵从印度属人法；但财产方面，英国普通法的输入对印度造成了巨大冲击，首当其冲的是女性财产制度。如前所述，女性财产是印度特有的对女子（尤其已婚妇女）财产利益予以专门保护的法则；女性财产主要来源于嫁妆形式的结婚礼物；传统嫁妆只是象征性赠与，根据结婚双方具体条件给付，数额较为合理。与此不同，英国虽然也实行嫁妆制度，其嫁妆（dowry）却非女性独立财产，而是传承自古罗马的嫁妆（dos）及其婚姻财产制度：嫁妆是妇女因结婚带去夫家的财产，是女方赠与男方，作为结婚对价的财物；婚后妇女的嫁妆财产权利，悉数让渡于丈夫。[②] 直至 19 世纪中后期《已婚妇女财产法》通过以前，英国妇女于丈夫在世期间，对其嫁妆和婚

---

① 参见 M. N. Srinivas,"Some Reflections on Dowry", p. 8；Veena Talwar Oldenburg, *Dowry Murder: the Imperial Origins of a Cultural Crime*, Oxford University Press, 2002, pp. 3～4；Srimati Basu,"the Politics of Giving: Dowry and Inheritance as Feminist Issues", pp. xvii～xviii.

② 参见周枏:《罗马法原论》(上册),215 页。

后家庭动产无所有权，对不动产仅有一定的处分表决权；丈夫过世后，妻子才以寡妇特留份的形式，依法取得丈夫土地三分之一的所有权。英国妻子唯一有完全所有权的小额财物称为随嫁物（paraphernalia，来自古罗马的特有财产 parapherna），[①]由出嫁时她所使用的床，衣服、个人饰物组成，实质上这些物品相当于印度的女性财产/嫁妆（其中一小部分），却不属于嫁妆（dowry）。对于英国年轻男子而言，除了继承遗产外，结婚时妻子带来的嫁妆是快速获得财富的主要渠道。因此在近代以前，女子嫁妆的数量是男子缔结婚姻的首要考虑因素。[②] 吊诡的是，上述嫁妆惯例与婚习随殖民者输入印度后，与印度婚姻财产制度发生了错位的移花接木：英国嫁妆（dowry）而非随嫁物（paraphernalia）与印度"嫁妆"/女性财产（strīdhana）进行嫁接，却抽空了后者作为女子独立财产的内核。这种错位在语源上诚然可能与一些学者的鱼鲁亥豕有关，但在实际生活中，女性财产这样一个由宗教护持、历史悠久的制度能自动悦纳外来法则，任其吞噬自己迅速壮大，其主要原因恐怕在于，两者在拥趸男权统治的立场上不谋而合。

同时，英国殖民统治推行的社会现代化，为现代嫁妆的滋长创设了经济和社会基础。英国在印度实行各种改革措施的动机，一是基于西方优越感的"文明化使命"，致力推广"先进"文明；二是为本国赚取经济利益，为资本利润增殖打开方便之门。后者才是更主要的意图。为此，殖民者通过东印度公司建立货币化市场，设立组织化部门，将印度改造成英国资本主义的原料产地及初级工厂。印度经济模式、职业分工和社会结构等由此发生了巨大变迁。这些变化折射

---

① 参见周枏：《罗马法原论》（上册），232～233 页。Sir Gooroodass Banerjee, the Hindu Law of Marriage and strīdhana, Mittal Publications, 1857, pp. 360-361.

② 参见［英］劳伦斯·斯通：《英国的家庭、性与婚姻：1500—1800》，刁筱华译，133、184～185、200 页，北京，商务印书馆，2011；俞金尧：《西欧婚姻、家庭与人口史研究》，131～132 页，北京，中国出版集团、现代出版社，2014；［英］劳伦斯·斯通：《贵族的危机：1558～1641 年》，于民、王俊芳译，280～282 页，上海，上海人民出版社，2011。

到婚姻领域,通过嫁妆集中爆发出来。那些高种姓权贵阶层男子,在社会变迁中首先受益。他们最先接受了西式现代教育,就职于殖民政府部门,成为新型社会精英。这一小撮精英在婚姻市场上,取代了以苦修为资本的托钵僧婆罗门地位,成为最抢手的"商品"。顺婚从被"容忍"的实践变成广受青睐的婚姻模式,加剧了新精英男青年的稀缺性。精英父母们由于为儿子教育、就职投入过大量资本,期待从婚姻市场"赚回"前期投资,便倾向于接受或主动索要高额嫁妆,以此作为应允婚事的条件。一面是嫁方积极给予嫁妆;另一面是娶方主动索要嫁妆,嫁妆支付方为赢得竞争成功,则任凭对方索取。最初索要嫁妆只是偶有为者,此后便有大量模仿者。不仅高种姓富贵家庭展开嫁妆比拼,贫困的婆罗门和低种姓家庭也加入竞争行列,一些农民甚至不惜卖地为女孩筹备嫁妆。于是这种失衡的"娶方"市场和"投资者"的回本需求,成为现代嫁妆兴起的有效动力。

除了经济、社会结构和制度氛围外,印度现代嫁妆的兴盛还有其现实生活土壤:印度人对嫁妆竞争的"全民性"参与。不同种姓、性别与身份的印度人,均能找到实行嫁妆的具体理由。高种姓实践嫁妆,是在享受宗教特权或履行种姓责任;低种姓实行嫁妆,是为向婆罗门学习,提高自身地位。女性容忍嫁妆,是因相信嫁妆能给自己择偶带来竞争优势,为婚后生活提供经济与安全保障;她们还将嫁妆看作父母疼爱自己的标志,是对自己在娘家"受苦"的一种补偿。男性赞许嫁妆,是因有现实的好处,一些男子虽主张废除嫁妆制度,但当面对自愿送上门来的巨大财富时,在"英雄主义与本田主义"之间,①极少有人选择前者。有儿子的父母支持嫁妆,是将嫁妆看作迅速致富、增进联合家庭财产的渠道;有女儿的父母默许嫁妆,是缘于爱女心切,也有攀比或从众心理。富贵者未必觉得嫁妆是沉重负担,抬高嫁妆可抢占婚姻市场有利先机,可以拉大自己与其他阶层的距离,保持社

---

① Kate Jehan, "Heroes or Hondas? Analysing Men's Dowry Narratives in a Time of Rapid Social Change", in Tamsin Bradley et al. (eds.), *Dowry: Bridging the Gap between Theory and Practice*, p. 78.

会优势地位；贫困者加入嫁妆竞争，是希望借此建立生活新习性，摆脱贫贱现状，缩小与权贵者的差距，虽代价沉重，却是两害相权取轻的选择。所有实行嫁妆的人，最终都有共同情势的驱迫因素——如果不支付嫁妆，不论出身哪个种姓与阶层，女孩可能真的嫁不出去。

另一方面，现代嫁妆在印度普遍蔓延，从根源上说在于印度长期以来与宗教捆绑的种姓婚姻制度。种姓内婚制的刚性原则与弹性分则，总体上限制了印度教徒对婚姻对象的选择范围，但对男女影响不一。其中容许顺婚扩大了男子的选择权，男子种姓越高，选择主动权越大；反对逆婚则限缩了女子的选择权，越是高种姓女子，可选择的婚配对象越有限。其结果是，除了少数实行交叉婚姻或走婚的族群以外，其他群体的婚配选择都暗含女性之间的必然竞争。家有女儿的父母会尽力为女儿争取上攀婚嫁的机会，而在自由恋爱不被允许的情境下，嫁妆的多少往往成为竞争成功的决定性因素。[①] 于是，种姓内婚制人为地铸造了婚姻中的绝对男方市场，无论男女人口比例如何变化，都不能撼动男子在婚姻选择中的主控权。

但单一高额嫁妆实践，未必就造成全面性的社会违法犯罪问题；世界上不少国家和地区，存在高价嫁妆现象。印度嫁妆在现代之所以变异为"恶"，其深层根基在于由宗教和种姓制度固化的男权文化。种姓制度作为一种以血统主义为基础的社会建制，所维护的首要伦理价值是男权优先；这种价值经由宗教意识形态强固，演化为极其稳定的男尊女卑传统。女孩自幼在营养、教育、受照顾等各方面待遇低于男孩。据世界粮食计划组织报道，由于给养不足，印度有一半以上的孕妇患有贫血症；与母亲孕产期缺乏营养相关，5 岁以下营养不良的儿童高达 43%。[②] 女孩在未婚时代鲜有权利：没有自由恋爱权，没

---

① 参见高鸿钧：《古代印度法的主要内容与特征——以〈摩奴法论〉为视角》，载《法律科学》，2013(5)，34 页。

② 参见"世界粮食计划署网"，http://documents.wfp.org/stellent/groups/public/documents/newsroom/wfp261708.pdf?_ga=1.161137597.164187674.1481868098(最后访问时间：2016-12-16，15：29)。

有婚龄、婚姻对象选择自主权,没有对娘家财产的析产、继承权。嫁妆被认为是女子能从娘家获得的最大权利,也是女子在娘家其他权利被剥夺的主要理由。婚后的女性处于夫权与父权双重控制下,更没有权利和地位可言。大多数女子主要任务是在家相夫教子(只有首陀罗种姓妇女或其他种姓贫困家庭的妇女才参加生产劳动),加上受教育机会少,她们缺乏参与社会分工、实现经济独立的能力。在此情况下,嫁妆成为女子获得婚后生活安全感的物质和心理保障。然而事实证明,在既有制度与文化下,女性作为没有基本人权、各种权利资源匮乏的弱势群体,试图靠满足强权者的贪欲求得安全保障,只能纵容后者变本加厉索取,直至将弱者的个体生命一并褫夺。种姓制度、宗教意识形态和男权文化,是现代嫁妆外衣背后禁锢女性的三重枷锁。

此外,印度村落共同体文化与全球化并存,为现代嫁妆的广泛传播创造了外部环境条件。印度村落共同体结构孕育了特殊的熟人伦理文化。熟人伦理对印度人制约至深,使其往往重视舆论和面子,行为方式上讲求攀比及从众模仿;连自幼接受西化教育、移居海外的印度侨民,至少在婚姻家庭事务上也完整保存了本土的伦理观念和行为习惯。这种熟人文化是现代嫁妆盛行的心理基础。该文化与村落共同体结构相互支撑,长期保持了超强的稳定性。由此,随着现代化变革和城市化推进,印度陌生人社会虽逐步建立,却未能相应生成个人主义为基础的陌生人伦理,印度式熟人文化反而借全球化契机得到了世界性繁衍。由于广播、电影、电视等现代大众传媒的全球共享,印度不同种姓、族群乃至世界各域的丰富文化样态和多元生活方式,被平等地推送到不同等级的印度人面前,原来以地理疆界、种姓群阈等为隔离界限的樊篱被翻越,无形的时空和文化边界日趋模糊。于是,秉持村落伦理的各族群印度人行为模式、生活样式在更大范围内的比较、模仿成为可能和现实;传统村落与国际都市,一同变成了现代嫁妆的扩张领地。

最后,从实质而言,现代嫁妆反映了印度婚姻场域传统与现代各种资本丛集的复杂情境。种姓内婚制文化，内在设定了一个二元性的婚姻策略，对涉入婚姻的个体实行双重评价标准。据此男女双方被置于不平等地位，婚姻总体上属于男方"市场"，男人成为婚姻策略的主体；女人则变作交换客体，被赋予了一种可流通的性别符号功能。为维持自身的符号价值，赢得婚配竞争的优势，女性在增加自己的可交换性魅力方面竭尽全力。在传统社会婚姻市场相对封闭，女子可利用的竞争资源相对多元，主要有家庭所承载的种姓地位、宗教文化，另加个体美貌与美德等，经济财富不是决定因素。在现代婚姻场域，传统各类资本与现代文化或信息资本同时在场。随着种姓制度的松动、宗教文化的淡化以及顺婚的盛行，女性可利用的资本种类日趋萎缩；而现代文化主要成为男性的新型资本，女性几乎未从中受益。[①] 随着现代商品经济的发育，经济资本的能量在婚姻市场逐渐释放，作为可流动的有形财富，很快成为女性比拼、男性逐求的主要资本类型。由于个人对经济资本的累积势单力孤，传统联合家庭财产的重要性遂得到凸显，婚姻成为男女双方家庭资本博弈的角逐场。个体来不及从家庭中解放，便因嫁妆而被联合家庭利益共同体捆绑得更加牢固。现代嫁妆体现了印度经济资本的积累运动，展示为依据财富和权势重新划分社会等级的流变；同时蕴含了传统及现代各类资本重新分化组合的过程，揭示了新旧各种权力支配关系的互动、重塑与共生。[②]

总之，在多重内外因素的交互作用下，印度现代嫁妆已完全丧失女性财产时代的涉婚支付原意，不再是缔结婚姻的象征性礼物给付，也不再是对女性经济利益的特殊保护，而是在联姻家庭之间发生的公开财富掠夺，成为一种对全社会的伤害机制。人们认为，现代嫁妆

---

① 女性接受教育程度、接触文化或信息资源机遇并非没有提高，但是在涉婚支付中，与男性从高学历等文化资本中直接获利不同，这些文化或信息资本并未成为女性可资谈判的有效资源。

② 关于性别符号及资本理论，参见[法]布尔迪厄、[美]华康德：《反思社会学导引》，李猛、李康译，148、209～213页，北京，商务印书馆，2015。

使婚姻由宗教的圣礼,变成了世俗的交易,使涉婚支付从对婚姻的祝福,变成了诱发罪恶的"诅咒"。

六、结论：从祝福到"诅咒"

在传统印度社会,嫁妆与财礼同女性财产联结,作为两种涉婚支付制度,长期并行演进。财礼体现人类社会礼物流动的互惠法则,嫁妆凝结着印度先贤在父权制下,对女性财产权利合理安排的智识结晶。自近代以来,随着传统与现代、印度与西方的文化交汇,嫁妆逐渐压倒财礼,成为印度社会主要的涉婚支付法则。现代嫁妆与传统嫁妆名同实异,不再是婆罗门种姓及权贵阶层的特权,而是印度各种姓、非种姓群体普遍认受的惯例;不再是印度教教徒的宗教达摩,而是所有宗教、非宗教群体的世俗实践。现代嫁妆使涉婚支付从婚礼的附属仪式,变作婚姻的中心环节。嫁妆不再是自愿给付的美德式陪赠品,而变成了可强行索要的契约性标的物;嫁妆不再寄托意义世界的象征性祝福,而寄生了功能主义的资本化欲求。于是,现代嫁妆成为印度人的不能承受之重,也成为滋生家庭暴力和社会犯罪的问题之源。引文开篇少妇被焚身亡的悲剧,正是以火灾之名公开实施的家庭暴力犯罪。"嫁妆致死"从偶发的暴力事件,升级为频发的犯罪类型,从边缘性的婚姻问题变成了核心性的社会难题。

针对上述情势,印度女性主义者和其他有识之士展开了一系列抵制高额涉婚支付、反对现代嫁妆的社会运动,促成了国家立法与司法的现代化变革。印度民族独立后,制定了《嫁妆禁止法》,并相应修改了刑法和刑事诉讼法等,从实体与程序各方面,建立抵御现代嫁妆之"恶"的法律体系。但这些现代法律实践,迄今效果仍不明显。[①] 现代嫁妆在印度有盛无衰,还跨越地域和文化边界,呈现全球化的势头。究其原因,既有现代性的共同因素,也有印度情境的特殊根源。

① 关于印度嫁妆立法与司法改革,笔者另有专文分析,见《无牙之啮? ——印度现代嫁妆立法与司法改革探析》(未刊稿)。

由英国殖民统治肇启的社会变迁,塑造了印度现代嫁妆的基本样式;由宗教和种姓制度支撑的传统文化,决定了印度现代嫁妆的深层特性。嫁妆与女性财产的历史渊源关系,使现代嫁妆寄托了人们对女性权利和财富的联象与渴望,这种联象与渴望,成为现代嫁妆膨胀的催化剂。

诚如韦伯所言,印度宗教的伦理精神,未能为资本主义的产生提供适宜土壤。伴随英国殖民统治,西方资本主义在印度扎根并不断壮大。作为涉婚支付的现代嫁妆是西方经济资本借以孵化的温床。经由它,资本公开穿越种姓制度的障碍,对印度本土资源展开了全面掠夺。嫁妆由此变得面目全非。表面上,"嫁妆之恶"主要体现为对女性的压迫,但女性并非变革成本的独立承受者,现代嫁妆使生育性别的偶然性成为社会分化机制,实际上使所有人都在承担风险。现代嫁妆的实质,不仅仅是男性对女性实行压迫的符号暴力工具,也不仅仅是经济资本的原始积累方式,而是处于社会转型的婚姻场域中,传统与现代各类资本重新分裂聚变、新旧各种权力重塑社会阶层与支配关系的手段和机制。印度现代嫁妆是器物、制度与观念诸因素交织的产物,是印度现代法律改革所处复杂情境的集中反映。

梅因曾说,人类社会在其幼稚时代很容易遭受的特殊危险之一,是由于同宗教的早期联系和同一性,原始法律制度产生了一种僵硬性,从而束缚了大多数人的生活及行为见解,阻碍该社会的前进,印度恰是这类命运不幸的民族典型。[1] 在被动转入现代化的过程中,印度国家制度和社会生活各方面,发生了深刻变迁,正在经历"从身份到契约"[2]的运动。数百年的嫁妆制度变异,正是这场运动的见证。嫁妆的普遍流行,看似宗教倡导的涉婚支付礼仪获得推广,实际上现代嫁妆的蔓延,并非回归古典的"梵化"(Sanskritization)过程,而是现

---

[1] 参见[英]梅因:《古代法》,沈景一译,52页,北京,商务印书馆,1959。

[2] 同上书,112页。

代社会的世俗化（Secularization）运动。① 印度宗教与法律的历史性
结盟，真正开始解体。现代嫁妆在印度人伦理想象中，仍与传统涉婚
支付法、女性财产制度保持亲缘关系，这种想象型塑着印度人的婚姻
家庭制度范式、行为模式与心灵习性。现代嫁妆的问题，不仅仅是婚
姻领域的课题，它已成为印度社会转型过程诸多错综难题的一个缩
影。目前国家法在嫁妆/涉婚支付方面的改革不甚奏效，未必是法律
本身的缺陷，或许是因面对一个强固持久的法律文化传统与悖论丛
生的现代复杂场域，法律变革必然须经历较长的演进周期。唯有对
印度传统与现代因素进行深入考察，才能洞窥嫁妆制度背后的印度
法律文化，理解印度现代法律改革的艰深性，并思考全球化情境下印
度法系未来的命运问题。

---

① 参见 M. N. Srinivas, *Social Change in Modern India*, University of California
Press, 1966, p. 126。项飙：《全球"猎身"：世界信息产业和印度的技术劳工》，49 页注①。

从法经到法论：法律规范的析出与确立[*]

陈王龙诗[**]

在古代印度,婆罗门祭司阶层所作的法经和法论是阐述社会行为规范的主要作品。伴随特定历史的充分积淀,法经和法论在形成时间、体裁、内容等方面呈现鲜明的承接关系、定位差别和社会效用。法经已经开始将法律规范与其他社会规范进行区别对待,但总体仍徘徊于宗教伦理的框架内。法论更进一步,在种姓—人生阶段之法所提供的结构化基本原则基础上,排除对社会行为规范进行选择的可能性,并重塑婆罗门与刹帝利之间的职责分工和个人生命联系。基于这种理念上的定位,现代法律理论中属于法律范畴的事务实质上被归于刹帝利的职责范围。法律规范实现从灵性领域析出并确立。

　　[*]　本文得到了清华大学自主科研计划课题"Z04-1-中国社会经济文化重大专项——中国佛教法律文化研究"(项目批准号：2015THZWSH01)的资助,是该项目成果的一部分。
　　[**]　清华大学法学院 2014 级博士生。

一、古代印度的"法"及其文献发展线索

"在印度,'法'的概念是比较广的,除了我们平常所了解的'法律'外,它还有社会风俗习惯,道德准绳、宗教行持含义。"① 这里的"法"指的是"达摩"(Dharma),早期含义包括"支持""维持",后几经演变,"义务""秩序""法则"意义渐浓,并最终完成从具有宗教伦理含义,到具有政治和法律含义的转变。② 对"达摩"进行完整的定义是不可能的,或者说其本就不被允许进行定义。虽然可以根据不同的时代和社会背景对达摩的内容进行填充,但其最终内容仍然难以确定。不过,达摩的含义多与秩序、法则有关,所以用来指称古代印度的法是可行的。我们自然也必须明确:达摩只是一个指称法的名称,与我们现代所理解的法律概念并不完全一致。现代法律概念仅仅是达摩的一部分内容。③

探讨包括达摩在内的古代印度各类概念,毫无例外地须要追溯到吠陀本集。吠陀本集(狭义之吠陀)是印度文明最早的记录,也是神启经④的首要组成部分。吠陀(Veda)意为知识,其本集有四:《梨俱吠陀》《耶柔吠陀》《娑摩吠陀》《阿达婆吠陀》;传统汉译名称分别

---

① 季羡林:《古代印度的文化》,见《季羡林全集》编辑出版委员会编:《季羡林全集》,第 10 卷,245 页,北京,外语教学与研究出版社,2009。

② 季羡林:《〈摩奴法论〉汉译本序》,见［古印度］《摩奴法论》,蒋忠新译,16 页,北京,中国社会科学出版社,2007;高鸿钧:《〈摩奴法论〉与古印度法》,见高鸿钧、李红海主编:《新编外国法制史》,上册,38 页,北京,清华大学出版社,2015。另,在《梨俱吠陀》中,达摩尚不属于核心概念。其时,黎多(Rta)一词表示"真理、宇宙规律"以及"人类的社会秩序、道德伦理"。后期,达摩逐渐取代了黎多,但取代黎多之时的达摩与黎多的含义并不完全相同,达摩比黎多具有更多的社会伦理意味。参见《〈梨俱吠陀〉神曲选》,巫白慧译解,218 页,北京,商务印书馆,2010;Alf Hiltebeitel, *Dharma: Its Early History in Law, Religion, and Narrative*, Oxford University Press, 2011, pp. 52-53。

③ 高鸿钧:《〈摩奴法论〉与古印度法》,38 页。

④ 神启经(Śruti),亦译作天启经,字面意思是"所听闻",引申为古代圣人凭借从现实之外直接听到的神启之音而诵出的神之意志,主要包括吠陀本集、梵书、森林书和奥义书。

为：《赞颂明论》《祭祀明论》《歌咏明论》《禳灾明论》。① 印度历史悠久，却又同时缺乏史料记载。关于四部吠陀本集的形成时间，学界说法不一。《梨俱吠陀》《耶柔吠陀》《娑摩吠陀》产生于公元前15世纪至前8世纪，《阿达婆吠陀》产生于公元前10世纪至前2世纪。② 其中，《梨俱吠陀》最为原始、最为重要，其余三部吠陀都是《梨俱吠陀》的派生作品。在印度教传统中，吠陀本集是无限而永恒的，并且无所不知，绝对可靠。当然，神启之音一语本身就意味着其具有不容怀疑的权威。

四部吠陀本集发展出众多的吠陀学派。各吠陀学派多以某一部吠陀本集为基础，创造出一系列基本文献，这些文献也可称为"后期的吠陀"或"广义的吠陀（之后期部分）"，主要包括梵书、森林书和奥义书。梵书（Brāhmaṇa），产生于公元前10世纪至前5世纪，是对吠陀本集的解释，主要与仪式和献祭相关。作为广义吠陀文献的一部分，其为宗教仪式的举行提供规则，并解释这些仪式规则的意义和目的。森林书（Āraṇyaka）和奥义书（Upaniṣad）实际上都是梵书的附录。奥义书排在森林书之后，亦可说奥义书是森林书的附属部分。森林书大约产生于公元前9至前3世纪，森林书与梵书主要关注外在行为不同，主要进行精神层面的探讨。奥义书大约产生于公元前8世纪至前3世纪，Upaniṣad原意为"近坐"，引申为"传授秘密知识"。奥义书也被称为"吠檀多"（Vedānta），意思是"吠陀之终结"或"吠陀之总结"，意即奥义书是"全部吠陀文献最末的终结部分""吠陀文献中

---

① 《〈梨俱吠陀〉神曲选》，巫白慧译解，5页；许地山：《印度文学》，4页，长沙，岳麓书社，2011。

② 关于印度古代重要文献，我们只能确定其大多经历了漫长的形成过程，至于具体完成时间等问题，学界尚有争议。本文列出的相关文献形成时间主要参考了以下文献：[古印度]《摩奴法论》，蒋忠新译；方广锠：《从吠陀到奥义书》，载《南亚研究》，1989（3）；邱永辉：《印度教概论》，北京，社会科学文献出版社，2012；王云霞、何戊中：《东方法概述》，北京，法律出版社，1993；朱明忠：《印度教》，福州，福建教育出版社，2013；Patrick Olivelle, *Manu's Code of Law: A Critical Edition and Translation of the Mānava-Dharmaśāstra*, Oxford University Press, 2005.

最深奥的总结部分"。其最突出的特点是包含了大量思辨性内容。因此,广义的吠陀也可归类为三部分:祭祀篇,由吠陀本集和梵书构成;冥思篇,由森林书构成;知识(智慧)篇,由奥义书构成。[①]

对吠陀文献的进一步阐释和研究产生了六种"吠陀支",[②]其中与行为规范相关的是"劫波经"(Kalpasūtra,仪礼经)。劫波经包括三个部分:关于大型公共祭祀仪礼的"随闻经"(Śrautasūtra)、关于家庭内部日常祭祀仪礼的"家庭经"(Gṛhyasūtra)以及关于社会秩序的"法经"(Dharmasūtra)。法经以散文为主,混以少量韵文。相比于随闻经和家庭经,法经所关注的范畴要宽泛许多,注重仪式的同时开始涉及社会道德标准。不过,这时的道德标准主要还是与祭祀有关,纯粹法律事务少有提及。存世的几部重要法经是:《高达摩法经》(Gautama Dharmasūtra)、《阿帕斯坦巴法经》(Āpastamba Dharmasūtra)、《鲍达耶那法经》(Baudhāyana Dharmasūtra)、《瓦西什陀法经》(Vasiṣha Dharmasūtra)。这些法经约形成于在公元前6世纪至前1世纪。从公元前2世纪开始,韵文体的"法论"(Dharmaśāstra/Smṛti)文献开始逐步出现,至公元6世纪左右,最重要的几部法论基本成书,包括《摩奴法论》(Manusmṛti)、《祭言法论》(Yājñavalkyasmṛti)、《那罗陀法论》(Nāradasmṛti)、《帕拉舍罗法论》(Parāśarasmṛti)、《布利哈斯帕提法论》(Bṛhaspatismṛti)、《迦旃延那法论》(Kātyāyanasmṛti)等。其中,《摩奴法论》是开启法论时代的标志性文献,其以比法经更为具体的形式阐述了人们在社会中的应遵循的行为规范,对古代印度个人成长、家庭生活和国家运作的各个方面都产生了重要影响。之后

---

① 方广锠:《从吠陀到奥义书》,17页;巫白慧:《吠陀经和奥义书》,308页,北京,中国社会科学出版社,2014;[印度]T. M. P. 摩诃提瓦:《印度教导论》,林煌洲译,36页,台北,东大图书股份有限公司,2002。

② "吠陀支"(Vedānga),包括:式叉(语音学)、阐陀(韵律学)、毗耶迦罗那(语法学)、尼禄多(语源学)、竖底沙(天文学)、劫波(仪礼学)。有观点认为,"吠陀支"也可归为广义的吠陀文献,或者说是吠陀的附属文献。详见邱永辉:《印度教概论》,164页;季羡林:《古代印度的文化》,245页;《〈梨俱吠陀〉神曲选》,巫白慧译解,5页;姚卫群:《印度宗教哲学概论》,18页,北京,北京大学出版社,2006。

的法论多以《摩奴法论》为编纂范本。《摩奴法论》《祭言法论》《那罗陀法论》得以比较完整地流传下来，《帕拉舍罗法论》《布里哈斯帕提法论》《迦旃延那法论》则只能从后世的"评注""汇纂"（详见下文）和引用中找到。另有《毗湿奴法论》（Viṣṇusmṛti），成文年代应该比《摩奴法论》晚几个世纪，体裁以散文为主，韵文为辅。一般认为其是法论里的一部例外作品。

这里须要说明，作为圣传经（广义之 Smṛti）[1]的一部分，法论（Dharmaśāstra）其实有广义与狭义之分。广义的法论包含总体具有时间前后关系的两个阶段，也就是上述散文体为主的法经阶段和完全韵文体的狭义之法论阶段。而圣传经这个词在狭义上也专指后期韵文体的法论。[2] 这一复杂的文字指称局面或可这样概括：法论（Dharmaśāstra）有狭义和广义之分，圣传经（Smṛti）本身也有狭义和广义之分，狭义的法论对应狭义的圣传经，但广义的法论却不等同于（且不必然等同于）广义的 Smṛti，而是广义的圣传经的一部分。依据这种理解，本文所关注的主要是法经和狭义之法论（即狭义之圣传经，下文之"法论"一词，如无特别说明即是指"狭义之法论"）。

此外，还有两类对法经和法论进行解释的作品："评注（Bhāṣya）"和"汇纂（Nibandha）"。这两类作品数量众多，评注的编写时间为 7—17 世纪，汇纂的编写时间为 12—18 世纪。评注一般只解释单一法经或法论文本。已知的评注，《阿帕斯坦巴法经》和《鲍达耶那法经》各有 1 部，《高达摩法经》有 2 部，《摩奴法论》有 9 部，《祭言法论》有 5 部，《那罗陀法论》有 2 部，《帕拉舍罗法论》有 3 部，《毗湿奴法论》有

---

① 圣传经（广义之 Smṛti），常用的译法是"传承""圣传"，一般指的是"全部的神圣传统""凡人老师所记忆的"，包括六"吠陀支"、两大史诗、往世书（Purāṇa）等。

② ［古印度］《摩奴法论》，蒋忠新译，"译者前言"，1 页。此外，帕特里克·奥利维尔（Patrick Olivelle）认为，虽然 Smṛti 一词通常被用于指代所有韵文体的"法论（Dharmaśāstra）"，但尚不明确这一情况是自何时开始。《摩奴法论》称自身为 Śāstra（教训、学说、学问）。参见 Patrick Olivelle, *Manu's Code of Law: A Critical Edition and Translation of the Mānava-Dharmaśāstra*, pp. 18, 913。

1部。汇纂则是针对不同法经和法论中某个或某些话题进行阐述,偶尔也涉及史诗和往世书的内容。不同的汇纂往往流行于不同地区。

二、位置与体裁:法经与法论的外在样貌

(一)作为文献组成部分的法经与作为独立文献的法论

一般认为,各吠陀学派除有一系列基本文献之外,也有各自的劫波经。因而,作为劫波经组成部分的法经,也是不同吠陀学派的作品,从属于不同的吠陀本集。相反,法论都是独立作品,与吠陀学派无关。从劫波经内部的发展与差异来看,法经和法论与吠陀学派关系的不同并不是泾渭分明。首先,尽管劫波经最初是由各吠陀学派发展出来的,但其很快就随其他吠陀支逐渐发展为独立学问;其次,法经大多是劫波经的最后组成部分,相比于随闻经和家庭经,其与吠陀学派的联系不是那么紧密;最后,就现有的劫波经而言,只有《阿帕斯坦巴法经》和《鲍达耶那法经》分别与相应的随闻经和家庭经组成劫波经,并且都从属于《黑耶柔吠陀》[①],而《高达摩法经》和《瓦西什陀法经》都是比较独立的作品,没有对应的随闻经和家庭经。通常,高达摩这个古老的婆罗门族姓与《娑摩吠陀》有关,从属于《娑摩吠陀》的两部随闻经曾提及高达摩,并且《高达摩法经》第26章直接取自《娑摩维达那梵书》(Sāmavidhāna Brāhmaṇa,从属于《娑摩吠陀》),但这并不足以说明《高达摩法经》属于某个吠陀学派。瓦西什陀一般被认为与《梨俱吠陀》相关,而实际上,《瓦西什陀法经》同《高达摩法经》一样,也是一部独立作品。[②] 时至法论阶段,情况相对简单。所有已知法论均是独立作品,与以不同吠陀文献为基础的学派没有关联。

---

① 《耶柔吠陀》分为《黑耶柔吠陀》和《白耶柔吠陀》。《黑耶柔吠陀》的颂文与释文杂糅,《白耶柔吠陀》的颂文与释文清楚可分。

② S. C. Banerji, *A Brief History of Dharmaśāstra*, Abhinav Publications, 1999, pp. 25, 27. Robert Lingat, *The Classical Law of India*, trans. J. Duncan M. Derrett, Munshiram Manoharlal Publishers Pvt. Ltd., 1993, p. 19. *Gautama*, trans. Georg Bühler, *The Sacred Books of The East*, Vol. 2, ed. F. Max Müller, The Clarendon Press, 1879, p. 292.

（二）体裁变化与文献功用

法经和法论在体裁上差异明显：法经以格言式的散文为主，其中，《高达摩法经》完全是散文，其他法经都混有韵文；法论则完全是韵文（如上所述，《毗湿奴法论》除外）。从散文和韵文本身的区别来看，韵文不像散文那样过于抽象且格式不匀，古老的智慧以韵文这种便于吟诵和记忆的形式更容易流传下去。韵文也因此逐渐被认为带有一种权威感。从文献发展的历史背景来看，法经时期及其之前的文献多以散文作成，而与法论大体同时期形成的两大史诗等众多文献都是以韵文作成。吠陀本集本来是以韵文为主，在梵书阶段，由于讲述的是祭祀仪式之事，不必使用韵文。① 至于梵书之后相当多的文献（尤其是奥义书）以散文作成，原因之一或在于，韵文不适合用来表达思辨学问。其实，回顾法经的发展过程，能够发现韵文所占的比重是逐渐增长的。《阿帕斯坦巴法经》中，韵文占比不到百分之一，而晚出的《瓦西什陀法经》中，韵文约占六分之一。② 时至《摩奴法论》成书，实现了完全韵文化。一方面，长短音次序的美感和便捷被认为具有某种社会教化功能；另一方面，从文学本身的立场来讲，施展某种社会教化功能也是韵文的目的之一。因此，除展现修辞技巧和文学才华外，对韵文体的选择也就变得不仅仅是通过使用某种特别的文学体裁赋予文本以权威那么直接。在这个意义上，如果笼统地表示法论就是韵文化的法经，不免就有些简单了。法论大量运用类比和隐喻。例如，关于秘密罪过的赎罪法，《摩奴法论》讲道："正如一块泥土被抛出，落入大湖就消失，一切罪过行为也消失在三吠陀（指《梨俱吠陀》《耶柔吠陀》《娑摩吠陀》）中。"③关于伪造文书，《迦旃延那法论》

---

① ［古印度］《五十奥义书》（修订本），徐梵澄译，355 页，北京，中国社会科学出版社，2007。

② Patrick Olivelle,"Explorations in the Early History of the Dharmaśāstra", in Patrick Olivelle (ed.), *Between the Empires: Society in India 300 BCE to 400 CE*, Oxford University Press,2006, p. 185.

③ ［古印度］《摩奴法论》，蒋忠新译，242 页。

讲道:"镜中的反射看起来像是真的而实际上却只是影子,造假者伪造他人笔迹无非如此。"①类比和隐喻在古印度其他文献中也不少见,其目的一来在于降低认知难度,二来在于为符合韵律提供更多的可用词语和语句空间。

三、神圣人生与世俗事务:法经到法论的内容变化及其历史背景

印度学者古尔耶(G. S. Ghurye,1893—1983)曾指出:"即便现在,种姓—人生阶段之法也几乎是印度教的另一个名字。"②在古代印度,正是种姓—人生阶段之法(Varṇāś ramadharma)为法经和法论阐释社会行为、规范社会行为提供了结构化的基本原则。

《摩奴法论》讲道,再生人③的人生分为四个阶段(四行期):梵行期、家居期、林居期、遁世期,各阶段依顺序而成,且有相应的人生阶段之法。梵行期的生活目的是求"法(Dharma)"。梵行者须住在婆罗门师父家中,学习吠陀经典,潜修身心自制,并熟悉祭祀仪轨。学成后,经师父允许而接受沐浴礼和回家礼,然后进入家居期。《泰帝利耶奥义书》(Taittirīya Upaniṣad)记述了师父在梵行者学成将别时的教导之言:"你要说真话,遵行正法……不要忽视真理,不要忽视正法,不要忽视幸福,不要忽视繁荣,不要忽视学习和教学,不要忽视供奉天神和祖先……你要从事那些不受非议的事,而非其他。你要遵奉我们之中的善行,而非其他……这是教导。这是教诲。这是吠陀的奥义。这是教诫。应该遵照执行,应该遵照执行。"④家居期的生活目的是求"欲(Kāma)"和"利(Artha)"。家居者要结婚生子,进行"五

---

① *Kātyāyanasmṛti*, Verse 308, ed. P. V. Kane, p. 41, qtd. in Chakradhar Jha, *History and Sources of Law in Ancient India*, Ashish Publishing House, 1987, p. 121.

② Barbara A. Holdrege, "Dharma", in Sushil Mittal & Gene Thursby (eds.), *The Hindu World*, Routledge, pp. 222-223.

③ 简单地说,再生人是指婆罗门、刹帝利、吠舍这三个上层种姓的男性。

④ [古印度]《奥义书》,黄宝生译,234~235页,北京,商务印书馆,2012。

大祭"：梵祭、祖先祭、天神祭、精灵祭、人祭，并选择适当的生计度日。"当家居者看到自己有了皱纹和白发而后代有了后代的时候"，[①]就应该进入林居期。林居者要放弃财产，将妻子托付给儿子，或携妻同行，隐居于森林。林居者也要进行祭祀。完成了祭祀，调伏了身心，就进入遁世期。遁世期内不进行祭祀，遁世者只能单独苦行冥思，寻求人生的最终目的——解脱（Mokṣa）。

　　人生阶段之法的形成不是在《摩奴法论》中一步到位。《阿帕斯坦巴法经》即认为人生有四种法：家居之法、梵行之法、遁世之法、林居之法，但并不是依顺序而为。在梵行之后，可以选择继续梵行，或者在家居、遁世、林居中选其一，意即只有梵行是所有再生人必须经历的阶段。这样，对于个人而言，人生之法就是梵行之法或梵行之法加家居、遁世、林居之任一法。《瓦西什陀法经》也持有此种观点。但《高达摩法经》和《鲍达耶那法经》都只承认家居之法。不过，二者理由不同，《高达摩法经》认为吠陀文献只表述过家居情况，《鲍达耶那法经》表示其他生活状态都不繁衍后代。[②] 所以，法经持有两种人生之法：可选择的人生模式之法和单一的梵行加家居之法。这与之后《摩奴法论》里的人生阶段之法有很大差别。《摩奴法论》里的人生阶段之法既不可选择，又内容丰富，顺序明确。尽管不是每个再生人都能够或预期能够在生理意义上完成所有四个人生阶段的生活，但对于任何的此生而言，法论意在树立一个确切的面向，即再生人的人生必须如此依序度过。[③] 与确定的人生相匹配的，既有责任和义务，也

----

　　① [古印度]《摩奴法论》，蒋忠新译，109 页。

　　② *Gautama*，trans. Georg Bühler，*The Sacred Books of The East*，Vol. 2，edit. F. Max Müller，The Clarendon Press，1879，p. 193；*Baudhāyana*，trans. Georg Bühler，*The Sacred Books of The East*，Vol. 14，ed. F. Max Müller，The Clarendon Press，1882，p. 260. Patrick Olivelle，*Dharmasūtra：the Law Codes of Āpastamba，Gautama，Baudhāyana and Vasiṣha*，Oxford University Press，1999，pp. 84，194.

　　③ 印度学者潘尼迦（K. M. Panikkar，1895—1963）指出："种姓—人生阶段之法曾否普遍实行是有疑问的，但作为一个理想来说，它持续支配着印度教的社会，直到现在。"参见 K. M. Panikkar，*A Survey of Indian History*，Asia Publishing House，1954，p. 12. 此外，关于人生四阶段，有一些鲜明但未详加阐述的观点。例如，认为人生四阶段与神启经的不同阶段相对应：梵行期学习吠陀本集，家居期依梵行进行祭祀，林居期学习森林书，遁世期学习奥义书。参见[印度]T. M. P. 摩诃提瓦：《印度教导论》，35～36 页。

有修复责任和义务的程序和方法。

法经虽然包含婚姻、继承、审判规则、国王职责等内容,但从各部分篇幅以及顺序来看,其基本以男性婆罗门一生的所需经历和可能经历为主线,主要聚焦于男性婆罗门如何正确行事,对国王职责、法律程序多只是粗略谈及。而在法论中,国王之法、治国之术、法律程序所占比例增大。这些内容在《阿帕斯坦巴法经》和《鲍达耶那法经》中分别占总篇幅的 5.8% 和 2.9%,在《瓦西什陀法经》和《高达摩法经》中所占比例略高,达到 9% 和 16.1%,在《摩奴法论》中达到 20.5%。① 当然,值得注意的是,国王之法在法论中占比增大,也表现在其自身涵盖的内容范围广于以前。多数在法经中单列的事务(特别是家庭内部事务)被法论归入国王之法章节,且以更明确的结构得到集中表达。《摩奴法论》第 7 章至第 9 章均以国王之法为名,阐述国王职责、18 类法律案件以及处理这些案件的法律程序和惩罚规则。一般来说,《摩奴法论》之后的法论虽然不再具有广泛的开创性,但还是有一些新的变化。比如,《祭言法论》更注重阐述纯粹法律内容,全文分为篇幅相近的三部分:行为准则、法律程序、惩罚规则(赎罪)。《祭言法论》对人生阶段之法的阐述也比较独特,将梵行期和家居期之法置于行为准则部分,而将林居期和遁世期之法置于惩罚规则(赎罪)部分。② 《迦旃延那法论》《那罗陀法论》《布利哈斯帕提法论》对法律程序的探讨更加系统而细致,甚至可以认为这三部法论是专为法律程序而作。《那罗陀法论》将 18 类法律案件细分为 132 种(例如,边界争议分为 12 种)。③ 《布利哈斯帕提法论》基本区分了刑事和民事案件,即明确将案件分为"与伤害有关的案件"和"与财富有关的案

---

① Patrick Olivelle, "Explorations in the Early History of the Dharmaśāstra", pp. 186~188.

② *Yājñavalkya-smṛtiḥ: Text with Commentary Mitākṣarā of Vijñāneśvara and English Translation and Notes*, trans. M. N. Dutt, ed. R. K. Panda, Bharatiya Kala Prakashan, 2011, pp. 455-515.

③ *Nārada*, trans. Julius Jolly, *The Sacred Books of The East*, Vol. 33, ed. F. Max Müller, The Clarendon Press, 1889, pp. 9-12.

件"，并指出前者包括 4 类，后者包括 14 类。①

可是，我们应注意到，即便在梵书和早期奥义书阶段，达摩都还只是婆罗门教的边缘概念。很大程度上，是佛教的兴起及其对达摩的着重探讨改变了这一局面。公元前 6 世纪左右，自印度东部出现了被称为"沙门思潮"的反婆罗门教思潮，其中，佛教的影响最为深广。反婆罗门教的思潮其实早已出现，不过其信仰者名称不一，直至公元前 6 世纪左右佛教和耆那教兴起，"沙门"这个很可能是婆罗门首先用来指称苦行者的名称才得到普遍使用。② 佛教基本上代表刹帝利和吠舍等阶层的利益和政治主张，不认为有最高的实体，不承认祭祀的作用，主张四姓平等，对婆罗门教的仪式和义理学说构成直接挑战。达摩也逐渐成为佛教的中心概念之一，并渗入社会伦理层面。尤其到公元前 3 世纪，基本控制印度次大陆的孔雀王朝几乎将佛教推上国教的地位。考底利耶的《政事论》被认为即是在这一时期成书，标志强化王权的努力达到一定的高度。不过，婆罗门教并没有受到直接的压迫，更没有就此沉寂。面对社会权威地位被削弱和分享，婆罗门祭司阶层大量创作和改进各类文献。祭祀仪式保持神秘力量的同时，也部分地向注重个人虔诚的方向发展。在这个过程中，佛教的主张（包括对达摩的阐释）逐渐被婆罗门教改造、吸收和利用。"佛教的危险不是在于遭受迫害，而是在于被人容忍和消除差异。"③ 至 4～6世纪笈多王朝时期，法论、两大史诗以及早期往世书基本成书，婆罗门教复兴大势趋成。

实际上，婆罗门阶层不仅要面对佛教及其支持者的挑战，也要面对在其看来社会秩序十分混乱的历史时代。大体介于孔雀王朝和笈多王朝之间的几个世纪，外来族群对北印度征战不休，整个社会处于

---

① *Bṛhaspati*, trans. Julius Jolly, *The Sacred Books of The East*, Vol. 33, ed. F. Max Müller, The Clarendon Press, 1889, pp. 283-284.

② 郭良鋆：《佛陀和原始佛教思想》，130～131 页，北京，中国社会科学出版社，2011。

③ ［英］查尔斯·埃利奥特：《印度思想与宗教》，李荣熙译，37 页，贵阳，贵州大学出版社，2013。

不稳定状态,不同族群、族群内部之间的交往纷繁复杂且不可避免,杂种性越来越多。这被婆罗门认为是非常严重的社会危机。杂种性的内容在《高达摩法经》《鲍达耶那法经》《瓦西什陀法经》中还只占很小的篇幅。这一时期,雅利安人对北印度的控制比较稳定,杂种性问题可能与偶有外围小面积地区被征服有关。在《摩奴法论》中,杂种新内容占第 10 章整个前半部分,更多的则是缘于婆罗门对外来族群不断自西北涌入北印度的回应。

从婆罗门面对外在危机的角度来看,法经和法论既是文献统一体,又是不同时代信息、情境和愿望的集合。首先,法经对家居、林居、遁世可选择的容允给佛教直接全心追求精神解脱留下了理论发展空间。婆罗门通过法论进行回应,将人生模式之法定型为人生四阶段之法。因而,要成为遁世者就必须先期度过日常生产生活的家居期。"未学吠陀、未得后代、未完成祭祀而求解脱的再生人必将往下走。"①婆罗门的担忧在现实世界层面也不难理解,即若人生和社会只存在解脱,那么此生过后,便不再有社会。"梵行者、家居者、林居者和遁世者,这四个生活时期分别产生于家居者……而在所有这四者中间,依吠陀神启之规定,家居者被称为最优秀者,因为他扶养其他三者。"②的确,尚未加入和已经退出生产生活的人都需要由家居者提供物质支持。但仅仅家庭延续和文化传承意义上的求"欲"和求"利"自然配不上追求超越的理想。家居期最重要的事务是祭祀,甚至结婚生子的目的也最大程度上与延续祭祀相关。对祭祀的崇奉是婆罗门教得以生存的根本。依照婆罗门的观点,不经历家居期,就无法还清欠仙人、祖先、天神的三债。梵行期、家居期、林居期、遁世期这种人生阶段顺序的重点,不在于度过了前三个时期后就应该进入

---

① [古印度]《摩奴法论》,蒋忠新译,112 页。蒋忠新认为,"往下走"与"得高升"相对,二者分别指在轮回中归趣或转世的坏与好。Patrick Olivelle 认为,除此之外,"往下走"还指代种姓上的降级。参见 Patrick Olivelle, *Manu's Code of Law: A Critical Edition and Translation of the Mānava-Dharmaśāstra*, p. 290.

② [古印度]《摩奴法论》,蒋忠新译,116～117 页。

遁世期，而在于进入遁世期之前必须先过前三个时期。此外，或许还意图表示，只有婆罗门才有资格描绘和解释遁世期，并且是遁世的最佳群体。[①] 其次，国王之法、治国之术、法律程序分量的增加，最直接的原因是印度出现疆域广阔的大帝国，王权快速发展和强化。但反过来讲，抽象的点可以作为或被解释为任何面（任何规模事务）的中心，对国王权力只进行简单概括（如法经所为）本就是有风险的。所以，从婆罗门的立场来看，借助法论将刹帝利的责任进一步明确，同时也能够使刹帝利的权力外延被限制。

四、规则确立与婆罗门—刹帝利关系重塑：法论的历史影响

（一）从规则探讨到规则确立

法经的表达直截了当，直接由法律渊源开篇，并且在很多问题上直接指出不同观点。例如，对人生之法的表述，《高达摩法经》和《鲍达耶那法经》虽然只承认家居之法，但同时也大篇幅介绍他者所主张的三种人生之法。[②] 法论则不同，《摩奴法论》《祭言法论》等都有开篇导言。比如《摩奴法论》，开篇即是："正当摩奴坐着、心注一处，众大仙前去依礼朝拜，然后对他说了这样一番话：'世尊啊！请如实地依次为我们说一切种姓和杂种性的法。因为，唯有您通晓'应该做的事情'——这全部吠陀的真义，而吠陀又是永恒的，既不可想象也不可直觉；主啊！'经那些高尚的大仙如此求教，具有无限力量的摩奴向他们全体施礼之后，欣然回答：'请听！'"[③]如此一来，由类似原始的立法者而不是学者发布和传播的"法（达摩）"自然是具有权威性的，而且

---

① Rama Shankar Tripathi, *History of Ancient India*, Motilal Banarsidss Publishers Private Limited, 1942, p. 75；[法]杜蒙：《阶序人：卡斯特体系及其衍生现象Ⅱ》，2 版，王志明译，459 页，台北，远流出版事业股份有限公司，2007。

② *Gautama*, trans. Georg Bühler, *The Sacred Books of The East*, Vol. 2, pp. 190-193; *Baudhāyana*, trans. Georg Bühler, *The Sacred Books of The East*, Vol. 14, pp. 258-260; Patrick Olivelle, *Dharmasūtra: the Law Codes of Āpastamba, Gautama, Baudhāyana and Vasiṣṭha*, pp. 83-84, 192-194.

③ ［古印度］《摩奴法论》，蒋忠新译，3 页。

法论均以神话人物（神）或圣人之名命名，争论或学术上的观点罗列自然也就不被允许。而体现在人生之法上，除了确定不容争论的内容以外，也对法经中所存在的人生阶段的可选择性进行排除。人生之法的差异不在于"法经笼统、法论具体"，而在于生活模式之法变成了人生阶段之法。不可对与达摩相关之事务进行选择，在这两个层面都得以体现。

　　吠陀真理根植于启示，是被发现而不是被创造的。作为与神对接所得的直接经验，神启经具有最高的权威性，而圣传经地位再高也不过是对神启经的解释。法经和法论一再确认吠陀是达摩的首要渊源，且圣传经和习惯都是因为根植于吠陀才得以成为达摩的渊源。但是，实际的文本面貌与上述哲学定位有不小的差别。像吠陀这样的权威渊源，其中的法律内容和法律经验并不显而易见，不能直接作用于对人们的社会生活有实际影响的事务。或者说，达摩的不同渊源其实是适用于人类活动的不同领域。① 有理由认为，法经和法论的内容很大程度上是对不同地区、不同群体行为标准的统合。② 《鲍达耶那法经》和《瓦西什陀法经》在开篇都提到"圣域"（Āryāvarta，雅利安人驻地），认为这个区域内婆罗门的习惯是所有地方的行为标准。《摩奴法论》也提及"圣域"，但是置于另一个地名——"梵域"（Brahmāvarta）——之后。"梵域"由天神所开辟，总体位于"圣域"的中西部，面积相对较小。《摩奴法论》似是将婆罗门最正统的居住地缩小到"梵域"，同时指出再生人都应力求居住在"圣域"。③ 可以看出，婆罗门一直在倡导和追求一种对社会规范标准本身神圣性、确定性、统一性的回归，他们不得不尽力消除不同吠陀学派之间的观点分

---

　　① Donald R. Davis, Jr., *The Spirit of Hindu Law*, Cambridge University Press, 2010, p. 31.

　　② Patrick Olivelle, "Explorations in the Early History of the Dharmaśāstra", pp. 171-173.

　　③ ［古印度］《摩奴法论》，蒋忠新译，17～18 页。

歧，并且以易于理解的形式，跨越学派界限，向全体大众传播。① 《鲍达耶那法经》和《瓦西什陀法经》属于法经的中后期作品，从这两部法经以及《摩奴法论》对"圣域"的描述来看，"圣域"面积很广，几乎包括了北印度整个中部和西部地区。将这样广大的区域定位为"圣域"，如前所述，很大程度上是对外来族群不断自西北方涌入北印度以及佛教大规模传播的回应。

（二）婆罗门—刹帝利关系重塑

在《梨俱吠陀》中，与军事征战有关的战神因陀罗是最重要的神，约有 250 首颂诗用来献给他；与祭祀有关的火神阿耆尼地位仅次于因陀罗，约有 200 首颂诗用来献给他。② 在雅利安人最初向北印度东部推进的几百年里，作为军事领袖的部落头领拥有绝对的世俗权力。进入相对和平的时期后，雅利安人内部情况发生变化，祭祀礼仪和学问迅速发展，形成以婆罗门祭司阶层为中心的种姓制度。但随着思辨学问由奥义书发展开来，过了形式主义的祭祀礼仪反而使婆罗门祭司阶层的地位渐趋衰退。同时，北印度逐渐形成 16 个大国，列国纷争令刹帝利阶层实力增强，反婆罗门思潮也兴盛起来。两大史诗的作者构成、内容形成过程正是这一时期婆罗门与刹帝利相互关系的体现。《摩诃婆罗多》和《罗摩衍那》传说分别是广博仙人和蚁垤仙人所作，实际情况自然不是如此。两大史诗都是经过多个世纪才形成的，主要产生于与刹帝利王族关系密切的"苏多"阶层（刹帝利男子和婆罗门女子结婚所生之子，通常担任国王的御者和歌手），一些民间吟游诗人、婆罗门祭司也不断地将各类故事和颂歌添加进去，这是两

---

① Ludo Rocher,"The Historical Foundations of Ancient Indian Law",trans. Savita de Backer,in Donald R. Davis,Jr,ed. *Studies in Hindu Law and Dharmaśāstra*,Anthem Press,2012,p. 63.

② 林太：《〈梨俱吠陀〉精读》，70～80 页，上海，复旦大学出版社，2008；Arthur Berriedale Keith,*The Religion and Philosophy of the Veda and Upanishads*,Motilal Banarsidass Publishers Private Limited,1925,pp. 124,154.

大史诗与吠陀文献（主要产生于婆罗门祭司阶层）的本质区别。[①] 从家庭成员相处到国王治国，史诗提供了丰富多样的生活情境，英雄颂歌和仙人传说交杂登场，体现国王和婆罗门的明争暗斗，也表明双方在维护各自社会地位上拥有共同利益。

关于婆罗门与刹帝利的关系，《摩奴法论》的定位很清楚，"火来源于水，刹帝利来源于婆罗门，铁来源于石头，他们无所不入的威势到了各自的来源面前就退失。没有婆罗门，刹帝利就不会成功；没有刹帝利，婆罗门就不会成功；婆罗门和刹帝利一经结合，必将双双在今生和来世成功"。[②]《那罗陀法论》也讲道："婆罗门和国王在这个世界上免于受谴责和体罚，因为他们维持着现实的世界。"[③]这不是一种简单的宗教与社会权力安排。首先，这种安排是依照与寻求灵魂解脱这一社会终极关切的距离远近进行的，权力的行使来自宗教上的资格。其次，神圣事务与世俗事务相关性的基本模式总体上表现为婆罗门与刹帝利明确的职责分工，在此基础上，婆罗门与刹帝利之间存在密切的个人生命联系。婆罗门不仅仅是全社会层面的公共祭司，也是刹帝利的家庭祭司。刹帝利政治与个人事务上的精神指导者身份，是现实中婆罗门政治与社会地位的重要根源。[④] 最后，婆罗门在给予国王以精神层面保障的同时，也对国王提出富于理想化、极为细致的行为要求。《摩奴法论》在"国王之法"开篇指出，国王具有神性，是达摩的守护者和执行者。国王守护和执行达摩的方式是刑罚。《摩奴法论》将刑罚表述为"神的势力的化身""一切生物的保护者"，并清楚地指出，"那刑杖就是国王，就是人，它是引导者，它也是统治者；它相传是四个生活时期的法的保障……整个世界为刑杖所

---

① 黄宝生：《印度古典诗学》，190 页，北京，北京大学出版社，1999；刘安武：《印度两大史诗研究》，23～27 页，北京，北京大学出版社，2001。

② ［古印度］《摩奴法论》，蒋忠新译，203 页。

③ *Nārada*, trans. Julius Jolly, *The Sacred Books of The East*, vol. 33, p. 210.

④ ［德］马克斯·韦伯：《印度的宗教：印度教与佛教》，康乐、简惠美译，78～79 页，桂林，广西师范大学出版社，2010。

制服,因为清净的人难得;正因为怕刑杖,整个世界才甘心供人享用"。①强制处分的逻辑效果和现实作用是法得以施行的必要环节,但《摩奴法论》赋予刑罚如此明确而重要的地位,是之前的法经以及其他种类的文献都不曾做到的。② 当然,《摩奴法论》也指出,刑罚一旦被错误执行,后果会非常严重。国王必须向精通吠陀的婆罗门学习、听从他们的指教,这是正确执行刑罚的主要前提。国王还须任命7～8名精通法论、经验丰富的可靠谋臣,每天与他们商议一切日常事务,若涉及联盟、战争、进军、按兵不动、分军和寻求庇护这六项"国家大事",则必须与其中最优秀的那位博学婆罗门进行商议。③

如此一来,我们可以看到,一方面,王权加强不可避免,婆罗门必须作出妥协;另一方面,婆罗门始终强调单纯的武力和技巧都自带危险性,吠陀和知识不可或缺。同时,如前所述,大体介于孔雀王朝和笈多王朝之间的几个世纪,北印度战事频繁,整个社会处于不稳定状态,杂种性问题日益严重。在面对和处理混乱的社会秩序这个意义上,作为统治阶层的婆罗门和刹帝利,实际上构成了某种既有内部争斗又要共迎挑战的利益共同体。因此,不论婆罗门作法论的初衷是出于以上哪一点或哪几点,一个重要的客观结果都得以出现,即与法律相关的事务开始具有可操作性。《祭言法论》首次提出法庭分级,认为法庭级别由低到高依次为小型家庭法庭、行业法庭,国王指定的大型法庭、国王法庭。④《那罗陀法论》表示法庭有五类,级别由低到高依次为小型(家庭)法庭、行业法庭、大型法庭、国王指定的法庭、国

① ［古印度］《摩奴法论》,蒋忠新译,119 页。

② R. S. Sharma,"The Kali Age：A Period of Social Crisis",in D. N. Jha（ed.）, *Feudal Social Formation in Early India*,Chanakya Publications,p. 56.

③ ［古印度］《摩奴法论》,蒋忠新译,122～123,133 页;《祭言法论》有相似的表述,参见 *Yājñavalkya-smṛtiḥ：Text with Commentary Mitākṣarā of Vijñāneśvara and English Translation and Notes*,trans. M. N. Dutt,edit. R. K. Panda,pp. 150-151、163-164。

④ *Yājñavalkya-smṛtiḥ：Text with Commentary Mitākṣarā of Vijñāneśvara and English Translation and Notes*,trans. M. N. Dutt,ed. R. K. Panda,p. 209.

王亲自主持的法庭。①《布利哈斯帕提法论》则将法庭分为四类：城乡常设法庭、巡回法庭、国王委派重要法官（配有国王图章戒指）主持的法庭、国王亲自主持的法庭，并指出，在神圣性上，法庭与由知晓吠陀内容的婆罗门举行的祭祀会议等同。② 其中，城乡常设法庭和巡回法庭的主持者也是国王委派的法官（通常是婆罗门）。这些内容表明，巡回法庭或许已经开始在森林、军队、市场分别为林居者、士兵、商人处理纠纷。③ 世俗事务日益繁杂的同时，其裁判权实际上也在逐渐向国王集中。

《摩奴法论》和《祭言法论》等都指出，国王须在婆罗门陪同下审理案件，国王无法亲自审理案件时，应委任一名博学的婆罗门审理。这表明，婆罗门可以审理案件，却是以国王代表的身份。宗教权威掌握在婆罗门手中，世俗权威掌握在刹帝利手中。国王作为法官或指派法官审理案件，其审理的程序和惩罚（赎罪）方式，均以婆罗门制定的法律为准。也就是说，刹帝利被定位为婆罗门所立之法的执行者。在这种世俗事务的分工得以在理念上确定之后，法律规范才真正从道德与伦理的准则走向可操作的法律规则与条款。

五、结语

前文已述，法经和法论是婆罗门祭司阶层编写的理论文献，并不是近代意义上由政治权威颁布的法典，也不是彼时印度社会实际情况完全真实的体现。梅因指出，《摩奴法论》里"有一大部分只是在婆罗门的眼光中应该作为法律的一幅理想图画"。④ 法经和法论的确是以哲学面貌而非社会面貌展现，但也不能就此认定二者没有得到任

---

① *Nārada*, trans. Julius Jolly, *The Sacred Books of The East*, Vol. 33, pp. 6-7.

② *Bṛhaspati*, trans. Julius Jolly, *The Sacred Books of The East*, Vol. 33, pp. 277-278;

③ Nares Chandra Sen-Gupta, *Evolution of Ancient Indian Law*, Eastern Law House, 1953, pp. 44-45.

④ ［英］梅因：《古代法》，沈景一译，12 页，北京，商务印书馆，1959。

何实际上的践行。尤其是法论,已然发展出比较细致的法律规则和程序。在没有其他具有更高权威的法律之情况下,法经和法论无疑有很大的影响力。由于法论提高并确定了刹帝利在世俗事务上的权威地位,我们有理由认为,只要婆罗门不过多干涉政治事务,刹帝利对于法论的内容基本是接受和支持的。[①]

　　法经到法论的演进是社会规范本身以及社会历史进程的反映。总体说来,法经和法论都体现对人们的处世品性与其在任何时候都能采取正确行为之间关系的重视。实际发生的社会状况很难得知,文献显示的理念却能够获取。法经的出现标示社会规范开始从宗教仪式规则转向伦理与道德准则,法论的出现标示社会规范从伦理与道德准则转向法律规则。[②] 这种演进顺序与其他地区的许多早期经历并无本质差异,却展现独特的历史进路。婆罗门教以其广泛的包容性推动达摩的含义不断变化,终有法律规范从灵性领域析出并确立。印度的历史和文化也在这个过程中得以塑造和延续。

---

①　欧东明:《印度古代政教关系模式浅析》,载《南亚研究季刊》,2008(2),70 页。

②　高鸿钧:《〈摩奴法论〉与古印度法》,62 页。

从实践到理论：诉讼逮捕程序的维度之辨[*]

高　峰[**]　唐益亮[***]

　　逮捕作为一种强制措施，其适用目的与刑事诉讼目的趋同，即惩罚犯罪与保障人权，但就我国的逮捕现状而言，逮捕的目的具有单一化。实践中，考虑我国是逮捕与羁押合二为一，为创造良好的外部侦查环境，侦查机关偏爱适用逮捕措施，以至于"以捕代侦""以捕代罚"现象时有所见，羁押率长期居高不下。从某种意义上说，对于不该捕却捕的案件，其实就是纵容案件"带病"进入诉讼，引发"起点错、跟着错、错到底"的连锁反应，这可能也是我国冤假错案的生成原因之一。在学界呼吁与怪象频发的背景下，我国《刑事诉讼法》（以下简称《刑诉法》）经过了两次修改，但令人遗憾的是，修改的内容与"落地"的效果并不理想。为此，笔者考察了目前部分检察院的做法，并借鉴英美

　　* 本文是重庆市科研规划创新项目"监委会改革视阈下检察权运作机制的研究"，项目编号 CYS17108，西南政法大学科研项创新项目"监察委员会改革视域下检察权运行机制的研究"，项目编号 2017XZXS-059 的阶段性成果。
　　** 西南政法大学法学院副教授。
　　*** 西南政法大学法学院硕士研究生，西南政法大学刑事辩护中心研究人员。

国家的司法审查制度，尝试提出具有中国特色的诉讼式审查逮捕程序（以下简称"诉讼逮捕程序"），以期使目前的逮捕现状有所改善。

一、问题的缘起

（一）2012 年《刑诉法》修改前：理想很"丰满"

按照 1979 年《刑诉法》的规定，逮捕的条件为"对主要事实已经查清，可能判处徒刑以上刑罚的人犯，采取取保候审、监视居住等方法，尚不足以防止发生社会危害性，而有逮捕必要的，应即依法逮捕"。但该条规定的实践效果并不理想，实务部门普遍认为，有限的侦查期限内难以达到"查清主要犯罪事实"的要求，尤其是疑难、复杂的案件。[①] 为补足办案所需的时间，公安机关借助收容审查的方式达到逮捕的效果，但因缺乏外部制约，且在期限、范围、管理等方面也存在问题，时常出现一些侵犯公民合法权益的现象。在 1997 年《刑诉法》修改时，立法机关充分考虑 1979 年《刑诉法》的实践效果和办案机关的需求，在废除收容审查的同时，将"主要事实已经查清"改为"有证据证明有犯罪事实"，降低了逮捕的条件。此外，为消除实务部门在具体适用时可能存在的理解障碍[②]，最高检先后颁布了一系列文件加以明细[③]。此时，随着逮捕条件的减低，批捕的"入口"变松，我国的逮捕

[①] 参见王尚新、李寿伟：《〈关于修改刑事诉讼法的决定〉释解与适用》，95 页，北京，人民法院出版社，2012。

[②] 当时，有一些实务部门反映，对于"社会危害性"包括哪些情况、是否有程度限制，以及"有逮捕必要"具体到达何种程度等规定模糊，具体适用时出现了"两极分化"的现象，有的检察院把关过严，甚至按照审查起诉的条件，导致该捕的没捕，降低了侦查的效率；有的检察把关过松，导致不该捕的被捕，不利于保障犯罪嫌疑人的人权。参见全国人大常委会法制工作委员会刑法室编：《〈关于修改中华人民共和国刑事诉讼法的决定〉条文说明、立法理由及相关规定》，114 页，北京，北京大学出版社，2012。

[③] 例如《关于依法适用逮捕措施有关问题的规定》（2001 年 8 月）、《关于在检察工作中防止和纠正超期羁押的若干规定》（2003 年 11 月）、《关于在审查逮捕和审查起诉工作中加强证据审查的若干意见》（2006 年 7 月）、《人民检察院审查逮捕质量标准（试行）》（2006 年 8 月）、《关于审查逮捕阶段讯问犯罪嫌疑人的规定》（2010 年 10 月）等文件。

率普遍上升,形成了羁押普遍化的司法景象①,且随着媒体业的迅速发展,频频曝光逮捕期间非正常死亡事件②,这一现象引起了学界的反思与内省。

概因法学研究应是跟踪法律实际贯彻中的现实问题,并提出有效对策的探索活动。③ 面对这一现象,学者们纷纷建言献策。有论者认为,可以通过严格逮捕条件、加强捕后审查工作、发挥羁押替代性功能的方式,"三管"齐下,实现羁押率的适度降低;也有论者认为,可以通过改进逮捕审查程序、建立拘留后立即通知检察机关、重点说明羁押必要性理由、建立逮捕程序救济机制等方式实现降低。主张通过"逮捕条件的明晰化、严格化"达到降低效果是学界的基本共识。④此外,在 2003 年 10 月,第十届全国人大常委会将《刑诉法》再修改列入 5 年立法规划,学者们满怀热情地参与其中,较具代表的是以陈光中教授为主持人的课题组开始了 1996 年《刑诉法》的修改建议工作,经过近 3 年努力,数易其稿,最终编写出《中华人民共和国刑事诉讼法再修改专家意见稿与论证》(以下简称"《专家意见稿》")。与 1996 年《刑诉法》相对比,《专家意见稿》第 121 条以"有确实证据证明犯罪嫌

---

① 在 1996 年《刑诉法》实施之后,我国开始出现逮捕措施的三大"顽疾",即"长期羁押""超期羁押"和"羁押普遍化"。

② 非正常死亡的事件有:(1)2009 年 2 月,云南省晋宁县李荞明"躲猫猫死";(2)2009 年 3 月,海南省儋州市罗静波"洗澡死";(3)2009 年 3 月,福建省福州市温龙辉"床上掉下摔死";(4)2009 年 3 月,江西省九江市李文彦"做恶梦死";(5)2009 年 6 月,广东省吴川市林立峰"发狂死";(6)2009 年 11 月,山东省乳山市于维平"粉刺死";(7)2009 年 12 月,云南省昆明市邢鲲"用纸币捅开手铐,鞋带自缢死";(8)2009 年 12 月,陕西省富平县王会侠"激动死";(9)2010 年 2 月,江西省修水县陈绪金"如厕摔跤死";(10)2010 年 2 月,河南省鲁山县王亚辉"喝开水死";⑪2010 年 4 月,湖北省公安县薛宏福"洗脸死";(12)2010 年 6 月,黑龙江省哈尔滨市王立家"感冒发烧死";(13)2010 年 11 月,广东省茂名市戚业强"盖被死";等等。总之,逮捕期间非正常死亡可谓是怪象百出。参见刘计划:《审查逮捕制度的中国模式及其改革》,载《法学研究》,2012(2),123 页。

③ 参见崔敏:《求真集——我的治学之路》,620 页,北京,中国人民公安大学出版社,2006。

④ 分别参见李昌林:《降低羁押率的途径探析》,载《中国刑事法杂志》,2009(4),91 页;陈卫东:《关于逮捕条件与程序若干问题的思考》,载《河南社会科学》,2009(6),33 页;刘计划:《拘留逮捕制度改革与完善刍议》,载《人民检察》,2007(14),13~15 页。

疑人、被告人有实施犯罪行为的重大嫌疑,可能判处三年有期徒刑以上的刑罚"的表述,代替了"有证据证明有犯罪事实,可能判处徒刑以上刑罚的人犯",①逮捕条件确实更为精细、严格,这反映学界对逮捕现状的深刻反思和《刑诉法》再度修改时的美好理想。

(二) 2012 年《刑诉法》修改后：现实太"骨干"

2012 年 3 月 14 日,全国人大通过《关于修改〈中华人民共和国刑事诉讼法〉的决定》,和 1996 年《刑诉法》比较,2012 年《刑诉法》作了大幅度的修改。其修改要点包括：①将"社会危害性"要件具体分为五种情形,既方便了实践操作,也限缩了批捕人员的自由裁量权；②新增加了修正逮捕的规定,犯罪嫌疑人、被告人如果存在"'有证据证明有犯罪事实'＋'可能判处 10 年徒刑以上刑罚'"或者"'有证据证明有犯罪事实'＋'可能判处徒刑以上刑罚'＋'曾经故意犯罪或身份不明'"任一情形的,应当予以逮捕；③删除了原条文"采取取保候审、监视居住等方法"中"监视居住"的表述,这是因为监视居住作为逮捕的替代性措施,是以满足逮捕条件为前置要件,将"监视居住"剔除,体现了立法的科学性；④新增采取取保候审、监视居住措施时,存在情节严重情形的,可以转为逮捕的规定,这有助于推动被告人、犯罪嫌疑人在取保候审和监视居住期间遵守相关规定,保障诉讼活动的正常进行。毋庸置疑的是,和 1996 年《刑诉法》相比,2012 年《刑诉法》不仅增强了逮捕条件的可操作性,也缩小了逮捕的适用范围,具有较大的进步性。但相比《专家意见稿》中的规定,除社会危害性要件更为具体化之外,证据件和刑罚两个要件都没有达到学界的预期②,尤其是刑罚要件,没有结合国内外实际情况,将刑罚的基点设置为三年以上

---

① 按照《专家意见稿》第 121 条规定："有确实证据证明犯罪嫌疑人、被告人有实施犯罪行为的重大嫌疑,可能判处三年有期徒刑以上的刑罚,采取取保候审、监视居住等方法尚不足以防止发生社会危害性,而有逮捕必要的,应当依法予以逮捕。"参见陈光中：《中华人民共和国刑事诉讼法再修改专家意见稿与论证》,68 页,北京,中国法制出版社,2006。

② 证据要件：2012 年《刑诉法》为"有证据证明有犯罪事实",《专家意见稿》为"有确实证据证明……的重大嫌疑"；刑罚要件：2012 年《刑诉法》为"可能判处有期徒刑以上",《专家意见稿》为"可能判处三年有期徒刑以上"。两相比较,2012 年《刑诉法》显然没有达到学界所预期的。

有期徒刑,这是一个重大的遗憾。①

当 2012 年《刑诉法》修改的逮捕条件"落地"后,其实践效果不尽人意。观察以下各年份逮捕、公诉的数量变化表②,对比 2012 年《刑诉法》实施前后的数据,看似批捕的人数逐年减少,批捕率也随之降低,相比上一年度,批捕率呈现负增长的趋势,羁押普遍化的现象得以遏制,但透过表象看本质,我国的逮捕现状实则不容乐观,而且修改后的逮捕条件实际作用也比较有限,这是因为:①宏观而言,和其他国家和地区相比,我国的逮捕率明显过高。一般来说,大多数国家和地区的逮捕率都低于 50%,基本在 10%~30%,如日本 1999 年的未决羁押率为 21.8%,而根据欧盟委员会对 27 个成员国 1999—2007 年未决羁押的调查发现,未决羁押率最高的是意大利。在 2007 年,意大利的未决羁押率高达 60.4%,还有两个较高的年份为 1999 年(50.4%)和 2006 年(56.9%),其余年份均在 50%以下。③ 反观我国的逮捕实践,逮捕率最低时为 2016 年的 59.08%,显然过高。②微观而言,受国家政策影响,造成了逮捕率下降的"假象"。保护环境作为一项基本国策,需要法律法规加以配套。为加强对环境的保护,依法惩治环境污染犯罪,2013 年 6 月,最高人民法院和最高人民检察院联合发布了《关于办理环境污染刑事案件适用法律若干问题的解释》,但有关环境污染的犯罪通常不需要逮捕,在公诉人数增加、逮捕人数不变的情形下,就出现逮捕率下降的"假象"。④ 此外,修改后的逮捕

---

① 参见陈光中:《〈中华人民共和国刑事诉讼法〉修改条文释义与点评》,148 页,北京,人民法院出版社,2012。

② 参见最高检 2010—2017 年《年度工作报告》,"最高检官网"http://www.spp.gov.cn/gzbg/(最后访问时间 2017-8-25)。

③ 参见陈永生:《逮捕的中国问题与制度应对——以 2012 年刑事诉讼法对逮捕制度的修改为中心》,载《政法论坛》,2013(4),18 页。

④ 根据我国《刑法》规定,涉及环境污染的罪名主要见于第 338 条环境污染罪和第 408 条第 1 款环境监管失职罪,但两罪名判罚较轻,实践中被羁押的可能性较小。近年来,根据最高检《年度工作报告》显示,环境污染案件的起诉人数呈逐年增长趋势,如 2013 年 20 969 人,2014 年 25 863 人,2015 年 27 101 人,2016 年 29 173 人。在批捕总人数(分子)不增加,起诉总人数(分母)发生增加的情况下,逮捕率随之下降。

条件仍没有形成强大"阻力"，不能在客观上制约侦查机关偏爱直接逮捕的心理，导致实践中逮捕的替代性措施使用较少，这也从侧面反映我国的逮捕现状堪忧。[①] 总之，修改后的逮捕条件在文本和实践两个层面均与学界修改前的预期相差甚远，与域外国家和地区的适用情况也尚存距离，呈现理想很"丰满"，现实太"骨干"的景象。

2009—2016 年逮捕、公诉人数变化

年份 项目	2009	2010	2011	2012	2013	2014	2015	2016
逮捕数/人	941 091	916 209	908 756	2 642 067	879 817	879 615	873 148	828 618
公诉数/人	1 134 380	1 148 409	1 201 032	2 965 467	1 324 404	1 391 225	1 390 933	1 402 463
逮捕率/%	82.96	79.78	75.66	99.09	66.43	63.23	62.77	59.08
上升率/%	−1.21	−2.64	−0.81	+191.7	−66.70	−0.02	−0.74	−5.10

说明：（1）逮捕率＝逮捕数/公诉数×100%，上升率＝(本年度逮捕数−上年度逮捕数)/上年度逮捕数×100%；

（2）2012 年，逮捕、公诉人数出现迅速增长，这是因为新一届领导班子高度重视反腐问题，加之腐败人数基数大，导致职务犯罪的逮捕、公诉比例显著提高。最高检年度工作报告显示，2012 年全国检察院侦查的各类职务犯罪人数已达到 218 639 人，这就间接反映该现象。2012 年之后，基本是平稳状态。

二、实践之维

（一）样本的基本情况

通常而言，司法改革需要遵循"文件在先，试点在后"的规律，即在一项改革举措试点之前，全国人大常委会、最高法、最高检、公安

---

① 2013 年，C 市 21 个区(市)、县公安局共适用指定监视居住 71 人，约占立案侦查总人数的 0.46%，2014 年，T 市两级检察院自侦案件监视居住的适用率仅为 10%左右。分别参见马静华：《公安机关适用指定监视居住措施的实证分析——以一个省会城市为例》，载《法商研究》，2015(2)，105 页；谢小剑、赵斌良：《检察机关适用指所监视居住的实证分析——以 T 市检察机关为例》，载《海南大学学报(人文社会科学版)》，2014(5)，76 页。

部、司法部等机关会事先出台文件,对试点的地区、内容、方法等作出具体的规定,是"自上而下"的顺承推进。① 然而,相反的是,诉讼逮捕程序自始没有出台试点文件,②而是地方检察院经过探索自发形成改革举措,这在全国范围普遍存在。笔者借助互联网渠道,③发现诉讼逮捕程序的试点报道共有 89 例,除去重复收集和信息不全(没有包含参加人、案件范围、决定方式等基本信息)的报道 7 例,实际可用的样本共 82 例,样本有效率达到 92%。诉讼逮捕程序的第一例发生在 2011 年 6 月 20 日,浙江南湖区检察院对犯罪嫌疑人涉嫌掩饰隐瞒犯罪所得、犯罪所得收益罪进行了诉讼逮捕的审查。④ 所以,82 例样本的时间跨度应为 2011 年 6 月至 2017 年 3 月。

在 82 例样本中,各年份分布不均,其中,2011 年 1 例,2012 年无试点,2013 年 4 例,2015 年 22 例,2016 年 27 例,2017 年 5 例(截止到 2017 年 3 月)。在 2012 年,没有相关试点的报道,出现了"断层"现象,其具体原因无法获悉,⑤但随着年份的推进,试点的样本越来越

---

① 近年来,司法改革高频次地进行,先后发布的《关于在部分地区开展刑事案件认罪认罚从宽制度试点工作的办法》《关于在北京市、山西省、浙江省开展国家监察体制改革试点工作的决定》《关于开展刑事案件律师辩护全覆盖试点工作的办法》等文件反映了这一规律。

② 2016 年 9 月 1 日,最高检发布了《"十三五"时期检察工作发展规划纲要》,其中提到要"围绕审查逮捕向司法审查转型,探索建立诉讼式审查机制",这是极为抽象的表述,不能认定是诉讼逮捕审查程序的试点文件,况且本文借助网络发现的第一例样本发生在 2011 年 7 月。

③ 对于诉讼逮捕程序的称谓不一,还包括"听证式""听审式""抗辩式"逮捕程序。笔者分别以这些称谓为关键词,在百度、搜狗、谷歌、微博、微信、中国知网等网络平台进行搜寻,89 例只是借助网络得出的结果,不排除实践中还有其他检察院也采用诉讼逮捕程序,但没有推送到互联网。

④ 参见《南湖检察:全省率先推行审查逮捕听证制度》,"嘉兴在线"http://www.cnjxol.com/xwzx/jxxw/jxshxw/content/2011-07/06/content_1723638.htm(最后访问时间 2017-08-03)。这是借助网络发现的第一例试点,不排除实践中可能还有检察院更早采用诉讼逮捕程序,但没有推送到互联网。

⑤ 就 2012 年出现"断层"的原因,笔者试着咨询了部分检察官,均不能给出明确答案。笔者揣测,可能是因为 2012 年我国《刑事诉讼法》进入全面修改时期,各地检察院为避免试点做法与新法规定冲突,对使用诉讼逮捕程序保持暂停状态。

多，这反映各地检察院对诉讼逮捕程序逐渐形成认同感。在地区分布上，各地也存在较大差异，其中，华北地区 12 例，东北地区 4 例，华东地区 24 例，华中地区 20 例，华南地区 5 例，西南地区 12 例，西北地区 5 例，华东、华中、华北（与西南并列）依次为样本前三名地区，而湖北、浙江、江苏则依次为样本前三名的省份。在前三名的省份中，浙江、江苏经济发达，地理位置优越，有充足的司法资源和高技能的司法队伍为开展诉讼逮捕程序提供支撑，所以浙江和江苏两省份能够进入前三名是情理之中的事。而湖北省之所以能够位居各省第一，主要是因为湖北省、市两级检察院除自身主动进行试点之外，还对辖区内开展诉讼逮捕程序工作进行了充分的布置和安排，各下级检察院按照上级要求积极开展工作，产生了"上行下效"的联动效应。

在涉及的罪名方面，除 7 例样本没有说明具体罪名外，排名前三的罪名依次为：涉嫌盗窃罪的 20 例，占总样本的 24.4%；涉嫌故意伤害罪的 11 例，占总样本的 13.4%；涉嫌寻衅滋事罪的 5 例，占总样本的 6.1%；其余样本分别涉嫌交通肇事罪、妨害公务罪、非法行医罪、开设赌场罪等。前三名是较为常见的罪名，在定罪量刑时不困难，但作出逮捕决定时，案件仍处于侦查阶段，对犯罪情节、社会危害性、人身危险等考量因素难以结合全案的实际情况，以至于逮捕必要性处于比较模糊、难以判断的状态[①]，逮捕的争点多、争议大。在作出的决定方面，除 29 例样本没有说明是否逮捕外，作出逮捕决定的有 16 例，占总样本的 19.5%；作出不予逮捕决定的有 47 例，占总样本的 57.3%。一半以上的试点检察院经过诉讼逮捕程序审查，作出了不予逮捕的决定。不可否认，其中可能包含营造良好社会效果的考虑，但至少也能说明诉讼逮捕程序对于逮捕普遍化现象具有一定的抑制作用。

（二）样本的具体情况

就参与主体而言，所有样本均参照审判的"三造"结构，要求检察

---

① 参见张吉喜：《如何客观评估"逮捕必要性"——基于 3852 件刑事案件的实证研究》，载《人民检察》，2012(7)，68 页。

官、侦查人员、犯罪嫌疑人三方都应当出席,这能够达到"兼听则明"的效果,对弘扬程序正义与追求实体真实具有积极作用。① 此外,根据报道所记载信息,部分样本还将其他主体纳入参与人范围,其中,辩护人参与的 53 例,占 64.6%;被害人参与的 22 例,占 26.8%;诉讼代理人参与的 5 例,占 6%;人大和政协代表参与的 47 例,占 57.3%;人民监督员参与的 49 例,占 59.8%;专家学者参与的 13 例,占 15.9%。由此可见,大部分样本都不同程度地吸收了社会成员参与,这能够推进参与主体多元化,保障审查结果公正、公开。

就启动方式而言,以何者提出启动程序为标准,可以分为依申请和依职权两种启动方式。在所有样本中,没有出现犯罪嫌疑人主动申请启动诉讼逮捕程序等类似表述,笔者也咨询了部分样本中的检察官,实践中的确主要是由检察院依职权启动诉讼逮捕程序,其原因有两点:①诉讼逮捕程序仍处于自发探索阶段,具体内部设计存在很大的"空白",需要未来通过自身试点和借鉴其他检察院做法逐渐"补足";②公安机关作为逮捕的提出主体,诉讼逮捕程序是否能依申请、申请的具体程序,以及何种情形可以申请都将直接影响其逮捕的实现,因缺少相关改革文件的指示,检察院需要较长时间与公安机关互动、磋商②。

就适用范围而言,由于新闻报道记载的信息量有限,只有部分样本将自身探索的适用范围一并报道,经过对比、总结,较具代表的三类案件分别为:①案情简单的案件。如"Z 市 D 县、N 市 P 县检察院部分新闻报道"所示,Z 市 D 县检察院将"犯罪事实清楚,证据确实充分"的案件纳入诉讼逮捕程序的审查范围。②案情复杂的案件。如 N 市 P 县检察院采取的做法,大多数样本将"疑难复杂"或"争议较大"的案件也纳入需要审查的范围。③量刑较轻的案件。"有期徒刑"是逮捕条件中的刑罚基点,如果犯罪嫌疑人不可能判处徒刑以上刑罚,

---

① 参见黄婕:《"情况说明"的证据学属性分析——兼论侦查人员出庭作证制度之构建》,载《中国刑事法杂志》,2010(5),78 页。

② 参见左卫民:《刑事诉讼制度变迁的实践阐释》,载《中国法学》,2011(2),119 页。

当然不会采取逮捕措施。同理，如果犯罪嫌疑人被证明可能判处徒刑以下刑罚（拘役、管制等），也能达到"殊途同归"的效果。这是许多检察院将量刑较轻案件纳入适用范围的主要原因。

Z市D县、N市P县检察院部分新闻报道

......

（Z市D县）适用审查逮捕阶段公开听审的刑事案件，应当同时符合以下条件：

1. 案情简单，犯罪事实清楚，证据确实充分

2. 可能判处三年以下有期徒刑、拘役、管制或者单处罚金

3. 犯罪嫌疑人承认实施了被指控的犯罪

4. 适用法律无争议

......

（N市P县）出台了《审查逮捕阶段听证暂行规定》，将疑难复杂或争议较大案件、年满75周岁老人犯罪案件、可能判处有期徒刑以下刑罚或免除刑罚的案件以及其他需要听证的案件纳入审查逮捕阶段听证适用范围。

......

就举证责任而言，所有的样本都没有明确交代举证责任的归属问题，但通过分析报道中暗含的"潜台词"，如Q县的"侦查人员就提请逮捕的事实、证据、法律适用以及逮捕理由作出说明"、Y区的"办案民警就提请批捕的证据和理由作了说明"、W县的"侦查人员对犯罪嫌疑人的犯罪事实、认罪态度、犯罪动机、社会影响等方面阐述提请批捕的理由"等，可以推断诉讼逮捕程序承继了传统审查逮捕的举证责任，由侦查机关负责举证，而辩方可以对提出的证据予以反驳，推翻侦查机关企图证明的事实。如H区的"辩护律师向检察机关提交了转账记录、汇款凭证、借据等多项证据，证明杨某某主观上没有欺骗的故意"。

就决策方式而言,根据作出决策主体的不同,可以依次分为三种方式:①"听取意见"的方式,即承办检察官在充分听取"两造"陈述的基础上,结合人大和政协代表、人民监督员、专家学者等社会人员(以下简称"社会人员")的意见,作出是否逮捕的决定,这是样本中出现最多的决策方式,如 Q 县、X 县、N 州等检察院;②"集体讨论"的方式,即在听取"两造"陈述之后,承办检察官与"社会人员"共同讨论是否逮捕,并最终形成一致的意见,这是部分样本中的表决方式,如 C 县、J 区、T 区等检察院;③"少数服从多数"的方式,即在"两造"陈述结束后,承办检察官与"社会人员"进行匿名投票表决,从而决定是否逮捕,这是少数样本中出现的表决方式,如 L 市、T 县等检察院。

就审查地点而言,在 82 例样本中,直接说明审查地点的只有 8 例。其中,专门听证庭审查的 3 例,看守所审查的 2 例,视频对话审查的 2 例①,检察院会议室审查的 1 例。听证庭、看守所和会议室是采取诉讼逮捕程序时通常选择的地点,具有传统属性,但借助互联网实现视频对话则具有创新性,能够避免因押送犯罪嫌疑人造成的耗时耗力,尤其是距离看守所较远时,从而节约司法成本。

三、理论之维

(一)观点"争鸣":逮捕权的归属

我国的审查逮捕主要采取"阅卷、讯问式"运行方式,而通过听证的方式裁决司法活动中的重大问题(含逮捕、羁押等)是西方国家的共同原则。②在逮捕中引入诉讼逮捕程序,既能顺应国际司法制度的发展趋势,也能提高逮捕决策的科学性,因此,对是否应实行诉讼逮捕程序的争议不大。但增设诉讼逮捕程序之后,逮捕权应归属于哪个机关,理论界和实务界呈现截然相反的"两派"景象。

---

① "视频对话"是指承办检察官、侦查人员、辩护人等参与人在检察院办公室内,犯罪嫌疑人在看守所内,彼此借助互联网进行视频交流。

② 参见季卫东:《中国的司法改革》,265 页,北京,法律出版社,2016。

1. 学术界：逮捕权转隶法院是设置诉讼逮捕程序的前提条件

在学术界，主流观点认为，我国要建立真正意义上诉讼逮捕程序，前提条件是改变目前逮捕权的归属，将逮捕权转隶法院，由法官具体行使批准逮捕权，否则，难以达到司法审查实际效果。持此种论点的理据在于：

（1）"行政审批式"监督导致逮捕效果不佳。逮捕是极为严厉的强制措施，而且考虑我国是"捕押合一"的制度设置，羁押会作为逮捕的一般后果附随出现，并且在一般情况下，提起公诉和审判阶段的羁押会因为侦查阶段的羁押而得到自然延伸，羁押的期限较为漫长，这确实能保障追诉活动顺利开展，但实践中容易将"功能"曲解为消除追诉"障碍"的实现方式，加之受流水作业的诉讼构造影响，我国检、警机关"重配合、轻制约"，侦辩双方在力量上不平衡，不能形成真正的程序抗辩，[①]以至于审查逮捕形似"行政审批"，导致羁押恣意化、羁押惩罚化、违反比例原则、羁押救济虚无化等问题丛生。[②]

（2）"上提一级"不能消除"自我监督"的弊端。检察院是"侦审"一体的机关，既享有审查逮捕权，又享有职务犯罪的侦查权。在检察院内部，亦有侦查部门和侦查监督部门之分，在检察院侦查部门滥用侦查权时，考虑检察院兼负侦查与公诉职责，以及"检察长统一领导检察院工作"的现实情况，会导致检察院处于一种矛盾的诉讼地位和错乱的法律关系中，"自我监督"无异于一种制度神话。[③] 有鉴于此，检察院启动职务犯罪案件审查逮捕权"上提一级"的改革，但仍不能摆脱检察院内部密切联系形成的固化"配合思维"，甚至直接影响了"上提一级"的改革效果。[④]

---

① 参见郭松：《质疑"听证式审查逮捕论"——兼论审查逮捕方式的改革》，载《中国刑事法杂志》，2008(8)，69 页。

② 参见陈瑞华：《未决羁押的理论反思》，载《法学研究》，2005(5)，73～76 页。

③ 参见刘计划：《逮捕审查制度的中国模式及其改革》，载《法学研究》，2012(2)，133～134 页。

④ 参见葛琳：《职务犯罪案件审查逮捕权"上提一级"改革研究——以某省改革实践为分析样本》，载《政法论坛》，2013(6)，126 页。

（3）逮捕权归属法院是通常做法。由于历史原因，我国以苏联的司法体制为模式，将逮捕权赋予检察院行使。但在西方国家，以英、美、德、日四国为例，警察、检察官采取逮捕措施前都需要向法院提出逮捕申请，符合条件的，法官签发逮捕令或逮捕证，逮捕后，应当及时送至法官处，由法官举行听证审查是否有羁押的必要性。[①] 可以说，我国将检察权与逮捕权合二为一，严重违背程序正义和诉讼规律，是极其危险的国家权力配置模式。[②] 此外，批捕权看似由检察院享有，实际上集中在公安机关手中，实践中逮捕也主要针对公安机关侦查的犯罪嫌疑人适用，这与法治国家将限制人身的决定权统一交由司法机关形成鲜明对比。[③]

为此，基于司法公正和诉讼规律的考量，需要遵循控审分离、分权制约的理念，检察院可以作为逮捕权的启动者，而逮捕权决定权理应交给法院，[④]这是引入诉讼逮捕程序的前提。如果逮捕权不能转隶，"增设"会衍变为纯粹的"增担"，只是徒增了检察院的工作量，对现实状况意义不大。

2. 实务界：法院并非是相对检察院的更优"选项"

与学界主流观点相反的是，绝大多数的实务工作者和部分学者认为，在中国的司法语境之中，诉讼逮捕程序的引入不需要以逮捕权转隶为前提，这是因为即便逮捕权发生转隶，其效果未必比转隶前更理想。当下，如果由检察院负责诉讼逮捕程序的审查，并通过科学的程序设置，是能够对羁押率居高不下的现状有所改善。持此种论点的理据在于：

（1）法官的独立性有待考量。在国外，尤其是实行"三权分立"政

[①] 参见陈瑞华：《审前羁押的法律控制——比较法角度的分析》，载《政法论坛》，2001（4），99～101页。

[②] 参见郝银钟：《批捕权的法理与法理化的批捕权》，载《法学》，2000(1)，20页。

[③] 参见孙长永：《比较法视野中的刑事强制措施》，载《法学研究》，2005(1)，113页。

[④] 参见陈卫东、陆而启：《羁押启动权与决定权配置的比较分析》，载《法学》，2004(11)，80页。

体的国家,法院是政治体制的"一极",法官作为法院职能的具体实施者,具有较高的独立性,西方法谚"法院是法律的王国,法官是法律王国的国王"反映的便是这一现象。法官能够独立行使职权,这是逮捕权应当归属法院的前提条件。但反观我国,上至宪政体制架构,下至审判委员会等原因,法官的独立性存在很大争议,普遍范围内认为我国的法官没有实现真正的独立,相比国外司法审查的法官,我国法官面临是否"达标"的疑义。[①] 此外,延续检察院行使逮捕权的传统,符合我国《宪法》的规定,对《人民检察院组织法》《刑诉法》等法律规定,以及整个国家的刑事法律制度的冲击和变动是最小的。[②] 因此,在我国法官不能实现独立的境况之下,贸然尝试大费周章地"修法",从而实现逮捕权的转隶是徒劳无益的做法。

(2)《刑诉法》的修改增强了检察院的正确决策。在《刑诉法》修改之前,检察院审查逮捕往往偏听侦查机关"一家"之言,在"偏听偏信"中顺沿侦查机关预设的思维"轨迹"形成了批捕的内心确信,久而久之,便生成了"构罪即捕"的异象。然而,《刑诉法》的修改为检察院的审查逮捕注入了新的各种"声音",如规定了依法讯问犯罪嫌疑人的情形,通过吸收犯罪嫌疑人参与其中,表达自己的意见,使传统的间接审理、书面审理转为一般意义的直接审理、对话审理,有助于保障检察官全面了解案件情况。[③] 在辩护律师提出要求时,检察官应当听取辩护律师的意见,借助律师的专业性知识,既能帮助检察官拓宽案情来源的渠道,也能敦促检察官履行客观义务,提高审查时独立性和中立性,为检察官审慎判断提供了基础。[④] 此外,《刑诉法》第93条新设了羁押必要性审查规定,这是我国在参照德国"羁押复审"程序基础上作出的改进,能在一定程度上制约诉权,破除逮捕之后可能出

---

① 参见胡图:《审查批准逮捕程序的诉讼化路径探寻》,载《犯罪研究》,2014(1),90页。
② 参见卞建林:《论我国审前羁押制度的完善》,载《法学家》,2012(3),86～87页。
③ 参见李慧英:《审查逮捕程序诉讼化模式的构建》,载《人民检察》,2014(19),32页。
④ 参见柯志欣、刘宪章:《审查逮捕程序诉讼化改革之思考》,载《中国检察官》,2014(6),59页。

现的"一劳永逸",①使检察院能跟随逮捕条件的变化"修正"自己的决策。

（3）检察院严控逮捕逐见成效。现代意义的逮捕制度最早见于1911 年《大清刑事诉讼律（草案）》之中。自逮捕制度设置以来，一直由检察院专司审查逮捕，在长期的逮捕实践中，检察院已经积累了丰富的经验，这是法院难以短期形成的。需要承认的是，我国在很长时间内存在逮捕审查"过疏"、羁押率显高的问题，这是司法由粗暴走向文明必经的摸索阶段。近年来，随着人权保障功能得到高度重视，检察院本着"凡逮捕均依法逮捕，凡不捕均依法不捕"的审查原则，严格把关逮捕条件，批捕率呈现逐年下降的趋势。② 此外，在目前正进行的检察官员额制改革过程中，各地检察院正不断探索检察官权力清单的设计，这能保障员额检察官依法独立行使逮捕权，避免发生错误逮捕。③

为此，实务界和部分学者认为，与法院相比，随着《刑诉法》的修改和司法改革的展开，行政化审查逮捕等可能影响检察官客观中立的因素正逐步消除，因此，逮捕权转隶法院并非是更佳的选择。在确定由检察院负责审查诉讼逮捕程序之时，实务界也对该程序的基本原则、参与主体、适用范围、审查内容等进行了探讨和论证，④以期达到更早、更好"落地"的效果。

（二）"争鸣"焦点：检察院（官）的中立性

逮捕权的归属作为刑诉领域一项经典且富有争议的话题，就其本质而言，实际上关涉的是检察院（官）与法院（官）何者更具中立性，

---

① 参见韩先锋、张作林：《审查逮捕程序诉讼化机制研究》，载《中国检察官》，2017(7)，41 页。

② 参见朱孝清：《司法改革背景下逮捕的若干问题研究》，载《中国法学》，2017(3)，44 页。

③ 参见邓思清：《检察官权力清单制度初探》，载《国家检察官学院学报》，2016(6)，48 页。

④ 参见夏阳、钱学敏：《建立听证式逮捕必要性审查机制》，载《人民检察》，2009(22)，16～17 页。

这也是建构诉讼逮捕程序首要直面的问题，否则，较难在学界和实务界形成广泛共识与"合力"推进。正如上文所列学界代表所述，国外的逮捕权大多归属于法院，警察或者检察官实施逮捕之前，需要治安法官签发令状，即便是遭遇紧急情况无证逮捕时，也要不迟延（一般24小时内，至迟不超过48小时）地送到法官处接受审查。[①] 然而，制度的借鉴是建立在充分考虑现实复杂性和实际可能性基础上的本土化"改造"，[②]检察院的中立性只是逮捕权归属的一重考量因素，还应当包含其他现实因素。因此，结合各种现实因素，笔者认为，至少从短期来看，逮捕权继续由检察院行使，诉讼逮捕程序亦由检察院审查决定，这是相对合理的选择。其理据在于：

（1）检察院享有逮捕权具有国际法依据。依据《公民权利和政治权利国际公约》第9条第3款规定："任何因刑事指控被逮捕或拘禁的人，应被迅速带见审判官或其他经法律授权行使司法权力的官员，并有权在合理的时间内受审判或被释放。"《欧洲人权公约》第5条第3款规定："被逮捕或者拘留的任何人，应当立即送交法官或者是其他经法律授权行使司法权的官员，并应当在合理的时间内进行审理或者在审理前予以释放。"类似的规定还包含在《保护所有遭受任何形式拘留或监禁的人的原则》（第11条）和《美洲人权公约》（第7条）之中。通过比较这些的规定，共性的是逮捕权的主体除法院外，基本包含了"其他经法律授权的司法权官员"。

一般而言，"其他经法律授权的司法权官员"首先应当具有司法权，尤为重要的是这些官员应该独立于实施逮捕的机构，这能保证他们持有客观的态度进行审查，检察官并未排除在外。[③] 结合我国检察院实情，《宪法》将法院与检察院在同一章节并列提出，反映我国的法

---

① 参见宋英辉、孙长永等：《外国刑事诉讼法》，176页，北京，法律出版社，2006。

② 参见龙宗智：《论司法改革中的相对合理主义》，载《中国社会科学》，1999（2），140页。

③ 参见陈光中：《〈公民权利和政治权利国际公约〉与我国刑事诉讼》，131页，北京，商务印书馆，2005。

院与检察院在权力属性上具有同一性,二者都有司法权,①同时,《宪法》第 37 条第 2 款规定:"任何公民,非经人民检察院批捕或者决定或人民法院决定,不受逮捕。"该款规定与国际法中逮捕权的表述极为相似,具有"一脉相承"的特点。此外,需要强调的是,域外国家奉行检察官"侦诉一体"的原则,检警关系高度亲密,侦查活动通常由检察官领导、指挥警察完成,②但我国是警检、检法分离,检察院属于中立的"中间人"角色,检警之间是"外在监督"而非"内在协作"的关系。由此可见,我国检察院行使逮捕权符合国际法规定,而将法院行使逮捕权作为国际司法准则强制性要求的观点是对国际法的误读③。

(2) 这是以审判为中心诉讼制度改革的内在要求。2014 年 10 月,党的十八届四中全会通过《中共中央关于全面推进依法治国若干重大问题的决定》,提出:"推进以审判为中心的诉讼制度改革,确保侦查、审查起诉的案件事实证据经得起法律的检验。"自此,"以审判为中心"改革成为法学研究中一项重大议题,④这是针对我国长期存在的"侦查中心主义"的拨正与纠偏,旨在实现以审判标准为中心,充分发挥审判尤其是庭审在查明事实、认定证据、保护诉权、公正裁判中的作用⑤。试想,如果将逮捕权转隶法院,贴切实际的方案主要有两种:①在法院内成立新的部门,设置羁押法官审查申请逮捕的案件,羁押法官只负责审查逮捕但不参与案件的具体审判;②由承办法

---

① 参见万春:《〈人民检察院组织法〉修改重点问题》,载《国家检察官学院学报》,2017 (1),57 页。

② 参见[德]克劳思・罗科信:《刑事诉讼法》,吴丽琪译,357 页,北京,法律出版社,2003。

③ 参见高峰:《对检察机关批捕权废除论的质疑——兼论检察机关行使批捕权的正当性》,载《中国刑事法杂志》,2006(5),88 页。

④ 参见魏晓娜:《以审判为中心的刑事诉讼制度改革》,载《法学研究》,2015(4),86 页。

⑤ 参见张全涛、唐益亮:《以审判为中心的诉讼制度改革研究现状、解读与展望》,载《中国应用法学》,2017(4),98 页。

官充当羁押法官的角色,由承办法官一人审查逮捕并参与案件的审判。[①] 比较而言,考虑我国正处于司法改革的高频次时期,"案多人少"是困扰我国法院系统的现实难题,[②]另设部门势必会加剧法院系统"案多人少"的现状。因此,就目前来看,第二种方案较为可行。[③]

当我们肯定第二种方案时,就有必要参照国外逮捕权归属法院的有关做法。然而,通常而言,国外行使逮捕权的法官为治安法官或者预审法官,他们与审判法官不仅要求并非同一人,还要求来自不同的法院,即便特殊情形下,同一法官全程负责了同一案件的逮捕、审判程序,也会因为陪审制的功能消解法官预断产生的负面作用。[④] 反观我国,如果选择了相对可行的第二种方案,看似更大程度保障了逮捕权主体的中立性,但却带来法官预断的难题。法官在审查逮捕时提前介入案件,加之作为我国刑事诉讼中的一项"潜规则",即公安机关的大部分侦查活动在逮捕决定作出前已经完成,[⑤]这给法官在审前充分掌握案件信息创造了条件,甚至已经据此做出定罪量刑的判断。[⑥] 受到"污染"心证伴随诉讼阶段的推进,在审判时会弱化庭审的作用,庭审"虚化""走过场"等现象将继续存在。届时,仍将延续"侦查中心主义"的老路,这显然不符合"以审判为中心"改革的要求。因

---

① 由承办法官一人负责审查逮捕,既是由于案件尚处在侦查阶段,还没有组成合议庭,也是考虑诉讼资源的有限性和更大范围内降低预断两方面的折中方法。

② 2016 年,全国各级法院共审理案件 2 303 万件,其中各级法院审结一审刑事案件 111.6 万件,同比上升 1.5%;判处罪犯 122 万人,同比下降 1%。同时,我国也基本完成法官员额制改革,全国法院产生入额法官 11 万名。将处理案件数量与入额法官数量比较,反映法院"案多人少"的现实难题。参见《2017 年两会〈最高人民法院工作报告〉全文》,"新浪网"http://news.sina.com.cn/sf/news/fzrd/2017-03-20/doc-ifycnpit2377941.shtml(最后访问时间:2017-10-02)。

③ 有学者在提及推进"庭审实质化"论题时,也提出了与之类似的两种方案,并且赞成第二种方案。实践中,有试点法院也采用了类似第二种的方案。参见龙宗智:《庭审实质化的路径和方法》,载《法学研究》,2015(5),155 页。

④ 参见朱孝清:《中国检察制度的几个问题》,载《中国法学》,2007(2),124 页。

⑤ 参见陈瑞华:《程序性制裁理论》,44 页,北京,中国法制出版社,2017。

⑥ 如果羁押法官在审查逮捕时判断错误,由于羁押法官会继续审理该案件,个体出于趋利避害的心理,即便审判时发现错误,一般也不愿意自我否定,这就容易出现"起点错、步步错、错到底"的异象。

此,就现阶段而言,将逮捕权转隶法院是因小失大、得不偿失之举。

（3）"控权式"司法改革提升了检察院的中立性。检察院作为我国司法机关,在审查逮捕时,是否能够保持客观中立的立场,关键不在于权力归属,而在于程序设置,要通过严格的司法程序控制权力。①近年来,佘祥林案、赵作海案、滕兴善案、呼格吉勒图案、张氏叔侄案、聂树斌案等一系列重大刑事冤案相继曝光,引起了高层的重视和反思,并以"控权"为轴心,"自上而下"提出了一系列改革举措。这些改革措施主要包括：①国家监察体制改革。国家监察体制改革的核心要求在于将检察院职务犯罪的侦查权转隶新成立的监察委员会,这项改革经过"二省一市"一年的试点,形成了宝贵的经验,②在 2017 年 11 月 4 日,全国人大常委会决定在全国推广试点。职务犯罪侦查权和逮捕权同时作为检察权的子部分,以至于在自侦案件中,检察院时常受到既当"运动员"又当"裁判员"的诟病,中立性饱受质疑。随着检察院职务犯罪侦查权的转隶,这种质疑将不攻自破。②司法责任制改革。司法责任制的基本命题之一是"让审理者裁判,让裁判者负责",该命题的中心思想是"明晰主体,司法问责"。③为落实司法责任制改革,2015 年 9 月,最高检发布了《关于完善人民检察院司法责任制的若干意见》,分别从明确检察人员的职责权限、完善检察机关司法办案组织及业务运行方式、完善司法责任体系三个方面作出规定,并配套发布了《关于建立法官、检察官惩戒制度的意见（试行）》,成立专门的检察官惩戒委员会,这有助于增强检察官审查逮捕时责任意识,抵制内外部的不当干预。③省级人财务统管和跨行政区划检察院改革。自党的十八届三中全会提出要"推动省以下地方法院、检察院人财物统一管理,探索建立与行政区划适当分离的司法管辖制度"

---

① 参见朱孝清：《司法改革背景下逮捕的若干问题研究》,载《中国法学》,2017(3),27 页。

② 参见熊秋红：《监察体制改革中职务犯罪侦查权比较研究》,载《环球法律评论》,2017(2),第 47 页。

③ 参见季卫东：《中国的司法改革》,2 页,北京,法律出版社,2016。

以来，最高检经过多年的试点、总结和推广，目前，已有 17 个省份实现省级财物统管、人员统管逐渐走向常态化，[①]而跨行政区划检察院改革也通过试点检察院的实践，不断向全国其他地区推介，这些都是以独立促中立的有益探索，保障了检察官客观公正履职。此外，观察法院和检察院实行的改革，发现二者在改革的措施、方式等方面基本无二样。因此，一般来说，如果我国的法院能够独立行使职权，那么检察院同样能够独立行使职权。[②]

四、诉讼逮捕程序的全景式展望

前文已述，与以往试点改革不同，诉讼逮捕程序并非按照"高层发文—试点先行—总结推广"的轨迹推进，而是地方检察院根据自身实践需要自发探索、总结，并运用于本院办理的案件中，这提升了诉讼逮捕程序适用的空间，但各地规定不一致的"自治"局面，也增加了同案不同处理的可能性，甚至出现个别案件选择性适用的情形。鉴于此，需要结合诉讼逮捕程序实践提出较为清晰的展望，为统一实践提供可行方案。

（一）充分吸纳各方，融入庭审的元素

庭审具有"两造平等对抗，法官居中裁判"的特点，这有助于查清案件事实，形成公正裁判。诉讼逮捕程序依托听证的方式实现审查，具有庭审的基本外观，因此，可以尝试将诉讼逮捕程序定位为庭审的"亚形态"，充分融入庭审中具备的元素，即庭审化、对审化、言词审化[③]，消解行政审批的生存空间。

（1）保障检察官的中立地位。一方面，检察院与公安机关同时是公权力机关，受《宪法》规定"互相配合"原则的影响，在以往共同打击

---

① 参见王亦君：《法院检察院"人财物省级统管"怎么管》，"中青在线"http://news.cyol.com/content/2017-11/04/content_16656645.htm（最后访问时间 2017-11-05）。

② 参见易延友：《中国刑诉与中国社会》，108 页，北京，北京大学出版社，2010。

③ 参见万毅：《审查逮捕程序的诉讼化改革》，载《四川法制报》，2017-02-23，第 5 版。

犯罪中,两者形成了高度亲密的思维定式,导致检察官对侦查人员申请逮捕时会习惯倾向、愿意包容;[1]另一方面,诉讼逮捕程序以听证会为审查形式,这打破了以往"单线"操作的审查模式,[2]需要检察官履行客观公正义务,在听取充分双方意见的基础上作出决定。所以,检察官应当改变传统思维,树立中立地位,避免出现听证"走过场"、听证会虚置的现象。

(2)保证侦辩双方的参与。"两造"对抗作为庭审有效开展的关键元素,而"两造"对抗是以双方充分参与为前提。在召开听证会之前,检察官需要将听证的时间、地点、参与人员等信息告知侦辩双方,除发生不可抗力或者存在正当事由外,侦辩双方应当参与听证会。至于被害人及其近亲属,如果情况特殊[3],可以要求被害人等出席。如此,方能达致道理越辩越清、事实越辩越明的效果。

(3)充分保障辩方的诉讼权利。侦辩对抗实质上是"公"与"私"的角逐,公安机关是公权力机关,具有多种强制性权力,处于明显的优势地位,而作为相对方的犯罪嫌疑人,往往受各种条件的限制,处于相对弱势的一方。[4]为此,需要充分保障辩方的诉讼权利。在听证前,对于没有聘请律师辩护的犯罪嫌疑人,应当为其指派律师,并要求辩护律师参与听证会。在听证中,要有效保障辩方陈述、质证、辩论等权利的行使,需要证人、鉴定人出席的,应当及时通知。在举证、质证方式上,要尽量做到"一证一举一质",避免出现证据批量、概括式或者打包式举出。如果涉及非法证据排除的情形,检察院应当及时查清并作出相应处理。在案件具备和解条件时,可以按照辩方的申请,组织双方和解。在听证后,要告知辩方救济的程序,对于逮捕

---

① 参见汪海燕:《论庭审实质化》,载《中国社会科学》,2015(2),107页。

② 按照《刑事诉讼法》相关规定,检察官在审查逮捕时,会出现应当或者可以讯问犯罪嫌疑人、听取辩护律师意见的情形,实践中,也存在检察官询问主办侦查员的情形,但这都是检察官"单对单"的联系,过于隐蔽。

③ "情况特殊"包括:双方可能需要刑事和解、被害人及其近亲属要求出席、事实证据需要被害人出席说明等。

④ 参见孙长永:《刑事诉讼法》,37页,北京,法律出版社,2013。

决定不服的,在规定时间内,或向本级复议,或向上级申诉,复议或申诉成立的,应当重新启动听证会。

(4)吸收案外人员参与其中。检务公开是司法公开的一部分,在党的十八大、十八届三中和四中全会的决定中都得到体现,其目的是实现以公开促公正、以公正促公信。① 在此背景下,各地检察院结合自身实际情况,创新检务公开的方式。在诉讼逮捕程序中,各地不同程度吸收"社会人员",这是值得肯定的做法,但仅有这些显然不够,需要参照庭审的相关规定,对于可以公开听证的案件,应当事先将听证案由、时间、地点等信息进行公布,允许一般公众旁听,②从而在更大范围内实现权力监督和释法说理的双向作用。

(二)以"有争议"为中心厘定适用范围

诉讼逮捕程序是检察院在现有人、财、物总量不变前提下的额外"支出",就现阶段而言,如果对所有申请逮捕的案件都以听证会的方式审查,不免有些不切实际,而且也不符合"试点试错"的司改精神。实践中,主要根据案件的难易程度确定适用范围,这是立足整个案件作出的界分,但因案件尚处于侦查阶段,全案的事实证据还有待进一步侦查,是否属于简单或复杂案件难以准确判断。因此,考虑诉讼逮捕程序具有解决阶段性事项的特点,应当突出逮捕审查中的主要矛盾,以我国逮捕需满足的若干要件为基础,着力解决侦辩双方的主要争点。

(1)对量刑有争议的案件。刑罚要件是检察院作出逮捕决定必须满足的前提要件。在 2012 年《刑诉法》之前,逮捕中涉及刑罚的规定只有"有期徒刑以上的刑罚",刑罚的基点是"有期徒刑"。但在 2012 年《刑诉法》中,增加了"径行逮捕"的情形,刑罚的基点还应包括"十年有期徒刑",这两个刑罚基点构成了"一般逮捕"和"径行逮捕"的必备要件之一。如果申请逮捕的犯罪嫌疑人因达不到法律规定的

---

① 参见高一飞：《检务公开基本原理》,1 页,北京,中国检察出版社,2015。
② 不公开听证的案件可参照不公开审理的规定,对于涉及国家秘密、商业秘密、个人隐私、未成年人案件以及因侦查需要不宜公开的案件,可以不允许一般公众旁听。

刑罚基点，自然不应采取逮捕措施，所以，根据申请逮捕的种类，当确有量刑争议时，应当启动诉讼审查逮捕程序。

（2）对证据有争议的案件。在诉讼活动中，鉴于时空场景的不可逆性，案件事实的查明实际上是依赖证据的"回溯"推理。在《刑诉法》中，除第79条第1款、第2款明确提到逮捕的"证据"要件外，证据因素还暗含在其他要件之中，如"有期徒刑""实施新的犯罪""曾经故意犯罪或者身份不明"等，这些要件都需要证据加以佐证。反过来说，当这些要件没有证据证明时，犯罪嫌疑人也就不需要被逮捕，所以，在对证据存有异议时，也应当启动听证逮捕程序。需要说明的是，并非所有证据有异议时都需要启动。有争议的证据应当与逮捕的相关要件有关联，且足以影响逮捕决定。在这类争议中，突出审查证据"有没有"或者"真不真"的问题，"没有"可以要求侦查机关补充侦查，"不真"应当启动非法证据排除程序。

（3）对逮捕替代和转化逮捕有争议的案件。取保候审和监视居住作为逮捕的替代性措施，在我国逮捕总量不变的情况下，替代性措施适用比例提高，羁押率会随之降低，这对于羁押率居高不下的现状大有裨益。按照《刑诉法》规定，检察院在审查逮捕时，如果满足第65条、第72条规定，或者不满足第79条第1款规定，都应当作出不予逮捕的决定，所以，在是否满足逮捕替代性措施的条件有争议时，应当启动听证程序。另外，1996年《刑诉法》将转化型逮捕分散规定在第56条、第57条中。2012年《刑诉法》在修改时作出了统一规定，即"出现犯罪嫌疑人违反取保候审、监视居住规定，情节严重的，可以予以逮捕"。该款表述的关键词在于"情节严重"，因此，在转化型逮捕之中，当对"情节严重"发生争议时，也应当启动听证程序。

值得强调的是：①在搜集的样本中，部分检察院（占14.6%）将可能不捕的案件作为诉讼逮捕程序的适用范围（见"D市E区检察院部分新闻报道"），其依据在于《人民检察院刑事诉讼规则（试行）》（以下

简称《高检规则》)第143条和第144条。① 这其实是通过程序设障人
为抬高了不予逮捕的"门槛"，有悖于诉讼逮捕程序设置的初衷，是异
类的逮捕审查形式，不应当推而广之。② 以"有争议"为中心确定程
序适用范围，在司法实践中，会涉及"有争议"的判断问题。笔者认
为，目前较为可行的方式是由接受审查逮捕的检察院决定，如果不服
该决定，可以向上一级检察院提出申诉。

D市E区检察院部分新闻报道

......

　　据了解，该院适用公开听证的不捕案件主要有四类：一
是依照刑诉法规定免予追究刑事责任的案件；二是犯罪情
节轻微、依照刑法规定可能不需要判处刑罚或者免除刑罚
的案件；三是证据不足、不符合逮捕条件的案件；四是其他
主办检察官认为应举行听证的不捕案件。

......

（三）侧重"社会危险性"的审查

在2012年《刑诉法》修改之前，逮捕必要性被认为是"逮捕"与"不
捕"的分水岭，长期以来，实务部门习惯将逮捕必要性与社会危险性
等同理解，而犯罪在一定程度上具有社会危险性，于是，"够罪即报"
"够罪即捕"现象时有发生。② 在2012年《刑诉法》修改时，吸取了实
践中过于滥用的教训，删去了"逮捕必要性"的表述，并参照2001年颁
布的《关于依法适用逮捕措施有关问题的规定》，对"社会危险性"分
列出五种情形，与此同时，《高检规则》第139条也对这些情形作出了
细化的解读。此外，在2015年10月，最高检、公安部联合发布了《关
于逮捕社会危险性条件若干问题的规定（试行）》(以下简称《逮捕若

---

① 《高检规则》第143条规定："对具有下列情形之一的犯罪嫌疑人，人民检察院应当
作出不批准逮捕的决定或者不予逮捕：(一)……(二)具有刑事诉讼法第十五条规定的情形
之一的。"第144条规定："犯罪嫌疑人涉嫌的罪行较轻，且没有其他重大犯罪嫌疑……不予
逮捕：(一)……(六)年满七十五周岁以上老年人。"

② 参见白泉民、高景峰：《如何掌握"逮捕必要性"》，载《检察日报》，2004-02-13，第5版。

干规定》),这有助于推动检察院审查逮捕时统一、规范操作。然而，由于《刑诉法》《高检规则》的规定比较原则，存在客观性不足、可操作性不强的问题。《逮捕若干规定》中部分概念的适用仅是同义词的反复或置换，实践指导意义不大，也未真正解决"社会危险性"认定抽象的问题。①

"社会危险性"是逮捕条件中自由裁量空间最大的要件，也是对比于其他要件，较难达到的要件，但在司法实践中，检察院不严格评估被追诉人是否具有逃避、妨碍诉讼程序顺利进行的"社会危险性"，不论具体情况，尽量批准、决定逮捕。② 诉讼逮捕程序实现了审查的由"静"到"动"，检察官应当以听证会为依托，侧重"社会危险性"的评估和论证，实现以往单一"够罪"的审查观向全面、综合考虑的审查观转变。具体而言，在客体方面，注重查明行为侵害的社会关系，了解具体社会关系受侵害的情况，这往往是与"社会危险性"呈正比例关系，据此确定犯罪的性质和罪名，要注意犯罪客体与犯罪对象的区分；在客观方面，注重审查是否属于重大犯罪行为及可能判处刑罚，是否有中止、未遂、自首、立功等法定从轻、减轻及免除处罚等情形，认罪、悔罪表现，以及有无潜逃、拒捕、妨害诉讼进行的事实或迹象等；在主体方面，注重审查犯罪嫌疑人是否属于未成年人、老年人、初犯、偶犯等；在主观方面，注重审查是否存在过失、被胁迫以及防卫过当等。③ 此外，检察院还可参照美国审前服务机构的做法，成立专门的审前服务办公室，④主要负责搜集"社会危险性"的其他考量因素，如犯罪嫌疑人的品格、履历、平常表现、有无稳定的工作和固定的住所、有无帮教、监护条件等信息，这些信息也可作为检察院提起公诉、

---

① 参见洪浩、赵洪方：《我国逮捕审查制度中"社会危险性"认定之程序要件》，载《政法论丛》，2016(5)，117页。

② 参见陈卫东：《刑事诉讼法理解与适用》，167页，北京，人民出版社，2012。

③ 参见张少林、王延祥、张亮：《审查逮捕证据审查与判断要点》，6页，北京，中国检察出版社，2014。

④ 参见蓝向东：《美国的审前羁押必要性审查制度及其借鉴》，载《法学杂志》，2015(2)，104页。

法院定罪量刑时的参考因素。

（四）启动方式和审查地点需要考虑例外情况

在程序启动上，实践中是以依职权启动为主要方式，这显然不能成为推广后的常态做法。依职权启动的不足有两点：①不符合程序动议的一般规律。程序的动议通常是由内外两部分构成，既包含内发性动议因素，也存在外源性动议因素，只有这样，才能保证程序的真正"落地"。以我国"羁押必要性审查"程序为例，按照《刑诉法》第 93 条、第 95 条规定，既可以由检察院自行启动，也可由犯罪嫌疑人及其近亲属、辩护人等提出申请。②难以有效遏制不当逮捕。侦查机关是逮捕决定的积极"追求者"，因侦查权过于强大，且传统审查方式比较隐蔽，通常而言，实现逮捕并非难事。目前引入诉讼逮捕程序，为侦查机关实行逮捕设置障碍，能够防范出现不当逮捕现象。但如果犯罪嫌疑人不能申请启动程序，程序的启动权就可能被滥用，甚至在个案中选择性适用，为不当逮捕大开"方便之门"。所以，在肯定依职权启动为原则的基础上，还应当包括例外规定，即犯罪嫌疑人及其近亲属、法定代理人、辩护人认为应当启动而检察院没有启动的，可以向检察院提出申请。

在审查地点上，各地检察院都进行了有益的探索，甚至设置了专门的听证庭，借鉴域外做法，在台湾地区，法院设有"侦查庭"，该庭是讯问犯罪嫌疑人、调查人证等诉讼活动的场所；[①]在法国，也有专门的"羁押庭"，以供法官审查当事人是否需要采取羁押措施。[②] 常态化意味着专业化，检察院应当设置"逮捕庭"，作为召开逮捕听证会的地点。原则上，诉讼逮捕程序在逮捕庭审查，但特殊情况下，可变通地点召开。例如，犯罪嫌疑人因健康状况不方便出庭，或者因人身危险性不适宜押送时，出于审查顺利进行的考虑，检察院可以组织在看守所召开听证会；因羁押场所路途遥远，或者犯罪嫌疑人分别关押不同

---

① 参见林钰雄：《刑事诉讼法》（总论篇），200 页，台北，元照出版有限公司，2015。

② 参见［法］贝尔纳·布洛克：《法国刑事诉讼法》，罗结珍译，406 页，北京，中国政法大学出版社，2009。

场所时,出于节约司法成本的考虑,检察院可以通过视频对话的方式召开听证会。

（五）举证责任和决策方式可"一刀切"规定

举证责任主要有两层含义:①行为意义上的举证责任,指当事人有必要对自己主张的事实提供证据加以证明;②结果意义上的举证责任,指当事人在举证责任不力时,要承担事实真伪不明的不利后果。① 由此可见。举证责任实际上是"行为＋后果"的组合体。在诉讼逮捕程序中,如果要求犯罪嫌疑人对部分案件承担举证责任,嫌疑人可能会随之受到举证不力的后果,这既不符合无罪推定的原则,也违反了人趋利避害的本性。为此,应当在诉讼逮捕程序中继续保持一律由侦查机关举证的做法,这是毫无疑义的。但辩方并不因此就无所作为,辩方可以提出自己收集的证据,反向证明侦查机关的主张不成立,如侦方提供证明事实的证据系非法取得、嫌疑人是不具有刑事责任能力的人、犯罪事实系他人所为等。

决策居于整个诉讼逮捕程序的"末端",是决定犯罪嫌疑人是否被羁押的关键节点。而决策方式是决策的生成过程,涉及的是听证中所有活动的吸收与消化,其重要性不言而喻。观察实践中的做法,在"社会人员"参与的基础上,主要采用的是"听取意见""集体讨论""少数服从多数"三种方式。"听取意见"体现了对"社会人员"的充分尊重,结合"社会人员"的意见作出决定,内在包含了"尊重民意,接受监督"的法治思维。"集体讨论"是汇聚集体智慧的表现方式,这的确能提高听证人员参与的积极性,但决策的作出需要以全体一致的方式,这是一种过于理想的状态,会拖延诉讼进程,可操作性不强。"少数服从多数"是民主集中制思想在诉讼逮捕程序中的具体反映,既提高了听证人员的积极性,也保证了审查的效率,但不容忽视的是,匿名投票难以做到"由票到人",如果部分听证人员不认真履职,主观任意投票或者谋私利倾向性投票,出现错捕、滥捕问题时将如何实现追

---

① 参见何家弘:《简明证据法》,143页,北京,中国人民大学出版社,2013。

责,这是值得思考的问题。就目前而言,在司法责任制的改革背景下,以权责统一原则为主线,较为稳妥的方式是各地一律采用"听取意见",检察官根据听证人员的意见作出决定,在出现意见分歧时,由检察官最终决定,当出现不当逮捕时,由检察官承担错误责任。此外,为以后方便追责,要将"社会人员"各自的意见存入案卷、随案移送。

(六)具体流程

诉讼逮捕程序作为类似于庭审的"亚形态",应当体现庭审的基本原理,实现由"听证外"回归"听证中",这依赖于听证会功能的最大化施展。要想发挥听证会的功能,就需要按照科学的步骤推进。具体而言主要有:

(1)核实参与人员和告知回避规定。在听证会正式开始时,由承办检察官或者受委托的书记员宣读参与人员的名单,并逐一核实,如果侦辩双方中有一方缺席,有正当理由的,听证会延期举行;无正当理由的,应当及时要求相关人员出席。在"社会人员"缺席时,应当要求说明理由,但不管理由是否正当,均不强制其出席,且不影响听证会的正常进行。宣读承办检察官、书记员和听证人员的名单,询问侦辩双方是否需要申请回避,理由成立的应当同意,除承办检察官因回避退出听证会外,其他人员回避不影响听证会的照常进行。

(2)侦辩双方发表意见和举证质证。首先,由侦查人员说明提请检察院批捕的事实、证据和理由,涉及证明犯罪事实的主要证据,要做到"一证一举",避免出现"摘要式""批量式"举证。对有异议的言词证据,可以申请证人、鉴定人员出席说明情况。其次,辩方对侦方提出的犯罪事实及其被指控的犯罪发表意见。针对侦方举出的证据,如果存在异议的,可以进行质证,必要时,可以申请启动非法证据排除程序。当辩方认为自己不需要采取强制措施,或者满足羁押替代性措施时,也可以向检察官说明情况。最后,如果被害方出席听证会,且要求发表意见时,应当允许被害方陈述。如果案件属于刑事和解范围的,在征求各方同意的前提下,检察官应当主持和解程序。

（3）总结争议焦点和围绕焦点辩论。承办检察官在充分听取各方意见的基础上，结合社会危险性要件，总结争议的焦点，获得确认后，引导双方围绕争议焦点展开辩论。在辩论的过程中，检察官是中立的"主持人"，应当弱化其主动性，但绝对的被动不利于查明案件事实，因此，需要对检察官的发问作出限度规定，只有在实际需要时，才可主动向其中一方进行发问，但涉及社会危险性、逮捕必要性等自我评估的内容，应当禁止发问。在双方辩论结束后，应当保障犯罪嫌疑人最后陈述的权利。嫌疑人系未成年的，其法定代理人可以补充陈述。

（4）讨论听证情况和作出相应决定。在最后陈述结束后，宣布暂时闭会。检察官召集"社会人员"进入自由讨论环节，讨论时应当贯彻案卷排他原则，主要围绕听证中双方提出的事实、证据及各方意见，对于听证会上没有提出，但却包含在案卷中的证据，不应当成为讨论的范围。在讨论完毕后，各"社会人员"分别发表自己的意见，书记员要做好记录工作。为避免听证会流于形式，除部分重大疑难、复杂的案件外，①检察官应当在参考"社会人员"意见的基础上，立即作出相应的决定。等到恢复听证时，检察官宣布是否逮捕的决定，并告知救济的途径，书记员制作听证记录，参与听证的检察官、"社会人员"、书记员以及侦辩双方签字或者盖章。

五、余论

诉讼逮捕程序是改变实践中长期存在的流水作业式逮捕审查模式的有益尝试，有助于使逮捕措施回归保障诉讼的立法目的，但作为一项系统工程，从制度建构到真正"落地"，需要采取相关的配套措

---

① 根据《刑诉法》第 87 条规定，检察院审查批准逮捕由检察长决定，重大案件应提交检察委员会决定，这不符合司法亲历性的要求。随着司法改革的推进，审查主体与决定主体分离的二元化模式将走向一元化模式，但就目前而言，对于重大疑难、复杂案件仍需交由检察长或检查委员会决定，否则难免陷入于法无据的困境。参见闵春雷：《论审查逮捕程序的诉讼化》，载《法制与社会发展》，2016（3），66 页。

施：①设置科学的考评体系。将诉讼逮捕程序纳入检察官绩效考评，对于应当启动而没有启动的予以扣分，反之，则进行加分。与此同时，还要重点考量审查的实际效果。②检察院通知指派律师。2017年11月7日，最高法和司法部联合发布了《关于开展刑事案件律师辩护全覆盖试点工作的办法》，检察院可以结合该试点办法，为犯罪嫌疑人指派律师，从而使侦辩双方实力趋于平衡，实现听证"实质化"。③探索案件分流机制。在诉讼资源总量不变的前提下，诉讼逮捕程序通过增设"障碍"、程序拦截不当逮捕的案件，这必然涉及资源投入时的"倾斜"。为此，要做好案件分流工作，如对没有争议的案件，仍采用书面的审查方式，以及参考个别地区的做法，对于犯罪嫌疑人认罪认罚的案件，可以引入"刑拘直诉"的办案方式等①。④完善羁押替代性措施。羁押替代性措施被认为是保障人身自由权利不受非法限制和剥夺的重要方式，要在程序设计和办案实践中贯彻优先适用的理念，②在符合逮捕的条件下，降低羁押替代性措施适用的"门槛"。唯有如此，方可期冀通过诉讼逮捕程序对我国逮捕现状有所助益。

---

① 参见马静华：《逮捕率变化的影响因素研究》，载《现代法学》，2015(3)，135 页。
② 参见姚莉、王方：《我国羁押替代性措施设计之革新》，载《法商研究》，2014(2)，120 页。

论刑事诉讼的进程调控机制
——关于刑事诉讼时间问题的一种创新性探索

郭　晶*

> "世界上最快而又最慢，最长而又最短，最平凡而又最珍贵，最易被忽视而又最令人后悔的就是时间。"
>
> ——[苏联]玛克西姆·高尔基

动态的法律程序是时间的艺术，正义的实现伴随时间维度的要求。法谚有云："迟延的正义是对正义的拒绝，促急的正义是对正义的葬送（Justice delayed is justice denied, Justice hurried is justice buried）。"过于拖沓或者过于急促的进程状态，均会对诉讼制度的人权保障、真相发现、犯罪控制、成本节约等价值目标造成损害。[①] 由此，就产生了审查与判断诉讼进程是否具备时间维度的适时性，进而

---

* 中国人民公安大学法学院讲师，北京大学诉讼法学博士。

① 关于进程的快慢状态与多元价值目标之间的关系，详细论述参见郭晶：《"诉讼不及时"问题的理论解构：治理诉讼拖延与诉讼冒进的解释性工具》，载《安徽大学学报（哲学社会科学版）》，2014(6)。

采取措施对过于快速或过于缓慢的进程状态，进行识别、调节与控制的制度必要。

关于"及时"与"适时"两个概念，需稍作说明。程序及时是程序正义的必然要求，①及时和迅速并不是绝对求快，而是在过快和过缓之间追求相对妥当的速度。疏于保障迅速或是仅仅追求迅速，都是对程序及时性的悖离。②"及时"有两种含义：①正赶上时候，适合需要；②不拖延，马上、立刻。而"适时"的含义仅有一种，即适合时宜，不太早也不太晚。③ 因此，"及时"的第一种含义和"适时"的含义，均有追求妥当速度之意。但是，由于"及时"的第二种含义仅指求快，如果使用"及时"，很容易产生歧义。为免读者误解，笔者后文统一使用"适时"的用词。至于对"诉讼及时原则"范畴的使用，由于此范畴已是法学界所惯常使用的术语，笔者不做修改。

一、问题的提出：刑事诉讼运转时间的妥当性

（一）司法实践层面的问题

在我国刑事司法实践中，案件办理进程过于迟缓或者过于快速的现象，屡屡见诸报端。进程过缓的案件如王书金案，自 2005 年 5 月王书金被抓获，直至 2013 年 6 月二审重新开庭，迟延时间长达 8 年之久；④又如福清纪委爆炸案，2001 年，福建省福清市纪委信访接待厅发

---

① 程序正义依照贝勒斯的观点可从以下七个方面加以考虑：和平性、自愿性、参与性、公平性、可理解性、及时性和止争性。程序及时属于程序正义的范畴。贝勒斯提出了程序利益的评价标准，并提出了评价程序的七个基本原则。参见[美]迈克尔·D.贝勒斯：《法律的原则：一个规范的分析》，张文显等译，32～37 页，北京，中国大百科全书出版社，1996。

② 正如美国联邦最高法院在 United States v. Ewell 案中所说明的，迅速审判"核心并非是加速，而是正常速度的审判"(The essential ingredient is orderly expedition and not more speed.)。参阅 United States v. Ewell, 383 U.S. 116(1966).

③ 关于"及时""适时"两词语的释义，参见《现代汉语词典》。《现代汉语词典》，第 6 版，北京，商务印书馆，2012。

④ 在长达 8 年的时间里，王书金案绝大多数时间都在审理程序中停滞不前。聂树斌案也一直处于"依法核查中"，毫无进展。

生爆炸,自当年 7 月嫌疑人吴昌龙等人先后被抓捕,直至 2013 年 5 月被判决无罪释放,诉讼时间长达 12 年;①再如河南平顶山李怀亮案,诉讼时间也达 11 年。② 此类迟延案例不胜枚举。③ 诉讼过于迟缓,不仅使被追诉者承受长期的压力和痛苦,而且使被害人生活难以安定、愤怒难获平息。此外,诉讼迟缓也导致证据灭失、证人记忆减退,大量额外的时间、精力、财力被付诸调查取证,造成对有限司法资源的无谓浪费。

与迟延现象相反,进程过于快速,会导致控辩双方难以充分、全面地收集证据和查明案件事实,难以充分地准备诉讼。这严重影响控诉与辩护的质量,极易导致审判流于形式。如李庄妨碍作证案的一审,是"迅速办案""从快打击"的典型。自从李庄被龚刚模举报,至一审庭审结束为止,前后不足 20 日。在急促的时间内,李庄仅在法庭审理的最后八九天才获得律师帮助。④ 更有甚者如段义和爆炸、受

① 详情参见《南方都市报》文《福建福清纪委爆炸案宣判 5 人全部无罪释放》,"网易新闻"http://news.163.com/13/0503/11/8TUPNENF00011229.html(最后访问时间:2014-11-30)。

② 详情参见《东方今报》:《平顶山李怀亮涉嫌杀人案 被关 11 年后无罪释放》,访问网址:http://henan.sina.com.cn/news/z/2013-04-26/0742-66398.html(最后访问时间 2014-11-30)。

③ 当他们要求警方本着"无罪推定、疑罪从无"的原则"撤销冤案、恢复名誉、赔偿损失"。警方答曰,案件一日不破,他们的嫌疑就一日未排除,一日不能谈赔偿。详情参见"云南网"文《灭门案难破 4 名"嫌凶"梦魇 23 年》,载"云南网",http://society.yunnan.cn/html/2010-12/23/content_1446937_8.htm(最后访问时间:2014-11-30)。

④ 2009 年 12 月 10 日,李庄被其委托人龚刚模举报,龚称李庄教唆其编造"被刑讯逼供"的口供;2 日内重庆警方即远赴北京押回李庄。12 月 13 日李庄被刑事拘留,12 月 14 日被批准逮捕,12 月 17 日被移送审查起诉,12 月 18 日被起诉,12 月 30 日一审庭审即告终结,距"案发"前后不过 19 日。在这 19 日中,李庄于 12 月 20 日聘请了两位律师为其辩护,但此时距 12 月 30 日庭审结束,相隔仅八九天时间。详情参见《中国新闻周刊评论》《李庄案全程内幕披露》,载"个人图书馆网",http://www.360doc.com/content/13/0109/10/7093291_259105271.shtml(最后访问时间:2014-11-30)。

贿、巨额财产来源不明案,①以及 2014 年年底曾引起轩然大波的内蒙古呼格吉勒图冤案,两个案件从犯罪事实发生直至对被追诉者执行死刑,全程耗时分别仅为 58 天与 62 天。警、检、法三机关接力赛跑式地加速办案,大幅压缩辩护人发挥作用的时间和空间。辩方的防御准备状况堪忧,审判公正性委实令人质疑。

（二）制度建构层面的问题

在我国,刑事诉讼的运转进程,难以普遍性地控制在一个相对妥当的速度。诉讼进程的过快或过缓,不仅损害了当事人的实体权益和程序权益,而且持续消解我国刑事司法的公信力。上述获得广泛关注的案件,仅是我国诉讼进程违反适时性现象的冰山一角。现象背后,其实隐藏着根源性的制度问题。警、检、法等刑事诉讼专门机关,人为恶意操控诉讼进程、肆意滥用诉讼时间、忽视甚至侵害当事人权益的现象,之所以成为长期困扰司法实践的问题,主要有三方面原因。

（1）在我国的刑事诉讼中,诉讼进程的适时性难以获得充分的司法审查,进程的加速或延迟事由,难以得到有力的程序性论证或矫正。警、检、法等国家公权主体对诉讼节奏的职权控制过强,当事人居于弱势地位,很难影响诉讼进程。有关办案期限和羁押期限等问题的决策,我国主要依靠专门机关内部的行政审批机制进行处理。当事人既难获知内情,也无法充分参与。有些时候,实务人员还采取拒绝向当事人披露案件流程、在权利告知文书中倒签期日、篡改案件卷宗等隐晦手段,蓄意隐瞒程序信息,使诉讼进程的适时性问题,更加难以获得审查。

---

① 段义和爆炸、受贿、巨额财产来源不明案,牵涉 3 项罪名与 3 名共同被告,且兼具高官、人大代表、情杀、贪腐、雇凶、死刑适用等复杂因素,程序涉及公安、检察、法院、纪检、人大等多个机关。然而,此案法律程序的运行却极其快速,1 个月内完成侦查、审查起诉、一审等全部流程。算上后续的二审、死刑复核等程序,从案发直至执行死刑,全程竟只用 58 天。参见百度百科"段义和"项,访问网址 http://baike.baidu.com/link? url = 9ru1Gf_ctIgx7dv7STtHLRNrQq048re_3aMjz-9lcSmi4NvHawWyXTJCF863RNk5Oog7ElNX6DHT7zHW8n1_Fq（最后访问时间：2015-07-30）。

（2）制定法有关诉讼期限、强制措施期限的规则过于粗疏，且在适用中机械而缺乏弹性。我国存在大量关于程序倒流的规定[①]和不计入诉讼期限、[②]重新计算诉讼期限的事由。[③] 司法实践中通过灵活运用这类条款，很容易使过于拖沓的进程状态获得合法性。2012 年刑事诉讼法修改，立法者虽然限制了案件二审因"事实不清或证据不足"而发回重审次数为 1 次，[④]但是，对办案期限的总体授时却不减反增。[⑤] 另一方面，由于诉讼及时性标准的抽象性和模糊性，专门机关在法定期限内享有极大的裁量权。专门机关刻意快速推进诉讼的现象，更加难以获得规制。

（3）法律制度调整诉讼进程的规则，以宣示性规定为主，强制力度不足，即使专门机关明显违反诉讼期限规则，也不会导致诉讼行为

---

① 例如，检察机关在审查起诉阶段，将案件退回公安机关补充侦查，属于审查起诉阶段的程序倒流；在一审人民法院宣告判决前，检察机关撤回起诉的，属于一审阶段的程序倒流；第二审人民法院对于原判决事实不清或者证据不足的，可以裁定撤销原判，发回原审人民法院重新审判，此种属于二审阶段的程序倒流；等等。除了法律明文规定的程序倒流之外，在法律没有规定的情形下，司法实务部门为了实现某种目的或者规避某种不利后果，有些情况也会将案件倒回前一个诉讼阶段，如在审查起诉阶段，检察机关将案件退回公安机关并撤销案件。参见汪海燕：《论刑事程序倒流》，载《法学研究》，2008(5)。

② 嫌疑人身份查清之前的羁押时间不计入侦查羁押期限，对嫌疑人做精神病鉴定的时间不计入办案期限，中止审理期间不计入审判期限，检察院二审的 1 个月阅卷时间不计入审理期限。参见《刑事诉讼法》147、158、200、224 条。

③ 例如，侦查羁押期限自发现嫌疑人另有重要罪行而重新计算；审查起诉阶段或审判阶段，案件退回补充侦查后又重新移送，则重新计算审查起诉、审理期限；检察机关和法院改变管辖的，改变后的办案机关收到案件后，重新计算审查起诉、审理期限；法院二审发回重审后，原审法院重新计算审理期限。参见《刑事诉讼法》169、170、202、230 条。

④ 《刑事诉讼法》2012 年修改，新增第 225 条第 2 款，规定原审人民法院对于因事实不清或证据不足而发回重新审判的案件作出判决后，被告人提出上诉或者人民检察院提出抗诉的，第二审人民法院应当依法作出判决或者裁定，不得再发回原审人民法院重新审判。

⑤ 例如，法院审理公诉案件的期间从原来的一个月，至迟一个半月延长到两个月，至迟三个月。而批准和决定再延长的机关也从省、自治区、直辖市高级人民法院降为上一级人民法院，可再延长的期限也增加了两个月，还增加了若"因特殊情况还需要延长的，报请最高人民法院批准"。如出一辙，二审的审理程序同样将法院受理上诉、抗诉案件的期限从原来的一个月，至迟一个半月延长到两个月。经省、自治区、直辖市高级人民法院批准和决定延长的期限也增加为可再延长的二个月。增加了若"因特殊情况还需要延长的，报请最高人民法院批准"。

或法律程序丧失法律效力。违反期限规则的制裁性后果,一般仅是在法律程序以外,启动警、检、法机关内部的行政性纪律责任。在法律程序内部,制定法仅确认了检察机关对期限违法提出纠正违法通知书或检察建议的权力,仅能宣示违法而不能否决违法行为的法律效力。

(三)理论研究层面的问题

针对实践中的困难与制度中的不足,以下问题亟须获得诉讼法学理论的解答。否则,法学研究对进程适时性问题的沉默,极易导致法外因素的非理性介入,可能导致诉讼规律的背离、法律程序的异化。

首先,诉讼活动的时间耗费或期日选择问题,到底是不是一个法律问题? 是否需要法学理论的解读和诉讼制度的规制? 法律程序如何审查与评价诉讼进程的适时性? 在这种审查与评价机制中,控、辩、审等多方诉讼主体,各自扮演什么样的角色,应当如何发挥作用?

其次,应当如何识别诉讼活动的进程状态,如何为诉讼进程时间耗费的合理性、期日选择的妥当性设定标准? 在对进程状态开展司法审查的时候,理念层面的诉讼及时原则、迅速审判权,与诉讼期限、羁押期限等具体的规则,[①]彼此之间是什么关系?

最后,如果进程状态明显背离法律原则或法律规则所提出的适时性要求,将产生什么样的法律后果? 所产生的法律后果是程序法上的法律效果还是实体法上的法律效果? 彼此是什么关系? 如何采取措施对违反适时性要求的进程状态进行调控? 调控进程状态的措施有几种类型,它们各自的制度体现、主要特征、运作规律分别是什么,它们的优势和局限各是什么,应当如何协调运用?

---

① 所谓羁押期限,也即"未决羁押期限",是指警、检、法等刑事诉讼专门机关对涉嫌犯罪但未经法院判决的人采取剥夺其人身自由的时间限制;所谓办案期限,是指警、检、法等刑事诉讼专门机关进行刑事诉讼活动所需要遵守的时间限制,即侦查、审查起诉、审判以及履行相关通知、告知义务等必须遵守的时限规则。

二、现有的解答：缺乏对时间问题的系统性关注

目前，认可和保障被追诉者在合理的时间内接受裁判的权利，注重从时间维度实现被追诉者的人权保障，已经成为刑事司法变革的一种国际性潮流。[①] 在域外法治发达国家和地区，以迅速审判权、诉讼及时原则、合理期间受审权等迅速审判理念为核心的相关研究，已有了丰富的制度实践与理论积累。相比之下，国内的类似研究却较为滞后，基本上仅停留在对域外理论和制度样式进行介绍、对比、移植的阶段。[②] 由于缺乏理论层面的充分准备，导致当前的研究成果大多仅是对策性的。机械性的制度对比颇多，但立足本土情况的中国化研究却较为稀少。

---

① 1966 年通过的《公民权利与政治权利国际公约》第 14 条第 3 款第 3 项规定，在判定对他提出的刑事指控时，人人完全平等地享有"受审时间不被无故拖延"的最低保证。1950 年通过的《欧洲人权公约》第 6 条第 1 项规定："在决定某人的权利和义务或者在决定某人的行为是否构成犯罪时，任何人都有权在合理时间内受到依法设立的独立、公正法院的公平且公开的审讯。"该规定通过欧洲人权法院的大量判例，已成为约束欧盟各成员国刑事司法的一个重要规定。1969 年通过的《美洲人权公约》与 1981 年通过的《非洲人权和民族权宪章》也有类似规定。在日本，其《宪法》第 37 条第 1 款规定："在一切刑事案件中，被告人享有接受法院公正迅速的公开审判的权利。"同时，《日本刑事诉讼法》第 1 条也将通过正当程序迅速处理刑事案件视为刑事诉讼法的目的之一。不仅如此，日本还在 2003 年专门制定《关于快速进行审判的法律》，要求第一审诉讼程序应当在 2 年内结束，其他法院程序也应当根据各自特点，在短期内结束。在德国，自 1969 年德国宪法法院吸收英美国家的公正审判概念之后，迅速审判权概念逐渐出现于刑事诉讼领域。在我国台湾地区，2010 年通过"刑事妥速审判法"，以保证《公民权利与政治权利国际公约》的规定得以实现。

② 关于对域外迅速审判制度经验和理论研究的介绍和引进，典型成果参见潘金贵、李冉毅：《台湾地区刑事妥速审判法之检思》，载《理论探索》，2015(4)；冯喜恒：《美国联邦法律中的迅速审判权》，载《环球法律评论》，2011(3)；周宝峰：《刑事被告人迅速审判权研究》，见《刑事法评论》，第 16 卷，中国政法大学出版社；杨高峰、上官春光：《刑事适时审判权论要》，载《广州大学学报(社会科学版)》，2002(8)；何悦：《被追诉人迅速审判权研究》，硕士学位论文，中国政法大学，2012；杨传刚：《刑事被告人迅速审判权研究》，硕士学位论文，山东大学，2012；王晓龙：《论被追诉者的速审权》，硕士学位论文，中国政法大学，2011；贺小军：《论我国被追诉人速审权之构建：以轻罪案件为视域》，载《湖北社会科学》，2011(11)；初雪梅：《论刑事被告人的迅速审判权》，硕士学位论文，西南政法大学，2008。

（一）适时性的判断标准

在域外法治国家,对刑事诉讼运转进程的时间控制,并非仅依靠明确、具体的成文法期间规则实现。评价进程适时性的实体性标准,存在多元化的规范形态。原则、理念层面的迅速审判权或诉讼及时原则,从基本法层面为诉讼进程的合理时间提出一般性的适时要求,①并且,原则性规范一般也具备司法性效力,可以作为评价案件进程是否适时的法律依据,引发直接的法律效果。制定法层面,也不乏对法律程序运行时间和未决羁押持续时间的具体规定,它们均可作为识别进程状态,评价诉讼活动是否具备适时性的依据。除了来自刑事诉讼法律的时间控制之外,刑事实体法的犯罪追诉时效制度,也有避免诉讼活动延宕过久的制度功能。犯罪追诉时效在实体法中为刑事诉讼过程的时间耗费划定了上限,如果刑事诉讼活动不能在合理的时间内完成,存在明显不适当的中断,可能超过追诉时效期限,导致刑罚权的丧失。

在我国,法律制度过于依赖有关办案期限和羁押期限的具体规则,既不承认英美法系的迅速审判权,也未确立大陆法系传统的诉讼及时原则。② 由于缺乏迅速审判理念的全局性指引,致使我国对进程适时性标准的研究比较分散和零碎,缺乏系统性。另外,尽管"刑事一体化"被大力提倡,但由于长期以来形成的学术惯性,"刑事一体化"很大程度上仅是一种口号,学科间的对话实际上并不充分。我国既有研究的局限在于,对诉讼进程的时间控制,程序法诉讼期限与实体法时效期限之间的制度关系,目前尚未获得充分的理论贯通。对办案期限和羁押期限的研究,刑诉法学界一般仅是孤立地将其作为一个程序法问题进行讨论,并不同时关注实体法的犯罪追诉时效制度。同样,刑法学界有关犯罪追诉时效制度的研究,也缺乏对诉讼进

---

① 此类研究如马静华、潘利平:《迅速审判:不同刑事诉讼模式下的理念与制度比较》,载《四川大学学报(哲学社会科学版)》,2007(4)。

② 我国《刑事诉讼法》第2条规定:"我国刑事诉讼的任务,是保证准确、适时地查明犯罪事实,正确应用法律,惩罚犯罪分子,保障无罪的人不受刑事追究。"仅强调及时查明犯罪事实,并没有从人权保障角度保障被追诉者在合理时间内接受裁判的内容。

程适时性问题的关注,不认为追诉时效制度对立案后的诉讼活动存在时间规制作用。①

刑诉法学界目前对进程适时性标准的探讨,主要仍是研究办案期限和羁押期限。大陆法系诉讼及时原则②和英美法系迅速审判权制度的内容,虽然已被大量地介绍和引进,但它们更多地被作为研究诉讼期限、简易程序、案件分流、庭审实质化等问题的参考,③至于它们在司法活动中旨在评价诉讼进程适时性的操作性意义,却很少获得关注。

在对办案期限的研究中,④学界对审判期限的研究很多,并极为关注审限制度的存废问题。⑤ 然而,对诉讼活动整体及各阶段时间耗费的一般性思考,却较为稀少,尚缺乏对诉讼活动时间控制问题的专

---

① 关于犯罪追诉时效的研究,参见黄国盛、林莉莉:《刑事案件追诉时效应在一审判决做出时停止》,载《福建法学》,2013(5);冯耀辉:《刑事案件在立案侦查后不应受追诉时效的限制》,载《人民检察》,2006(12);柳经纬:《关于时效制度的若干理论问题》,载《比较法学》,2004(5);高憬宏:《如何理解我国刑法的"时效延长"》,载《法学杂志》,1990(5)。

② 关于诉讼及时原则的研究,参见肖荣荣:《论刑事诉讼的及时原则》,硕士学位论文,河北大学,2010;房国宾、高一飞:《刑事诉讼及时原则解读》,载《广西社会科学》,2006(6);李哲:《刑事诉讼中的诉讼及时原则》,载《国家检察官学院学报》,2004(4);房国宾:《诉讼及时论:刑事诉讼及时原则研究》,硕士学位论文,西南政法大学,2003;瓮怡洁:《论刑事程序中的诉讼及时原则》,载《中国刑事法杂志》,2001(6);左卫民、周光权:《论刑事诉讼的迅速原则》,载《政治与法律》,1992(3)。

③ 关于对简易程序的研究,参见赵奕:《修订现行简易诉讼程序的意义》,载《人民检察》,2012(12);左卫民:《在法治进程中构建简易刑事程序》,载《法学》,2008(7);对程序分流的研究,参见金雅蓉、雯厉:《我国公诉程序分流机制之探析》,载《政治与法律》,2008(4);左卫民:《中国简易刑事程序改革的初步考察与反思:以S省S县法院为主要样板》,载《四川大学学报(哲学社会科学版)》,2006(4)。

④ 关于诉讼期限的研究,参见艾明:《实践中的刑事一审期限:期间耗费与功能探寻:以S省两个基层法院为主要样板》,载《现代法学》,2012(5);廖荣辉:《刑事案件"延长羁押期限"问题研究》,载《河北法学》,2008(1);李哲:《刑事诉讼法的诉讼及时原则》,载《国家检察官学院学报》,2004(4)。

⑤ 关于审限制度的研究,参见于增尊:《为刑事审限制度辩护:以集中审理原则之功能反思为视角》,载《政法论坛》,2014(6);马静华:《刑事审限:存废之争与适用问题》,载《甘肃政法学院学报》,2008(3);万毅、刘沛谞:《刑事审限制度之检讨》,载《法商研究》,2005(1);童章遥:《论刑事审判的集中性》,硕士学位论文,西南政法大学,2005;陈卫东、刘计划:《论集中审理原则与合议庭功能的强化:兼评〈关于人民法院合议庭工作的若干规定〉》,载《中国法学》,2003(1)。

门性研究。①诉讼活动复杂多样,不同类型的诉讼活动,对其时间耗费和期日选择等问题的法律控制,理应存在差异化的制度设计。但由于缺乏全局性的视野,导致相关研究比较片面。既无法一体化地审视不同类型适时性标准之间的区别,也难以提炼出一般性的规律。比如对审限的研究,虽然我国现有的研究已观察到了域外法治国家一般不设立审限,不对审判程序的时间做出整体性限制,但却没有充分关注域外法律制度从羁押持续时间、犯罪追诉时效等其他角度对审判活动提出的时间要求。此外,依据迅速审判权、诉讼及时原则等迅速审判理念,在上诉审中对审判活动适时性的事后审查与评估,目前的研究也较少涉及。

对羁押期限问题的研究,②要么被隐藏在强制措施制度的大框架下进行附带探讨,仅将时间过长作为违反强制措施比例性原则的表象,较少探讨羁押持续时间本身所具有的法律效果;要么将羁押期限纳入对办案期限的研究,直接将其作为办案期限的一种类型而予以分析,对其特殊性重视不足。目前,我国办案期限与羁押期限存在设置上的交叠、功能上的交叉、适用上的混同,学界对此颇具微词。③ 关于对策层面的制度变革建议,许多学者提出将羁押期限与办案期限分离,或是只规定羁押期限不规定办案期限的建言。④ 但是总体来

---

① 此类理论研究较为罕见,如姚剑:《刑事司法权的时间规限:释义、特征、形式》,载《法律科学》,2010(5);姚剑:《刑事诉讼办案期间的比较考察:以英国和法国为中心》,载《昆明理工大学学报(社会科学版)》,2013(3)。

② 关于对羁押期限的研究,参见李新、彭辉、王莉:《人权保障视野下的羁押期限与办案期限探析》,载《人民检察》,2014(18);林贻影:《批准延长侦查羁押期限制度的法律思考》,载《人民检察》,2010(2);廖荣辉:《刑事案件"延长羁押期限"问题研究》,载《河北法学》,2008(1);项谷、姜伟:《人权保障观念下羁押必要性审查制度的诉讼化构造》,载《政治与法律》,2012(10)。

③ 参见陈瑞华:《问题与主义之间——刑事诉讼基本问题研究》,第 2 版,186 页,北京,中国人民大学出版社,2008。

④ 参见夏锦文、徐英荣:《刑事羁押期限:立法的缺陷及其救济》,载《当代法学》,2005(1);杨剑波:《羁押期限制度的反思与重建》,载《湖北行政学院学报》,2005(1);田奕彤:《关于我国刑事羁押期限规定的反思》,载陈卫东编:《羁押制度与人权保障》,北京,中国检察出版社,2005。

看,目前对羁押期限的研究无法跨越强制措施体系和诉讼程序体系之间的藩篱,并未直指羁押期限本身的特性而一并关注其在两个体系中各自的功能。因此,也就很难区分羁押期限与办案期限之间的性质差异和功能差异。如果法学研究无法对上述制度问题提供充分的理论解答,而只能提供一些制度建议,那么相关的制度变革也就将会停滞不前。

(二)适时性的审查程序

在进程适时性的审查机制方面,域外法治国家为避免进程迟延对被追诉者的损害,往往将被追诉者在合理时间内获得裁判的权利,上升为程序性人权予以保障。作为程序性人权,可以派生请求对羁押进行司法审查、要求迅速起诉、要求审理不间断等一般性权利。正是由于被追诉者有关诉讼进程的诉讼利益被视为基本人权的一部分,这也就确认了被追诉者积极参与进程适时性审查程序、充分提出己方意见,并要求专门机关救济己方合理期间受审权的正当性。因此,制度设计中也就必须尊重被追诉者在适时性审查机制中的程序地位,保障辩方对诉讼进程的影响力。

对迅速审判权、诉讼及时原则与被追诉者人权保障之间的关系,以及程序公正与诉讼效率之间的关系,目前我国学界已有一定研究,也已关注诉讼及时、迅速审判的首要目的不是为了效率本身,而是为了保障被追诉者的权利。[①] 对被追诉者合理期间利益的满足,固然可能附带性地满足控、审、被害人等他方诉讼主体对加快效率、快速打击犯罪的时间需求。然而,在被追诉者合理期间利益与他方诉讼主体存在冲突的情况下(这是大多数的情况),却绝不能为了追求效率

---

① 关于对程序公正与效率、效益的关系,参见姚莉:《司法效率:理论分析与制度构建》,载《法商研究》,2006(3);谢佑平、万毅:《法律视野中效率与期间:及时原则研究》,载《法律科学》,2003(2);但伟、邓思清:《司法公正与刑事诉讼程序改革》,载《法学评论》,2001(4);高一飞:《程序正义在刑事诉讼效率中的意义》,载《现代法学》,2000(3);李文健:《刑事诉讼效率论》,北京,中国政法大学出版社,1999;公丕祥:《法律效益的概念分析》,载《南京社会科学》,1993(2)。

而任意牺牲被追诉者的合理期间利益。既有研究虽然也关注了控、辩、审、被害人等各方诉讼主体围绕诉讼进程的不同利益需求,但却未曾充分研究如何在适时性审查机制中,充分协调各方有关时间的利益需求。主要的问题在于,尚未结合各方诉讼主体所享有合理期间利益的不同而充分探讨他们在进程适时性审查机制中的程序地位。

我国目前漠视被追诉者附随诉讼进程的利益,不将其视为被追诉者的重大权利。因此,我国对办案期限、羁押期限的审批或延长程序的设计,以及对羁押必要性审查程序的设计,皆缺乏对被追诉者的程序参与权的充分尊重。① 除此之外,由于法律层面对办案期限、羁押期限的规定,极为强调对专门机关的时间授予。在授时空间内,我国更多是依靠警、检、法机关内部行政化的案件管理机制②保障诉讼运行时间的妥当性。仅是将时间问题作为一种机关内部事务,并不重视吸纳被追诉者参与。被追诉者有关诉讼进程适时性的利益,也就很难获得充分保障。在法定期限之内,当事人缺乏影响进程适时性的能力,进程状态是否适时,完全依靠办案机关的内部掌握。仅有在法定期限将至,诉讼进程有超期风险时,专门机关以外的其他诉讼主体才能发挥有限的制约作用。

目前,我国对域外迅速审判经验的移植性研究,仍与刑事司法实践存在相当大的距离。当然,倡导确立迅速审判权或诉讼及时原则,主张在我国推进审判迅速化改革,这样的对策性建议确实是有意义的。但是,其实更有必要将对策性研究,回归一个更本源的理论问题。那就是:被追诉者是否有权参加适时性审查程序,其程序地位如何?需要思考,对办案期限、羁押期限的审批、延长机制,在专门机关

① 相关研究参见项谷、姜伟:《人权保障观念下羁押必要性审查制度的诉讼化构造》,载《政治与法律》,2012(10);马永平:《延期审理滥用形态之检视与厘正》,载《中国刑事法杂志》,2011(4)。

② 关于对司法管理、审判管理、案件管理的研究,参见龙宗智:《司法管理:功效、局限及界限把握》,载《法学研究》,2011(4);向泽选:《案件管理与强化内部监督》,载《人民检察》,2012(6);徐清宇:《审判管理理论问题研究》,北京,法律出版社,2012;江必新:《论审判管理科学化》,载《法律科学》,2013(6)。

内部管理中对期限、效率的监控机制,既然都是进程适时性审查程序,那么被追诉者是否应当充分地参加,正当性依据是什么? 如果仅仅依靠专门机关对效率的追求,是否能实现被追诉者的合理期间利益,局限是什么? 对这些问题,目前尚未有系统性的理论探讨和有说服力的理论解答。专门机关如何有效使用诉讼时间的问题,大多数时候仍然被认为是一个管理问题。由于此种认识上的误区,诉讼法学有关迅速审判权、合理期间受审权的研究成果,其影响力也就很难辐射到司法管理领域,这是当前研究的不足之处。

(三)对违反适时性的调控

如果进程不符合适时性的要求、侵犯被追诉者迅速审判权利,应该产生什么样的法律后果? 这个问题在域外法治国家已经存在较为丰富的制度设计经验和理论研究成果。为进程的不适时现象设立法律后果,既要关注如何运用法律后果加快或减缓不适时的进程,也要重视运用法律后果救济失妥进程状态引发的损害,还要考虑法律后果对造成不适时现象责任者的制裁效果。不适时的进程状态所引发的法律后果,既有诉讼法层面的法律后果,也有实体法层面的法律后果。关于程序性法律后果,比如因严重迟延导致的程序无效或诉讼终止,因诉讼迟延而导致未决羁押的撤销,或是通过提前或推后程序节点而加快或减缓诉讼进程。此外,关于实体性法律后果,金钱赔偿、减刑、刑期折抵等实体法层面的法律后果,一般也视为对被追诉者迅速审判权、合理期间受审权的救济。

在我国,进程违反适时性,最主要的表现仅是专门机关对办案期限、侦查羁押期限的违反。由于法律并未确立诉讼及时原则,所以不违反法定期限地"久拖不决""期限用尽",①无法在法律程序层面获得

---

① 在司法实践中,专门机关的办案人员,出于多种原因,往往将诉讼期限使用到最大限度,期限届满时才做出处理或移送下一诉讼阶段。例如,犯罪嫌疑人异地作案,流动性强,收集证据困难,同案犯在逃,向上级请示的疑难案件答复较为缓慢,案多人少的矛盾突出等。此类研究如蓝向东:《对刑事办案期限最大化倾向及其例外的思考》,载《人民检察》,1999(4);耿景仪:《刑事案件超审限的原因与对策》,载《法律适用》,1999(9)。

明确的否定性评价。此外,法律对期限的规定一般为训示性规范,即使违反,也没有宣告法律程序无效的强效后果。刑事诉讼法虽然规定,在超过办案期限的情况下应当变更羁押措施。但是,由于我国对办案期限的设定极为冗长,致使该种程序性法律后果的适用空间非常有限。目前,我国对违反办案期限、羁押期限的研究,关注的主要是审判超审限、超期羁押等问题,重点是探讨如何预防和治理超期。而对于超期后的程序性法律后果,一般仅是提出一些对策性的建议,但对其背后的规律,却缺乏系统性的理论分析。[①] 除此之外,办案活动的进程迟延,在我国不是减刑事由。刑期折抵是对未决羁押时间的当然性抵扣,也不以进程状态已构成迟延为前提条件。对刑事案件的国家赔偿,以被追诉者无罪为前提,与进程状态是否迟延并无关系。[②] 对于被判决有罪以及因犯罪情节轻微不需要判处刑罚而不被起诉的,以及被追诉者未被羁押的,即使存在严重迟延,也不予赔偿。我国既有的研究,往往将进程调控的实体性调控措施与程序性调控措施进行一并探讨,将它们都作为救济被追诉者迅速审判权利的措施。但是,关于两者之间的区别和彼此之间的关系,目前的研究还并不充分。

三、“进程调控”:一种有关诉讼时间的理论

目前,刑诉法学界对诉讼时间问题的研究并不深入,根源性的原因在于——在我国诉讼法律中,既未确立诉讼及时原则,也没有承认被追诉者享有迅速审判权。域外的制度设计经验和迅速审判理念,与我国的相关制度之间,缺乏一个彼此对话、充分沟通的理论平台。对此,笔者的研究思路,就是提出一种创新性的理论,从而勾

---

① 此类研究较少,但也有部分学者对此作出努力,比如牟绿叶、李婷:《刑事程序中控制诉讼拖延的两种模式:迅速审判模式和集中审理模式之比较》,载《北京大学研究生学志》,2012(1)。

② 参见《国家赔偿法》第 17 条。

勒这样一个理论平台——"进程调控"机制。借此，将中外的制度建构经验与理论研究成果，逐渐融入这一框架之中，实现中外迅速审判理念之间的理性沟通，借以促进我国诉讼法律制度的良性演进。

（一）"进程调控"的范畴界定

1. 刑事诉讼"进程调控"概念的提出及其意义

在我国既有的理论研究与制度建构中，谈及诉讼及时、迅速审判，往往侧重于泛化地将诉讼及时、迅速审判、诉讼效率等理念作为完善简易程序设计、实现程序分流、纠正超期现象的理论参考。但却忽视了在司法运作中，依据有关迅速审判、诉讼及时的规则与原则，对案件进程状态进行审查与评价。这一程序性机制的乏力，致使司法实践中国家公权主体恶意操控诉讼进程、滥用诉讼时间的现象难受规制，也使成文法中僵化、疏漏的期限规则，难以在司法适用中获得有效的修正。

有鉴于此，笔者有意关注诉讼及时、迅速审判的司法性意义，试图在刑事司法运行层面探讨诉讼制度对案件进程状态的程序性审查与调控机制。对于此种新颖的研究视角，我国学界目前并不存在已有的概念或范畴可以对其予以准确描述。因此，笔者在本文中提出刑事诉讼"进程调控"这一理论范畴，意指刑事诉讼法律制度在刑事司法活动中对案件进程状态启动程序性审查，并对违反适时性要求的案件采取程序性措施予以调控的机制。所谓的"进程调控"，其内涵就是：基于迅速审判理念、立法或判例对诉讼时间的规定，由特定机关（通常是法院）对诉讼进程状态是否适时进行审查，并采取措施对过快或过缓的进程状态施加调控的程序机制。

由于我国现行法多年来既未确立诉讼及时原则，也未承认被追诉者迅速审判权，立法层面的障碍使一切以域外迅速审判理念为先导的制度研究都显得苍白和无力，任何以此为基础的建议和对策都无所附着。然而，在我国诉讼法律格局内，其实已存在一些对诉讼进程状态具备调控功能的制度措施。[①]然而,由于迅速审判理念的模糊与程序性审查的缺位,致使这些制度措施之间,彼此呈现零散状态,缺乏整合与协调。或是内容过于原则,操作性不强;或是程序性审查不到位,难以有效启动;或是调控措施缺乏强制力,限制其调控进程的实际效果;或是理念基调过于偏颇,为求快速而不顾代价。

虽然我国既有的进程调控机制尚不完善,并在某种程度上游离于诉讼及时原则、迅速审判权等先进迅速审判理念之外,但是毕竟与域外的类似机制存在近似的功能,故而可以作为比较法分析和迅速审判理念对话的基础与平台,[②]有必要进行充分的经验总结、概念抽象与深入探究。"为了掌握真实的世界,我们不得不勾画一个虚拟的世界。"[③]笔者对"进程调控"范畴的提炼与抽象,恰恰满足了上述理论需要。

综上所述,提出"进程调控"概念的意义主要有三:①进程调控不仅将诉讼及时原则、迅速审判权等迅速审判理念作为立法层面制度变革的理论参考,更重要的是强调其在司法活动中的指导意义和法律效力,是深化迅速审判理念、链接理论与实践的关键研究角度,有必要进行充分的经验总结、概念抽象与深入探究;②我国现行法既未确立诉讼及时原则,也未承认被追诉者迅速审判权,但在诉讼制度内却客观存在具备进程调控功能的措施。进程调控概念的提出,可以

---

① 大致可以划分为 7 种:①期限延长审批制度,以及附随期限制度的案件办理催办、督办、定期通报制度;②对被羁押嫌疑人、被告人的羁押必要性审查制度;③与期限问题相关的强制措施变更制度;④对强制措施超期违法的检察监督,即检察机关对这类程序性违法所提出的纠正违法意见;⑤对公安、检察、法院工作人员,诉讼活动不及时的纪律性制裁;⑥刑事实体法层面的刑期折抵制度;⑦国家赔偿制度。详细论述参见郭晶:《刑事诉讼速度干预理论初探》,载《中国刑事法杂志》,2014(5)。

② 功能性原则尤其为比较法学方法论所重视,并将其视为基本原则。每个社会的法律在实质上都面临同上的问题,但是各种不同的法律制度以极不相同的方法解决这些问题,虽然最终的结果是相同的。参见[德]K.茨威格特、H.克茨:《比较法总论》,潘汉典等译,47 页,北京,法律出版社,2003。

③ 参见[美]米尔吉安·R.达玛斯卡:《比较法视野中的证据制度》,吴宏耀、魏晓娜等译,172 页,北京,中国人民公安大学出版社,2006。

规避我国原则性规范缺失的立法疏漏,直接探究进程调控机制本身的规律,从而改良和完善我国现有的进程调控机制;③不同国家对迅速审判理念的认识各不相同,但都存在此类发挥进程调控功能的制度机制。因此,提出"进程调控"的概念,可以形成一个进行比较法分析、开展迅速审判理念对话的基础与平台。

2. 刑事诉讼"进程调控"的核心:合理期间

两大法系保障刑事诉讼进程适时性的共通性思路,在《欧洲人权公约》的合理期间条款中,获得了突出体现。① 通过欧洲人权法院的积极推动,《欧洲人权公约》第 6 条第 1 款和第 5 第 3 款中的合理期间(Within a Reasonable Time)范畴,逐步成为沟通大陆法系诉讼及时原则与英美法系迅速审判权的共通性术语。

"合理期间"(Within a Reasonable Time)范畴,即《欧洲人权公约》公正审判权条款(第 6 条第 1 款)所规定的,当事人享有于合理期间内接受裁判的权利(the right to a hearing within a reasonable time),以及自由与安全条款(第 5 条第 3 款)规定的,被羁押者在合理期间内或接受裁判或获得审前释放的权利(to trial within a reasonable time or release pending trial)。国内有学者将《欧洲人权公约》的上述用语,译为合理期间内接受裁判的权利,②也有学者将其翻译为合理期间原则,③或合理期限原则。④ 不同的翻译方式,显示了对进程适时性问题的不同解读角度,即公民权利导向的解读或政府义务导向的解读。

---

① 《欧洲保护人权和基本自由公约》是迄今为止最为有效的区域性国际人权公约,缔约国包括德、法、英等 47 个域外法治国家。依据该公约第 35 条设立的监督与救济机制,缔约国公民可对其公约权利的侵犯提出个人申诉,设立于法国斯特拉斯堡的欧洲人权法院有权对各缔约国内部的司法活动与相关法律制度予以司法审查,裁判其是否违反公约要求。

② 参见冯喜恒:《刑事速审权利研究》,26 页,北京,中国政法大学出版社,2013。

③ 参见刘学敏:《欧洲人权公约体制下的公正审判权研究》,190 页,北京,法律出版社,2014。

④ 参见施鹏鹏:《法律改革:走向新的程序平衡?》,305 页,北京,中国政法大学出版社,2013。

所谓期间,是指某一期日与另一期日之间的时间;而期日,是指司法机关和诉讼参与人于一定场所共同进行诉讼行为的日期。[①] 合理期间,既是指诉讼活动中某一期日与另一期日之间时间的合理性,也指诉讼中特定期日所选择时间点的妥当性。因此,"合理期间"中的"合理"即为"适合、适当","期间"即"时"。诉讼程序的运转速度如若符合"合理期间"的要求,也就具备"适时性"。这也是本文所关注的不过于快速也不过于缓慢的进程状态,是刑事诉讼进程调控机制追求的目标。

综上所述,笔者试求统括两大法系制度格局中审查与调控进程状态的程序机制,故而选取《欧洲人权公约》中"合理期间"(Within a Reasonable Time)这一概念,泛指刑事诉讼进程状态所需遵循或需追求的实体性的适时性标准。也就是说,国际公约和各国法律中旨在保障刑事审判在合理期间内迅速开启和进行,不被无故迟延的法律规则或法律原则。[②] 具体来说,不仅包括法律规则层面为程序运行、羁押持续设立的时间限制规则,以及有关诉讼程序中止、加速、延期的具体程序规则,而且包括两大法系诸如迅速审判权、诉讼及时原则、法治国家原则等原则性规范,它们都可以作为审查与评估进程状态适时性的法律依据。

(二)进程调控的制度结构

以"合理期间"为基点,进程调控的制度结构,可被划分为三方面要素予以研究:①审查程序,对刑事诉讼进程状态的期间合理性予以

---

① 参见信春英:《法学词典》,1078、1079 页,北京,法律出版社,2003。

② 具有代表性意义的立法范例包括:1945 年的《欧洲国际军事法庭宪章》第 18 条、日本 1946 年宪法第 37 条、1950 年《欧洲人权公约》第 6 条、1966 年的联合国《公民权利和政治权利国际公约》第 9 条和第 14 条、1969 年《美洲人权公约》第 8 条、美国 1974 年《联邦迅速审判法》、1981 年《非洲人权和民族权宪章》第 7 条第 1 项、1982 年宪法法案《权利和自由宪章》第 11 条、1993 年的《前南斯拉夫国际刑事法庭规约》第 21 条、1998 年《国际刑事法院罗马规约》第 67 条、日本 2003 年《关于裁判迅速化法律》、中国台湾地区 2010 年《刑事妥速审判法》等。除此之外,还包括各个国家和地区《刑事诉讼法典》中涉及时间使用问题的法律规范。

司法审查的程序;②评价标准,识别与认定诉讼进程状态违反合理期间要求的实体性标准,也即启动进程调控措施的实体性标准;③调控措施,期间合理性审查所引发的,因进程状态违反期间合理性要求而导致的法律后果,即进程调控措施。具体来说,有许多理论问题需要探讨。首先,刑事诉讼活动复杂多样,法律制度应以哪一方诉讼主体的何种诉讼行为作为期间合理性审查的线索,采取何种方式将其纳入司法审查?其次,对案件进程状态的审查和评价,原则层面的迅速审判理念和规则层面的期限规范,分别应当发挥何种作用?有关强制措施期限的规范,是否发挥作用?如何发挥作用?另外,如果经过程序性审查,案件进程状态违反合理期间要求,应当采取何种措施对进程状态进行调控,不同调控措施之间的优势与局限是什么?本文仅对这些问题进行预备性探讨,解决几个前提性的基本问题。在未来的研究中,有必要对上述问题进行更为详细的讨论。

1. 进程调控的审查机制

司法活动中对进程状态的审查和调控,其意义不仅在于提供适用于个案的适时性标准,更重要的是打破国家公权力对进程调控权的垄断,促使进程状态问题能够获得司法审查,使包括被追诉者在内的多方诉讼主体,都能够获得影响诉讼进程的程序机会。典型的如在著名的辛普森案中,辛普森受美国宪法第六修正案迅速审判权的保护,加利福尼亚州法律为此所提出的时间要求是,犯罪嫌疑人在被逮捕后 15 天内必须被起诉,被告人在被起诉后 60 天内必须开启正式审判,否则,案件将可能被驳回。此时,控方无法垄断对进程的控制权,如此严格时限控制,对于指控的准备活动来说,相当紧张。对此,反倒是辛普森本人主动放弃了时限保护,请求法官推迟了正式审判的期日,这才放缓了诉讼进程。因为,辛普森已倾数百万美元请律师,他需要更多的时间编织一个美国历史上最庞大的律师团。[①]

---

① 参见王达人、曾粤兴著:《正义的诉求:美国辛普森案与中国杜培武案的比较》,43页,北京,北京大学出版社,2012。

在多方参与的刑事诉讼活动中,各方诉讼主体之间存在严重的立场差异,故而任何诉讼程序的运行进程,都很难达到无可质疑的妥当速度,具体时限规定的执行,往往也都充满变数。然而,质问一国法律制度是否为实现刑事诉讼合理期间而提供了较为可行的机制与方法,却是可能的。欧洲人权法院对《欧洲人权公约》第 13 条有效救济条款的适用,就是此种思路的体现,即省略对案件所涉及纷繁复杂因素的深度分析,退而关注《欧洲人权公约》缔约国是否为合理期间的实现提供了充分的程序保障。[①] 当诉讼进程状态的实体适时性标准变数较大而难以把握时,一国法律制度是否具备起码看起来显得公正的进程适时性审查程序,是否为存在适时性争议的进程状态提供了一个审查、检讨、论证的程序性审查平台,将是我们首先关注的重点,也是笔者反思我国刑事诉讼制度格局内适时性审查程序的立足点。

在适时性审查的过程中,对案件进程是否具备适时性的判断,取决于各方诉讼主体在时间背后的诉讼利益是否获得平衡。因此,有必要借助司法活动中各方诉讼主体的智慧,使案件的进程状态能够成为在司法过程中由多方诉讼主体之间进行审查、探讨与决定的标的,这样才能保证各方诉讼主体在时间维度的权利、利益可以获得审慎、细致的协调。对此,在未来的研究中有必要作出更为详细的分析探讨。

2. 进程调控所关注的合理期间

诉讼活动虽由多方诉讼主体的诉讼行为交织而成,但无论是审问制诉讼构造还是对抗制诉讼构造,刑事诉讼的重要环节皆由官方

---

① 《欧洲保护人权和基本自由公约》第 13 条规定,在人民于公约中规定拥有的权利受到侵害时,必须要能够获得国家机关的有效救济。若人民无法有效地获得国内法院之救济,该国将违反公约所规定的此等义务,而人民可以就此对该国提起独立的诉讼。

诉讼主体把握。① 警、检、法等官方诉讼行为不仅对诉讼的推进发挥重要作用，而且他们享有约制被追诉者权利的裁量性权力。因此，考察两大法系的制度发展，刑事诉讼进程调控大致以审查官方诉讼行为的适时性作为程序性审查的线索。通过审查官方诉讼主体对合理期间义务的履行情况，评价官方诉讼主体是否完成了保障合理期间的程序性责任，进而决定是否有必要对不合理的期间状态启动进程调控措施。

此外，恰如欧洲人权法院对合理期间范畴的运用，刑事诉讼法律制度关注案件进程的期间状态，主要关注两类期间：分别是诉讼运行期间（体现在《欧洲人权公约》第 6 条第 1 款），以及未决羁押持续期间（体现在《欧洲人权公约》第 5 条第 3 款）。两者之间的功能虽各有侧重，但关系极为密切，是关注诉讼进程适时性的两种主要角度。诉讼运行期间在一般意义上关注诉讼进程适时性，而羁押持续期间则更关注被追诉者遭受羁押时，法律对诉讼进程适时性所提出的特殊要求。笔者后文的论述，将以诉讼运行期间为主要研究线索，兼及对羁押持续期间的关注。关于诉讼运行期间规范与羁押持续期间规范之间的功能异同，在未来的研究中也需要进行更为深入的讨论。

本文仅探讨两个问题：合理期间所覆盖的程序阶段，以及进程状态违反合理期间的表现。

1）合理期间所覆盖的程序阶段

诉讼进程适时性问题极为复杂，必须限定这一主题的研究焦点与切入角度，否则极易流于空泛。刑事诉讼活动由各方诉讼主体的行为交织而成，诉讼行为实质上是组成刑事诉讼这一有机整体的微观细胞。与诉讼进程相关的诉讼行为多种多样，并非每一诉讼行为的期间合理性均对诉讼进程具有重要意义，必须有所选取与侧重。

---

① 刑事诉讼由控、辩、审、被害人等各方诉讼参与人共同进行，但是程序的运行主要以官方诉讼主体的诉讼行为推进展开。启动侦查、决定控诉、移送裁判、开庭审理、作出裁判，刑事诉讼的重要环节皆由侦查机关、检察机关、审判机关等官方诉讼主体的诉讼行为启动。

观察两大法系所关注的合理期间,英美法系迅速审判权,主要关注对被追诉者提起正式指控,以及法庭开启正式审理两种重要诉讼行为,关注两者与被追诉者遭受逮捕或指控之间的时间间隔。[1] 欧洲人权法院对合理期间受审权的司法适用,则是吸纳了大陆法系诉讼及时原则的规制范围,其关注的重要诉讼行为还包括法庭是否在合理的时间内做出实体性的裁判结论。[2] 受《欧洲人权公约》影响,缔约的欧洲国家大多均在各自内国法承认"合理期间受审权"或"诉讼及时原则",但在具体制度设计中所关注的合理期间时段也颇有差异。如在丹麦,诉讼及时原则主要用来约束、指导审判阶段。但在爱尔兰、希腊、荷兰、德国,却同时约束起诉阶段甚至其他程序。[3]

有鉴于此,出于研究的便利,本文关注的合理期间,大致与欧洲人权法院关注的合理期间范围相一致,主要包括两部分,即自嫌疑人遭受"指控"直至审判开始的审前期间(这与英美法系迅速审判权所关注的合理期间大致相符),以及自审判开始直至做出终局判决的审判期间。上述两部分程序阶段,涵盖从公民涉入刑事诉讼,直至获得终局诉讼结论的全过程,是诉讼法律发挥作用的主要程序空间,与当事人权益的关联尤其密切。除此之外,有关指控前活动的程序时段,以及裁判做出后的执行活动的程序时段,并不作为本文的关注重点。

2)违反合理期间的两种表现:迟延或过快

域外迅速审判理念,均强调迅速并非绝对求快,而是在保障当事

---

① 美国《联邦迅速审判法》规定:"某一大陪审团起诉或检察机关起诉应在相对人被捕或以与指控相关的事由被传唤之日起 30 日内完成。而法院必须在大陪审团起诉或检察官起诉后 70 天内进行审判。" See Randall S. Susskind, "Eighth Survey of White Collar Crime Procedural Issues", 30 *Am. Crim. L. Rev.*, 1993. p. 1246.

② 在欧洲,合理期间受审权的适用期间始于"指控"。欧洲人权法院在判决中对"指控"的定义是:"由有权机构给予某人正式通知,宣称他已经犯罪;然而,'指控'也有可能在某些情况下表现为其他措施,只要这些措施实质性地影响到了犯罪嫌疑人的状况。"适用期间的终期在欧洲一般是最终的裁判结果作出时,上诉程序、执行程序等"足以影响诉讼结果"的期间也包括在内。See ECHR, Eckle v. Germany, Judgment of 15 July 1982, para. 73.

③ 何家弘:《欧洲刑事司法大趋势——以欧盟刑事司法一体化为视角》,212 页,北京,中国检察出版社,2005。

人诉讼权利获得实现的前提下,在过快与过缓之间追求相对妥当的速度。在我国台湾地区,有关迅速审判问题的专门性立法,为了避免将"迅速"误解为单方面求快,选择的用词就是"妥速审判法"。[①] 尽管如此,无论是英美法系迅速审判权、大陆法系诉讼及时原则,或是合理期间受审权,其实都更关注对诉讼迟延的治理。造成这一现象的原因有二:①诉讼进程过快现象,除了违反明确的时间数值规定,独立构成程序性违法的情况之外,大多数时候,同时是对被追诉者具体诉讼权利的侵犯(举例来说,比如人为限制律师会见的时间,可能构成对辩护权的侵犯)。此时,具体的诉讼权利是合理期间权益的一部分,但其内容往往比合理期间权益更为清晰明确。被追诉者可以直接以具体诉讼权利遭受侵犯为依据,申请启动司法审查,大多数时候无须将此种侵权转化为诉讼进程问题请求救济,也没有必要以进程过快侵犯其合理期间权益作为诉由。②域外法治国家对诉讼进程适时性问题的关注,其实有一个转变的过程。法治发展早期对诉讼进程过于快速、当事人权益难获保障的质疑,已通过法律制度的严密化、权利保障机制的完善化获得解决。时至当代,诉讼制度的发展已过于严密,制度成本的耗费也随之加剧。加上犯罪率上升所致的诉讼爆炸,导致诉讼迟延问题成为探讨迅速审判理念的制度背景。

反思诉讼进程适时性的中国问题,我国诉讼法律制度在 30 年内走完了域外法治发达国家 200 余年的发展历程,法律移植与人为建构因素较重。不仅法律程序的设计本身尚不严密,而且法律程序被规避与违反、当事人诉讼权被任意践踏的现象还很普遍。我国制度层面虽然已经确立了程序性制裁机制,但是远未臻成熟,无论其所能规制的程序性违法范围,还是其在司法实务中的运行效果,皆差强人意。除此之外,我国的不起诉率与无罪判决率极低,即使进程过快、

---

① 参见陈运财:《〈刑事妥速审判法草案〉评释:由日本法观之》,载《月旦法学》,2010(2);顾立雄:《刑事妥速审判座谈会》,载《月旦法学》,2010(2);蔡佩芬:《刑事妥速审判法草案之简评与建议》,载《月旦法学》,2010(2);王兆鹏:《构建我国速审法之刍议:以美国法为参考》,见《台大法学论丛》,第 33 卷。

时间投入过少,进程状态的不适时与较低办案质量之间的因果关系,也很难获得明晰的识别和彰显。因此,对实体诉讼处理结论的质量控制,就很难发现与纠正进程过快所导致的办案质量粗糙,也就无法有效地发挥对进程的"刹车"作用。

在制定法层面,官方诉讼主体对诉讼进程的职权主导过强,期限规则机械、粗糙且对辩方利益保护不足,致使辩方很难有效影响诉讼进程,难以制约过快的诉讼速度。[①] 由此可见,在独特的法治发展情况下,我国诉讼进程层面的过快现象与进程状态背后的程序性违法嫌疑,被历史性地结合在了一起。在域外法治国家,进程过快现象并不具有独立的法律意义。但就我国来说,却很难忽视进程过快的独立意义。

参考域外法治国家早期对进程过快的治理经验可知,对进程过快现象的规制,根源性的制度路径是整体法律制度的严密化。随着法律制度严密化程度的提升,有关诉讼进程过快的质疑,会随之消逝。但是,在我国当前时代的法治发展背景下,借鉴域外法治国家将进程适时性问题纳入司法审查的制度模式,适度将进程过快现象纳入进程调控机制进行审查与调控,仍有重大意义。这主要包括两方面意义:①将过快的进程状态纳入司法审查,借此审查与识别进程背后的程序性违法嫌疑,实际上有完善程序性制裁体系、细化当事人权利保障的辅助作用;[②]②适度吸纳域外法治国家从时间维度保障当事人具体诉讼权利的理念(尤其是保障被追诉者有效组织防御、充分行使辩护权所需要的时间成本),从制定法层面探究合理期间对当事人

---

①   在国外经验中极为消耗资源并制约诉讼效率的辩护制度,在中国刑事程序中的运作极为不力,由于大多数的刑事案件没有辩护律师参与,使得犯罪追诉活动大为顺畅。参见左卫民:《刑事诉讼的经济分析》,载《法学研究》,2005(4)。

②   具体诉讼权利的受损有时难以获得证明与确认,而诉讼进程的畸快,至少从时间角度,可以提供一个在外观上易于识别与操作的标准。这一意义尤为重要,倘若一国诉讼制度内设的权利救济机制不完备,当事人诉讼权利难以获得有效实现。若能借助时间因素识别诉讼程序的畸快,可将其作为引发对程序进行合法性审查的线索。在我国,此方式可称为当事人受损利益获得关注和救济的一种途径。

诉讼利益的保障作用,弥补我国权利保障规则的不足。

3. 进程调控的两类措施及其评析

基于诉讼及时原则与被追诉者迅速审判权等迅速审判理念,两大法系分别衍生各有其自身特色的法律规则和法律原则,逐步形成一些机制或措施,功能在于直接性地影响诉讼进程,或是间接性地补救诉讼进程所密切关联的权利或利益。在此基础上,区分不同制度措施发挥作用的机理大致可分为两类:程序性进程调控措施,实体性进程调控措施。前者立足于法律程序的效力而发挥作用,直接运用程序法律效果调控不适时的进程状态;后者立足于被追诉者人身自由等实体权益损害或警、检、法等官方诉讼主体的行政性、纪律性责任,通过救济、补偿被追诉者权益损害,或者是制裁、追究办案人员实体责任的方式,对诉讼进程起到迂回性的影响作用。

1) 进程调控的实体性措施及其局限性

实体性进程调控,对被追诉者一方来说,主要的方式是减刑、刑期折抵,或是金钱补偿。德国实务对程序被迟延的被告,采取量刑减轻和以迟延期间折抵刑期(类推适用羁押折抵规定)的补偿方案。《法国普通法院系统组织法》第 781 条、意大利 2001 年 4 月 18 日《关于诉讼拖延的公平赔偿法》和俄罗斯 2010 年《违反公民合理期间公平受审权利及合理期间执行判决权利赔偿法》,均设定了以金钱赔偿方式补救诉讼迟延所造成损害。对此,我国虽然并未采用减刑手段作为对进程违反适时性的实体性调控措施,但是也存在实体刑罚层面的未决羁押刑期折抵制度,[1]以及针对诉讼中止案件被羁押者的国家赔偿。[2]

另外,对官方诉讼主体一方来说,实体性进程调控措施,主要是行政性、纪律性责任,如美国和日本,即均明确地为导致诉讼迟延的法律职业者设置了纪律性制裁。就我国来说,刑事诉讼专门机关也

---

① 参见《中华人民共和国刑事诉讼法(2012 修正)》第 74 条、第 77 条第 2 款,《中华人民共和国刑法(1997 修订)》第 41 条、第 44 条、第 47 条。

② 参见《中华人民共和国国家赔偿法》第 17 条第 1 项。

尤其注重对期限违法追究办案人员的纪律责任[①]或考绩责任。后者主要体现在警、检、法三机关各自系统内部繁复的绩效考评体系之中。2014年12月,最高人民法院虽然宣布废除对各高级人民法院的绩效考评,但仍在最低限度保留"审限内结案率"等重要指标,作为评估法官办案质量的手段。

实体性的进程调控措施,深究其发挥作用的机理,其实是迂回式地救济与制裁诉讼进程违反适时性引起的损害与责任,并不是直接指向诉讼活动的进程状态而发挥作用。而且,尤其重要的是,对于实体性措施来说,如若欲使其发挥间接性的进程调控作用,首先需在程序层面判定,案件的进程状态已构成对合理期间的背离。也就是说,刑罚减免、刑期折抵、金钱赔偿、纪律责任这些措施,必须是因为进程状态的不适时而启动,而不能由于其他原因。否则,很难说实体措施发挥了调控诉讼进程的功能。

以实体性进程调控措施中的"刑期折抵"制度为例。我国与德国均有刑期折抵制度,但是我国的刑期折抵制度却不发挥进程调控功能。

根据《德国刑法》第51条第1项规定,被判决人未决羁押并不当然折抵刑期。如果根据被判决人犯罪行为后的态度,认为折抵不适当的,法院可以命令部分或者全部不折抵。这就为灵活运用刑期折抵制度救济诉讼迟延现象,留下了充分的制度空间。在德国,刑期折抵仅在一种情况下发挥救济诉讼迟延所致损害的作用,那就是,在将诉讼迟延作为减刑事由后,法官如果认为减刑不足以补偿被追诉者所受损害,法官可在宣告刑基础上将已产生的诉讼迟延作为已执行完毕的刑期。折抵之后,只要再执行剩余刑期即可。此即2008年1月17日德国联邦最高法院通过大法庭裁定确立的"执行模式"[②]。在"执行模式"中,法官应当在判决书里对案件的进程适时性进行审查,

---

① 参见最高人民法院《人民法院工作人员处分条例》第47条、第48条、第53条、第67条,最高人民检察院《检察人员纪律处分条例(试行)》第85条。

② See Michael. Bohlander, *Principles of German criminal procedure*, Oxford: Hart Publishing, 2012, p. 31.

分析诉讼迟延是否可归责于国家,评价迟延的长度及其对被追诉者的影响,最终判断对于已经发生的诉讼迟延,应当被视为有多长的刑期已经被执行完毕,然后才会做出刑期折抵。由此可见,德国"执行模式"虽为实体性的措施,但其适用却以对诉讼迟延状况进行先决性的程序性审查和判断为基础,然后,才以此作为决定减刑和刑期折抵幅度的依据。

经过相互比较可以发现,办案活动的进程迟延,在我国却不是减刑事由。此外,根据我国刑法第 47 条及相关规定确立的刑期折抵制度,我国对未决羁押的折抵是"应当"折抵,刑事法官没有不予折抵的裁量权。由于缺乏对进程适时性问题的程序性审查和判断,刑期折抵制度不能对已陷入拖延的诉讼状态发挥调控作用,而是仅能面对羁押持续时间过长的这一既成事实,事后从刑期角度进行补偿。此种补偿,与进程状态是否构成迟延,在逻辑上并无关联,并非因诉讼迟延而引发,所以不发挥进程调控功能。

与减刑、刑期折抵等实体性措施的制度现状相类似,在我国,对刑事案件的国家赔偿,需要以被追诉者在实体上被无罪处理(撤销案件、不起诉或者判决宣告无罪)为前提,它们与进程状态是否迟延也并无关系。[①] 对刑事拘留来说,无罪处理,并且存在违反适用拘留或拘留超过时限的情形,才可获得国家赔偿;而对逮捕来说,只要无罪处理即为获得国家赔偿的理由,无论逮捕的适用是否存在违法,也不计羁押是否超过期限,均在所不问。由此可见,在判断是否启动国家赔偿问题时,对于被追诉者被判决有罪的案件,以及由于犯罪情节轻微不需要判处刑罚而做不起诉的案件,以及被追诉者并未被羁押的案件,即使诉讼进程存在极为严重的迟延,甚至明显违反法律所规定

---

① 参见《国家赔偿法》第 17 条第 1、第 2 款:"(一)违反刑事诉讼法的规定对公民采取拘留措施的,或者依照刑事诉讼法规定的条件和程序对公民采取拘留措施,但是拘留时间超过刑事诉讼法规定的时限,其后决定撤销案件、不起诉或者判决宣告无罪终止追究刑事责任的。(二)对公民采取逮捕措施后,决定撤销案件、不起诉或者判决宣告无罪终止追究刑事责任的。"

的侦查羁押期限与办案期限,也无法启动国家赔偿。

由此可见,我国当前的制度格局虽然存在减刑、刑期折抵、国家赔偿三种实体性措施,但与诉讼进程适时性问题实质上都不存在制度关联。我国学界对域外迅速审判权的移植性研究,由于关注迅速审判权、合理期间受审权对被追诉者人身自由的保护作用,故而往往把这些实体性措施也作为对迅速审判权、合理期间受审权的救济手段而做出一并探讨。就此,笔者认为,由于我国上述实体性措施并无明显的进程调控功能,在研究中,虽然可以从对策的角度建议进行制度变革,倡导将进程迟延作为适用实体性措施的前提条件。但仅是从对策角度的倡导,无过多的制度意义。

毕竟,进程调控机制要想发挥作用,必须以进程适时性状态能够在诉讼程序层面获得审查、识别与评估,并且能够借助程序性审查而对进程迟延状态做出先决性的判断为前提。如果不充分考虑对进程不适时的程序性审查及其程序性后果,而是仅提出对实体性措施的变革建议,将会很容易导致实体性措施的适用标准和适用方式游离于诉讼规律之外,背离法律程序原本的目的,引发程序异化。此外,除了前述的刑期折抵、减刑、金钱赔偿三种实体性措施之外,值得一提的是,我国警、检、法等专门机关针对内部办案人员的工作表现,分别设立了较为严密的案件质量责任监控评估机制。其中,通过监督办案期限和羁押期限执行情况,进程适时性问题可以获得较为充分的审视和关注。办案活动的迟缓(往往表现为期限即将届满或者期限超过)一般将会导致办案人员的行政纪律责任,引发的是实体性的法律后果。因此,此类监控虽然不具备司法化的决策程序,但也可以说是一种较为典型的实体性进程调控措施。

2)进程调控的程序性措施及其三种类型①

就引发程序性法律后果的程序性调控措施来说,基于诉讼运行

---

① 有关程序性调控措施的详细论述,参见郭晶:《刑事司法进程的四种调控模式评析》,载《环球法律评论》,2015(3)。

期间与羁押持续期间两条线索,比较中外的相关机制主要包括三类。

(1)侧重于诉讼运行期间的调控措施:程序的加速或延缓。典型的如《奥地利法院组织法》第 91 条设定的加速抗告程序,在事实审法院程序延宕时,赋予诉讼当事人直接向上级法院提起抗告的权利,由上级法院直接诚命加速裁判的进行。① 此外,还有葡萄牙刑事诉讼法所设定的"程序加速申请"。② 除加速之外,域外法治国家在制定法的期限规则层面,也对诉讼活动的中断与延期设立了较为丰富与严密的规则。在我国制度格局下,如对侦查羁押期限、办案期限的延长审查与批准,③都是该种类型的程序性调控措施。

(2)侧重于羁押持续期间的调控措施:羁押处分的变更或撤销。羁押持续期间的合理性与羁押处分的必要性密切相关。羁押期限的超过或者不合理延长,均是违反适时性的体现,在域外法治国家往往引发强制措施的变更或者撤销。如英、德、法等法治发达国家和地区均对审前羁押设立了较为详尽的时限要求。其中,我国台湾地区,在2010 年《刑事妥速审判法》中为羁押时间设立了最高 8 年的时间上限,可以说是从强制措施角度治理进程迟延问题的典型制度设计。就我国来说,对羁押案件的羁押必要性审查,④与期限问题相关的强制措施变更、撤销,也体现了这一精神。⑤

(3)程序性制裁角度的调控措施:法律程序无效或终止。典型的如德国对诉讼拖延严重违反法治国家原则的案件所适用的终止诉讼,美国对诉讼拖延侵犯被告人迅速审判权的案件所适用的有不利

---

① 参见林钰雄:《刑事诉讼法(总论篇)》,243 页,台北,元照出版有限公司,2010。

② See European Commission for Democracy Through Law, *Study on the Effectiveness of National Remedies in Respect of Excessive Length of Proceedings*: *Replies to the Questionnaire*. CDL.2006,026,p.16.转引自冯喜恒:《刑事速审权利研究》,167 页,北京,中国政法大学出版社,2013。

③ 参见《中华人民共和国刑事诉讼法(2012 修正)》第 154～158 条、第 169 条第 1 款、第 202 条、第 214 条、第 231 条。

④ 参见《中华人民共和国刑事诉讼法(2012 修正)》第 93 条。

⑤ 参见《中华人民共和国刑事诉讼法(2012 修正)》第 65 条第 4 款、第 94、第 95 条、第 96 条、第 97 条。

后果驳回起诉或无不利后果驳回起诉,又如我国香港地区对不合理拖延案件所适用的永久搁置起诉。然而,就我国来说,对办案期限的违反,即使是延宕十余年的严重拖延案件,也难以引发程序无效、诉讼终止的程序性法律后果。一般仅能由检察机关对程序性违法提出纠正违法意见。由此可见,我国目前缺乏程序性制裁角度的调控措施,仍有待制度的进一步发展。

3）进程调控的程序性措施的优点

通过初步的比较法分析可以发现,我国既有的进程调控措施,无论是实体性措施还是程序性措施,其在外观上与域外法治国家的相关机制具有相似性,除了缺乏因进程违反适时性而导致诉讼终止的极端手段之外,貌似"种类齐全"。然而,域外刑事司法中的各类措施,在适用中往往密切关联对进程适时性本身的程序性审查,如驳回起诉、终止诉讼这类可能造成严厉后果的程序措施,甚至将进程适时性问题作为相对独立的诉讼标的启动程序性裁判。而在我国,由于程序性裁判的理念和制度刚刚起步,所以司法实践中过度依赖制定法对诉讼期限所做出的固化规定,尚缺乏一个对诉讼进程适时性进行审查、论证的程序过程。这使一切实体性和程序性制度措施,都很难直接指向时间耗费问题而发挥作用,这种缺陷,对以刑期折抵、金钱赔偿、纪律责任为代表的实体性调控措施来说,尤其如此。

相较之下,程序性调控措施与法律程序的运行状态密切相关,是过快或过缓的进程状态直接引发的程序性法律后果,其效果直接引发对失妥进程状态的调控。相对于实体性调控措施来说,具有更为基础性的制度意义。至于金钱赔偿、刑罚减免、刑期折抵等实体性法律后果,域外的经验确实有启发意义,但由于我国此类制度目前还没有近似的功能,故而不是进程调控研究的重点。

四、进程调控的制度意义：审判中心、案多人少、简易程序

刑事诉讼的进程调控,实质上是一种内嵌于常规诉讼程序运转之中的,借由控、辩、审等多方诉讼主体的互动,而对法律程序时间耗

费的合理性、期日选择的妥当性进行审查与评估的司法化机制。通过多方参与的程序性司法审查，可实现时间背后相关权利、利益关系的平衡，既有利于保障当事人的实体权利、诉讼权利，也有助于促进专门机关内、外部权力配置关系的理性化。笔者结合进程调控机制的功能，对我国理论界与实务界目前广为关注的一些问题做出回应，借以对进程调控的制度意义稍作说明。

（一）进程调控与审判中心主义

"审判中心主义"，强调被追诉者的刑事责任以及关于其人身自由等强制性措施的重大决定应经由审判决定。刑事诉讼中一切活动应当以审判活动为重心，围绕审判的任务和目标进行，接受审判活动的检验。但在我国，受"分工负责、互相配合、互相制约"原则影响，公、检、法三机关在刑事诉讼中地位平等，在诉讼活动中呈现三机关对侦查、审查起诉、审判分阶段各自负责的"诉讼阶段论"纵向诉讼构造，这在司法实践中则演变为"侦查中心主义"。

也就是说，侦查活动对案件事实和证据的认定，往往决定审判的结论，审判异化成了复核与认可侦查活动结果的仪式。对很多重大事项的决策，法官或是承袭侦查机关的认定结论，或是直接由侦查机关做出决定，使被追诉者无法在中立司法机构的主持下充分行使权利甚至根本没有机会参与诉讼、发表意见，失去了寻求司法保障的权利和机会。[1] 主要呈现两方面问题：①审前程序中司法审查缺位，侦查机关过于强势而难以获得有效制约；②审判活动虚置，庭审程序虚化。[2]

进程调控关注对时间耗费、期日选择问题的程序性审查和法律控制，强调借助当事人的积极参与和第三方法官的介入，对侦控机关活动的时间进行有效的制约。对法律程序进程调控功能的探究，有

---

[1]　参见闵春雷：《以审判为中心：内涵解读及实现路径》，载《法律科学》，2015(3)。

[2]　恰如有学者指出，庭审虚化是以侦查为中心的刑事诉讼模式的表象。详细论述参见何家弘：《从侦查中心转向审判中心——中国刑事诉讼制度的改良》，载《中国高校社会科学》，2015(2)。

助于审判中心主义的实现,主要有两方面助益:①对审前程序来说,进程调控是以法官为主体的调控,强调由中立法官主持进程调控的程序性过程。倡导由司法机关对侦控机关在审前程序中的时间使用情况,进行实时性或嗣后性的合法性审查。这样,可以强化审判机关对审前诉讼活动的制约力度,逐步约束侦控机关在他们各自主导的诉讼阶段内对审前诉讼时间的滥用。尤其在被追诉者遭受羁押的案件中,倡导由法官约束侦控机关对羁押时间的滥用,同时也是强制措施制度改革的有机组成部分。②对审判程序来说,庭审实质化是审判中心主义改革的基本要求。庭审活动必须在查明事实、认定证据、保护诉权、公正裁判中发挥决定性作用。① 庭审实质化,要求刑事案件的审判应当尽量集中进行。只有通过集中审理的方式,直接、言辞审理以及自由心证等基本原则才有可能实现。② 集中审理原则,是进程调控机制在审判阶段调控审判进程的依据。此外,集中审理原则对于排除外在因素对审判的影响之作用也极大。③ 由于裁判者始终在场亲历审判,并且裁判结果在庭审结束后就要限期做出,可以最大程度消除外界因素对审判可能的影响。进程调控,同时也是集中审理原则的实施机制。要求控辩双方能够在三方性的诉讼关系下有效制约法官对审判进程的控制权,尽量避免出现不合理的中断。否则,将会引发诸如"审判更新"这类程序性措施。

(二)进程调控与案多人少问题

我国刑事案件数量急剧攀升,使得各级法院工作量日益加大,加班加点已经是司法系统的常见现象。根据最高人民法院司改办的统计,人民法院"案多人少"已经由个别法院的"诉讼爆炸"逐渐演变成

---

① 参见张建伟:《以审判为中心的认识误区与实践难点》,载《国家检察官学院学报》,2016(1)。

② 参见林钰雄:《刑事诉讼法(分论篇)》,台北,元照出版有限公司,2010。

③ 参见甄贞、汪建成:《中国刑事诉讼第一审程序改革研究》,90页,北京,法律出版社,2007。

大城市、东南沿海等发达地区的普遍现象。① 可见,"案多人少"已然成为中国法院面临的一个严重困境。就刑事案件的"案多人少",现有的理论研究与制度变革主要致力于两个方面:①在司法体制方面,增加法院人、财、物供给,以提高案件的处理能力;②从法律程序角度,设计多种程序简易化方案,借以实现简繁分流,促进司法资源的科学配置。

刑事诉讼的进程调控,实质上是借助程序性审查机制,检讨诉讼活动时间使用的有效性。有效用时的保障与无效用时的节约,可以使有限时间资源的使用获得更高的效益。因此,注重激发法律程序内在的进程调控功能,不仅与上述趋势并不相悖,而且有助于缓解"案多人少"现象。"案多人少"意味着刑事案件数量增长速度与专门机关办案人员数量增长速度不匹配,前者高于后者,致使办案人员投入每一刑事案件的时间和精力相对减少,故而对案件办理的质量和效率产生消极影响。上述判断看似有理,但仍存在问题。比如,从"案"的角度来说,每一案件到底需要付诸多少时间资源,标准是什么?从"人"的角度来说,即使时间资源投入不足,真的是因为办案力量不足,还是因为既有的人员没有得到科学有效的配置呢?② 这些问题其实都很难判断。因此,无论从"案"的角度,还是"人"的角度,"案多人少"这一命题都是值得质疑的。③

进程调控机制,在诉讼程序运转过程中同时运行,它先天性地注重吸纳各方诉讼主体的充分参与,关注各方主体在时间维度诉讼利

---

① 参见最高人民法院司改办:《关于人民法院"案多人少"问题的调研分析》,载《中国审判》,2012(1)。

② 为了解决所谓的"案多人少"问题,需要多方面的制度努力。比如完善专门机关内部的权力配置形式,将办案权限在检、法等专门机关内部下沉到一线办案人员,尽量减少专门机关内部程序流转的成本耗费。又如健全完善司法辅助人员的职务、职责,使其提供高效的案件管理服务,使司法官脱离事务性工作。再如司法体制方面的资源调配,对司法工作的人力、经费支持等。

③ 相关论述参见姜峰:《法院"案多人少"与国家治道变革——转型时期中国 政治与司法忧思》,载《政法论坛》,2015(2)。

益的动态平衡。实际上是为案件时间耗费的合理性,提供了一种更为公正的司法化评价机制。我国刑事诉讼活动对时间的使用方式并不科学,很多宝贵的时间被无谓浪费,致使看似较高的时间投入,实际上缺乏效益,并非实现法律程序功能所必需。对此,通过强化法律程序的进程调控功能,可以借由三方诉讼关系检讨时间使用的有效性,最大程度促进时间资源的优化配置、避免低效的时间浪费。

除此之外,我国当前对案件时间耗费合理性的判断,主要是通过立法者在法律或政策中进行预估,这极易背离诉讼规律,导致专门机关唯效率论地为实现数值、数量指标而损害当事人权益。实务界与理论界对"案多人少"的认识,很多时候是通过观察专门机关办案人员在执行数值、数量指标方面的不力表现而做出的判断,并不是关注被追诉者、被害人从时间维度是否实际感觉受到不公正的对待。如果案件数量增多,致使办案人员无法完成法律规定或考核机制所定下的时限指标,那么即使被追诉者、被害人对案件进程状态并未提出质疑,也很容易使人们将此现象作为"案多人少"危害的表现。如上述论述可以发现,进程调控角度对案件办理时间耗费的反思,恰恰可以釜底抽薪地化解人们对数值、数量指标的盲从,将对"案多人少"情况的考量回归法律程序的固有规律之中。强化司法过程中的进程调控,倡导将衡量进程适时性的判断权,从静态的立法活动移交给动态的司法活动。这也有利于解除不合理指标对司法活动的束缚,破解专门机关对不符合司法规律的时间指标的非理性追求。

(三)进程调控与简易程序多元化

我国传统刑事诉讼的设计,常常是以牺牲被追诉者的权利保障为代价追求打击犯罪的有效性。尽管如此,由于我国目前处于"社会转型期""矛盾凸显期"和"犯罪高发期",案多人少、法官埋在案卷里疲于应对,仍是许多基层法院甚至高级别法院的实际情况。因而如何提升司法效率,仍是重要问题。[①]

---

① 参见左卫民、周长军:《刑事诉讼的理念》,266 页,北京,北京大学出版社,2014。

"普通程序其实是一种'看上去很美'的程序,但其真正适用的范围,只能是少量的案件,而不可能成为刑事审判程序的常态,否则刑事司法将难堪其负。"①为实现公正与效率之间的平衡,基于诉讼及时原则和被告人迅速审判权,大陆法系和英美法各自发展了多元化的速决程序、简易程序,试求实现案件繁简分流,以保证有限诉讼资源的高效使用。在我国,2012年刑事诉讼法修订对简易程序适用范围的扩充、全国人大常委会在2014年6月提出的在全国试点推动的刑事速裁程序,②均是简易程序改革的制度体现。③

发挥法律程序内在的进程调控功能,与简易程序的设立与适用之间,彼此是相辅相成的关系。进程调控是引导程序简易化变革的经验源泉,多元化的简易程序,又是在司法活动中开展进程调控的制度。其实,司法活动中对各类程序的选择适用,以及对简易程序和普通程序之间的转换,也都可以解释为一种能动的进程调控活动。

(1)如何实现法律程序的简易化,绝不能仅凭立法者的臆测,更重要的是要依靠司法者的实务判断。只有在动态运行的司法过程中,具体程序步骤、程序环节的意义才能得以展现,我们才能够判断特定的步骤、环节是否有必要被省略,或是否应当被保留。简易程序的设立,实质上是对司法运作过程中积累的进程调控经验的立法认可和制度吸纳。

控、辩、审各方诉讼主体实际参与诉讼活动,他们对案件处理的公正性最为敏感,其对特定案件的时间需求也最有发言权。针对无须投入过多时间资源的案件,诉讼主体倾向于适用更为简略化的程

---

① 汪建成:《以效率为价值导向的刑事速裁程序论纲》,载《政法论坛》,2016(1)。

② 参见全国人大常委会《关于授权在部分地区开展刑事案件速裁程序试点工作的决定》,最高人民法院、最高人民检察院、公安部和司法部《关于在部分地区开展刑事案件速裁程序试点工作的办法》。

③ 关于速裁程序和简易程序之间的关系,学界尚有争议。有观点认为速裁程序是简易程序体系的一部分,也有观点认为速裁程序是独立于简易程序、普通程序之外的第三种诉讼程序。相关论述参见叶肖华:《简上加简:我国刑事速裁程序研究》,载《浙江工商大学学报》,2016(1)。

序加快进程;反之,则倾向于运用更为复杂的诉讼程序以减缓进程。因此,从逻辑上讲,一线诉讼主体对办理特定案件所需时间和所需程序的判断,是判断普通程序是否应当获得简化及应如何获得简化的经验基础。例如,在我国 2012 年刑事诉讼法修改前,司法实践普遍适用的"普通程序简化审"程序,即司法机关在诉讼活动中基于自身判断而简化诉讼程序、加快诉讼进程的制度创造。2012 年简易程序范围扩张,仅是将此种司法经验上升为法律而已。

(2)进程调控对不同案件合理期间标准的判断,进一步促进简易程序的改良和完善。司法活动面向纷繁复杂的社会现实,其对不同案件进程适时性的判断是开放的、多变的、动态的。因此,简易程序的设计与完善,均必须时刻注重吸纳司法活动中有关进程调控的新的经验,注意将其上升为立法。从另一个角度来说,诉讼制度对简易程序的设计,实际上也是对司法活动中进程调控权的限制,遏制强势一方的诉讼主体为求效率而任意规避正规程序的冲动。

案件办理的快速有两种可能:①是勤勉推进既有程序,以保障当事人权利为前提而实现的合理的迅速;②通过降低诉讼程序公正度、减损对当事人程序保护而实现的效率提升。如果存在后一种情况,必须论证此种为了效率而对程序的简化,是符合最底线的正当性要求的、是法律通过明示或默示的方式予以许可的。此时,有关简易程序的相关立法,可以为此种论证提供规范依据。

(3)最为重要的,简易程序和普通程序之间的选择适用,同时也构成了在司法活动中调控诉讼进程的一种程序性调控措施。法律程序的简易化改革,为不同类型刑事案件的办理提供了繁简不同的多种程序。其实,无论普通程序还是各种简易程序,均包含保障进程适时性、调控不当时间耗费的进程调控功能。较为简化的程序,仅是因为对特定类型案件的公正性要求不同,所以简化了对被追诉者的程序保障,降低了为实现公正所需投入的时间成本。有学者在考察域外简易程序后指出,适用简易速裁程序的正当性化依据大致分为两类:①将被告人认罪作为适用简易速裁程序的前提;②将案情简单轻微作为适用简易速裁程序的前提。① 适用简易程序的正当化依据，同样也是运用简易程序而加快进程的正当性依据。相反，如果采取简易程序办理的案件，被发现不再具备上述正当化依据，需要借助更复杂的程序保障公正的实现，此时，程序转化为普通程序，又是一种加大时间投入、减缓诉讼进程的程序措施。

由此可见，对简易程序和普通程序的转换适用，既可加快过缓进程，节约诉讼成本，也可减缓过快进程，加大时间投入。这是一个进程调控的过程。对简易程序的适用，需要保障被追诉者自主、自愿选择和放弃使用建议程序的权利。这同时也是保障了被追诉者对诉讼进程的最底线的控制权。专门机关不能将过快的诉讼进程强加给被追诉者，应当尊重被追诉者的合理期间利益。

---

① 参见熊秋红：《刑事简易速裁程序之权利保障》，载《人民检察》，2014(17)。

农地信托中的监察人

于　霄[*]

一、问题的提出

2014 年中央颁布《关于全面深化农村改革加快推进农业现代化的若干意见》,指出要"在落实农村土地集体所有权的基础上,稳定农户承包权、放活土地经营权,允许承包土地的经营权向金融机构抵押融资"。三权分置是我国当前农村土地改革的核心政策,而农地信托是三权分置的重要路径。

农地信托在我国虽然是新生事物,但 2013 年 10 月诞生后发展迅速,从安徽宿州、山东青州到上海浦东,已经有了很多实践。农地信托几年的发展逐渐受到学界重视,农地信托中农民权益的保护、受托人责任等问题已有了一些成果,但关于第三方监督的问题,研究还很欠缺。

在现有条件下,农民对于信托等现代融资和财产管理手段认识较浅,知识和技术水平处于劣势地位,利益容易受到侵害。加之,土地承包经营权在我国现阶段还具有生活保障性质,对土地承包经营

---

* 华东政法大学科学研究院副研究员,法学博士。

权以及所派生受益权的特别保护依然是一个制度设计所面临的课题。根据信托在其他国家发展的经验,在信托中设立监察人是一种比较有效的问题解决路径。

二、农地信托设立监察人必要可行

(一)农地信托中农民主体处于弱势地位

农地信托是以农村土地承包经营权为信托财产的信托,信托人和受益人主要是农民。农地信托主要目的是加强农地流转,提高农地利用效率,增进农民福利。然而,实践中,农民却时常无力保护自身权益。

首先,农民缺乏充分的自主权。随着城市化进程的加快,农民入城打工已经成为普遍现象,农村土地利用率日益下降。增进土地流转,提高利用效率的农地信托本来是提高农民收入的手段,却在实践中出现了大量违背农民意愿强迫交易,损害农民利益的现象。调查显示,在信托流转决定权问题上,选择"能够自行决定"的占30%;选择"只能由村委会统一决定"的占57.28%,选择"只能由上级政府统一决定"的占12.72%。① 农民自主权受损主要有两个原因:①信托农地需要连片开发,对于开发区域内不希望流转土地的农民,可能存在"做工作"或其他强迫的情况。②政府为了推广新制度,工作方式不当,也会存在变相强迫的情况。

其次,农民在信托关系中缺乏足够能力维护自身权益。在信托关系中,不管是作为信托人还是受益人,农民都处于劣势地位。受托人作为专业的信托公司,在实践中比较容易利用自己的专业技术和独享信息,消解和排斥来自农民信托人和受益人的知情权和其他法定权利的行使。具体来说,信托公司可以利用起草信托合同的优势,使用冗长晦涩的语言,排除信托人和受益人权利,增加自身权利,回

---

① 汪莉,彭婷婷:《土地信托流转中的农民权益保障》,载《河南工业大学学报(社会科学版)》,2016(3)。

避自身义务,增加农民追诉困难等,甚至可以通过合同回避法定义务,对重要信息不进行必要和及时的揭露和通知。① 信息不对称,一方面是农民弱势引起的;另一方面也加深了农民的弱势。

最后,农地实际信托人削弱了农民对受托人的监督能力。在实践中,农地信托大都不是由农民直接设立的。为了减少谈判成本,加快推进速度,形式上也为了维护农民权益,发起人会先将农地集中起来。比如在山东青南小王庄农地信托中,农地首先集中在合作社,再由合作社作为信托人与信托公司签订合同,设立信托。这样的操作表面上可以弥补农民在信托中的能力不足,但前提是实际信托人必须具有一定专业能力,并积极审慎地履行职责。一旦实际信托人未能适当地履行职责,这种结构反而会使农民与信托隔离,更难于直接了解信托财产管理的信息,行使自己的法定权利。

(二)国际上信托保护人得到了广泛的使用和承认

信托中设立监察人(保护人)是保护弱势受益人或信托人的有效手段。随着信托业的发展,为了平衡受托人的自由裁量权扩张,国际上越来越多的信托设置了保护人。在英美法上,早期的受托人一般都是信托人家庭的亲戚朋友,或长期服务于这个家庭的专业人员。而现在,典型的信托都由专业信托公司管理,管理也高度商业化。于是,信托人希望通过设置保护人,在商业信托中加入更多的个人因素。而保护人的人选与100年前受托人的人选非常相似,即信托人家庭的亲戚朋友和长期服务的顾问。

保护人在信托关系中承担的功能主要有三个:①保障信托人的权益可以在更大范围和更长时限里实现;②加强对受托人监督,以便增进受益人的利益;③限制职业受托人在专业领域,特别是投资中,对高风险高回报的追求。

现在国际上对承担这些功能角色的一般称为保护人(protector),

---

① 叶朋:《农地集合信托与农户利益的法律保障》,载《华南农业大学学报(社会科学版)》,2015(4)。

但在具体环境下,也会被称为监护人(guardian)、指定人(appointor)、顾问(advisor)或者管理委员会(management committee)(如果承担这一职能的人不止一人)。在我国,立法上将其称为"监察人"。

保护人是信托三角关系的第四方,他与受托人角色相似,但却与其功能不同。保护人是信托发展到专业化和商业化,达到长期化之后的必要设置,也是信托制度的优化。世界主要英美法国家都在法律上承认了信托中的保护人。

美国《统一信托法典》第808条规定:"(a)在可撤销信托中,受托人可以遵从信托人与信托文件相反的指示;(b)如果可撤销信托的文件将信托人指示受托人的权利赋予了其他人,那么,受托人应遵从权利人的指示行动,除非权利人明确违反了信托文件的规定,或受托人明确知道遵从指示的行为将会构成严重的对信义义务的违反,或对受益人权益的侵害。"①在可撤销信托中,因为信托人明确为自己保留了撤销信托以及控制信托的权利,其所设立的保护人的权利也更为广泛,甚至可以与信托人的保留权利相同。当然,在不可撤销信托中,信托人也可以设立保护人。

各国判例也承认设立保护人的效力。在澳大利亚哈里斯婚姻案(In the Marriage of Harris)中,受益人同时设定了指定人和监护人办公室,他同时可以通过两者控制和替换受托人。法院支持了这一信托关系,并认为,这一信托是"为了取得合法所得税减免,并可能具有其他商业动机的真实交易"。②

甚至在极端案件中,法院也会尊重信托人设立保护人的意思。在安德森案(Anderson Case)中,迈克尔·安德森(Michael Anderson)和德尼斯·安德森(Denyse Anderson)为一家公司提供投资项目的电话推销服务,这家公司声称可以在60～90天内提供15%的回报。这种高额回报的投资明显是庞氏骗局,但是安德森一家还是接

---

① Uniform Trust Code, §808.
② In the Marriage of Harris,(1991) 104 FLR 458.

受了业务,并从中获取了 600 万美元的佣金。当庞氏结构崩溃,联邦贸易委员会(Federal Trade Commission)代表数千投资者提起了诉讼。而安德森一家那时已经将获得的佣金在库克群岛设立了财产保护信托。在此信托中,安德森家和一库克群岛信托公司是共同受托人,安德森家还是信托的保护人。内华达州地区法院判令安德森一家移交离岸信托的控制权。而与此同时,信托合同中的"反胁迫条款"(anti-duress)却立即生效。"反胁迫条款"这样约定:胁迫事件是指"在世界任何地区的任何法院或法庭做出的任何命令、指令与判决直接或间接地剥夺、征收、扣留或以任何方式控制或限制受托人对金钱或投资或财产的自由处分……",而条款生效后,安德森一家立即自动地被解除了受托人地位。结果,法院承认了安德森一家在信托中的保护人地位,却以蔑视法庭罪对他们进行了处罚。①

在大陆法上,保护人一般被称为管理人或监察人。大陆法国家的信托一般也可以设立监察人,并且规定特定信托应当设立监察人。比如,日本《信托法》第 8 条规定,受益人不特定或尚不存在时,法院可根据利害关系人的请求或依职权选任信托管理人,但依信托行为另有指定的信托管理人时,不在此限。韩国《信托法》第 18 条规定,无特定或尚没有受益人时,法院须根据有关利害关系人的请求,或依职权,选任信托管理人。我国台湾地区《信托法》第 52 条和第 75 条规定,当受益人不特定或尚不存在时,如信托属于公益信托,主管机关可以因利害关系人的请求或者依职权而选任信托监察人;如属于其他类型的信托,法院可根据利害关系人的请求或依其职权选任信托监察人,但信托行为另有指定的信托监察人时,不在此限。我国《信托法》第 64 条规定,公益信托应当设置信托监察人。

总结这些立法规定,应当设立信托监察人的信托主要有三个类型:①受益人不特定;②受益人尚不存在;③信托具有公益性质。也就是说,监察人是在受益人不能或难以行使自身权利时,为受益

---

① Federal Trade Commission v Affordable Media LLC,179 F3d 1228 (9th Cir 1999).

人利益行使特定权利而设定的除受托人之外的人。虽然,我国农地信托的受益人多数存在,在一般情况下也是特定的(农地信托多为自益信托),但是,因为农民在现阶段,尚不具备与受托人同等的对信托财产管理事项的理解能力,存在难以行使自身权利的问题,我国农地信托具有"受益人不能或难以行使自身权利"的特点,所以也应当设立监察人。可以说,我国农地信托具有"受益人不特定"和"受益人尚不存在"信托相似的特征,所以存在设立信托监察人的必要性。

而我国关于信托监察人的立法,只对公益信托做了强制规定,对于其他信托则由当事人自治。从立法上来说,农地信托可以设立监察人。而现在实践中的农地信托,对农民受益人的保护主要通过受益人大会等方式完成,而设定监察人的尚少。

三、农地信托监察人本土化定位

(一)监察人的权利是信义权还是对人权的分辨

信义权与对人权是英美法对权利的划分。所谓对人权利(personal power),是指权利人不必考虑是否有必要行使权利,他甚至可以放置权利,永不行使。如果他决定行使权利,那么他就有权出于任何动机行使此权利。只要他没有欺诈或在授权之外为自己或第三人谋取利益的行为,就可以获得法院支持。对人权可以被认为是一项"好处",权利人可以为自己利益行使这项权利。而对于信义权利(fiduciary power),信托人则希望权利人负责任地利用自由裁量权增进受益人的利益或有助于某一目标的实现。这就要求权利人,及时自主地或在受托人请求时,考虑是否行使自由裁量权。这种自由裁量权不能放弃,也不能限制,除非在信托文件中明确规定。在行使权利时,权利人要考虑行使权利会导致的各种后果,必须善意、理智,不能刚愎自用,并且不能与信托人的主要预期相背。权利人不得从自由裁量权中受益,除非有信托的明示或必要的暗示授权。①

早期加拿大安大略省上诉法院在罗杰斯案(Re Rogers)中阐释了信托保护人信义权的问题。案中,遗嘱信托要求所有受托人在向一家特定公司进行投资时,必须征求一个顾问的意见,并且规定如果遵从了顾问的意见,采取的任何行动都可以免责。在遗嘱人死后,顾问开始为自身利益购买该公司的股份。受托人建议顾问出售这些股份,大多数的受益人也同意出售,但顾问担心股价下降,自己的利益受损,而拖延等待。顾问认为,他的权利是绝对的对人权,所以,法院无权管辖。法院没有细究顾问对受托人管理权的问题,将他描述成"准受托人"。法院认为,受托人可以出售股权,不必寻求顾问的同意。法院还认为,认同了顾问的所谓不受管辖的权利,就等同于设立了一个超级受托人,他既不对其他受托人负责,也不对受益人负责,也不受法院的控制与指示。②

保护人的信义权具有人身性。在伯顿案(Re Burton)中,澳大利亚联邦法院认为,在自由裁量家庭信托中,如果指定人破产,其任命和解任受托人的权利不应当被认为是指定人的财产权,而是其人身权。所以,这一权利还是由指定人享有,并由其自由行使,而非移转给他的破产受托人。③

一般说来,对人权和信义权有一些表面的区分标准:①受益人担任保护人,为自身利益行使权利,是对人权;②受益人担任保护人,为自身利益以及其他所有受益人行使权利,是对人权;③保护人对信托财产没有受益权,只能为受益人的利益行使的是信义权。比如,美国《统一信托法典》第808条(d)款规定,除受益人以外的其他人,如果享有信托指定的权利,那么法律假定他享有的是信义权,他应当在信托的目的下,为受益人的利益,善意地行使其权利。指定权利人如果违

---

① DJ Hayton,Hayton and Marshall,*Commentary and Cases on The Law of Trusts and Equitable Remedies*,Sweet & Maxwell,2001,pp. 172-173.

② Re Rogers,(1929) 63 OLR 180.

③ Re Burton,[1994]FCA 557.

反了信义义务,应当承担赔偿责任。① 又如,外部专业公司担任这一职位,那么他享有的可能就是信义权,并对受益人承担义务。

农地信托监察人的权利是信义权,而非对人权。因为农地信托监察人设立的目的就是弥补农民信托人和受益人交易能力的不足,所以,一般由有能力的第三方担任。第三方担任监察人,为受益人行使权利,并不对信托享有受益权,所以,应当享有的是信义权。也就是说,农地信托监察人行使权利不是一项"好处",而是一种义务。他应当在法律和信托文件授权的范围,尽责为受益人的利益行使自由裁量权,并为未能或错误行使职责的行为承担相应责任。

在特殊条件下,或随着农地信托的发展,受益人担任监察人的情况也可能会出现。受益人担任监察人,其行使的是对人权。但是,受益人或信托人行使作为对人权的权利时,不可以超越一定界限。信托关系的基本要求是管理权与所有权的分离,如果信托人既设立了信托,又通过担任监察人制约受托人,保留事实上的管理权,那么他将不能享受信托关系所带来的对抗第三人的能力。

(二)监察人与受托人的信义义务的冲突

1. 监察人的信义义务排除受托人的信义义务

在信托中,受托人对受益人也承担信义义务。而在信托财产的管理上,保护人与受托人的义务履行有时会发生冲突。所以,如果保护人的义务具有信义性,那么,其履行信义义务导致受托人不能履行相应义务时,受托人应当免除责任。

《爱达荷州法典》(Idaho Code)将"信义排除"定义为"因为信托人或信托顾问或信托保护人根据信托文件行使权利,而被排除的信义义务"。② 1991 年《佐治亚州法典》(*Georgia Code*)规定,当信托文件为信托人保留,或赋予顾问或投资委员会或其他人以排除受托人进行投资的权利,那么被排除权利的受托人仅在执行代理人义务的范

---

① Uniform Trust Code, § 808.
② Idaho Code Ann, § 15-7-501(1)(b).

234

围内负责,仅对执行指示行为本身承担责任,而不承担受托人或共同受托人责任。① "被排除的信义义务人个人不对以下承担责任:(a)遵从信托顾问指示导致的任何损失;(b)因为需要事前取得信托顾问的同意,而在及时征询后未能得到该同意而不能进行行为而导致的损失。如果信托顾问有权指示收购、处分或保留投资,那么信义义务人也免于履行投资审查和推荐的义务。"②

保护人有时会享有非常广泛的权利。《爱达荷州法典》规定的"投资顾问"就享有广泛的权利:"除非另有规定,信托投资顾问具有以下权利:(a)指示受托人买卖、保留信托财产,对信托财产本金和收益进行投资和再投资;(b)行使信托中证券的表决代理权;(c)选择一个或多个投资顾问、管理人或顾问,包括受托人,并且对他们进行授权。"③南达科他州对此进行了补充,权利还包括"指示、同意或驳回受托人或共同受托人关于投资信托财产投资的行为或不行为;指示并购、转移或保留信托投资"。④

保护人的权利并非没有限制。首先,保护人的权利主要应当来源于信托文件,怀俄明州强调,信托保护人的权利和自由裁量不但可能来源于信托文件,也可能来自于法院,或由法院修改。⑤ 除信托文件外,立法还设定了其他的限制。比如,关于信托保护人,爱达荷州的立法定义是"任何信托文件中指定的非利害第三方"。⑥ 将保护人定义为"非利害第三方",这种立法与广义的保护人相比,用意在于将保护人行使权利的范围限定在"为自身、自身财产和自身债权人的利益"之外。爱达荷州和南达科他州规定,信托保护人的权利和自由裁量还应当"为信托的最大利益"。⑦

---

① Georgia Code, §52-12-194(c).
② Idaho Code Ann, §15-7-501(2); South Dakota Codified Laws, §55-1B-2.
③ Idaho Code Ann, §15-7-501(10).
④ South Dakota Codified Laws, §55-1B-10.
⑤ Wyoming Statutes, §4-10-710(a).
⑥ Idaho Code Ann, §15-7-501(1)(g).
⑦ Idaho Code Ann, §15-7-501(6); South Dakota Codified Laws, §55-1B-6.

2. 非信义保护人与受托人完全责任

在保护人与受托人义务履行冲突上,还有另外一种规范路径,就是保护人不享有信义义务,不可以干涉受托人的管理行为,而相应的,受托人要对自身的所有行为承担完全责任。

2003 年,阿拉斯加州立法,将顾问定义为行使与信托财产有关事项权利的指定人。① 阿拉斯加州对于保护人的安排与爱达荷州、南达科他州以及怀俄明州不同,差异主要有两点:其概念中的保护人不是指定受托人,不具有与受托人相同的信义义务。同时,受托人在行使权利的自由裁量上也不受其限制,当然,他们也不能因为保护人的原因而免除责任。

"除非信托文件另有规定,即使指定了顾问,受托人对信托财产的处分权,对信托的管理权以及其他所有权利和自由裁量行为都是完全和有效的,如同没有指定顾问一样。受托人不必遵从顾问的建议,顾问不对建议负责,也不被认为是受托人或信义义务人。"② 同样的,如果信托文件没有相反规定,信托保护人也不因为行为或不行为,而承担受托人的责任或信义义务。③

保护人与受托人的信义义务冲突本质上反映了两者管理权的冲突。两种规范路径,前者将信托财产的管理权分配给受托人和保护人,保护人实际上享有受托人地位,在特定事项上,具有高于受托人的管理权;而后者则是将管理权分配给了受托人,保护人不具有管理人的地位。与此同时,规范根据"谁决定谁负责"的原则,相应的将管理者责任分配给了受托人和保护人。

农地信托设立监察人的权利是受托人权还是非受托人权,应当分情况讨论。首先,如果比照《信托法》对慈善信托监察人的规定,立法要求农地信托"应当"设立监察人,依法设立的农地信托监察人仅享有监察权,不享有受托人权。法定监察人享有的是监察权,而非信

---

① Alaska Statutes, § 13.36-375(a).
② Ibid., § 13.36-375(b).
③ Ibid., § 13.36-375(d).

托财产的管理权。这里的所谓监察权是对管理权的监督与审察权，而非直接对管理权的干涉。另外，农地信托人也可以自主设定监察人，自主设定的监察人却可以享有共同受托权。此时，监察人可以被认为是监察人，也可以被认为是共同受托人，并依照信托文件的权利分配行使权利。农地信托人可以在法定监察人之外，设定监察人或共同监察人。

三、农地信托监察人可以多元选任

（一）保护人选任与解任的一般原则

监察人可以由不同身份的人担任。在信托关系中，信托人、受托人和受益人，除了受托人本身不可以担任保护人之外，信托人和受益人都可以担任保护人。在实践中，信托人在设立信托时，有时希望为自己保留一部分信托财产管理权。而在信托设立之后，除信托规定条件（比如，在可撤销信托的撤销条件达成时）之外，信托人直接干涉信托财产的管理有可能会被认定为虚假信托（sham trust）。出于在保证信托效力的前提下，对信托进行一定监督的目的，信托人会在信托设立时，自己指定自己为保护人，并赋予自身相应的权利。

而受益人作为保护人，主要是信托人在设立信托之后，为了受益人更方便地监督受托人行为，保障受益人受益权而赋予受益人的超出单纯受益权的监督权。当然在实践中最多的是第三方承担保护人的职责。所以，保护人有可能是信托人、受益人，也有可能是第三方。

保护人的选任与解任权是信义权。2007年意大利米兰法院审理了一个信托案，案中信托的所有因素除适用法律外，都处于意大利境内，信托是根据海牙公约承认的一个信托。为了进行财产安排，父母将家族企业的股份全部赠予儿子，并同时让儿子将财产设定信托，信托的受益人是整个家族。按照信托要求，企业股权转移给了受托人，一家意大利的信托公司，信托设定了保护人，就是这对父母，他们也对信托享有或有受益权，而他们的儿媳和孙子女对收入和本金享有受益权。形式上，儿子是信托人，受托人享有自由裁量权，保护人对某些事项有同意或反对权,有权解任和指定受托人。信托适用英国法。

后来,因为家庭关系紧张,儿子抛弃了妻子和孩子,并停止为他们的生活提供供给。同时,因为受托人不听从他指令,他打算解除父母保护人的职务,任命他的老朋友作为新的保护人。他还准备解任受托人,于是受托人向法院申请指示。法院撤销了解任原受托人的契据。法院认为,信托文件没有明示或暗求赋予信托人解任保护人的权利。法院认为,解任与指定保护人的主体也同时有权解任与指定受托人,但这种权利是信义权,即使信托人享有这一权利,他也必须为了所有受益人的利益行使。法院注意到,父母为自己保留了或有受益权,这表明了他们希望保留保护人的职位,以便可以为了所有受益人的权益控制信托的整体结构。[①]

保护人的选任与解任主要遵循"为受益人利益"的原则。比如,开曼群岛大法院在汇丰国际信托有限公司诉王案(HSBC International Trustee Limited v Wong)中认为,如果受益人有任命保护人的权利,那么他的权利要受到约束。案中信托的受托人为信托人的妻子和四个孩子管理他的家庭企业和财产。在一次家庭纠纷之后,大多数的受益人都希望指定信托人成为保护人。信托人的一个儿子希望放弃受益权,代替专业信托公司成为受托人。两者的目的都是将信托财产控制在对信托人忠诚的一部分人手中。而另外两个儿子通过法律途径提出异议,认为如果不是理性、善意和适当地进行,指定保护人则是无效的。

法院认为,根据信托文件和合理解释,受益人行使指定保护人的权利是有效的。同时也认为,因为保护人有指定受托人的权利,所以指定保护人的权利是信义权。"受托人是信义权利人。如果受益人或部分受益有权替换受托人,他们这种权利的行使可以受到法院的

---

① Trib Milano,10 July 2007,[2007]Trusts e attività fiduciarie 4,579,cited in Paolo Panico,*International Trust Laws*,Oxford University Press,2010,p. 406.

审查。……在信托中增加保护人是为了提高或补充对受益人的保护。法律要求替换、解任和任命受托人权利,即使是由受益人行使,也要受到善意原则和为受益人整体原则的约束。笔者认为,如果保护人被赋予了这样的权利,他也要以善意为了信托和所有受益人的权益行使。"①

(二)不同人担任保护人的权利界分

1. 受益人担任保护人

信托人授权特定的受益人,同意或反对受托人决定的做法,早在维多利亚时代的英国就已经出现。比如,房屋的终身权利人有权反对受托人(信托人的遗孀或家人)出售房屋中某些财产。这种权利显然是对人权。

所以,当受益人或信托权益的其他主体被授予了同意或反对信托财产处分或指定处分目的的权利,那么这种权利就是对人权。在英国的彭罗斯案(Re Penrose)中,权利人是信托人的丈夫,他可以为自身利益而行使权利,于是他享有了对人权。② 在英国的另一个案例,哈特遗嘱信托案(Re Hart's Will Trusts)中,信托人授权终身权利人(他的儿子)指示受托人对信托资金进行投资的权利。这一权利被解释为对人权,所以,受益人可以有效地指示受托人和他自己进行交易。前提是受益人善意,并且受托人认为交易的价格合理适当。③

但如果保护人是一个委员会,其中成员包含但不全部是受益人,情况就会不同。在开曼的一个案例,Z信托案(In re Z Trust)中,信托人授予了管理委员会投资和管理的广泛权利,委员会向受托人发出的部分指示也具有约束力。委员会的最初成员包括收入受益人(信托人的女儿)、或有受益人(信托人的一个孙子)以及一个外部专业管理人。信托文件授予委员会的权利还包含了无限制的、修改信托文件的权利,这意味着他们可以修改受益人的主体以及本金和收入的

---

① HSBC International Trustee Limited v Wong,(2007) 9 ITELR 676.
② Re Penrose,[1933]Ch 793.
③ Re Hart's Will Trusts,[1943]2 All ER 557.

比例。在信托人和收入受益人在世期间,信托人和管理委员会一致书面同意可以行使这一权利。如果任一方死亡,则权利终止。

结果委员会决定修改信托文件,把信托资金的50%直接转移给收入受益人,而修改前,收入收益人只能享有收入收益。这损害了或有受益人的利益,他们认为这种修改是自我交易,并提起了诉讼。开曼群岛大法院(Grand Court)认为该项信托管理委员会的权利具有多元性质。一方面,委员会的投资管理权具有信义性;另一方面,修改信托文件的权利是对人权,所以收入受益人可以为自身利益而行使此权利。修改信托文件的权利是对人权,原因有二:①信托人设立信托的目的显然是为了使他的女儿受益;②两人中任何一个死亡,权利都会终止,这一点更明确了这一权利的对人性。①

但是,部分受益人担任保护人,可能其权利要受到信义原则的约束。英国法院审理了维斯蒂勋爵执行人诉税务专员案(Lord Vestey's Executors v IRC)。案中,一个家族信托允许部分受益人给予受托人投资指示。法院认为,这一权利具有信义权性质,所以必须为所有受益人的权利行使。②

2. 外部人担任保护人享有信义权

外部人可以担任信托的保护人,他享有的是信义权,即他应当以善意,为受益人的利益,尽职地履行职责和义务。反过来说,只要外部保护人遵循了以上原则,不管表面上行为是否是为了自身利益或与自身有关,都会被认为是有效的。

百慕大最高法院审理了冯·克尼里姆诉百慕大信托有限公司案(Star Trust case,Von Knierem v Bermuda Trust Co Ltd)。案中,两个百慕大信托持有一家国际公司集团的股权。但集团家族成员之间发生了关于管理权的纠纷,一些成员试图将信托人从董事会里清除出去,而信托保护人却是信托人的常年法律顾问。保护人为了信托

---

① In re Z Trust,[1997]CILR 248.
② Lord Vestey's Executors v IRC,[1949]1 All ER 1108.

人的利益,指示受托人投票赞成信托人重获董事席位。而受托人因
为需要了解更多情况,没有立即做出决定。当时召开了一次董事大
会,受托人没有赋予保护人代理权出席。于是,保护人解任了受托
人,指定了新的受托人。受托人认为保护人的行为不当,并向法院申
请指示。同时,保护人也向法院提出主张,要求直接解任受托人,并
将股权移转给他们指定的受托人。法院认为,保护人指定受托人的
权利是信义权,不能仅为自身权利行使。但是,保护人虽然行为不
当,但没有指定自己或信托人作为受托人,而是指定了一家声誉很好
的专业信托公司。这家信托公司在管理过程中,应当不会受保护人
的控制或不当影响。所以法院驳回了当事受托人的请求,信托资金
直接移交给了他们的继任者。①

外部保护人遵循信义原则,某些规避法律的行为也可能会被认
为是有效的。比如,2008 年,泽西皇家法院审理了鸟类慈善信托案
(Re Bird Charitable Trust)。案中,两个泽西自由裁量信托的信托人
和保护人经营多家赌场,并且在所在管辖区获得了许可。但是,他们
线上赌博业务因为吸收了美国公民的资金,违反了美国博彩法。结
果,信托人受到追诉,并在密苏里州被捕。泽西的受托人遵循正当程
序,向当地金融犯罪部门提交了可疑行为报告。于是,受托人、保护
人或顾问的交流受限,所有的受益分配和信托支出都被冻结,等待警
方的许可。而在此之前,保护人就已经准备辞职并指定自己控制的
一家列支敦士登公司为保护人。新任保护人指定自己和一家英属维
尔京公司为受托人。泽西的原受托人申请法院关于此项指定事项给
予指示,请求法院宣告原保护人和他的继任者的行为是对国家权力
的欺诈。

保护人的目的是将两个信托的管理人从泽西转移到列支敦士
登。因为根据泽西反洗钱法,受托人管理会受到限制。而在列支敦
士登的受托人却不受这种限制。因为保护人本人也担心被美国政府

---

① Star Trust case, Von Knierem v Bermuda Trust Co Ltd, (1994) 1 BOCM 116.

逮捕,所以决定指定一个继任者,继续进行管理。泽西法院驳回了泽西受托人的申请,并认为,保护人希望将信托的管理权转移到另一个司法管辖区,是为了保证对信托财产平衡有效的管理。保护人的行为是适当的,也是为了受益人的最大利益,所以是有效的。[①]

3. 信托人担任保护人

信托人担任保护人也是常见的情况,但信托人担任保护人也要承担信义义务。马恩岛法院在奥西里斯受托人及古德韦斯案(Re O-siris Trustees and Goodways)中认为,信托人增加受托人的权利,附带了对受益人的信义义务,必须善意并为受益人的最大利益行使。[②]在英国判例税务专员诉施罗德案(IRC v Shroder)中,信托人保留了指定保护人委员会成员的权利,从而也享有了指定受托人的权利。然而,法院认为,这些权利也同时附带了信义义务,所以,信托人没有保留信托财产的受益所有权,所以也不应当承担相应的税收义务。[③]

信托人担任保护人行使权利的行为,有时会受到法院的审查。比如,在庄信万丰银行有限公司诉沙姆吉案(Johnson Matthey Bank-ers Limited v Shamji)中,泽西皇家法院认为,信托人同意增加受益人和从信托资金内支出的权利需要受到司法审查,即如果受托人与信托人意见不一致,可以请求法院给予指示。[④]

(三)农地信托监察人的选任

农地信托监察人的选任涉及三个问题:①什么样的人可以担任监察人;②监察人的权利是什么性质,与监察人的身份有无关系;③担任监察人的法律效力。

农地信托的监察人可以由信托人、受益人和第三人担任。受托人不能担任保护人,因为受托人与保护人职责相互冲突,受托人不能承担监督自身或共同受托人的责任。而与英美法保护人因为身份不

---

① Re Bird Charitable Trust,[2008]JLR 1.

② Re Osiris Trustees and Goodways,(1999) 2 ITELR 404.

③ IRC v Shroder,[1983]STC 480.

④ P. Matthews and T. Sowden,*The Jersey Law of Trusts*, Key Haven,1993,p.130.

同而存在权利性质不同的情况相异,农地信托监察人如果因法律要求而设定,或由法院指定,不管由信托人、受益人还是第三人担任,其权利性质都是信义权。原因是,立法要求农地信托设立监察人或法院指定监察人的目的主要是弥补农民受益人监督能力的不足,所以,监察人要尽责履行义务。

而我国农地信托信托人自主设立的监察人,如果本身又是受益人的,可以享有对人权。但在农地信托现阶段,不宜设立享有对人权的监察人。原因有三:①中国农地信托不宜设立可撤销信托。^① 中国农地信托的推行,主要目的是集中土地,长效运营。没有长期稳定的土地权利移转,农业土地的经营管理和市场化就没有基础。而可撤销信托不具有确定时限内移转权利的功能,所以,在我国现阶段,为了促进农业生产和三权分置,中国农地信托不宜推行可撤销信托。而如果信托不可撤销,受托人享有充分自主管理权,不受限制地对人权中的某些内容(比如管理否决权)也就失去了存在的基础。②中国农地信托的信托人和受益人,有时并非保护人本身。因为中国农村土地大都分散在农户或农民手中,为了节约谈判成本,农地信托大都会先通过合作社或其他组织将土地集中,然后再进行信托。所以,在农地信托实践中,实际信托人多是土地集中组织。而农民对土地集中组织的控制能力根据情况不同而不同,所以,直接赋予信托人对人权,实际可能并不能达到保护农民的目的。而在受益人方面,农地信托大都为自益信托,但由于农地信托的信托财产分散,所以受益人也分散。保护人不可能是很多的受益人,而少数受益人行使保护人权,如果没有相应的责任约束,也不能很好地保护大多数受益人的利益。③对人权的行使,容易弱化信托财产的独立性。因为信托财产独立是受托人进行管理的必要条件,如果保护人对受托人管理进行干预,并且没有良好的约束,会对信托财产的独立性产生不良影响。我们

---

① 我国称为"可解除信托"。《信托法》第 50 条规定,委托人是唯一受益人的,委托人或者其继承人可以解除信托。

没有建立相应的虚假信托审查机制，所以，较英美法国家，无限制地保护人权，对信托关系的侵害可能会更大。

担任监察人的法律后果可以从两个方面进行讨论。首先，在我国监察人权也具有人身性。我国《信托法》第 66 条规定，公益信托的受托人未经公益事业管理机构批准，不得辞任。农业信托中的监察人虽然没有明确是公益信托，也没有在法律中制定相应的保护机制，但从性质上说，农业信托中的监察人具有公益性。其次，农地信托的监察人，在接受了任命之后，也不得随意辞任。因为监察人职位，不仅包含了权利，也包含了相应的义务，没有正当理由，并经正当程序不得辞任。

农地信托监察人辞任应当有一定的条件。排除监察人死亡、疾病等自然因素之外，监察人可以在不损害受益人利益，不破坏信托关系稳定的条件下，向受益人或受益人大会提出辞任。受益人或受益人大会可以根据信托文件和法律的规定，同意或不同意辞任，并进行新保护人的选任。

我国对于监察人的权利性质也有立法可以参照，《信托法》在第 67 条、第 71 条规定，公益事业管理机构应当检查受托人处理公益信托事务的情况及财产状况；受托人应当至少每年一次作出信托事务处理情况及财产状况报告，经信托监察人认可后，报公益事业管理机构核准，并由受托人予以公告；公益信托终止的，受托人作出的处理信托事务的清算报告，应当经信托监察人认可后，报公益事业管理机构核准，并由受托人予以公告。在此立法使用了义务性的用语"应当"，也就是说，监察人不可以自由决定权利行使与否，而权利的行使具有义务性。虽然，这是在公益信托中才有的要求，但参照农地信托，其监察人也应当在行使权利时承担一定的信义义务和其他法定义务。

五、农地信托监察人的权利内容广泛

监察人或保护人的权利内容，是指他们可以在何种范围内行使权利,这应当是由信托文件确定的重要事项。但是,随着保护人应用越来越广,法律对保护人的权利内容也开始介入。但不管法律有何规定,通常情况下,信托文件对保护人权利的界定都优先于立法规定。

首先,法律赋予了信托人设定保护人的权利。比如,美国《统一信托法典》第 808 条(c)项规定,信托条款可以赋予受托人或其他人指定修改或终止信托的权利。[1]

各州在进行信托立法时,对此进行了丰富。爱达荷州立法规定,保护人的权利范围可以是:"(a)为了获得税收优惠的地位或因为《国内税收法典》(Internal Revenue Code)或成文法或判例法及规范的改变,修改信托文件;(b)增加或减少信托中受益人的利益;(c)修改信托所赋予的任何权利,但不能修改信托文件明确授予的受益权;(d)终止信托;(e)否决或指示信托分配;(f)改变管辖地或(和)适用法;(g)指定信托保护人的继任者;(h)应受托人的请求解释信托文件;(i)就受益事项向受托人提供意见;(j)修改信托文件以获得适用法上的优惠。"[2]但是,撤换受托人和顾问不在此保护人的权利清单之内。

因为爱达荷州将保护人设定为信义义务人,受托人处于消极和从属地位,所以,保护人的权利范围设定的自由度大。而某些州,比如阿拉斯加州,将受托人设定为信义义务人,所以,保护人只具有监督权。在这些州,保护人的法定权限较爱达荷州、南达科他州以及怀俄明州范围要小。阿拉斯加州保护人法定权利内容可以包括:①撤换受托人;②因为《国内税收法典》或成文法或判例法及规范的改变,修改信托文件;③增加或减少信托中受益人的利益;④修改信托赋予权利的内容。[3] 撤换受托人权成为监督权的重要组成部分。

除成文立法之外,英美法判例承认信托中保护人的很多权利。

保护人可以享有撤换权。谢尔登诉维京群岛信托有限公司案(Shelden v The Trust Company of the Virgin Islands Ltd)是美国地

---

① Uniform Trust Code,§ 808.

② Idaho Code Ann,§ 15-7-501(6).

③ Alaska Statutes,§ 13.36-370.

区法院1982年对一个英属维尔京信托进行的判决。涉案信托1976年创设,是一个可撤销信托。在信托合同中,信托人给自己保留了一些权利。信托人还设置了保护人,保护人可以行使信托人的权利,包括撤销和撤换受托人,但不包括修改信托契据或撤销信托。结果,保护人撤换了受托人,并起诉原受托人违约。案件中,原告还包括信托人和继任受托人以及受托人的几位管理人。原受托人试图通过一些技术手段,比如管辖权以及保护人的起诉资格,应对诉讼。但法院认为,保护人行使撤换受托人的权利是正当的,所以,支持了保护人和其余受托人起诉的权利。①

在马恩岛(Manx)的帕帕季米特里乌案(In the matter of the petition of Papadimitriou)中,保护人希望指定一个新的共同受托人,因为新受托人更有声望。而现任受托人反对保护人行使指定新共同受托人的权利,并且请求法院解任保护人。法院认为,保护人没有超出信托文件行使权利,并且行使权利也不是为了一个不适当或个人的目的,所以支持了保护人。②

保护人可以享有同意权。在乌科特诉界面信托有限公司案(Ukert v Interface Trustees Ltd)中,信托约定,如果原受托人不再履行职责,保护人有权指定新的受托人,但是,如果保护人在接受相关通知后14天内没有行使权利,则原受托人可以指定继任者。由于集团公司内部重整的原因,原受托人退出并指定另一家公司作为继任者。但指定继任者的契据没有显示已经获得了保护人的同意。事实上,保护人对继任者并不满意,希望通过友好协商,将受托权转移给另一家公司。但因为第一个继任者索取赔偿金,谈判破裂。于是,保护人最终申请了法院令,宣告对新受托人的指定无效。泽西皇家法院判决,原受托人没有停止履行义务,责令继任受托人将信托的账本和记录等交还,并且判决两受托公司承担所有费用,赔偿信托基金和保护

① Shelden v The Trust Company of the Virgin Islands Ltd,5351 Supp. 667 (D Puerto Rico 1982).

② In the matter of the petition of Papadimitriou,[2004]WTLR 1141.

246

人的所有损失。[1]

保护人可以享有否决权。在巴哈马最高法院审理的罗森信托有限公司诉帕尔曼案(Rawson Trust Company Ltd v Perlman)中,保护人委员会中的成员也是受益人,他们可以否决信托基金的任何分配。这一权利被解释为对人权,这样可以避免其中任何一个成员被排除在财产分配之外。[2]

虽然,保护人可以被赋予各种权利,但其权利的行使不得与受益人的受益权及信托本身的维持与运行存在利益冲突。泽西 2009 年审理了中心受托人代表案(Representation of Centre Trustees),案中一家南非矿业公司的两个发起人的家族信托的受托人各持有公司 50％的股份,每个信托各有一个保护人。每个发起人都是对方信托的保护人和指定人。在一次直升机事故中,一个发起人死亡,另一个发起人仍然担任公司的董事和他合伙人信托的保护人。而信托的受益人是一些未成年的孩子。后来,保护人的行为暗示他可能会损害信托利益,其中包括他试图以低价收购信托持有的股份。于是,受托人向法院申请解任保护人。法院支持了受托人的请求,并认为,保护人明显存在利益冲突,并且如果他继续在任,也不能有效管理这种冲突。该案确定了保护人利益冲突的几个原则:如果存在利益冲突,保护人应当向受益人披露,如果利益冲突管理不当,保护人应当辞职,除非他可以证明他履行职务的行为符合受益人的最大利益。[3]

保护人权是对人权时,保护人行使权利也有解释的义务。泽西皇室法院(Jersey Royal Court)在阿尔哈马拉尼诉拉萨管理公司案(Alhamrani v Russa Management)中确立了这一规则。案中,一个信托设立了两个首席保护人。两个首席保护人的权利相互独立,所以,任何一个保护人行使权利都对另一个保护人和受托人具有约束力。

---

① Ukert v Interface Trustees Ltd,(2001) 4 ITELR 288.

② M. Grundy,*Trust Casebook*,St Helier:International Tax Planning Association,1998,p. 212.

③ Representation of Centre Trustees,[2009]RC 109.

保护人的权利包括修改和撤销包括受益条款和执行条款在内的信托文件。其中一个保护人阿卜杜拉·阿尔哈马拉尼族长(sheikh abdullah Alhamrani)行使了修改信托文件的权利,并解任了另一个保护人(他的兄弟)。他还删除了只有享有超过75％受益权的受益人同意才能解任保护人的条款。最终,他独占了首席保护人的地位,直到他死亡、失智或辞职。法庭上,他认为自己的权利是对人权,没有限制。法官认为,有关保护人职位的修改属于信托文件授权的范围。但是,法院同时也认为,对原有信托文件安排的根本改变要求修改人解释,采取措施的必要性,或证明措施是为了合理的理由,善意的行使,并为了受益人的整体利益。①

农地信托监察人权利内容的确定有两条原则:①尊重信托当事人意思自治,也就是说,信托文件有规定的,从信托文件规定,没有规定的从法律;②监察人的权利行使不得与受益人的受益权及信托本身的维持与运行存在利益冲突。这是英美法信托的原则,也适用于我国。

具体说,根据英美法经验,信托保护人的权利主要包括以下几个方面:①修改信托文件权;②撤换受托人权;③终止信托权;④信托财产管理干预权(包括同意权与否决权);⑤信托收益分配权;⑥指定继任者权;⑦信托文件解释权;⑧受益权修改权。

我国《信托法》对于监察人的权利内容也有规定,第65条、第67条、第71条对公益信托有如下规定,信托监察人有权以自己的名义,为维护受益人的利益,提起诉讼或者实施其他法律行为(起诉权);公益事业管理机构应当检查受托人处理公益信托事务的情况及财产状况(检查权);受托人应当至少每年一次作出信托事务处理情况及财产状况报告,经信托监察人认可后,报公益事业管理机构核准,并由受托人予以公告(财务报告认可权);公益信托终止的,受托人作出的处理信托事务的清算报告,应当经信托监察人认可后,报公益事业管

---

① Alhamrani v Russa Management,[2005]JLR 236.

理机构核准,并由受托人予以公告(清算报告认可权)。

所以,在我国立法中,公益信托的监察人主要享有起诉权、检查权(知情权)、报告认可权三种权利。因为农地信托也具有公益信托的性质,以上三种权利,农地信托的监察人也应当享有。

而对于更广泛的权利,农地信托的监察人也可以依信托文件享有,比如修改信托文件权、撤换受托人权、终止信托权、信托财产管理干预权(包括同意权与否决权)、信托收益分配权、指定继任者权、信托文件解释权、受益权修改权。但要注意的是,修改信托文件权可能具有变更信托本身的可能,是受益人甚至非可撤销信托的信托人都无权进行的,所以,在我国应当谨慎适用。撤换受托人权和信托财产管理干预权也应当在信义义务的范围内履行。因为一旦运用不当,有可能导致信托的受托人管理权受到不当约束。

六、农地信托监察人相关问题解决应有司法介入

因为监察人的权利附带了信义义务,并且权利范围广泛,监察人承担保障受益人权利,维护信托正常运行的重要责任,所以,监察人不可以任意履行义务。这表现在监察人履行义务的行为受司法干预,比如法院可以指定保护人、补充保护人、解任保护人、受理受益人请求,以及认定保护人薪酬等。

(一) 法院指定和解任保护人

法院指定和解任保护人是司法介入信托的基本形式。

1939年,肯塔基州上诉法院在盖斯莱特的受托人诉高特案(Gathright's Trustee v Gaut)中,将法院的管辖权扩大,认为自己有权管辖指定适当人填补保护人职位的案件。案中,一个遗嘱信托要求受托人在投资和处分信托财产之前要取得两个顾问的同意。原指定人解任后,继任者由当地法院的两个法官担任。而其中一人死后,没有法官接受这个私人信托"顾问受托人"的职位。上诉中,法院认为,衡平原则不允许信托中的信义义务,仅仅因为无人愿意承担而缺

位。于是,法院指定了顾问的继任者。①

马恩岛上诉法院在斯梯尔诉帕斯有限公司案(Steele v Paz Ltd.)中审查了法院对保护人信义权的管辖问题。案中,一个马恩信托赋予了保护人实质的处分权,即受托人在增加受益人,在信托资金中支出,以及履行很多管理执行权时,都需要取得保护人的同意。而根据信托文件的规定,保护人是指文件附表中列明的人,而附表却是空白。原告认为,因为保护人缺位,信托无效。这一观点最初被接受。但上诉法院推翻了这一判断。上诉法院认为,保护人的权利具有信义性质,所以,应由法院管辖。衡平法原则不允许受托人缺位②,这一原则同样适用于此案。③

泽西皇家法院在穆兰特信托公司诉马格纳斯案(Re Freiburg Trust,Mourant & Co Trustees Ltd v Magnus)中对解任不称职保护人的问题进行了讨论。一对父母为他们居住在比利时的儿子设定了一个信托。信托文件要求受托人在以信托资金向外支付前,取得保护人的同意。如果保护人精神失常或破产,他应当终止履行,并被解任。而案中,保护人涉及多起犯罪,包括信托财产的不当处分。他被比利时法院以欺诈罪定罪,之后失踪。但他的职务不能自动解除,因为实际情况不符合信托文件中的任何一条。受托人申请法院令解任保护人。法院认为,自身对此信义职位事项享有管辖权,并同意了受托人的申请。④ 在 DG、AN、TTL、TT 有限公司诉 WM 及其他人公司案(DG,AN and TTL and TT Limited v WM and Others)中,泽西法院因为信托人健康状态不佳,酗酒成性,行使了对信托的管辖权,停止了信托人作为保护人的权利,强制分配了剩余的信托财产。⑤

泽西法院在鹦鹉螺信托有限公司代理权案(Representation of

---

① Gathright's Trustee v Gaut,1241 W2d 782 (KY 1939).

② Section 41,The Manx Trustee Act 1961.

③ Steele v Paz Ltd,(1993-95) MLR 426.

④ Re Freiburg Trust,Mourant & Co Trustees Ltd v Magnus,[2004]JLR N 13.

⑤ DG,AN and TTL and TT Limited v WM and Others,[2009]JRC 140.

Nautilus Trustees Ltd)中审查了相似的情况。案中信托要求受托人在行使一些重要权利,比如分配收入和本金以及修改信托条款时,需要得到信托人的同意。而信托人因为中风无法履行职务,根据信托文件的规定,只有信托人死亡,他们的权利才可以转移给保护人。法院同意了受托人和保护人的提议,在信托事项上,将信托人失去行为能力视为死亡。法院还同意,相关权利转移给保护人。[①]

(二)受益人诉保护人

因为保护人对受益人负有信义义务,受益人就有资格在其违反义务时对其提起诉讼。在索恩布鲁克国际公司诉跨河基金会案(Thornbrook International Inc v Rivercross Foundation)中,信托人(受益人)对受托人和保护人向伊利诺伊州地区法院提起了诉讼。此项信托是可撤销信托,保护人曾书面保证受托人将会如实履行信托义务,但在信托人行使撤销权时,受托人没有完全将信托财产返还给信托人。法院受理了这一案件。[②]

在华纳诉明尼阿波利斯第一国家银行案(Warner v First National Bank of Minneapolis)中,遗嘱人从明尼苏达州赶到佛罗里达州指定了一个佛罗里达州的银行为遗嘱执行人,同时指定了明尼苏达州银行为财产"管理顾问"。这种安排是为了即使明尼苏达州银行根据佛罗里达州法不能成为执行人,也可以参与财产的长期管理。但受益人发现,因为顾问未能及时履行职务,致使信托财产遭受损失,于是起诉了明尼苏达州银行。联邦地区法院管辖了案件,并认为,管理顾问在合同期间,因为自身过失而导致的损失,应当由其承担责任。巡回上诉法院也认同了这一观点。[③]

(三)认定保护人报酬

因为保护人的职务行为具有信义性,并非单纯的"好处",法院也

---

① Representation of Nautilus Trustees Ltd,[2007]RC 223C.

② Thornbrook International Inc v Rivercross Foundation,Case no. 03 C1113 (US Dist Ct Il 2003).

③ Warner v First National Bank of Minneapolis,23612d 853,(8th Cir 1956).

有权决定向保护人支付适当的报酬，以补偿其义务的履行。在美国波特兰国家银行诉波特兰第一国家银行案（United States National Bank of Portland v First National Bank of Portland）中，一信托人，设立遗嘱信托，指定一家银行作为顾问，并规定受托人所有投资改变和新投资都要得到顾问的同意。法院认为，顾问在保护受益人权益上与受托人承担同等责任，所以应当管辖。法院最终认为，顾问应当获得报酬以及所有履行信义义务的费用补偿。①

然而，在1994年的X家产处分、查尔斯·理查德·布朗皮耶及阿巴科斯有限公司案（Re X Settlement and Charles Richard Blampied and Abacus(C. I.)Ltd）中，泽西法院认为，信托的保护人是为了受益人的最大利益工作，所以应当得到司法补偿。但却拒绝给予他未来获得报酬的权利，原因是"1984年《（泽西）信托法》（Trusts(Jersey) Law 1984）及修正案仅仅规定了，受托人和受托人指定人之外的其他人获得报酬的权利"。② 而到了2007年，鹦鹉螺信托有限公司代理权案却适应了新的商业环境，赋予了保护人获得未来报酬的权利。③

（四）农地信托监察人的司法管辖

我国农地信托监察人的管辖，可以参照我国法律对公益信托监察人相关事项的规定进行讨论。《信托法》第64条、第68条和第69条规定，信托监察人由信托文件规定；信托文件未规定的，由公益事业管理机构指定；公益信托的受托人违反信托义务或者无能力履行其职责的，由公益事业管理机构变更受托人；公益信托成立后，发生设立信托时不能预见的情形，公益事业管理机构可以根据信托目的，变更信托文件中的有关条款。

---

① United States National Bank of Portland v First National Bank of Portland, 14212d 785(Oregon 1943).

② Re X Settlement and Charles Richard Blampied and Abacus(C. I.) Ltd, (1994)1 BOCM 600.

③ Representation of Nautilus Trustees Ltd, [2007]RC 223C.

也就是说,公益信托纠纷或不确定事项,公益事业管理机构具有管辖权。公益事业管理机构管辖权范围包括了监察人指定权、受托人变更权、信托文件变更权。而公益事业管理机构不宜对农地信托监察人进行管辖。因为虽然农地信托具有公益信托的性质,但并非真正意义上的公益信托。农业主管机构也不宜对农地信托监察人进行管辖,因为随着信托的发展,可能需要管辖和处理的纠纷日多,都分别由各分管部门管理,可能产生效率低下,甚至管辖失效的问题。各分管部门虽然对所管辖的信托具体事项较为熟悉,但对于信托纠纷实质的信义权等法律事项却没有能力分辨,并且分管部门未设专业分理信托纠纷的下设机构和人员,更没有充分的动力行使管辖权。所以,农地信托监察相关事项应当由法院管辖。法院管辖可以将所有信托监察人的管辖权统一行使,也有利于监察人法律事项管辖的专业化,提高纠纷解决的效率。

法院对农地信托监察相关事项的范围可以包括指定和解任监察人、确定监察人权利范围和效力以及确定监察人薪酬等。参照英美法的经验,法院在管辖中常遇到的就是指定和解任监察人、确定监察人权利范围和效力以及确定监察人薪酬等。指定和解任监察人是受益人利害的事项,确定监察人权利范围和效力是受托人利害的事项,监察人薪酬是监察人利害的事项。在一般情况下,事项的管辖应当由利害关系人提出,但利害关系人没有提出,特别是利害关系人是农民等受保护的群体时,法院也可依相关部门或公益起诉人起诉管辖。

七、结论

我国农地信托监察人制度还在探索阶段,立法也未对其做出特别的规定。但从长远看来,农地信托监察人的具体制度设计应当是一个重要的研究课题。理由有二:①农民对于复杂财产和管理安排的认识和技术水平还不能得到本质性的提升,法律对农民特别保护仍有必要。②随着受托人商业化和非人格化,除了在慈善信托之外,监察人的功能将会受到越来越多重视。

  农地信托监察人在性质上可以分为两种：一种是与信托人相似的监督人；另一种是与受托人相似的管理人。两种属性所赋予的权利义务是不同的，一种是对人权，一种信义权。在我国农地信托发展的现阶段，监察人主要还是应当具有信义权，即一种管理权与信义义务相结合的权利。这也是监督人在现有条件下，保护农民的主要功能所决定的。

  农地信托的监察人可以由不同身份的人担任。在信托关系中，信托人、受托人和受益人，除了受托人本身不可以担任保护人之外，信托人和受益人都可以担任保护人。信托关系之外的第三方也可以担任监察人。担任监察人的人身份不同，权利义务属性也有不同，这与担任者本身就已经享有的权利有关。受益人担任监察人，事实上是结合了受益权与监察权，所以，监察权也具有了一定的对人性。而在绝大多数情况下，农地信托的监察人应当由专业第三方担任，这样的监察人应当承担严格的信义义务。

  农地信托监察人享有广泛的权利，权利来源主要是信托文件。但是，作为具有一定公益性的信托，农地信托应当与慈善信托一样，在立法上与普通信托有区别规定。比如，立法可以要求农地信托应当设立监察人，监察人应当享有农地管理的知情权、特定事项同意权等。而来源于信托文件的权利，则可以更为广泛，比如农地信托的监察人还可以享有修改信托文件权、撤换受托人权、终止信托权、信托财产管理干预权（包括同意权与否决权）、信托收益分配权、指定继任者权、信托文件解释权、受益权修改权。

  农地信托监察人的选任、解任、与受托人纠纷及报酬等事项，可以也应当由法院管辖。这有利于监察人法律事项管辖的专业化，提高纠纷解决的效率。

  农地信托监察人值得探索的理论问题还很多，可以进一步深入研究。

《摩诃婆罗多》中的法律

段鹏超 [*]

一、引言

《摩诃婆罗多》与《罗摩衍那》并称为印度两大史诗。《罗摩衍那》主要讲述英雄罗摩一生的事迹。而《摩诃婆罗多》以婆罗多族两支后裔为争夺王位继承权而进行的斗争为主线,描述了古代印度的丰富社会生活。书中对古代印度社会的宗教、政治、军事、伦理和社会规范都有详细描述,以致该书被金克木先生称为"一部诗体的大百科全书"。而且古代印度人并不把《摩诃婆罗多》叫作诗,而是叫作"历史"(原意是"曾经这样发生过")[①]。泰戈尔曾说"光阴流逝,世纪复世纪,但《罗摩衍那》和《摩诃婆罗多》的源泉在全印度始终没有枯竭过";还有美国梵文学者英格尔斯(D. H. H. Ingalls)也认为对于《摩诃婆罗多》的研究"将会成为照亮印度历史的光芒"[②]。拉贾戈帕拉查理

---

[*] 华东政法大学 2015 级法制史专业外国法制史方向博士研究生。

[①] [印]拉贾戈帕拉查理:《摩诃波罗多的故事》,唐季雍译,3 页,北京,生活·读书·新知三联书店,2007。

[②] 王汝良:《〈摩诃婆罗多〉在中国》,载《东方论坛》,2015(4);转引黄宝生:《〈摩诃婆罗多〉导读》,北京,中国社会科学出版社,2005。

也说"一个人旅行全印度,看到了一切东西,可是除非他读了《罗摩衍那》和《摩诃婆罗多》,他不能了解印度的生活方式"①。因此,如果我们将《摩诃婆罗多》看作印度文化传统的记录者,也是可以为大众接受的。

但上述《摩诃婆罗多》的价值大多被视作文学作品加以研究。而《摩诃婆罗多》对正法②的价值要从正法的渊源说起。正法的渊源有三种。首先在神学上最重要的是吠陀(Veda)或者吠陀经(Vedas)。该渊源涉及由婆罗门朗诵学者们保存超过三千年的四部口述圣诗、颂诗及仪式规范作品集。③ 其次是传承(smrti)或传统(tradition),它涉及更具体明确的收集到的有德性及行为符合正法的人们的习惯的内容,其中包括法论(Dharmas'āstra)文本本身。著名的印度史诗《罗摩衍那》和《摩诃婆罗多》也是该组成部分,并因长篇的记述和道德说教内容被称为往世书(Purānas)。④ 最后是在任何特定历史时刻中对法律实践来说最重要的习惯法(ācāra)。习惯法有强烈的规范特征而不再仅仅作为习惯或者无意识的行为,而且习惯法常常用于约束特定的群体。⑤ 因此,《摩诃婆罗多》是正法的渊源之一,而且是仅次于吠陀经典的"传承"。也有学者称其为"第五吠陀",是印度人政治、伦理、哲学、宗教、文学、艺术生活的教科书。⑥ 而且《摩诃婆罗多》的成

---

① [印]拉贾戈帕拉查理:《摩诃婆罗多的故事》,唐季雍译,4 页,北京:生活·读书·新知三联书店,2007。

② 本文"正法"是对一词的称谓。对"dharma"的称谓有学者如季羡林先生等使用"达磨"一词(见《罗摩衍那》)也有其他学者如高鸿钧先生使用"达摩"一词(见高鸿钧,李红海主编的清华大学出版社出版的《新编外国法制史》)。也有学者如金克木先生使用"正法"一词(见《梵语文学史》)。笔者认为前两者为音译,"正法"一词更能体现本文主要思想,故采此说。该词的含义十分丰富,上述学者有较深入的介绍,故在此不再赘述。本文所讨论的正法含义限于古代印度社会"'维持'正义和秩序的理念和机制"的范围(见高鸿钧老师的《古代印度法的主要内容及特征——以〈摩奴法论〉为视角》)。

③ Donald R. Davis, JR., *The Spirit of Hindu Law*, Cambridge University Press, 2010, p. 26.

④ Ibid., pp. 26-27.

⑤ Ibid., p. 27.

⑥ 王汝良:《〈摩诃婆罗多〉在中国》,载《东方论坛》,2015(4)。

书时代被认为是在公元前 4 世纪至公元 4 世纪,与印度另一部成书时间公元前 2 世纪至公元 2 世纪的经典《摩奴法论》一样对古代印度法律传统有重要参考价值。学界对印度法律研究时多重视《摩奴法论》的价值,但对《摩诃婆罗多》的价值却少有涉及。季羡林、金克木、高鸿钧曾提出过《摩诃婆罗多》中有包含政治与法律的内容,也有学者如刘安武、张驰对《摩诃婆罗多》的正法、王权与正法进行过研究。但总体上研究《摩诃婆罗多》与法律的内容还很少,法学界还未充分重视《摩诃婆罗多》的法律价值。

因此,无论从正法的渊源还是从成书时间的角度,《摩诃婆罗多》都是研究古代印度法律的重要历史资料。虽然书中有神话传说及文学叙事的内容,但该书所反映的时代生活场景,尤其是对具体事件的描述,可以为我们观察古代印度社会的正法提供丰富的资源。同时我们也应注意《摩诃婆罗多》作为印度文化传统重要载体的价值,以及传统文化对古代印度正法的影响。毕竟原生法律与原生民族的各种信仰无可避免地交织在一起,从而必然充分地受到这些信仰的影响①。而且如果能将《摩诃婆罗多》与其他同时期古印度文献资料如《摩奴法典》相印证,可以观察到更加丰富多彩的古代印度社会,对我们研究古代印度社会的法律和理解古代印度法律传统都有巨大价值。

二、《摩诃婆罗多》中的婚姻家庭

《摩诃婆罗多》主要讲述的是俱卢族与般度族之间的一场大战,在了解这场战争之前,我们有必要了解当时的家庭背景。般度族与俱卢族是婆罗多族的两个后裔。二者共同的祖先是福身。福身有子分别是毗湿摩、花钏、奇武。毗湿摩放弃王位继承权并发誓永不结婚②。于是福身的王位由花钏继承,但花钏在战斗中阵亡又没有儿

---

① ［加拿大］帕特里克·格伦:《世界法律传统》,76 页,李立红,黄英亮,姚玲译,北京,北京大学出版社,2009。

② ［印］毗耶娑:《摩诃婆罗多》(一),1.94.92,金克木等译,北京,中国社会科学出版社,2005。

子,弟弟奇武继承花钏王位。但奇武完婚后并未留下后嗣。而是由其同母异父的兄弟毗耶娑与其妻子及侍女生子持国、般度和维杜罗。持国天生眼瞎,般度继承奇武王位。般度的后代是以坚战为长子的般度五子,持国的后代是以难敌为长子的持国百子。而坚战和难敌就是这场般度族和俱卢族大战双方的代表。在奇武死亡并无后嗣的情况下,福身妻子贞信在和毗湿摩商议后召唤贞信与婆罗门仙人婚前所生之子毗耶娑,毗耶娑遵照母亲命令与奇武之妻生下持国与般度。① 在这里贞信提到,"母亲和父亲生的儿子,是共有的财富。儿子属于父亲,也属于母亲。"②毗耶娑因为母亲贞信的关系而与毗湿摩、奇武属于一个家族,到后来毗湿摩也承认,"我们的家族……我,贞信王太后,以及灵魂伟大的黑仙(毗耶娑),现在又把它牢固地安放在你们身上,你们是家族的继承之线。"③在这里,婚生子和非婚生子的家庭地位都被承认,而且看出儿子与父亲的种姓保持一致但同时存在例外。如贞信与婆罗门仙人所生之子毗耶娑是婆罗门,但婆罗门毗耶娑与奇武妻子所生之子般度和持国却获得的是刹帝利的身份。同样当般度由于受到诅咒而无法生子时,般度妻子普利塔运用法术召唤天神剩下坚战、怖军和阿周那,并帮助玛德利生下无种和偕天。般度五子并非般度亲生却同样是刹帝利的身份,这也许是一种拟制的血亲关系,属于梅因提到的"用人为的方法来创设血亲关系的'收养'"④的另一种变通做法。通过借种生子的所生之子仍然是家族身份的延续,这也许是为了解决家族继承的自发手段。

梅因曾有这样描述古代印度继承制度,"当最后一个在职者死亡时,他所传下的官职或政治权利,几乎普遍地根据'长子继承权'的规定而进行继承。主权是传给长子的,作为印度社会集合单位的'村落

① [印]毗耶娑:《摩诃婆罗多》(一),1.99.1-1.100.35。
② 同上书,1.99.34。
③ 同上书,1.103.3。
④ [英]梅因:《古代法》,128页,沈景一译,北京,商务印书馆,2011。

共产体'的事物原归一人管理时,则父死之后一般就有长子继续管理。"①花钏是福身与贞信的长子,花钏战死后,因无子王位由奇武继承。奇武死后应由长子持国继承,但持国天生眼瞎,由般度继承王位。但在继承过程中会出现年幼的长子无法管理国家,这时就需要年长的男性宗亲来行使监护权一直到长子适宜执政的年龄。如同毗湿摩监护持国与般度一般。这种监护权是在继承涉及政治权利而使有继承权的幼年长子暂时无法行使政治权利的情况下,为保证家族的政治权利得以有序地行使而采取的办法。这样家族的权利不会落到外族之手,也能维护家族正常生活及秩序。这同时符合梅因提到的"在含有浓厚家族依附这个原始观念的印度法中,亲属关系是完全'宗亲'的"②的说法。

《摩诃婆罗多》中还包含古代印度的婚姻情况。奇武的妻子是哥哥毗湿摩参加迦尸国选婿大典并以武力抢夺来的三位公主。毗湿摩需要战胜所有参加选婿大典的国王,然后将抢来的公主许配给奇武。而持国的妻子是毗湿摩派人去求亲得到的。般度的妻子普利塔是般度参加选婿大典被公主看中的。般度的另一个妻子玛德利是毗湿摩花巨资买下来的。这些结婚方式包含在毗湿摩在抢亲时曾说过几种结婚方式③,而在《摩奴法论》中也规定有八种结婚方式——梵式、天神式、仙人式、生主式、阿修罗式、乾达婆式、罗刹式和毕舍遮式④。除了结婚方式的体现之外,一夫多妻是古代印度社会的常见现象,当然特殊的一妻多夫也是存在的。例如般度五子与黑公主就是一妻多夫的明显例子。般度五子中的阿周那扮作婆罗门去参加木柱王选婿大典并成功完成选婿条件,才将黑公主带回家。阿周那对母亲说"这是我们化缘所得"。母亲贡蒂(普利塔)没有看清,就同往常一样说"你们大家一同分享吧"。后来她才看到是位少女,这时她向儿子坚战求

① [英]梅因:《古代法》,152页。
② 同上书,99页。
③ [印]毗耶娑:《摩诃婆罗多》(一),1.96.12。
④ 梅达帝梯:《摩奴法论》,蒋忠新译,43,44页,北京,中国社会科学出版社,2007。

助如何使她说的话不成妄言,同时前所未有的不法的罪名也不会落到这位公主身上。坚战让阿周那与黑公主结婚。但阿周那说依照正法,首先应该结婚的是坚战,其次是怖军,最后才轮到阿周那本人。而且说其他四子和黑公主都属于坚战①。最后坚战为防止兄弟分裂而决定黑公主将成为般度五子共同的妻子。② 后来坚战是以往世书中有先例和依照母亲命令的理由使得该行为符合正法③。这个特例还在后来引发大战的赌博中引发另一场讨论。

最后我们还要回到《摩诃婆罗多》的那场大战,大战的起因与其说是赌博不如说是王位继承权的归属问题。前面提到,作为般度族和俱卢族长子的坚战和难敌可以分别从其父亲般度和持国那里继承其父的政治权利。奇武王作为般度与持国的父亲,其政治权利按照长子继承制度来说应归于持国,但持国由于天生眼瞎,王位由般度继承,般度死后,按照当时的长子继承制,王位应由坚战继承,但坚战年幼,持国可以依据传统监护般度五子并治理国家。当时的市民就说:"以智慧为目的人主(持国),因为双目失明,过去没有得到王位,现在他又怎能当国王?"④难敌也说:"从前,般度因为自己的美德,从祖父手中得到了王位;而您(持国)由于身体的缺陷,没有得到本该您继承的王位。如果般度的儿子得到了般度传下的王位,般度的儿子的儿子,孙子的儿子,子子孙孙肯定永远继承下去了。我们和子孙后代,则要被排斥在王族世系之外,我们将遭到世人的轻蔑。"⑤难敌也清楚坚战按照长子继承制度应继承王位。持国只是暂时的监护权,但当持国将国家一半的土地分给坚战时,坚战为提出异议,这是难敌也就实际具备了继承持国所实际享有的政治权利的现实基础。而难敌基

---

① 这与之前的家族制度紧密联系,家长权在长子继承制度下,由长子来负责整个家族的一切事物,支配人和财富。家族中其他人要服从具有家长权的人。

② [印]毗耶婆:《摩诃婆罗多》(一),1.182.10-11。

③ 同上书,1.188.22。

④ 同上书,1.128.18。

⑤ 同上书,1.130.11。

于贪婪企图夺取坚战的土地和财富，这才有了后面引发大战的赌博。

三、《摩诃婆罗多》中的赌博

《摩诃婆罗多》中认为赌博是引起的俱卢族与般度族之间的大战的原因。而赌博在当时既是"刹帝利经常用来消遣的一种古老的娱乐"①。同时大致同时期的《摩奴法论》中有专门的赌斗法规定，如"国王应该取缔国内的赌和斗；国王犯了这两种过失就会亡国。赌和斗就是公开的偷盗，国王应该永远努力取缔之。"②坚战和维杜罗也认为赌博行为不合正法。我们可以认为赌博既是一种传统的娱乐方式，同时也是正法中拥有负面评价的行为。

《摩诃婆罗多》中，赌博被难敌作为夺取般度族的土地和财富的手段。具体情节是坚战被持国分给一半国土，坚战治国有方拥有大量财富。难敌嫉妒般度族所取得的财富而设计让坚战与精通掷骰子的沙恭尼进行赌博。坚战虽然反对赌博行为，但为了礼节和其所谓的荣誉而参与赌博。但坚战输掉了自己所拥有的土地和财富。在输掉土地和财富之后坚战还将另外兄弟四人、自己以及妻子黑公主分别作为赌注进行赌博，最终输掉了这一切而成为难敌的奴隶。有趣的是，在赌博中坚战是先将自己作为赌注下注，然后将妻子黑公主作为赌注的。这导致黑公主对赌博结果的质疑。黑公主被作为赌注输掉而受到难敌等人的侮辱，这也埋下了仇恨的种子。虽然之后持国将王国和财产都归还坚战。但难敌再一次引诱坚战来掷骰子。坚战认为"众生得祸得福，全由造物主安排，无法逃避。如果需要再赌一

---

① ［印］拉贾戈帕拉查理：《摩诃婆罗多的故事》，唐季雍译，91 页，北京：生活·读书·新知三联书店，2007。同时有关历史文献也记录了早在雅利安人热衷赌博（见斯坦利·沃尔波特：《印度史》，李建欣，张锦冬译，27 页，北京，中国出版集团东方出版中心，2013），以及在哈拉巴发现世界最早的骰子的记录（见林太著，《印度通史》，9 页，上海，上海科学文献出版社，2007）。

② 梅达帝梯：《摩奴法论》，蒋忠新译，195 页，北京，中国社会科学出版社，2007。用无生命的工具进行的叫作"赌"，用有生命的工具进行的应称"斗"。

次，也只能如此。"①而这次的赌注是失败的一方到森林去住十二年，到第十三年，就带着众人到一个地方隐居一年。在这一年中如果被人发现，就再到森林去住十二年。按照规定度过十三年，受惩罚一方就可以重新得到自己的王国。② 结果是坚战输掉赌博。按照赌博要求，般度五子与黑公主前往森林并度过十二年，第十三年隐姓埋名度过一年后，坚战等人要求难敌归还之前所丧失的国土，难敌拒绝归还，这才使得战争爆发。

第一次赌博的行为以及结果是为当时的人们所承认的。因为当时毗湿摩、维杜罗等婆罗多族的长者在场，他们并未提出赌博行为和结果不合正法。只有维杜罗认为坚战将黑公主作为赌注时已经不是她的主人而反对黑公主成为女奴。对其他财产和般度五子的归属并无异议。可见虽然赌博不受正法的正面评价，但作为日常娱乐行为，只要双方自愿并遵守赌博的规则，其结果就得到承认。在赌博中坚战的财产包含金银珠宝、仆役、象、战车和军队等，同时拥有家长权的坚战也拥有对自己的兄弟无种、偕天、阿周那、怖军的所有权并将他们作为赌注。因此输掉财产和丧失自由的结果无人否认。但对黑公主能否作为赌注而丧失权利是存在争论的。当时习俗反对将妻子作为赌注，这一点从怖军口中说出"在赌徒之国中有淫荡的女人，但赌徒也不拿她们去赌"，何况是身份高贵的黑公主。而且在坚战将黑公主押作赌注时，"大会堂上那些年长者都发出谴责的'呸！呸！'声"③。虽然人们认为赌博行为可耻，但无法反驳一个人有权处置自己的妻子的做法。就连婆罗多族的长者毗湿摩也说："一个没有钱的人不能拿别人的钱做赌注，但女人们又应当听命于她们的丈夫。坚战已经说他自己输了，所以我无法说清这个问题。在赌博方面，世上无人能与沙恭尼相比。而灵魂高尚的坚战自愿和他赌博，不认为那是欺

---

① ［印］毗耶娑：《摩诃婆罗多》（一），2.67.6。
② 同上书，2.67.7。
③ 同上书，2.58.33。

骗。"①连毗湿摩也无法说清这个问题。在场的人里只有奇耳提出"黑公主是般度五子的共有的妻子,坚战又是先输掉自己,然后把她押作赌注。而且又是沙恭尼提出要把黑公主押作赌注"②,这一切导致黑公主没有被输掉。但处于难敌阵营的迦尔纳认为黑公主是坚战所有财产的一部分,所以黑公主是依法赢得的。这个难题被持国以给予恩惠的方式赋予坚战等人恢复自由并被归还土地及财产。

四、《摩诃婆罗多》中的正法

《摩诃婆罗多》中提到最多的是正法。正法(达摩)包含三部分内容:一是宗教教义,其本身就是宗教;二是关于特权与义务的命令、禁令及其制裁,其本身就是旨在维护和实施教义的宗教教规;三是习惯,其与宗教相一致或是对教规的补充,多都是印度教教徒生活方式的反映。③ 正法(达摩)为我们每个人都进行人生的定位,甚至指派了这个生命过程中应尽的各项义务。④ 正法无处不在,它存在与每一个个体的日常生活中。在印度代表正法的神是阎魔,也是死神。它在人间的化身正是《摩诃婆罗多》的主角坚战。书中描述了坚战的言行,可以说是正法的典范。坚战宽容诚实,行为符合正法,受到世人的尊敬和拥戴,同时招致难敌的嫉妒和陷害。但无论何种情况,坚战都忍受各种行为,在难敌危难之际还予以救助。最能体现坚战正法思想的事件是正法神的考验。正法神设计诱般度五子来一处池塘取水,并规定只有先回答对问题才可以饮水。前四子没有听他的命令饮水而死,当坚战到达时他忍住干渴,回答对了正法神的所有问题,对这些问题的回答反映了坚战所具备的正法思想,以及对正法的坚

① ［印］毗耶娑:《摩诃婆罗多》(一),2.60.29。

② 同上书,2.61.10。

③ 高鸿钧、李红海编:《新编外国法制史》(上册),56 页,北京,清华大学出版社,2015。

④ ［加拿大］帕特里克·格伦:《世界法律传统》,327 页,李立红等译,北京,北京大学出版社,2009。

守。坚战回答对全部问题之后，正法神允许坚战选择四子中的一人复活。坚战选择的不是最有助于他复国的阿周那或怖军而是他父亲另一个妻子所生的无种。这一选择无疑是抛弃了私利又符合公平的正法的做法。① 从这些行为中，可见当时的"正法"包含忍耐、孝顺、尊重师长、克服欲望和遵守公平的内容。正法代表坚战最重要的特征是他时刻能够摒弃私心，克制私欲，从公平角度做出最符合正法的行为。坚战的言行代表了法、利、欲三者的完美平衡。而与坚战形成鲜明对比的则是书中所描述的贪婪的难敌。这位持国王之子，虽然出身高贵，和坚战一起接受婆罗门老师的教导，但由于嫉妒和贪婪不但屡次设计陷害般度五子，还在公共场合侮辱黑公主，不尊重师长，高傲自大。这些都与坚战形成鲜明的对比。因此《摩诃婆罗多》中的战争也是代表正法一方的坚战为了维护自己的权益与代表非正法一方的难敌进行的斗争。在联系之前的赌约，可以看作坚战用武力来维护自己利益的行为。

《摩诃婆罗多》显示了丰富的正法以及正法的权威。根据印度宗教法法理，所有正法（达摩）都根植于吠陀，如果不能找到直接的根据，则意味着那些根据尚未被人类所认知和理解②。传承如法论等的权威性在于，摩奴等作者被视为吠陀时代的圣王，普通人不熟悉吠陀的内容，便直接奉行法经的训诫。③《摩诃婆罗多》也是借助作者以及神话和古代的先例获得这种权威性。正法更大程度上是种义务论，即使付出苦修或牺牲也应遵守正法。义务的概念是分散的。它无处不在，却从未形成一个抽象的、统一的概念。可是，这恰恰是印度教思想酝酿正法（达摩）概念的方式。正法（达摩）一词的词根 dhr 表示维系和支持生命的事物，但它本身却无从定义。可以说，正法（达摩）包含了所有的社会凝聚因素，维系着个人和社区的生存，维系着物质

---

① ［印］拉贾戈帕拉查理：《摩诃婆罗多的故事》，162～165 页。

② 高鸿钧、李红海编：《新编外国法制史》（上册），39 页。

③ 同上书，40 页。

与精神生活的延续。它是一种"高度独立、异常坚定的伟大信念",即
以宏大的宽泛的形式存在,又体现为特定的,甚至是细微的责任。有
人说,正法(达摩)可以通过它的内容来定义,但是它的最终内容就跟
它的总体框架一样让人难以捉摸。但是我们每个人都可以知道我们
自己的正法(达摩)。① 书中主要思想表明,只有遵守正法,才能遏制
贪欲和斗争,防止生活状态继续恶化,从而维护宇宙和物序的平衡,
维系社会秩序。而印度教人生的最高境界是通过学习吠陀、遵守正
法(达摩)和修炼善德,最终实现灵魂与梵合一,摆脱轮回,彻底解
脱。② 而这些都显示着印度古代法律与道德的不可分性。

五、结语

印度教法律之所以成为法律,恰恰是因为(宗教)道德的力量,这
种(宗教)道德力量正是所有法律义务的核心③。印度教的因果报应
思想使每一次的新生命不过是一次清偿孽债的机会。每个人都知道
要对自己一生的所作所为负责,而由于灵魂不朽,过去的因果宿命会
继续对同一个灵魂产生影响④。因果循环可以通过想象性的描述来
对世俗权威进行教化⑤,这种教化也进一步强化正法的义务性。一个
人的行为不符合正法就意味着产生现世以及后世的罪孽积累。正法
(达摩)注入印度教法律以及整个传统的所有其他义务之中,从某种
意义上说,一切我们可以称为法律的事物是而且仅仅是正法(达摩)
的一部分⑥。种姓等级的不同是由前世积累的罪孽所造成的⑦。种姓
制度是印度教宗教思想发展的必然产物。《摩诃婆罗多》体现了"法

---

① ［加拿大］帕特里克·格伦:《世界法律传统》,325 页。
② 高鸿钧,李红海编:《新编外国法制史》(上册),45 页。
③ ［加拿大］帕特里克·格伦:《世界法律传统》,324 页。
④ 同上书,323 页。
⑤ 同上书,326 页。
⑥ 同上书,325 页。
⑦ 同上书,327 页。

是日常生活的宗教"①的说法,也体现了"法律的威权属于一个所有人或大多数人共享并参与其中的信赖实体。这种传统被描绘成一套指令系统,而非一种制度。原生法律传统的传承,是通过日常生活中的口头教育实现的,而它的这种对话特征对所有时代而言都是一种日常实践。传承的口述特质与集体互动的特性,则是形成共识的强大动力。"②《摩诃婆罗多》在传承中树立日常生活的正法典范,在集体互动中成为一套为大多数人共享并参与其中的指令系统。《摩诃婆罗多》在古代印度宗教教义、种姓制度和宗教习惯法三位一体,极力遏制社会分化,阻止印度社会从宗教习惯法到政治官僚法的转变③过程中起到了关键作用。

---

① Donald R. Davis, JR., The Spirit of Hindu Law, Cambridge University Press, 2010, p. 1.

② [加拿大]帕特里克·格伦:《世界法律传统》,67,68 页。

③ 高鸿钧,李红海编:《新编外国法制史》(上册),58 页。

中世纪的罗马法文献及罗马法研究[*]

苏彦新[**]

一、中世纪的罗马法文献文本

就《学说汇纂》内容而论,中世纪的主要问题是佛罗伦萨(Floren-tina)与通行(Vulgata)版本之间的关系问题。大概从 16 世纪开始,两卷总共 907 页的一部手稿,以佛罗伦萨本(Littera Florentina)或者佛罗伦萨册子本(Codex Florentinus)的名称为人们所指称。这部手稿是用拜占庭—拉文纳安色尔字体书写,有君士坦丁亚历山大与黎凡特的特征。这部手稿近来研究认定其产生时间是在 533—557 年,而于此之间《学说汇纂》由东罗马帝国查士丁尼皇帝颁布。在该手稿的边白处,有人注明该手稿在 1135 年从阿马尔菲被比萨人掳掠走了,在当时,阿马尔菲还是拜占庭的一部分。因此,它有另一个比较古老的名称,即比萨本(Littera Pisana)。这一文本于 1406 年一场战争之后被劫掠到了佛罗伦萨。而该文本也为人文主义者所看重,意大利人文主义学者波利齐亚诺就认为比萨本是《学说汇纂》原始版本的复制

---

* 本文是国家社科基金项目一般项目(项目编号：11BFX022)的阶段性成果。
** 华东政法大学教授,博士研究生导师。

本,并于 1553 年发表了一个足本的印刷版的《学说汇纂》,"至今还有两部复制本存世"。① 该版本是为人所知的《学说汇纂》最古老的版本。中世纪第一代注释法学家已了解佛罗伦萨版《学说汇纂》的存在,因为他们提到的内容修改印证了这一点。据推测,在 12 世纪时,法学家就见到了该《学说汇纂》的一个抄本,这个抄本称为第二册子本(Codex Secundus)。该抄本确立了该《学说汇纂》的手稿非常丰富的传统之基础,通常以 Bonoiensis 本(Littera Bonoiensis)或者通行本(Vulgata)进行参考引用。不过,人们也更相信中世纪的波伦亚的注释法学家所熟悉与使用的文本很可能源于其他的文本。其他一些版本手稿只是保存了《学说汇纂》的片断或部分。波伦亚的注释法学家及其继承者所教授与注释的就是这些手稿。流传下来的摘录以及由《学说汇纂》的片断与部分内容组成的手稿多达 1 000 部。当然随印刷技术发展,到了 16、17 世纪出现了数量繁多的印制版本。

中世纪的这些手稿复制具有严格的规定,而且通常置于大学控制之下。不过,通行本(Vulgate)内容修改相当少。这一传统与佛罗伦萨(Florentina)版本区别特征颇为明显。通行本(Vulgate)版本缺少希腊语的引语。该通行(Vulgate)版本确立了《民法大全》的手稿与最早印制版本的内容。方便人们使用的较早的印制本是在 1538—1627 年由 Hugo a Porta 在里昂出版的。

《学说汇纂》的中世纪手稿与最早的印刷版本是把《学说汇纂》分隔成三部分,即《旧学说汇纂》(Digestum Vetus D1. 1-D24. 2),《中间部分》②(Infortiatum D24.3-D38.7),《新学说汇纂》(D39.1-D50.17)。《中间部分》(Infortiatum)最早手稿的内容到 D35.2.82 就结束了。其余部分称为 Tres Partes 并补充编纂到《新学说汇纂》之中。到 13

---

① J. W. Cairns,P. J. D. Plessis,The Creation of The Ius Commune from Casus to Regula,edited by John W Cairns and Paul J du Plessis,Edinburgh University Press,Reprinted 2012,p. 13.

② Digestum Infortiatum 中的单词,即 Infortiatum 的准确含义,在西方语法学家中仍然存在争议。不过,《中间部分》所包括的《学说汇纂》内容却是清楚的。

世纪结束,《学说汇纂》的形式最终确立下来。

在以手稿形式呈现的《民法大全》的中世纪各种版本中,《查士丁尼法典》前九编单独一卷,《法典》后三部分,包括公法置于 Tres Libri 册子本(Codicis)标题之下的内容,则另成一卷。在涉及《学说汇纂》的研究中,通行本(Littera Vulgate)与佛罗伦萨本(Florentina)之间的关系如何处理,是个始终都存在的问题。不过,《查士丁尼法典》不存在与此相应的版本问题,而且它自颁布后一直为人所知。同时,《查士丁尼法典》在中世纪一直存在,尽管有时《查士丁尼法典》以删节形式在中世纪存在并流传。12 世纪以后,中世纪的注释法学家添加了《查士丁尼新律》的删节内容,被人们称为“真本”(Autenticae),将“真本”置于《查士丁尼法典》相同主题的边白处。这一“真本”是《民法大全》的第 5 卷。与此同时,在中世纪,封建王国的一些立法内容已插入其中。其中,中世纪神圣罗马帝国皇帝有三项立法内容分别插入在《查士丁尼法典》,即 C4.13.5 与 C2.27(28).1 之后,最后一项立法内容分成 11 个部分则分别插入法典的不同地方。

534 年之后,查士丁尼颁布的立法没有官方的、固定的汇编,只是存在一些私人的汇编刊行于世。而在 12 世纪之后,《查士丁尼新律》其中之一汇编本行世的,是以真本(Authenticum)汇编版本著名。中世纪的注释法学家使用的就是这一版本。这一汇编本有 134 件新律组成,不过,中世纪的注释法学家删掉了《新律》四分之一的内容。为了便于引用,按照《查士丁尼法典》的九编体例进行了汇编处理,其所保留的 97 项立法分成了九部分而汇编成集。从这一汇编伊始,以“Authenticum”闻名于世。从一开始,中世纪注释法学家把那些谓之“真本”(Autenticae)的一些摘录,插入在《查士丁尼法典》的边白处。而另一个汇编查士丁尼摘要(Epitome Iuiani)也为中世纪的注释法学家与教会法学家所了解,但是到了 14 世纪开始废弃不用。在这个汇编中的 50 个法律引用内容能够在一般的注释中找到。

《民法大全》的手稿本与早期印制本单独成册,由《法学总论》、真本(Authenticum)、《封建法律书》(Tres Libri)、《查士丁尼法典》的最后三编(13世纪中期之后)组成。《法学总论》的原文基本上没有变化。它的内容既未像《学说汇纂》的内容受到不同文本传统的影响,也未像《法典》与《新律》由摘要引起的困扰。真本(Authenticum)产生的确切时间,人们无法确定,但是注释法学家创始人伊纳留斯的注释却可以证明波伦亚法学派,在早期已使用了较好的手稿,间接给予了解释。《查士丁尼新律》其他汇编流传下来的文本不多。Tres Libri 册子本(Codicis)即法典的10~12编属于卷子本(Volumen),而不属于《查士丁尼法典》。这些汇编的内容具有内在统一性,绝大多数属于公法。《封建法律书》极为复杂,早期注疏法学家引用封建法,但是13世纪的法学家把封建法插入《民法大全》中,并把伦巴第的封建法增加到真本(Authenticum)中而成为一种汇编。不过,中世纪的法学家却从未把封建法视为《民法大全》的组成部分①。

二、中世纪法学家引用罗马法的方式

现代引用《学说汇纂》《法学总论》与《法典》是通过卷、主题、法律与段落的方式处理的。第一段称为首段,标注序号从首段开始。在1510年版本中序数标注第一次出现,而在此之前,引用方式是以字母分别代表《学说汇纂》《法学总论》《查士丁尼法典》。《查士丁尼新律》人们并不引用。

大约1140年,对《学说汇纂》之注释,用大写字母 D 代表《学说汇纂》,并且在大写字母 D 中间画上线;12世纪晚期注疏法学家与抄写人员统一用"ff"指称《学说汇纂》,据说可能是对古代希腊语"Pandects"的"pi"误解。"C"代表《法典》,"Inst."代表《法学总论》。序数

---

① 本文作者在这里需要说明如下:目前国内有关中世纪罗马法文献文本问题几乎没有介绍或研究,首先最为重要的原因是国内中世纪罗马法研究薄弱,不为人重视;其次是语言原因。但是罗马法对近代的影响是通过中世纪连接的,梳理文献是中世纪的罗马法研究的基础工作,所以给予研究理所应当。因此本文主要受 The Sources of Medieval Learned Law[Harry Dondorp and E. J. H Schrage,"*The Sources of Medieval Learned Law*", in John W Cairns and Paul J du Plessisthe(eds.),*Creation of The Ius Commune*,Edingburgh University Press,2012]一文的启发,并且参考了该文诸多内容而撰写。

并不为人所知。论题名称给予必要的引用,随后是法律与段落打头字母。因此,"ff. loc (l.) Si merces,Qui fundum"代表 D19.2.2.25. 1.,"ff"作为《学说汇纂》读,(loc)代表论题租赁合同(locati conducti),"Si merces"代表法律(Lex)25,关于土地("Qui fundum")段落是首段后的第一段。与租赁合同有关的在法典中也有一个论题是:C4. 65。因此,"C. loc. Emptorem"代表在租赁合同(locati conducti)论题中的 lex Emptorem,并且是指 C4.65.9.。对于最后或倒数第二段落或者 lex,人们有时在 incipit 的地方查找缩略语"ult."或者"fin.",分别是"pe.","penult"甚或"antepenult."。这些词位于夺格情况,它们的意义是 ultia\ultimo 就是 lege 或 paragrapho,finali,(ante)penultima\o。如果论题包含单独一项 lex,那么常常用 una 或 un 指示。《学说汇纂》30~32 卷论题相同,即遗嘱信托(de legatis et fideicommissis)。中世纪的引用是 de leg. i. ,ii. ,或 iii. ,随后是该法律,而且如果必需的话是该段落的首词(incipit)。《法学总论》的引用类似。稍微不同的是插入《查士丁尼法典》的真本(autenticae)。

三、中世纪注释法学家的文献与形式

注释法学派对上述罗马法文献文本的注释研究留下了大量注释法学文献。这些文献类型有:大全、选编、指南、论题集、讲义纲要以及论题、讲义注释、小结、节选、附解、补编、笔记、报告、对照本、提要等。中世纪注释法学家最有影响的注释是阿库修斯的《标准注释》。而由于其《标准注释》的出现,中世纪的后期注释法学家,即评论法学家,把研究的重点从注释转向了注疏与评论①。

当然,针对罗马法文献进行解释与研究,中世纪的法学家有自己

---

① 对于中世纪法学家,主要是早期的注释法学家对于罗马法文献的注释衍生物的文献类型。国内研究介绍的学者有何勤华教授和舒国滢教授。见何勤华:《西方方法学史》,北京,中国政法大学出版社,2003。舒国滢:《波伦亚注释法学派:方法与风格》,载《法律科学》,2013(3)。国外翻译为中文的见《欧洲大学史》第一卷。[法]吕埃格:《欧洲大学史》,第一卷,张斌贤等译,保定,河北大学出版社,2008。

的方法与文献形式。而在阿库修斯之前,流传下来的有关查士丁尼《学说汇纂》《法典》与《法学总论》的注释文献手稿有 170 部,不过没有印制出版。而几乎所有大全的印制本都有流传,从匿名的法律注释大全到阿佐的法律注释大全,它们大约发表在 1210 年。

(1)注释是附在文本内容的重要字词的阐释,神学家注释圣经,法学家注释法律书。第一个中世纪的法学家被称为注释家源于其文献著作的主导形式:对单独的法律与谕令的注释、简要的解释插入行间与添加在边白。尔后有关注释太多而在奉为神圣的原文之中形成了一种结构。这些注释解释生字,指出类似与矛盾的内容。增加区分以解决矛盾命题的关系,提出疑问与解释概要。包含在带有注释的手稿中的区分、摘要与问题集予以汇编并分别发表。第一批选编时间回溯至是四博士,阿佐在约 1230 年,而撰写注释的最后一位是胡果利努斯。带有区分的两个早期汇编已编辑发表,Pilius、阿佐与 Hugolin 在汇编中占小部分。Otto Papiensis 编写摘要选集,阿佐后来对 Papiensis 的选集进行了修订与删节。四博士的问题集已发表,这些选集有法律已有争议问题:雅克布斯的 5 个问题与胡果的 15 个问题。他们提出一个案例,举出正反论点,提出建议的解决办法。

(2)争议集。在 12 世纪 90 年代,Medicinensis 编写了有关争议的问题选集,阿佐的 59 个问题保留在该手稿中。大约 1220 年,Beneventanus 发表了问题选集,该选集使用了拟制与假设的案例,且问题来自实践。在 13—14 世纪对争议问题辩论是一种常规的学术活动。大学章程与法规规定,要求抄写下来争议问题,文具店出租对折 24 页的问题集,教授在讲座中引用这些问题。在 14 世纪时,经由 Butrigarius、巴托鲁斯等编写的选集在 15—16 世纪发表,提出的许多案例涉及教会法与封建法问题。

(3)供评注研究的资料。作为中世纪注释法学家的四法律博士已经撰写了供评注研究的资料。例如 Bulgarus 有关《学说汇纂》50.17(de regulis iuris)之论题。Martinus 注释《学说汇纂》密度极大以至于表现了其对《民法大全》这一特别卷的评注特点。Rogerius 与 Placentinus 的注释在手稿中保存下来了,但是没有留下评注—资料。Bulgarus 的学生 Bassianus 对《法学总论》《学说汇纂》与《查士丁尼法典》撰写了一种注释—评注资料,其学生阿佐使用并删节其评注—资料。最重要的供评注的资料是阿佐的学生 Accursius(1185—1263)撰写的注释—评注资料。其著作总共有 96 940 个注释,涵盖了法律大全的全部。Accursius 的评注资料获得了独特的、重要的地位,因为其评注—资料是对在 1200 年仍然存在,并在各个大学使用的法律大全的标准手稿的增补。Accursius 的评注—资料在 16—17 世纪出现大量印刷版本,出现在威尼斯是在 1487—1489 年,现在是里昂 1627 年。这一评注资料一方面是两个世纪教学之成果,Accursius 插入了大量早期注释家的注释;另一方面也确立了进一步发展的基础,因为它构成尔后法学家解释的基础,而且替代了阿佐的评注资料。诸多手稿包含对该注释资料的增补,其中有些分别发表了。发表的有,在帕多瓦任教的 Jacobus de Arena 的增补资料,以及自 1284 年在波伦亚任教的 Dinus 的增补资料。在大约 40 年中,Accursius 对整个大全撰写了几乎不存在任何内在矛盾的注释。他从 1220 年之前开始其工作,其注释包含了格里高利九世 1234 年之前的教令选集的引用。他对《旧学说汇纂》的注释第一次完成于 1235 年,直到其去世前仍在完善与修改其著作。

(4) 大全。中世纪的大全一般讨论一部著作的内容,例如《法学总论》《查士丁尼法典》(C1—C9),按照其论题顺序,从一个一般的导论开始。有关《学说汇纂》,仅就某些论题进行了概括。最早的《法学总论》与《查士丁尼法典》的大全主要是在波伦亚之外的法学家撰写的。出现在法国南部的大全的编排体系,大体上,要不按照《法学总论》的体系编排,要不按照《法典》的顺序编写。Trecensis 大全所采用资料既有来自 Bulgarus 的资料又有来自 Martinus 的资料。该大全也是 Rogerius 未完成的法典大全的基础。在 1170 年,Rogerius 任教于蒙彼利埃,Placentinus 对该大全给予了增补,随后他撰写了《法学总论大全》,并修订了 Rogerius 的著作。波伦亚的注释法学家仅仅撰写了某些论题。

(5)评注与讲座。它们主要是指由教授本人编辑的讲座笔记,或者有其学生笔记记录的教授讲座内容。这两种形式很难区分,但是评注有时也有非讲座教学的人所撰写。在 13 世纪历史发展过程中,重点发生了转变,即从《民法大全》文本的边白抄录注释—评注资料过渡到了分别出版评论。后来的法学家也因此而获得了评论法学家的名称。不过,最早的评注与讲座时间要回溯到 12 世纪。Bassianus 的法学总论讲座、法典与学说汇纂的几个论题讲座笔记保留在各种手稿中。在 1557 年,Contius 发现了他人撰写的与阿佐有关法典的讲座的报告,约著于 1220 年。Accursius 的讲座笔记没有传世。而一位不为人所知的学生或许多学生——因于该手稿抄写的不同——报告了 Odofredus 在 1265 年的讲座,他是 Accursius 在波伦亚的同时代人与论敌。Odofredus 的讲座报告涵括了学说汇纂与法典的全部内容,且有手稿流传于世。

(6)答疑。在 13 世纪的历史发展过程中,每 12 天,在冬天每 15 天,讲座就《学说汇纂》与《法典》讲到某一点已成为义务要求,并且涵盖教授与其学生所选所有法律。结果就没有时间阐释所有文本。不过,从圣 Luke 日(10 月 18 号)到圣诞节,以及从复活节到 8 月,每星期一次,大学组织一次答疑,在正式课程表之外的讲座。每年就《学说汇纂》与《法典》的法律问题之一给予答疑是项义务。组织结构同一次讲座几乎没有区别,但是答疑就其本身而论,它确立了后来有关法律特定主题的专论与专题研究的基础。在帕杜瓦任教的 Jacobus de Arena 的讲座,Jacques de Revigny 与 Pierre de Belleperche 在奥尔良的讲座,在图卢兹的教授 Guillaume de Cunch 的讲座以及 Baartolus 与 Baldus 的讲座包含了答疑。有关 Revigny 的讲座是在 1260—1280 年,仅有法典讲座印行——而且还是附在 Belleperche 名下——以及法学总论的讲座。Belleperche 的有关法典的讲座仅保留在手稿中,其有关《新学说汇纂》有印制版存世:1571 年于法兰克福出版,包括 D43-46 与 49 的评注。Cunch 在 1315—1316 年以及 1316—1317

年在图卢兹的报告也有存世的,这个报告为在波伦亚的 Cinus 以及在比萨的 Forlivio 所熟悉。大约在 1307 年,在波伦亚任教的 Butrigarius 的有关《旧学说汇纂》与《法典》的讲座在 16、17 世纪有印刷版本。Butrigarius 有关《旧学说汇纂》的讲座大约写于 1325 年,Cinus 经常引用法国教授 Revigny 与 Cunch 的观点资料。Forlivio 所作的增补提到了 Belleperche。印刷版包括了 1312—1314 年的 Belleperche 的法典评论,其有关《旧学说汇纂》的讲座仅仅包括了一些论题。在 Bergamo,一个名叫 Rosate 的人,一位代理人,同法官对整个法典进行了评论,他虽未在大学开讲,但是完成了对整个《学说汇纂》所有部分的评论。Bartolus 的著作浩繁众多,包括对《学说汇纂》与《法典》所有部分的评注。Ubaldis(1327—1400)撰写了对《法典》与《学说汇纂》前半部分的卷帙浩繁的评注,其对《学说汇纂》中间部分与《旧学说汇纂》的其他部分给予了评注。

(7)咨询。最早期的注释法学家的咨询得以流传下来的是 Bassianus,对一个封建法的案例中他提供了咨询意见,阿佐已有一个咨询意见留下了。在波伦亚大学档案中,保留最多咨询意见的是 Odofredus。有关评论法学家的汇编,即 Dinus、Oldradus、Bartolus 与 Baldus 的选编,在 16 世纪与 17 世纪印制出版。

四、文献与罗马法研究的样态

中世纪中晚期西欧学术研究主要有四个传统:一是中世纪民法学家(罗马法学家)所理解的罗马法传统;二是教会法学家所理解的基督教传统;三是阿奎那理解的亚里士多德的哲学;四是西塞罗的理想,法律是知识与科学的对象,当然是在古希腊的意义上,是通识教育的组成部分,这已是人文主义法学所要复活的理想。而这些传统的核心都是基于文献文本。但是由于对文献文本之理解与认识的不同导致学术研究旨趣相异。

对中世纪的罗马法学家来讲,西欧中世纪罗马法文献决定他们的研究,而他们对于文献的使用、看法、立场与态度又决定法学研究。

这也是西欧中世纪法学研究具有的特性。西欧中世纪的注释法学家视发现并保留的罗马法文献与文本内容为绝对权威,犹如教会法学家与神学家之于《圣经》。他们认为神圣的、权威的立法内容是他们表达思想无法脱离开的东西,而且就立法内容进行理解的解经技术就是注释。所谓法学研究乃至法律教学就是以注释为主,注释是撰写与记录对文本的注解与评注,是对字词或文本使用的术语旁注在文本的行间或边白处。注释内容要么是任课教师课前或课后,要么是学生所做的记录。教师的笔记谓之编撰的注释,学生笔记谓之记录的注释。注释法学就是注释法学家全神贯注于保留下来的罗马法文献与文本的注释活动的一种结果。

继注释法学之后是评论法学,评论法学家的罗马法研究也使用基本相同的文献,同时也未抛弃注释法学家使用的注释方法。但是评论法学家之所以谓之评论法学派在于对法律文献关注的变化,如果注释法学家死扣罗马法文献与文本内容,那么评论法学及其法学家既关注罗马法文献与文本又注重当时在中世纪存在的各种地方法、封建法。评论法学家也对罗马法之外的法律及其文本进行评论疏解。"评论法学的注疏方法是对《民法大全》中的段落与内容部分进行具体分析并顾及整体。评论法学关注论题,以及如何把法律适用于新情况。"①

人文主义法学却完全不同于注释法学与评论法学,实质上,人文主义法学方法是历史、哲学与语文学的方法。同时,人文主义法学家对于罗马法文献文本的态度立场也发生了变化,他们不再是罗马法文献内容为神圣且不可更改的绝对权威②,这些文献内容是相对的,

---

① See Randall Lesaffer, *European Legal History: A Cultural and Political Perspective*, Cambridge University Press, 2009, p. 259.

② 关于人文主义法学对罗马法文本内容之权威的改变,以及罗马法研究重心转变,可以参见 J. H Burns (ed.), *The Cambridge History of Political Thought* 1450—1700, N. Y.: Cambridge University Press, 1991; James Gordley, *The Jurists: A Critical History*, Oxford University Press, 2013.

像其他文本一样只是平常之物。更为重要的是人文主义法学家认为注释法学家与评论法学家对于拉丁语缺乏精深的了解与掌握,缺乏基本的识字断句的语文功底,并且不能运用语文工具分辨查士丁尼立法与罗马法古典时期内容的差别。人文主义法学钟情于罗马法的古典时期,注重于古典时期罗马法内容的复原与复古工作。人文主义法学研究罗马法是要复原《法律大全》的本义以及其作者的本义或原意,并促成语文学提升到一门科学的层次,由此转变了罗马法的研究。而注释法学与评论法学是要把罗马法适用于具体情况,乃至曲解罗马法。犹如人文主义学者瓦拉所言:"查士丁尼的立法编纂者特里波尼安既不懂法也不识字。"[①]当然,人文主义法学之所以如此,是因为人文主义的教育目的是促进人文的研究,这类学问在于培养德性,养成一个人格健全的人,有教养适应公共生活的人。而民法学家或罗马法学家是要培养法律专门人才,并促成法律教育与法律专业的兴起。

总之,中世纪由于文献承载、传播、保存乃至印刷术的局限,文献文本在中世纪是稀缺之物,文献也决定学术研究,影响知识的传播。所以从中世纪法学家的罗马法文献文本的流传、使用与创作的文献可以窥见中世纪的法学研究,以及文献与学问学术之间的繁复关系。当然,从这个视角也可以透视罗马法研究的样态。

---

① Valla,Ⅵ:Elegantia latinguae(n. 6)1:216(该引语转自 James Gordley,The Jurists:A Critical History,p. 112)。

黑色盖尤斯
——寻求西方法律传统之多重文化渊源*

［意］蒙纳特里著　周　静译**　朱景文校***

一、导论：根基颠覆

文章标题①，系对伯纳（M. Bernal）的《黑人雅典娜》②一书的着意

---

　　* 本文原载于 *Hastings* 法律杂志卷 51，第 479 页，2000 年 3 月。版权（c）2000 为加利福尼亚大学 Hastings 法学院所有。原译稿最初发表于朱景文编：《当代西方后现代法学》，116～200 页，北京，法律出版社，2002。本译稿经译者修订及本刊重校。
蒙纳特里（P. G. Monateri），都灵（Turin）大学法学院（Torino，Italy）教授、国际比较法系（Strasboure，France）、国际比较法学会成员（Paris and New York）。拙文发端于一个广泛的集体（合作）过程。出于多种不同考虑，我应特别提及 Ducan Kennedy（Havard）、Peter Stein（Cambridge）、Alan Watson（Georgia）、David Kennedy（Harvard）、Mitchel Lasser（Utah）和 Jim Gordley（Berkley），自他们处，我受益匪浅。尤其应感谢 Jeff Lena 和 Ugo Mattei，前者曾不断完善我的论文，后者则初次相逢便同我讨论了此项课题。文中舛误之处，均来自笔者。除非特别注明，所有译文亦均由笔者自译。
　　** 北京师范大学法学院副教授，法学博士，博士后（哲学）。
　　*** 中国人民大学法学院教授。

　　① 盖尤斯（Gaius），罗马法学家，生活于 110～180 年的古典时代中期。他是当时制度安排的奠基人，罗马法即由此被当作一套联系紧密、组织完善的法律体系，为后世援用达数世纪之久。因其学术方法和显赫地位，所有罗马法研习者对他无不深谙熟稔，他也便成了罗马法学家的杰出代表。盖尤斯堪称真正意义上查士丁尼（Justinian）法典编纂的设计师。查士丁尼称其为"我们的盖尤斯"，足见他对这位老师的景仰之情。盖尤斯成为后世法学家们各自学科指导者。参见 A. M. Honore，*Gaius*，Clarendon Press，1962；亦见 Peter Birks & Grant Mcleod，*Introduction to Justinian's Institutes*，Duckworth，1987，p. 16。
　　② Martin Bernal，*Black Athena：The Afroasiatic Roots of Classical Civilization*，Free Association Books，1987。

误引。该书旨在重新估价所谓"西方法律传统"的根源。本文将批判那种传统"渊源"论及其"传统"地位,进而对那些潜藏于诸新型国际文化统治方案背后的预设提出挑战。

我不愿沉湎于伯纳著作①所启迪的知识,亦不愿讨论那些有争议的理论。我所要考察的是西方法律及其渊源理论;我所感兴趣的则是挑战整个西方法律传统,而不限于其某些特殊因素或特殊方面,这种传统首先是在同非西方文明与非西方哲学②的对比之中展现的。现今,此项做法仍是必要的,因为我新近就目睹了依然有人肯认罗马法之于其他所有古代法的至尊地位,并以此为基础重建西方法律传统支柱,我认为那些努力是一种策略,是一种在法律领域诉诸谱系学以确立"西方"至上的一种策略。谱系学有助于明确我们认为或我们乐意认为我们是谁这一问题。它界定了"我们"和"他们",实则也就成了如何确定身份③的一种机制。这种"追根溯源"的做法颇具代表性,在当下的文化研究特别是描述"他种"文化④的手法之中占据了中心位置。

于是,现代法律的"西方之根"便成了一个论题。假使能说明谱系学意义上的"西方文明之树扎根于若干不同土壤之中,那么,将它理解为一种多元的、多样的、多伦理的和多文化的社会恐怕亦是合理的"。⑤自然,把非欧洲人排除于"西方传统"的基础之外这种策略,某

① Mary R. Lefkowitz & Guy MacLean Rogers (eds.), *Black Athena Revisited*, University of North Carolina Press, 1996.

② Harold J. Berman, *Law and Revolution*: *The Formation of the Western Legal Tradition*, Harvard University Press, 1983, p. 33.

③ 关于确定社会身份这笔历史遗产的作用问题的讨论, 见 Beverley Skeggs, *Formations of Class and Gender*: *Becoming Respectable*, Sage, 1997; 亦见 David Kennedy, "New Approach to Comparative Law: Comparativism and International Governance", *Utah L. Rev.*, 1997, pp. 515, 536。

④ Stuard Hall (ed.), *Cultural Representations and Signifying Practices*, SAGE Publications, 1997.

⑤ Guy MacLean Rogers, "Multiculturalism and the Foundations of Western Civilization", in *Black Athena revisited*, p. 429.

种意义上也是相当成功的，它绘制了一幅被奉为常识的法律史图景，塑造了一种普遍的文化现状。但我还是坚持认为，上述文化现状缺乏根据，并且可能存在反题（countermoves），特别是在运用去正统性（delegitimizing）批判力求实现某种"前台/后台"式转换时①。我坚信，当我们特意且从政治上主动地置换角色和场景时，该批判是必要的，而这同时表明存在多种有别于先前的途径可用以改变那种文化现状。此处的政治动机在于对法律（史）领域存在的西方的文化统治提出质疑，转而采纳一种多元文化的观点。这不是做出新发现的问题，而是一个运用新视角，处理现有资源，从而获取新洞见的问题，②其结果必将是在全球范围内重述标准叙事。

文章分为两部分：第一部分致力于重塑关于西方法律传统的历史意识，将说明那种建筑在罗马法渊源论、至上论及其存续、更新能力等多少是③明显的假定基础之上的模式是如何产生的。第二部分，我列举一些诸如契约法、国家观念、纠纷解决和法律文化形成等方面的例子，对西方法律传统的传统观点提出质疑。

有观点赞同将罗马法视作一种仍然有用的工具，并作为区别于世界上其他法律文化的美国和西方法律文化的根源而存在，第一部分中，我将揭示这种观点的基础所在。继而，将简要考察德国法学研究中通行模式的产生过程。通过说明罗马法之"雅利安模式"（Aryan Model）如何同作为一项政治事业的比较语言学与比较法的诞生相互关联，④我将描述该模式的颠覆过程。顺次，我将阐明上述模式和由那些法国东方学家们所详加论述的与用作替代的"非洲—闪族理论"

---

① Ducan Kennedy, *A Critique of Adjudication* (*Fin de Siecle*), Harvard University Press, 1997, p. 248[hereinafter D. Kennedy.]

② Reuven Yaron, "Semtic Element of Adjudication", in Alan Watson (ed.), *Daube Noster: Essays in Legal History for David Daube*, Scottish Academic Press, 1974, p. 343.

③ 这部分，O. F. Rorbinson, *The Sources of Roman Law*, Routledge, 1997, 于概述罗马法的基础方面将大有裨益。

④ Kennedy, "New Approach to Comparative Law: Comparativism and International Governance", pp. 546-551.

(African-Semitic theory)的抵牾之处。职业罗马法学家们坚持罗马法单一性的神话,业已对这些面临挑战的理论做出了一些回应,接下来,我将检视这些(理论)回应。整个部分我所要坚持的是,我们无法否认罗马法的原创性贡献,相反,是那些满怀钦敬之情的学者肆意夸大了这点。[①]讨论法律史的断裂性可以发现,以逐渐形成的传统看待过去的努力背后隐藏了各种策略,我将以此结束第一部分。结论就是,传统往往被用作处理现实问题,追随现实策略,相应地,也就往往危险地掩盖了真实的论题。

第二部分开始,我将为读者简要解说罗马、埃及、中东法律史的基本原则和基本制度,这种解说只是必要的介绍,并非争论的关键部分,可它还是有助于读者阅读他们可能完全不熟悉的历史资料[②]。稍后,将讨论罗马、埃及、闪族法律史中的契约法,着重强调此领域内罗马尚古主义的缺陷。接着,将考察罗马法律文化无力衍生内在协调的公法意义上的国家观念,以此表明国家观念终归是建立在非罗马模式的基础之上的。自此,我试图勾勒罗马法律过程的概貌,以此从实质上批判哪种罗马能够以法律手段管理社会的传统见解。借助这些,我们可以动摇,至少是更加怀疑那套在法学院所普遍接受的、用以解释罗马制度的通用方法。[③]

上述三个示例将引导我们讨论罗马法律文化中诸如罗马法之特征、现代西方职业(研究)方法之滥觞等核心问题。我竭力表明,这种法学孕育于来自东方影响的两股洪流,而其最高成就之取得则在于(罗马)帝国后期非罗马化背景下摒弃了原初(法律)结构。

我反对学者著述中关于罗马法律史在西方法律传统之中的地位的通行见解,而代之以一种颇有争议的观点,即所谓"罗马法",其实不过是一种大抵包括非洲、闪族和地中海文明等在内的多元文化的

---

① Yaron,"Semtic Element of Adjudication",p. 344.

② Alan Watson, *Legal Transplant*：*An Approach to Comparative Law*（2d ed.）, University of Georgia Press,1993,pp. 12-14.该书包容了不少此处所用的事例。

③ Id.

产物。为增强说服力,我愿援用惯常的理论和进化论范式,借以揭示通行解说(自身)所蕴涵的矛盾。譬如,我借用伯尔曼(H. J. Berman)的传统(法律)定义①和沃森(A. Watson)的法律移植与法律变迁论②来论证,纵然接受非批判理论,我们依旧可从中推衍对法律文化的全球性批判。

二、西方法律传统寻根

(一)谱系与统治

对于自由式与保守式的法学知识,法律的历史图景均是至关紧要的,③因此,一种批判见解务须关注这点。

此节中我想阐明的是,所谓西方法律意识赖以建立的历史基础当衍生自通常所理解的人类精神的创造性作品——罗马法,那种理论实则不过是一纸带有浓郁实用意韵的统治方案。本文第一部分的主旨便在于回顾法律领域历史意识的历史进程,考察"强烈质疑(罗马法之)作为严格科学和真正艺术的历史地位"④的历史思维的文化功能。而"法律进化"观念恰恰有其自身的历史,间或,其(统治的)策略性甚至为传统文献所公开承认。⑤

19世纪伊始,令西方人自矜不已的历史意识,与其说是其理论根基,不如说是其意识形态,由此立场出发,西方文明自视上述历史意

---

① Berman, *Law and Revolution*: *The Formation of the Western Legal Tradition*, p. 5.

② 一般见 Watson, *Legal Transplant*: *An Approach to Comparative Law*(2d ed.); Alan Watson, *Society and Legal Change*, Scottish Academic Press, 1977〔hereinafter Watson, Society〕; Alan Watson, *Source of Law*, *Legal Change and Ambiguity*, University of Pennsylvania Press, 1984〔hereinafter Watson, Source of Law〕; Alan Watson, *Legal Origins and Legal Change*, Hambledon Press, 1991〔hereinafter Watson, Legal Origins〕.

③ Robert W. Gordon, "Critical Legal Histories", 36 *Stan. L. Rev.*, 1984, p. 57.

④ Hayden White, *Metahistory*: *The Historical Imagination in Nineteenth-Century Europe*, Johns Hopkins University Press, 1973, p. 2. (citing Louis O. Mink, Philosophical Analysis and Historical Understanding, 21 *Rev.*, *Metaphysics*, 1968, pp. 667, 669.)

⑤ Peter Stein, *Legal Evolution*: *The Story of an Idea ix*, Cambridge University Press, 1980. 关于应用于法律进化的各种方法方面的讨论,亦见 E. Donald Elliot, "The Evolutionary Tradition in Jurisprudence", 85 *Colum. L. Rev.*, 1985, p. 38.

识不仅同其所由以产生的文化和文明相关联,而且同居于此背景之下的现时文化和文明相关联。我所着力论证的,便在于此。简言之,可以将该历史意识视作一种西方人特有的偏见,现代工业社会即由此得以回溯证实。①

由此,我便可引述一些著名学者的解说,他们曾清晰地论述了这点。罗马法不仅被当作西方法学的基础,而且曾被奉为"人类精神最为杰出的创作"②。即便罗马法学家的著作,也在为不限于罗马法学而更在为包括普通法国家③和民商法国家④在内的欧洲法学⑤铺设地基。而罗马法之所以重要,主要是由于它被认为相当先进,被用作指导所有现代法律⑥,甚至在塑造美国法律精神方面亦发挥了关键的作用⑦。正如玛雅理(L. Mayali)教授在"古代法论坛"⑧所告诫的:"在美国,法律就是国王。因而,托玛斯·潘恩(Thomas Paine)称⋯⋯(他的)主张并不新奇。它渊源于一种可逾越中世纪以远进而上溯至

---

① White, *Metahistory: The Historical Imagination in Nineteenth-Century Europe*, p. 2.

② Watson, *Society and Legal Change*, p. 12.

③ Peter G. Stein, "Roman Law, and Civil Law", 66 *Tul. L. Rev.* 1992, p. 1591;亦见 M. H. Hoeflich et al., "Two Nineteenth Century Perspectives on the Utility of the Civil Law for the Comman Lawyer", 29 *Am. J. Legal Hist.* 1985, p. 36. 这点,对我们进一步的讨论至为重要。

④ Peter Stein, "Roman Law in the Commercial Court", 46 *Cambridge. L. J.* n. 3, 1987, pp. 369-371.

⑤ Fritz Schulz, *History of Roman Legal Science*, Clarendon Press, 1946, p. 94. (referencing Q. Mucous Scaevola, 此公殁于公元前 82 年, 以首次将辨证推理系统引入法学而著称。)见 Peter Stein, *Regulae Iuris: From Juristic Rules to Legal Maxims*, University Press, 1966, p. 36. 亦见 Berman, *Law and Revolution: The Formation of the Western Legal Tradition*, p. 136。

⑥ Stein, *Legal Evolution: The Story of an Idea ix*, p. 86.

⑦ Peter Stein, *The Character and Influence of the Roman Civil Law*, Hambledon Press, 1988, p. 411; M. H. Hoeflich, "Roman Law in American Legal Culture", 66 *Tul. L. Rev.* 1992, p. 1723; Norman F. Cantor, *Imagining the Law: Common Law and the Foundations of the American Legal System*, HarperCollins Publishers, 1997(该书追溯了许多美国法律基本观念在罗马法中的雏形).

⑧ Symposium, "Ancient Law, Economics and Society", 70 *Chi.-Kent L. Rev.* 1995, p. 1465.

其罗马源头的传统,一种很久前就把法律权威与政治权力的运作联系在一处的传统。"①尽管玛雅理教授也承认西方法律在其进化过程之中曾经有过重大断裂,但他仍重申,"我们能够体味到(古)罗马法律传统的意义所在,于西方法律文化之形成过程中,其影响广泛而深远;同时它又为政治理性奠定了基础"。②此处,可以看到,玛雅理教授在其叙述过程中不但断言罗马法影响了我们的法律观念,而且倾向于依据西方人和罗马人的观点构筑一种普遍有效的"政治理性"。③自历史衍化理论向优越性理论这一转变显而易见,令人惊异不已。西方主要贡献之一需称划分审判和立法,这一做法,罗马法处已见一斑,但它也是批判策略亟欲倾颓之而后快的一面靶子。④

更为瞩目的是,就连历史学家亦同样持有这些偏见。例如,弗里曼(C. Freeman)传阅甚广的一本题为《埃及、希腊和罗马:古地中海文明》的著作⑤中,有两处索引涉及法律,一处希腊,另一处罗马,却没有一处描述埃及。这就立即给人造成一种印象,(古)埃及是贫法社会。事实上,弗里曼公然宣称:"西方世界,其文化、其宗教信仰、其(法律)意识,无论是好是坏,终归成型于希腊、罗马。"⑥对于一本企图至少论述三种文明的著作,这当然是件怪事。标题中是提到了埃及,可转瞬间又在导论中"否"了它的贡献。接下来考察不同的文化遗产,作者声言,"罗马法律遗产、希腊政治理论(最多囿于实务方面),

---

① Laurent Mayali,"Social Practices,Legal Narrative,and the Development of the Legal Tradition",70 *Chi.-Kent L. Rev.* 1995,p.1469(附带强调).

② Id.,p.1477.

③ 甚至"权利"理论中的利益(概念)亦被看作源于罗马法学知识(scholarship). Geoffrey Samuel,Epistemology,Propaganda and Roman Law:"Some Reflections on the History of the subjective Right",10 *J. Legal Hist.* 1989,p.161.

④ D. Kennedy,*A Critique of Adjudication(Fin de Siecle)*,p.37.

⑤ Charles Freeman,*Egypt,Greece and Rome:Civilizations of the Ancient Mediterranean*,Oxford University Press,1996.

⑥ Id.,p.628. 此外,这本638页的著作,仅有60页篇幅用以论述从公元前3200年至前500年这一阶段的埃及史.

建筑遗产和文学遗产"①,无论其本来面目如何,都给西方文化留下了圆形剧场,甚至留下了精神分析概念②。运用这种方法,罗马法抛开诸古地中海法律而独自被看成了西方文明的法律支柱。③

当此类解说径自强调希腊民主而完全否认同样脱胎于古希腊文化的反民主传统时④,其意识形态特征尤为显著。而同样明显的是,此类文化解说,特别是在以罗马希腊个人主义为基础时,其目的就在于截然区分西方社会与传统社会,重新确立西方模式不言自明的至上地位。⑤

运用这种偏激的方法,西方法律制度便被化解作共同传统之一部分,一种体现特定价值的族群⑥,另一种用以法律技术的类似方法,还有一种具有相同法律结构的网络;而这套制度原是现代西方世界法治的基石,哪种理论自无须提及。现代西方比较法学与罗马法研究在寻根过程中据此亦得以契合一处,甚至连中世纪普通法传统与民商法传统的分立也未能损害此种传统及其同法律领域罗马人的卓越成就间联系的连贯性。⑦

自然,推崇罗马法⑧需要对西方法律"独特性"问题做出积极的

---

① Id.,p.4.

② Id.,p.4(附带强调).

③ 请留意,从未提及发源于闪族的精神分析发明,也未提及古代和近代希伯来(Hebrew)文字游戏的作用。John B. Gabel et al.,*The Bible as Literature*(3 ed.),Oxford University,1996,p.36.文中,精神直接发端于希腊戏剧。

④ Jennifer Tolbart Roberts,*Athens on Trial:The Antidemocratic Traditon in Western Thought*,Princeton University Press,1994.

⑤ Aron Gurevich,*The Origins of European Individualism*,trans. by Kathanne Judelson,Blackwell Pub. Ltd.,1995,p.3.

⑥ Ugo Mattei,"Three Patterns of Law:Taxomony and Change in the World's Legal Systems",45 *Am. J. Comp. L.*,1997,pp.5,23.

⑦ W. W. Buckland & Arnold D. McNair,*Roman Law and Common Law:A Comparison in Outline*(2d ed.),revised by F. H. Lawson,Cambridge University Press,1965,p.21. 亦见 Alan Watson,"Roman Law and English Law:Two Patterns of Legal Development",36 *Loy. L. Rev.*,1990,p.247.

⑧ 关于(此问题)大量的参考书目,见 M. H. Hoeglich,"Bibliogrophical Perspectives on Roman and Civil Law",89 *L. Libr. J.*,1997,p.41.

（及实证主义式的）评价，这种"独特性"被视为一种传统的最终产物，一种绵延不断、未被打破的进程①，一种将我们带入当下境遇的无情的目的论。尽管亦可见到重估古代法的种种努力②，但无不将罗马法推至台前，而将其他法律置于台后；谁都无法回避这种印象，我们近年来面对的是一项更为自觉的方案，即重述罗马法以有助于处理当代问题③。根据此种"旧制更新"说④，罗马法呈现的是一种特殊的能力，一种能够在作为西方法律史黏合剂的各个时期中自我存续和自我更新的能力。上述理论，常同重述一项方案交织在一起，该方案竭力以罗马法为通用"黏液"替欧洲国家建立一套新型法律⑤，而且带有强烈的实用意味⑥，力图在欧洲的发展过程中取代美国而成为其文化替代品。

---

① D. Johnston, "Limiting Liability: Roman Law and the Civil Law Tradition", 70 *Chi. -Kent L. Rev.* 1995, p. 1515.

② Richard A. Epstein, "The Modern Uses of Acient Law", 48 *S. Cal. L. Rev.*, 1997, p. 243; 亦见 David V. Snyder, "Ancient Law and Modern Eyes", 69 *Tul. L. Rev.*, 1995, p. 1631.

③ Knut Wolfgang Norr, "Technique and Substance: Remarks on the Role of Roman Law at the End of the 20 th Century", 20 *Syracuse J. Int' l L. & Com.*, 1994, p. 34.

④ David Johnston, "The Renewal of the Old", 56 *Cambridge L. J.*, 1997, p. 80.

⑤ Reinhard Zimmermann, *The Law of Obligations: Roman Foundations of the Civilian Tradition*, Juta&Co. Ltd., 1990. 该书收录了表明罗马法之于当今法律文化的重要性的大量评述。例如, Peter B. H. Birk, "The Law of Obligations: Roman Foundations of the Civilian Tradition", 13 *J. Legal Hist.*, 1992, p. 311; James Gordley, "The Law of Obligations: Roman Foundations of the Civilian Tradition", 40 *Am. J. Comp. L.*, 1992, p. 1002(书评); Tony Honore, "The Law of Obligations: Roman Foundations of the Civilian Tradition", 107 *Law Q. Rev.*, 1991, p. 504(书评); David Johnston, "The Law of Obligations: Roman Foundations of the Civilian Tradition", 69 *Tulane L. Rev.*, 1995, p. 1113(书评); Peter G. Stein, "The Law of Obligations: Roman Foundations of the Civilian Tradition", 38 *Am. J. Legal Hist.*, 1994, p. 94(书评); Tony Weir, "Roman Foundations of the Civilian Tradition", 50 *Campell L. Rev.*, 1991, p. 165(书评); Simmon Whittaker, "Roman Foundations of the Civilian Tradition", *Lloyds Mar. & Com. L.*, 1994, p. 298(书评)。

⑥ Reinhard Zimmermann, *Roman Law and European Legal Unity*, in *Towards a European Civil Code*, A. S. Hartkamp et al. (eds.), Springer Netherlands, 1994, p. 65(一项富有前景而少有异议的方案). 亦见 Pierre Legrand, "Against a European Civil Code", 60 *Mod. L. Rev.*, 1997, p. 44。

于是,我们面对的是这样一种业已为蒸蒸日上的比较法学①所详加阐述的理论,它有意或无意地支撑一项统治议程②,正因如此,采取一种批判态度才是有意义的。比较法实则已于此项方案中承担了一种用以描述"我们"与"他们"间、核心与外围间、西方与东方间③诸种差异框架的典范功能。尤为奇特的是,这一理论势将贬斥古典的普通法/民商法差别,赞同在现代西方制度中将二者合而为一。所谓西方法律制度,根本就在于描述一种更为单一的西方法族,它以罗马法学为支柱,自然优于世界上其他法律文化④。

尽管有一些孤单的反对意见提及罗马法的弊病⑤或比较法的⑥"不适",也有意见抨击构筑于罗马模式和趋同理论⑦基础上的欧洲法典,但罗马法的更新能力⑧仍被当作毋需核查的常识而广为接受,更有甚者,它还被建议用作辅弼解决人工智能问题。

---

① William Ewald,"Comparative Jurisprudence(I):What Was it Like to Try a Rat ?",143 *U. Pa. L. Rev.*,1995,p. 1889;William Ewald,"Comparative Jurisprudence(II):The Logic of Legal Transplants",43 *Am. J. Comp. L.*,1985,p. 489.

② Reinhard Zimmermann,"Roman and Comparative Law:The European Perspective",16 *H. Legal Hist.* 1995,p. 21(部分章节中肯地评述了近来的争论).

③ Kennedy,"New Approach to Comparative Law:Comparativism and International Governance",p. 546.

④ 例见 Cantor,*Imagining the Law:Common Law and the Foundations of the American Legal System*(该书甚至在罗马法中探寻英美法律传统的缘起);亦见 Walter Ullmann,*Law and Politics in the Middle Ages:An Introduction to the Source of Medieval Political Ideas*,Cambridge University Press,1975,p. 53(该书主张,罗马法之所以影响政府实践,"部分因为它老到(mature)地表达了大多数罗马人所具有的法律和秩序的观念",因之"不可磨灭地在西欧早期面孔上打下了烙印。而事实上,罗马法在西欧形成过程中发挥了主要作用")。

⑤ J. Q. White,"The Disease of Roman Law:A Century Later",20 *Syracuse J. Int'l L. & Com.*,1994,p. 227.

⑥ Ewald,"Comparative Jurisprudence(I):What Was it Like to Try a Rat ?",p. 1961.

⑦ Pierre Legrand,"European Legal Systems Are Not Converging",45 *Int'l & Comp. L. Q.*,1996,p. 52.

⑧ Geoffrey Samuel,"The Challenge of Artificial Intelligence:Can Roman Law Help Us Discover Whether Law is a System of Rules?",11 *Legal Stud.*,1991,p. 24.

我尝试将此种叙述之要点概括如下：

（1）罗马法是古代世界最发达、最尖端的法律制度；

（2）罗马法是西方法律文明之根源，并使之成为独具特色的西方；

（3）罗马法有一种顽强自我更新能力，时至今日，仍不失为现行统治的基础；

（4）罗马法是法律事务与法学知识方面特定伦理天赋之源泉。

我不认为所有罗马法学家均完全地、同等地持有这些见解，一些人仅赞同上述部分要点，另一些人倾向于全部，还有些人则不那么深信不疑。对其中一或多个要点的赞同程度可以衡量对罗马法是西方法律的原始基础这一理论的信奉程度，可以衡量对罗马法原创性、优越性、独特性、连续性及其用途这些特性的强调程度。

本文的目的，准确而言，就是要向罗马法"渊源论"观点及与之相联的"连续性"模式提出挑战。届此，我将采用"断裂"模式和"考古学"方法。①

我愿强调这点，即详尽论述西方法族是比较法学所特有的一项事业，用于将世界划分若干法族或文化圈②的那种通用方法也还是谱系学方法③。经重构的西方法律谱系学，并不拒斥其罗马法根源。此领域诸要素依据历史工作的标准理论④，通过某种叙述主题安排而被组织成为一个故事。罗马法根源提供了海登·怀特（Hayden White）所称的叙述的"起始性主题"，中世纪的各种历史事件和现代国家的崛起刻画了"过渡性主题"，而现今业已构筑的西方（法律）制度则标

---

① Michel Foucault, *The Archeology of Knowledge*, Alan Sheridan Random House, 1972.

② Konrad Zweigert & Hein Koetz, *Introduction to Comparative Law*(3ed), trans. by Tony Weir, Oxford University Press, p. 1.

③ 关于进一步批判传统方法的努力，见 Mattei, "Three Patterns of Law: Taxomony and Change in the World's Legal Systems", p. 40。

④ White, *Metahistory: The Historical Imagination in Nineteenth-Century Europe*, p. 5.

示"终结性主题"。[①] 同任何建构努力一样,这种表现手法同样存在例外。(而且)那是一种过时的技巧,比较考察即以此技巧对比各种法律制度,揭示每一法族的内在发展[②],在我看来,该考察似乎本性上便是非比较的。因此我认为,重要的在于发现此种叙述何以产生,因为,此种叙述是同罗马研究的更新,同日耳曼文化中的法律比较论的诞生联系在一起。[③]

故而,我的首要任务,不在于讨论这些观念是对还是错,而在于尝试讨论它们如何产生,在一个多少是外在的理论中它们如何被结合起来,它们如何面临挑战,以及那些竭力在上述诸观念上混淆视听的职业法学家们如何对这些挑战做出回应,再就是那些观念今天为何及如何重返舞台。

1. "雅利安模式"

各种观念不会自行结合,它们总是被实在的、受制于时代的、有现实需求和策略的人们攒聚一处。如欲探究居于法律领域西方自我意识底层的观念总体,我们就必须渐次把握 20 世纪前叶豁然出现的日耳曼历史法学。[④]此项考察定当阐明日耳曼历史法学的基础原是一种相当封闭的罗马法观念,定当阐明这种观念如何同比较学说结合一处进而孕育出西方法律传统的"雅利安模式"。[⑤]借用"雅利安模式"一语,我意指一种理论,一种关于可溯源至业已消逝的、印欧时期不同人种间紧密的跨文化联系的理论,这种跨文化联系生成了不同制

---

① 关于历史工作全面的讨论,见 ibid。

② Rene David & John E. C. Brierly, *Major Legal System in the World Today*: *An Introduction to the Comparative Study of Law*(3d ed.), Stevens & Sons, 1985.

③ 关于日耳曼法律思想的知识起源的讨论,见 Ewald, "Comparative Jurisprudence (I): What Was it Like to Try a Rat ?", pp. 1990-2045。

④ 关于所谓的比较法学背景下历史法学对美国影响的考察,见 Mathias Reimann (ed.), *The Reception of Centinental Ideas in the Common Law World*, Duncker & Humblot, 1993, pp. 1820-1920。

⑤ Gabor Hamza 的著作 *Comparative Law and Antiquity*(《比较法和文物古迹》), trans. by Jozsef Szabo, Akademiai es Nyomda Vallalat, 1991, 极大地影响了我对"雅利安模式"的重建工作。

度间的相似性框架。

历史法学就是为那个时代极具影响力的日耳曼法学家、"欧洲所产生的最伟大的法学家"①——卡尔·弗里德里希·萨维尼（Karl Fridrich von Savigny）②所接受的那套理论。萨维尼的历史法学意图取代普适主义式的自然法理论，后者被当作法律领域目的理性对话（得以开展）的前提、统治 18 世纪"启蒙"时期法律论争的一套范式。③法律，萨维尼坚持道，深深地扎根于地方性传统，该传统表达了一个民族内心深处的、同他们的（行为或生活）方式、道德、习俗及历史密不可分的信仰。在萨维尼看来，法律和民族本性间存在有机的联系。④他和他的追随者们认为，罗马法"仪式"作为历史的而非自然的产物，必将取代那种普适主义式的理性法观念。⑤罗马法也成了理性法的代名词，成了体现日耳曼法律史中理性法的代名词。我不愿深究本文之外的一些细节，只想强调，萨维尼关于罗马法功能的观念应被视作一条适用于欧洲，特别是日耳曼（法律）的共通规律。⑥

当然，萨维尼亦有其策略，那便是开辟一个详尽论述日耳曼民族法的进程，这一进程实际肇始并完结于 1900 年，为全日耳曼编纂一部通用私法的活动伴随其间。他急需一个（该法律）得以构筑其上的基

---

① 关于萨维尼，见 Ewald,"Comparative Jurisprudence(I)：What Was it Like to Try a Rat ？", p. 2012；亦见 M. Morineau,"Savigny in Modern Comparative Perspective", 37/1 *Am. J. Comp. L.*, 1989。关于 19 世纪日耳曼法律思想通史，见 J. Q. White, *The Legacy of Roman Law in the German Romantic Era*, Princeton University Press, 1990。

② Hernann Kantorowicz,"Savigny and the Historical School of Law", 53 *L. Q. Rev.* 1973, pp. 326-27(该书引用了 J. Macdonnell 勋爵的言论)。

③ O. F. Robinson et al., *European Legal History*(2d ed.), Butterworths, 1994, p. 242.

④ Ewald,"Comparative Jurisprudence(I)：What Was it Like to Try a Rat ？", p. 2016〔该书引用了萨维尼的著作 Vom Beruf Sunser Zeit F＜um u＞r Gestezgebunct und Rechtwissenschaft(1814)〕. 在这个历史过程中，日耳曼帝国援用罗马法作为其一般的土地法规，罗马法于是成为日耳曼其固有民族法的根源，此种意义上，日耳曼法继承了罗马法。见 Rorbinson et al., *European Legal History*(2d ed.), p. 188。

⑤ Hamza, supra note 64, at 34-35.

⑥ Franz Wiecher,"Friederich Carl von Savigny," in ZSS〔*Zeitschrift der Savigny-Stiftung fur Recchtgeschichte (Rom. Abt.)*〕, 1955, 8.

础,而大量的罗马法教科书便成了他科学地构建一套新型法律的基石。过分强调罗马法的极端重要性使其将罗马法理解为不囿于实证法的某种东西,罗马法因之成为一部含蓄的智识史①,而不再是一部特别史。出于以此为基础创建一套新型日耳曼法,罗马法被当作一种完美的、自足的体系②加以研究,转而又被根据科学原理加以阐述并演化成了现代法律制度。不难发现,为今天所再次肯认的仍是此处正被论述的旧制更新说与(看待)统治方案的目光。③此种方法,产生了一套关涉罗马(法)独特性的意识形态,所有其他法律的重要性一概被排除在外。④

尤其是艾杜特·甘斯(Eduard Gans)⑤,他在把握普遍法律史(Universalrechtgeschichte)精神之继承性规律⑥的基础上完成了他的著作。他纵览了印度、中国、希伯来、伊斯兰、斯堪的那维亚、冰岛、苏格兰、阿提卡(Attic)和罗马等地区的法律。⑦引介他的大作是一件极有趣味的事情,因为其根基便在于追求一种破碎性。他注意到不应过度强调某种法律制度之于其他任一法律制度的重要性⑧,接着却断言,罗马法之所以非常重要,就是因为罗马在整个通用史上发挥了巨

---

① Hamza,*Comparative Law and Antiquity*,p. 35(本文这部分论点大部脱颖于此公).

② Id. ,p. 40.

③ Johnston,"Limiting Liability:Roman Law and the Civil Law Tradition",p. 42; Zimmermann,*The Law of Obligations*:*Roman Foundations of the Civilian Tradition*, p. 46.

④ 我们可回顾以下那个典型的排外(exclusion)事例,譬如,尽管大部日耳曼人口均属于犹太血统,但(历史法学)还是完全排除了对希伯来法的任何崇敬之情。罗马法很难被描述为日耳曼精神(Volksgeist)的产物,日耳曼历史法学否认非罗马法对于日耳曼法发展之任何影响,这一现象,实属奇特。见 Robinson et all,*European Legal History*(2d ed.),p. 262。

⑤ 甘斯据称是日耳曼比较法的奠基人。Mitchell Franklin,The Influence of Savigny and Gans on the Development of the Legal and Constitutional Theory of Christ Roselius,in Festschrift Rabel,J. C. B. Mohr,1954,p. 141;亦见 Hamza,supra note 64。

⑥ Eduard Gans, Erbrecht in Weltgeschichtlicher Entwicklung[The Law of Inheritance in a World History Perspective](Maurer,1824).

⑦ Hamza, *Comparative Law and Antiquity*,p. 40(附带强调).

⑧ Id. ,p. xxiii.

大的作用。①平心而论,甘斯的著作虽然触及了世界的每一个角落,但其标题仍是"罗马史与罗马法"。

此种排外逻辑是怎样与比较学说杂糅一处的?事实上,诸如安塞姆·费尔巴赫(Anselm Feuerbach)、卡尔·西奥多·普特尔(Carl Theodor Putter)、甘斯本人及益格尔(Unger)等诸多萨维尼追随者们确信,比较研究对于法学②和语言学考察③非常重要。于是,比较学说便同重建当初西方文明共同的雅利安背景的策略结合在一起。

此种倾向于比较工作的趋势,产生了 1829 年名为《外国法学和立法评论》(*Kritische Zeitschrift Für Rechtwissenschaft und Gesetzgebung des Auslandes*,*Critical Review of Comparative Legal Studies*)的期刊,那是世界上第一本比较法杂志,到 1853 年已出版过 26 期。从哲学的眼光看,将比较法同人种问题相联系的那种做法的意识形态基础,可轻松追溯至黑格尔关于制度同人种问题紧密相关的理论④,于是,罗马制度同其印欧背景自然也紧密相关。这种"雅利安"式的比较方法很大程度依赖于比较语言学的成果,其间,鲍普(Bopp)和雅各布·格林(Jacob Grimm)的著作对于"雅利安理论"的出笼起到了关键性作用。⑤

上述简要解说,其用意并不在于对那些著作所包含的专业知识提出质疑。可以确证,参与创建"雅利安理论"的那批作者无不是享

---

① Id.,p. xxv.

② Id.,p. 43.

③ 关于语言学与赫尔德(Herder)所述日耳曼法律思想间的关联,见 Ewald,"Comparative Jurisprudence(I):What Was it Like to Try a Rat?",pp. 2012-2020;关于更一般的文化观点,亦见 Robert E. Norton,"The Tyranny of German over Greece?",in *Black Athena Revised*,p. 403。

④ 关于黑格尔喜爱欧洲和印度却极度轻视非洲的问题,见 G. W. F. Hegel,*Lectures on the Philosophy of World History*,trans. by H. B. Nisbet,Cambridge University Press,1975,pp. 154-209. 关于黑格尔同甘斯的联系问题,见 Hamza,*Comparative Law and Antiquity*,pp. 39-43。

⑤ Hamza,*Comparative Law and Antiquity*,p. 45;Adolf F. Schnizer,*Vergleichende Rechtslehere*[*Comparative Legal Studies*](2d ed.),Bd. 1,Verlag für Recht und Gesellschaft,1961,pp. 13-14.

有盛誉的优秀学者①,他们并非政治闲人,并非局外看客,更非乖张怪诞者。尽管如此,还是需要强调人种问题②与 19 世纪高档次的法学研究之间关联性这一论题的重要性,那时,"雅利安模式"同古日耳曼法日渐近密。譬如,从罗斯巴赫关于婚姻的著作中③不难发现,他比较评述了罗马法、印度法、希腊法与所谓完善了雅利安方法的日耳曼法。该理论称,上述法律与整个印欧法族的基础大体等同,而事实上,罗斯巴赫的成就正是见赐于雅利安方法本身,而并非独立检验该理论的结果。他的主要论点是,经验证据固然匮乏,但不同的雅利安法律间的诸相似处还是可归因于那种有共同血统的各人种间的封闭纽带。④

所有 19 世纪末的那些研究莫不是企图以一种雅利安伦理社会的口吻重建"雅利安原初法"(Urrecht)⑤。上述努力采取了比较语言学方法,但却运用罗马法范畴重塑了雅利安原初法模式。罗马法(简直)成了原初法得以展开叙述的模板。

就是像耶林那样卓尔不群的学者亦难免在其著作《比较印欧史》中⑥趋附了这种潮流。他以罗马法清晰地界定了(一般)法律⑦,并探

---

① 间或,我们亦可以现代标准挑战其声誉。例如,一位日耳曼楔形文字(cuneiform text)专家就出版了一部关于印度刑法的专著。印度法律同楔形文献无干,却显露不少与罗马法相同的足迹,这种观点即便在 20 世纪末亦须慎加评估;关于其著作的有关评述,见 J. Gilson, *L' Etude du Droit Romain Compare aux autres Droits de l' Antiquite*[*Roman Law Compared with Other Ancient Laws*], Larose et Forcel, 1899, p. 28。

② 蓄意将印欧人解释为人种群落,纯属枉费心机,须知,肤色在古代人并无实质意义;我所感兴趣的亦正在于前者。见 Frank M. Snowden, Jr. , "Bernal's 'Blacks' and the Afrocentricists", in *Black Athena Revisited*, p. 112. 颇具反讽的是,排外逻辑可能比"色盲"还要色盲(as strong as"color-blind")。

③ August Rossbach, Untersuchungen uber die Roemische Ehe, C. Maecken, 1853; Hamza, *Comparative Law and Antiquity*e, p. 45.

④ 见 Hamza, *Comparative Law and Antiquity*, p. 37; 亦见 id. , p. 44。

⑤ B. W. Leist, *Alt-Arisches Jus Gentium*, Verlag von Gustav Fischer, 1889; 亦见 B. W. Leist, *Alt-Arisches Ius Civile*, Verlag von Gustav Fischer, 1892。

⑥ Rudolf von Jhering, *Vorgeschichte der Indoeropaer*[*The early History of Indo-Europeans*], ed. by Victor Ehrenberg, Breitlopft & Därtel und Dunder & Dumblot, 1884. 这是他的最后一部著作,在他去世后由 Ehrenberg 整理成册。见 Hamza, *Comparative Law and Antiquity*, p. 44.

⑦ Walter M. Wilhelm, "Das Recht im roemischen Recht", in Jherings Erbe, *Goettinger Sysmposium zur 150. Wiederkehr des Geburstages von Rudolf von Jhering*, 1970.

寻这种法律及其完美形式的雅利安根源,甚至在以伦理概念为基础的比较法领域,耶林仍假定罗马法亦具有极其重大的价值。[1]雅利安理论便成为理解与其他非雅利安法律相对照的罗马法的至上性和独特性的一把钥匙。

雅利安理论顽强地存活了下来,并步入了 21 世纪。美国法专家阿马杜尼(Amaduni),论述了罗马法与美国法的联系,他认为二者有共同的印欧伦理起源。[2]当然,这套(雅利安)理论造成了 19 世纪 30 年代的那些政治偏见。罗马法的完美形式现在被看作理所应当的,罗马法同日耳曼法的差异被缩小,以至于后者据说包含了前者的特征,最终,一种反个人主义式的罗马法新模式得以建立,并同纳粹运动的中的政治紧密相联。[3]舒恩鲍尔(Shoenbauer)则认为,伦理上毫无关联的不同民族的法律,无法进行比较,比如日耳曼和埃及人。[4]

同样真实的是,这种雅利安理论战前受到来自柯什卡(Koschaker)[5]的挑战,战后又受到了来自孔当奈里—米希勒(Condannari-Michler)[6]的挑战,但这丝毫未减损它在杜美齐尔(Dumezil)等文化比

---

[1]　Wolfgang Fikentscher,*Mathadone des Retest in Vergleichender Darstellung*[*Comparative Legal Approaches*],Bd. 3,Mohr Siebeck,1976,p. 250.

[2]　GARABEL Amaduni,"Influsso del Deritto Romano Giustinianeo sul Diritto Armeno e Quantita di Tale Influsso[The Impact of Roman Law on American Law on Armenial]",in 2 *Acta Congressus Iuridici Internationalis* (Proceedings of the Conference for the 14 th Cent. From the Enactment of Justinian's Laws Rome Nov. 12-17,1934),1935,pp. 244,245.

[3]　舒恩鲍尔在 1936 年 Deutscher Rechtshistorikertagde 一次演讲中阐述了这些观念. Micheal Stolleis,*Geneinwohlforneln im Nationalsozialistischen Recht*[*Common Trends in Nazi Law*],Schweitzer,1974,p. 35. 见 Hamza, *Comparative Law and Antiquity*,p. 44。

[4]　Ernst Schoenbauer,"Zur Frage des Eigentumsueberganges beim Kauf[Transfer of Property by Sale]",in *Zeitschrift der Savigny-Stiftung fur Rechtsgeschichte*,(Rom. Abt.),Böhlau,1932,p. 52.

[5]　Paul Koschaker,"Was Vermag die Vergleichende Rechtwissenschaft zur Indo-germanenfrage Beizusteuern?[What We Got from Indo-Germanic Comparativism?]",1 *Festschrift Hirt*,1936,p. 147. 据柯什卡的见解,法律史不应过分关注种族问题。亦见 Hamza, *Comparative Law and Antiquity*,p. 46。

[6]　Slavomir Condannari-Michler,"Uber Schuld und Schaden in der Antike[Neglience and Damage in Ancient Law]",3 *Scritti Ferrini*,1948,p. 28.

较学者们中的成功。①

由于此项历史工作代表了一种企图调和历史舞台和观众的努力②,所以根本就不必惊奇,那种调和努力在 19 世纪的德国会以下列模式取得成功:

(1) 罗马人、日耳曼人和其他民族被他们所共同具有的印欧根源联系在一起;

(2) 罗马法是印欧法律文化的一部分;

(3) 罗马法是此种文化最完美不过的产物;

(4) 罗马法能够提供作为西方最为完善的法律制度的现代日耳曼法律制度得以建筑其上的基础。

罗马创造了神话。历史意识和与之相联系的谱系学具有某种不可低估的政治向度,即总还是有些东西值得为之奋斗。这种向度极其有趣,比如我们可以看到,与致力于雅利安理论的日耳曼教授相对立,犹太学者会辩称早期罗马法中曾存在过闪族法因素。③该向度"令我回想起了罗马法",即使犹太学者那里,这种还是保留某种关于我们是谁的叙述方式,保留某种关于我们自身图景描绘方式。

然而,图景依赖于框架。雅利安框架固然昭示出自身的巨大成功,但我们也必须关照其对立面,反省他们是如何在若干历史理论的竞争中沦为失败者的。

2. "非洲—闪族理论"

上节记述了那一建筑于罗马法根源之上的西方法律的雅利安理论,这节,我将阐明罗马法的东方和非洲起源这种对立模式。虽然雅利安理论仍然广为传布,乃至成了一种常识,但是,这种对立模式因自身不断受到批评故而始终存续于那一背景之后,这也是历史产生

---

① George Dumezil,*Archaic Roman Religion*,Johns Hopkins University Press,1966, p.585(该引用了罗马和古印度的仪式).

② White,*Metahistory：The Historical Imagination in Nineteenth-Century Europe*, p.5.

③ 一般见 Yaron,"Semtic Element of Adjudication"。

的因果律使然。我不想深入此种讨论,只是要再现一种替代模式,以资说明在作为典型的"西方"传统的西方法律传统形成过程中出现于部分学者中间的那种对立模式。我将那种经修正的对立理论称作"非洲—闪族模式",是因为它直指曾具高水平法律文化的中东和埃及,罗马法就是从那里汲取了大量先进的法律文化,当时,罗马法还非常原始。

我无意讨论从人种学角度①讲埃及人应否被贴上"非洲"标签,此处"非洲"或"非洲人"仅具地理意义,因为埃及那片土地坐落于非洲。法史学家们在讨论中常否认这点,他们那里,埃及通常用以指代"东方"或中东国家,至多不过地中海地区,故而,我特意使用这一术语。那种讨论多集中于雅利安根源问题上,且常充斥偏见浓郁的术语和标签。有鉴于此,我宁愿采取一种业已过时的中立、宽容的态度,从地理学意义上谈论这些国家,以此表明,即便从这另一种观点出发,否认"非洲"一语也是值得注意的,同时,即便上述做法能够为传统法史学家所合理论证,它也还是很有趣的。我的用法通过中立原则同样可被证明是合理的,不过,我根本不打算将它视为中立的。我使用该术语,其用意实在于强化那两种理论的对立。

出于相似但不同的考虑,有时我倾向于采用"闪米特"一语,以它指代有关人种,而不限于采用那些更中立的地理名词,诸如"中东"或"近东"等。如果是"他们"在使用雅利安一词,就会略带羞涩地用它回应"东方"或诸如此类的词语。若是存在危险的政治问题,我更愿意强调它们而不是把它们藏匿在光洁的釉质标签下。因而此种用法便成了一项特定的策略,但此处的动机仅在于更清晰地界定"对象"。无论何时,但有非闪族人或非罗马人介入其间,我当然会使用诸如地中海、东方等这些地理学词汇。

有了这些地域性附带条件,我们便会看到,所谓《"叙利亚/罗马"

---

① Kathryn A. Bard, Ancient Egyptian and the Issue of Race, in *Black Athena Revisited*, p. 103.

法教科书》("*Syrisch-roemisch*"*Rechtbuch*)这部令人惊异的研究叙利亚和罗马制度的古代比较法著作被发现后,"非洲/闪族理论"诞生了。[①]这个发现在三部分学者间引发了一场旷日持久的争论,其中一部分人强调希腊法的影响,另一部分赞成移植希伯来(闪族)法,还有一部分则注重同楔形文献的类比。[②]这部叙利亚著作简直就成了一个谜,一条变色龙[③],其肤色随着学者的研究目的而变化,但是它却激发了一轮关于罗马法与其他非印欧古代法间跨界关联问题的研究。

正是在此框架内,大批法国学者于 19 世纪后期提出了一种理论,认为罗马法无非就是古代东方法特征和罗马法特征的集束、合体。[④]无论适当与否,该理论之于我们的论证,之于雅利安模式(罗马法"独特性"模式的相关性观念),显然都很重要,因为它同时向二者提出了强烈的挑战。根据该理论,罗马法作为借鉴自埃及和中东诸外来特征之集束而得以发展起来。[⑤]

雅利安理论和非洲—闪族理论间的对峙,可相应匹配于德国学者与法国学者间的对峙,前者意指法律进化中雅利安维度之于地中海维度间的对峙,后者则处于众所周知的 19 世纪末期欧洲论争的背景之下。注意到这点,极为有趣;而且,前两种理论的分立,亦可对应

---

① 这部"Rechtbuch"由 Land 发现,经整理,1862 年出版发行。J. P. N. Land, *Anecdota Syriaca*, Lugnuni Batavorum, 1862; Paul Koschaker, *Die Krise des Roemischen Rechts und die Romanistische Rechwissenchaft*[*The Crisis of Roman Law*], C. H. Beck, 1938, p. 276.

② Hamza, *Comparative Law and Antiquity*, p. 53.

③ Walter Selb, *Zur Bedeutung des Syrisch-Romischen Rechtbuches*[*On the Meaning of the Syrian-Roman Book*], C. H. Beck, 1964, p. 331.

④ 较之政治偏见深厚的日耳曼学者,这些法国学者们今天还被这样介绍,"以虚拟假设为基础的理论的支持者们",而罗马法同叙利亚法间的联系,据称也为其自身播下了"仅建筑于粗糙假说基础之上的那些非科学理论的种子"。见 Hamza, *Comparative Law and Antiquity*, p. 54。

⑤ Eugene Revillout, *Les Obligations en Droit Egypien Compare aux autre Droits de l'Antiquite*[*The Law of Obligations in Ancient Egypt Compared with Other Rights of Antiquity*], E. Leroux, 1886, p. 79. ("[L]' histoire du droit romain n' est plus que l' histoire d' enprunts successifs. ")

于进化论范式与传播论间的分立,进化论强调开展于特定社会中的社会制度,传播论则关注不同文化间的制度传播。20 世纪末 21 世纪前 25 年间曾是传播论者与进化论者激烈论争的时期[1],那是两种当时来说是相互排斥的方法[2]。雅利安模式建诸于内部进化的观念之上,非洲—闪族模式却将法律史理解为一种移植史、舶来史。有一点亦非常明显,前一模式,无论其政治信念如何,都是基于种族的(抱有偏见的),因为内部进化多被假定发生在某一种群之内,而替代模式显然肯认种族问题同法律发展间并无关联。

这两种模式之于罗马法亦分别代表了不同的意识形态,因而便可用以解释它对专家们所产生的不同影响。雅利安模式中,罗马法仍旧是原生的和独特的印欧种族史之高级的、最终的产物。[3]非洲—闪族模式中,罗马法,明显地或含蓄地说,是一种贫瘠的法律,它的繁荣应归功于借鉴了源自地中海盆地东部更为复杂的法律模式。

最后,雅利安模式暗含了印欧法族内的一种我称为罗马法进化论的连续性模式。然而,但凡采纳颇具挑战性的非洲—闪族观点,就很容易运用那种我所称之为断裂性的罗马法研究方法[4],因为从埃及或中东借鉴的每一种方法无不表征了同原先罗马法传统的某种断裂。

欲理解两种模式间的尖锐对立,我们必须考察创建非洲—地中海理论的法国学者、东方学家列维罗特(E. Revillout)和拉普格(G.

---

① Robert H. Lowie, *Primitive Society*, Boni & Liveright, 1920, pp. 430-441;亦见 Jackson, "Evolution and Foreign Influence in Ancient Law", 16 *Am. J. Comp. L.*, 1968, pp. 372, 374。

② Barbara McNairn, *The Method and Theory of V. Gordon Childe*, Edinburgh University Press, 1980, p. 7.

③ 伴随某些断裂,此种模式的赞同者们相信,那种来自基于种族的进化论可被有效移植,以调整其他种族的生活。

④ 关于历史评价的断裂性与延续性间的对立问题的讨论,我阅读了米歇尔·福柯(Michel Foucault)的著作,因而得以推演历史连续性和断裂性这一区分。见 Michel Foucault, *The Archeonology of Knowledge*, trans. by Alan Sheridan Smith, Random House, 1972. 您可在海登·怀特(Hyden White)的著作中发现类似意见。见 Hyden White, *The Content of the Form Narrative Discourse and Historical Representation*, Johns Hopkins University Press, 1987, pp. 109-184。

Lapogue)的著作。

列维罗特(1847—1913年)是一个古怪的、谜一般的人物。他是一位研究日常用语(Demotic)、僧侣用语(Hierztic)、科普特语(Coptic)等古代语言的学者,后完全成为巴黎卢浮宫馆长(Conservateur au Louvre),并荣膺古老而享有声望的卢万大学(Louvain)的荣誉学位。他还是埃及古物学的奠基人,但却决意献身于埃及法律研究这门新兴学科①,其意图显然在于张扬罗马法之埃及根源那种理论②。

列维罗特的中心论点是,罗马法是作为一套异域舶来的法律模式成长起来的。其理论全面驳斥了由罗马法学家所创立的那些模式。他尤其关注关于非洲—地中海模式移植入罗马的三个问题:

(1)罗马商法和债权法,罗马法学成就的典型代表③,实际由巴比伦法演化而来④;

(2)其公法、法律框架、政治关系学说继受自希腊;

(3)其人法、法学一般理论则渊源于埃及。

在该规划中,列维罗特与其兄弟,另一位著名的东方学家维克多·列维罗特⑤合作,逐册逐页追溯被《国法大全》收录的新版《查士丁尼法典》中的每一规则、正文或意见的非罗马根源;由此,这种理论势必得到了空前发展。现今,我们能够体会到,该规划实际上是对罗马法的全球性解构及对通行学说进行批判的一种尝试。他在追求对

---

① Eugene Revilluot, *La Propriete*, *ses Demembrements*, *la Possession et Leurs Transmissions en Drort Egypten Compare aux Autres Droits de l' Antiquite*[*Property and Possession in Egyptian Law*], Ernest Leroux, 1897; Eugene Revellout, *Precis du Droit Egyptien Compare aux Autres Droits de L' Antiquete*[*A Textbook on Egyptian Law*], Girard & Briere, 1903. 关于列维罗特, 见 Hamza, *Comparative Law and Antiquity*, p. 54。

② Eugene Revillout, *Les origins Egyptiennes du Dròit Civil Romian*[*The Egyptian Origins of Roman Civil Law*], Libraie Paul Geuthner, 1912.

③ Zimmermann, *The Law of Obligations: Roman Foundations of the Civilian Tradition*, p. 1.

④ Hamza, *Comparative Law and Antiquity*, p. 54.

⑤ Id., pp. 54-55.

那个时代法律史的一种全球性批判①。

列维罗特，一位埃及古物学家，由于他的理论，在历史学家们和罗马法学家们（他们过去不是，现在也通常不是埃及史专家）中间背上了恶名；时至今日，他的思想还被介绍为是毫无学术风范的。②

他果真古怪异常？的确，他狂傲、孤寂。③ 在我对他的了解过程中，我发现，他自视自己开辟了一条新道路，可彷徨中又倍感寂寥。的确，他怀有一种不同人种赋有不同天才的旧式观念：罗马人，像多里安人（Dorians），系纯种印欧人，天生好战；巴比伦人，相较之下，具有特殊的经商天赋；埃及人则秉持独特的道德冥思能力。④ 尽管使用这些概念，但他绝非我们所理解的那种"人种论者"。关于印度，列维罗特否认"我们的"文明同印度人间的任何渊源关系，且认为拥有"共同的血缘"并不那么重要；但他的言论同时也确实震惊了听众，他确认道，"除"宗教态度外"我们"同犹太间没有任何瓜葛。⑤

如若深究列维罗特理论的细节问题，读者就会看到，一些乖戾之处将逐渐浮现。例如，他甚至坚持道，第一部罗马制定法十二铜表法⑥的起草者的灵感亦来自数十年前埃及暴君亚玛西斯（Amasis）的经历，后者则常被称为埃及的克隆威尔（Cromwell）。⑦该故事之难于剪除，恰因其极端完备却又甚是偏执。这种渊源批判论（source criti-

---

① 关于全球性外在批判（extenal）和全球性内在批判（internal）的定义，见 D. Kennedy, *A Critique of Adjudication*（*Fin de Siecle*）, pp. 92-93。

② Hamza, *Comparative Law and Antiquity*, p. 56.

③ Revillout, *Les origins Egyptiennes du Droit Civil Romian*［*The Egyptian Origins of Roman Civil Law*］, at Part v（"La science du droit egytien, cree par moi, progresse chaque jour par suete de mes nouvelles etudes."）.

④ Id., at Part v-vi.

⑤ Id., at Part vi（"Nous ne tenons rien de l' Inde si ce n' est peut-etre un sang commun, et que le juifs ne nous ont guere fourni que leurs traditions messianiques."）.

⑥ Robinson, *The Sources of Roman Law*, Routledge, p. 2.

⑦ Revillout, *La Propriete, ses Demembrements, la Possession et Leurs Transmissions en Drort Egypten Compare aux Autres Droits de l' Antiquite*［*Property and Possession in Egyptian Law*］, p. 21.

cism)尚处萌芽阶段,其叙述,恰如一些天才作品所采用的,亦充满了偏见,那些天才怀才不遇,往往以一种复仇感反对世人。任何情形之下都毫无疑问,列维罗特基于传播论方法[1]创建了他的理论,以资反对雅利安理论内在的有机进化论模式,今天,该传播论方法极易因过时而被抛弃。[2]但大约 20 世纪末,它却可与旧时通行的进化论方法分庭抗礼。

我的观点,并非认为他就是正确的,即便他曾为世人所公认。重要的是,要承认列维罗特提供了一种新的范式,要理解下述回应所具有的意义。故而我将再次假定采取一种"中立的"态度,因为下节将充分说明,如果该理论存在缺陷,那么由此激发的回应也不会更好。

照哈姆茨(Hamza)看来,列维罗特并不孤单。[3]另一位杰出的法国东方学家拉普格教授[4]也独自持有类似的方法。他强调亚述法(Assyrian)的影响,其论辩涉及两个观点,第一个论及罗马帝国,第二个论及罗马帝国伟大的法学家们。前者系称罗马"外事裁判"[5]将东方法律制度大规模地移植到罗马法之中[6];后者则系称在拥有优秀

---

[1] P. Haider, "Vergleichende Voelkerkunde", in F. Hampl & I. Weiler (eds.), *Vergleichende Geschichtwissenchft [Comparative History]*, Wissenschaftliche Buchgesellschaft, 1978, p. 185.

[2] Lowie, *Primitive Society*, p. 21.

[3] Hamza, *Comparative Law and Antiquity*, p. 55。

[4] 关于拉普格的声名,见 Hamza, *Comparative Law and Antiquity*, p. 55.

[5] 裁判官系负责管辖权的罗马官吏,见 H. F. Jolowicz & Barry Nicholas, *Historical Introduction to tie Study of Roman Law*, Cambridge, 1939, pp. 46-50. 他不是现代意义上的法官,见 id. 步入帝国时期前,罗马民事审判往往要经历两个阶段,见 id. 前一阶段,由裁判官负责查明争端,见 id. 后一阶段,审判才真正开始,由承审员(judge, judex)负责就裁判官所查明的争端作出判决。承审员并非国家管理官员,而是为特定目的经任命的私人,见 id. 242 B. C. E., 这一(查明争端的)职能,分由两种裁判官负责,一种(praetor urbanus, 内务裁判官)负责管辖公民间的争端,另一种(praetor peregrinus, 外务裁判官)负责管辖外邦人间及公民与外邦人间的争端,见 id.

[6] G. Lapogue, "La Dossier de Bunanitun", in *Nouvelle Revue Historique de Droit Francais ed Itranger*, L. Larose, 1886, 10.

的、伟大的法学家时代曾出现过更大规模的法律移植,原因是那些法学家们(特别是巴比尼安和乌尔比安)①无人拥有罗马血统。然而,拉普格理论大多系称,罗马法学家们的著作多致力于通过将罗马城市法转化为全帝国境内的"世界法"拓展罗马法,通过将大量行省的法律实践纳入罗马法概念体系使其转化为世界法。这个观点,较之20世纪末欧洲占统治地位的殖民论调要有价值的多。②

拉普格的作品似乎比列维罗特关于十二铜表法的怪诞见解稍为合理,但它旋即便被与列维罗特的见解合为一体,遭到嘲弄。③这未免有失公允,拉普格独立地得出结论,独立地展开论辩。反对意见所采取的策略是挪用列维罗特评述中最为糟糕的部分攻击他的理论。为达此目的,批评意见强调拉普格观点中关于亚述法传播模式的那一公认的薄弱环节,并且认为,那极易说明他的结论仅仅是建立在一座楔形碑铭之上的。④然而,批评意见(的确)流于偏颇。不能断言他的结论单单基于一纸文献,实则,是对新近发现文献的分析,促使他提出了有待证实的假说。他提出了一种关于罗马法起源的新模式,可是,他的假说未经甄别便被消解。他利用了大量文献,在分析罗马法进程的基础上提出了一些论点,可是,他的作品问世伊始便被抛弃,理由仅是他刚刚占有一部文献就提议所谓"亚述关联"。因此,用以质疑其全部著作的,不过是亚述渊源的独特性问题罢了。

传统罗马法学者们所发动的反击,构成了实际已被接受的关于罗马法和西方法律的观念是如何汇集一处这一问题的基石,下文,我将就此细节逐一罗缕。

---

① Rorbinson, *The Sources of Roman Law*, p. 43; Niels Peter Lemche, "Justice in Western Asia in Antiquity, or: Why No Laws Were Needed!", 70 *Chi-Kent L. Rev.*, 1995, p. 1695.

② Part II. F 之后的讨论(题为"Redaction and Deromanization")。

③ Hamza, *Comparative Law and Antiquity*, p. 55. 参阅 Ludwig Mitteis, *Reichsrecht und Volkrecht in den östlichen Provinzen des Römischen Kaiserreices* [*State Law and Popular Law in the Eastern Roman Empire*], B. G. Teubner, 1891, p. 13。

④ Hamza, *Comparative Law and Antiquity*, p. 55。

（二）修正论回应：职业阻却

"非洲—闪族"假说在职业法学家引起了强烈的反响。法国学者吉尔森（Gilson）、德国同样优秀的学者如米泰斯（Mitteis）和哥特施米特（Goldschmidt）等领导了这场逆流。为这场回应推波助澜，其意图在于吹捧罗马法"渊源论"及其"更新能力"，同时作为一项策略性反应，其意图也在于反击那些非职业法学家们。罗马法，他们辩称，可能借鉴过外来模式，但正是罗马人的法律天赋和罗马法的至上性，将那些"舶来品"转化成精确的法律概念。通过将那些外来贡献处理作法律原材料，它们的贡献可被减缩至最小甚至忽略不计。

吉尔森创立于法国的"独特性模式"，实在格兰森（Glasson）研究诸种地中海法和中东法共生问题所采用的方法之后。格兰森，尤其在其关于结婚和离婚的著作中①，混合使用了历史方法和比较分析（方法）。然而，在格兰森的比较方法中无法包容对那些"舶来品"的评价。它同样也无法避免考虑非洲—地中海法的相对重要性；但格兰森却试图通过一种类型学方法②把握和洞悉那些特殊存在形式的意义所在，所谓类型学方法，系建立在不同法律基础上的一种框架，毫不顾及它们之间任何可能发生的借鉴和移植。我们应强调这一事实，即格兰森的作品并未给"雅利安模式"③留下任何空间，其类型学方法允许罗马法的成长可独立于任何其他先在法律。

廿余年后，吉尔森明显开始关注深植于这种方法中的罗马法的自足性。④直至19世纪末，他依旧无法否认通过裁判官国际管辖权实

---

① Ernest Glasson，*Le Mariage Civil et le Divorce dans l' Antiquite et dans les Principales Legeislations Modernes de l' Europe*〔*Marriage and Divorce in Ancient and Modern European Law*〕(3d ed.)，A. Durand，1880. 关于格兰森，见 Hamza，*Comparative Law and Antiquity*，p. 55。

② L. J. Cnostantinesco，Rechtvergleichung Band I〔Comparative Law〕126(Carl Heymanns，1971).

③ Hamza，*Comparative Law and Antiquity*，pp. 55-56.

④ Gilson，*L' Etude du Droit Romain Compare aux autres Droits de l' Antiquite*，p. 24.

践而出现在罗马法中的外来成分。[1]但是他借助隐喻,抹杀了外来法对罗马法纯粹性和独特性的影响;他借助了一种外来特征被"有机同化"的隐喻,这些特征并不能改变罗马法的"自足"特性。[2]此处,引述他自己的言论对我们的论辩非常重要:

"通过联系外来法律观念,其产生业已充分证实,罗马法更新了自身。作为一种有机体,罗马法同化了这些外来因素,这些外来因素没有扭曲罗马法,相反却使它变得更年轻、更富有生命力。"[3]

我们很容易从上述引文中抽绎出三个不同的要素:第一,源于非洲—地中海法律世界的外来成分被肯认正当且已充分证实,此种肯认与证实不是来自局外人或乖戾之徒,而是来自业内领导人士之一。第二,我们可看到罗马法学者的一个预设,即外来因素可能只是扭曲了初始的和纯粹的罗马法。罗马法不可能从非洲—地中海法律身上获得改进(这段言论明显地由科学滑向了偏见浓郁的美学价值),应当理解这一预设。第三,在其美学框架内,罗马法"关联"问题与可能的"瑕疵"问题,通过隐喻,仅是一种修辞学方法,就被化解了:亏了罗马人具有一种在有机同化之中解决其"关联"问题的天赋,这显示了罗马法甚至在处于同其他法律文化接触的危险境地时依然具有的那种不可思议的更新能力。[4]

我们面对的是罗马法神话的一个重要特征:其更新能力、同化能力及保有一套独特、优良法律制度的能力。

后来,像拉姆伯特(E. Lambert)和阿普莱顿(E. Appleton)那样

---

① Hamza,*Comparative Law and Antiquity*,p. 54.

② Ibid. ,p. 56.

③ Gilson, *L' Etude du Droit Romain Compare aux autres Droits de l' Antiquite*,p. 10. ("Au contact de ces idees juridiques etrangers don't la persistence est aujourd' hui nettement etablie,il a renoubele sa substance. Mais,comme les organisms,il s'est assimile ces elements etrangers. Ceux-cii n' ont pas deforme le systeme romain,ils l' ont au contraire,vivifie et rejeuni. ")

④ 关于重述此项更新能力的问题,见 Jonston,"Limiting Liability:Roman Law and the Civil Law Tradition"。

杰出的学者①确实也使用了这种方法。拉姆伯特②与阿普莱顿③二人在研究继承法和遗嘱法时,同样强调了罗马法的自足性,认为那些外来因素正是其独特性和优越性的确凿证据。我们倾向于将此种学说视作一项巧妙的文化辩护工作。

德国方面,我们在米泰斯和哥特施米特的著作中可以见到关于文化辩护问题更为卓著的成就。他们两人采取了极为不同的两种策略,但无一例外地阉割了非洲和亚洲法对罗马法任何可能的影响。其中之一建立在非洲—闪族法移植过程中希腊法的作用,另一个则奠基于一般经济学思考。二者均分析和激烈抨击了列维罗特的著作。

米泰斯曾对罗马帝国东部所适用的蛮族法做过开创性研究,④他因此被奉为古法史学派(Antike Rechtgeschichte)、古地中海法研究的创始人。他并未否认诸东方模式对罗马帝国公法的巨大影响(此观点,下文将详加讨论),但非常奇怪,他却将这些模式尽行归于希腊人,并将此种关键性影响归结为希腊人对于后古典时期罗马法发展的影响。⑤其观点是,后古典时期(公元 3 世纪以降)神圣罗马帝国用以统治古罗马的形式,早已存在与于西亚、亚洲和埃及。⑥希腊人从未发展这一形式,但亚历山大征服埃及和中东后,他的后嗣却接受了它。米泰斯的理论中,唯有希腊人希腊式的理念(Hellenistic Ideal)对罗马法的影响,方足以解释后期罗马帝国最终接纳此种形式作为统

---

① Hamza,*Comparative Law and Antiquity*,p. 56.

② E. Lambert,*La Tradition Romaine sur la Suceession des Formes du Testament Devant l' Histoire Comparative*[*Forms of Wills in Roman Law in Light of Comparative History*],V. Giard et E. Brière,1901.

③ E. Appleton,*Le Testament Romain*:*La Methode du Droit Compare et l' Autheneicate des XII Tables*[Wills in Roman Law. Comparative Legal Methodology and the Quest for Anthenticety of the XII Tables],ed. by Alebert Fontemoing,Librairie des Ecoles Francaises d'Athenes et de Rome du College de Franco et de l'Ecolo Normale Superleure,1903.

④ Mitteis,*Reichsrecht und Volkrecht in den östlichen Provinzen des Römischen Kaiserreichs*,p. 13.

⑤ Hamza,*Comparative Law and Antiquity*,p. 56.

⑥ 见 Part II. C 后的讨论(标题是"The Origin of the State")。

治形式这一问题。米泰斯的策略很清楚,亚洲和非洲模式首先被希腊人接受,接着,数世纪后,又被罗马人接受,罗马人只是从同样属于印欧法族的希腊移植了这些外来因素。

这就如同把送奶人与奶牛混为一谈。由于埃及、亚述、波斯的每一件东西,都经过了希腊文化的过滤、筛选,所有这些又都转化成了希腊理念,故而,罗马人务须感劲的只是希腊人,而不是它的先驱们。此处,我们再次看到了对希腊的"德国偏好"。[1]事实上,如保尔·柯什卡科(Paul Koschakaker)那样卓越的学者,即意识到了该理论的策略性特征,并说明了它如何有助于避免篡改罗马法。[2]

哥特施米特的策略则有所不同。他强调将整个古地中海世界[3]作为经济单元,并认为,该经济单元可证明研究埃及、巴比伦、亚述、希腊与罗马法律制度时所使用的"起源"方法的合理性。于是,哥特施米特将某些罗马法律制度视为先前东方和埃及观念的产物,并以此为基础考察列维罗特提出的非洲—地中海模式。但他并非在历史发现的基础上或通过渊源批判论来公开激烈地批评列维罗特的作品,而却单单归因于,那位法国东方学家没有意识到造法能力(Rechtsschoepfung)"是罗马人特有的天赋"。[4]哥特施米特的理论渗透着太多法律领域内罗马人优越性的前见,以至于那些前见未加甄别便被公开宣称为其理论支柱。他没有就巴比伦、埃及、腓尼基、希腊法律的萌芽的出现这一问题展开论辩,然而,他却坚持,这些制度只有在罗马法中才能获得其"适当的法律形式"。因而,他并不否认外来因素本身,可他所要坚持的却是,罗马人的天赋独自将其转化为运作中的法律制度。又是罗马人那无法解释的"独特性",像迈达斯

① Norton,"The Tyranny of German over Greece?",in *Black Athena Revised*.

② Koschaker,"Was Vermag die Vergleichende Rechtwissenschaft zur Indo-germanenfrage Beizusteuern?",p. 274.

③ Levin Goldschmidt,*Handbuch des Handelsrechts*[*Handbook of Commercial Law*](3d ed.),Bd. 1,F. Enke,1874,p. 43.

④ Id. ,p. 38. n. 72;亦见 Hamza,*Comparative Law and Antiquity*,p. 57.

国王的手一般,将泥浆点化成了金子。这就是何以哥特施米特会将列维罗特与拉普格的著作斥为"梦幻和神话",[1]何以会重申罗马法那众口一词的至上性的原因。[2]

陆续不断的发现,包括苏撒碑铭(the Stele of Susa)和汉谟拉比法典正文[3]等,给非洲—闪族假说灌注了成长的活力,最终,米勒(Mueller),一位声名卓著的奥地利学者,提出了共同地中海法模式,罗马法仅是其中一个示例。[4]然而,他的理论被引介作一种不发达的、试探性的解释,再一次被法史学家们斫刈成为无益、悖理之物。[5]针对他的主要的论辩还是那种诉求,还是那种塑造那些最终亦为其他古代文明所共享的原初观念这一过程中的罗马法独特性诉求。

节末,我愿预述第二部分将详加论述的论题,届时将说明,今天,基于直接估价诸多古代法律文献的渊源批判论,较之列维罗特,今天正在立论和思考方面发生急速的变化这个问题。克鲁兹—尤莱伯(Cruiz-Uribe)在近来美国对成百上千的埃及法律文献的评述中归结如次:"我坚信列维罗特在方法论上是正确的,运用列维罗特的前提,以此为出发点来考察这些材料是自然而然的事情。"[6]除海姆查(Hamza)外,罗马法"专家"们几乎无人赞同此类修正论。但它是将自罗马法学术圈外由独立的古代法学者处发展而来。

(三)"西方法原理":传统与播扬

既然我们已然重建了上述西方法律传统方面历史意识的历史,[7]

---

① Id. ,p. 52.

② Id. ,p. 59.

③ 见 Robinson,*The Sources of Roman Law*,p. 88 及相关文字。

④ W. Mueller, *Die Gesetze Hammurabis und ihr Verhaeltnis zur Mosaischen Gesetzgebung ,Sowie zu den 12 Tafeln*[*The Code of Hammurabi Compared with Mosaic and Roman Law*],Hofbuckdruckerei C. Fromme,1903.

⑤ Piero Bonfante,"Il Codice di Hammurabi e le XII Tavole[*The Hammurabi Code and the Twelve Tables*]",1 *Melanges Cornil*,1926,p. 119.

⑥ Eugene Cruz-Uribe,*Saite and Persian Demotic Cattle Documents*:*A study in Legal Forms and Principles in Ancient Egypt*,Scholars Press,1985,p. 80.

⑦ White, *Metahistory*:*The Historical Imagination in Nineteenth-Century Europe*,p. 1.

因而便可借此讨论那些潜藏于一系列所谓西方法律传统背后的原则性问题。

我的观点,并非指列维罗特与拉普格就是正确的,也不是说他们就是性情乖戾者。我根本就无心于他们的声誉,也同样无心于我们所见到的其他德国学者的声誉。并且,我认为,直至今日,我们仍不具有足够的古代世界知识借以完全赞同他们的理论。我想强调的恰是,专业界之于非洲—闪族假说所做出的回应无非是诗歌式的,那是一种隐喻、一种修辞学陷阱、一种美学论点;而那种诗歌式回应自非我们所主张的科学标准。我所感兴趣的是专业界所呈现的致使其否认他们所曾惯用的"科学"原则的此种困窘。专业界并未因此而不安,他们倾向于使用比喻修辞①,而不是通过论辩论证其观点。

我们亦曾见到,历史学家们虽然肯认久远的且在不断增长的外来因素,可他们却从中提炼出了一种模式,其间,他们将这些因素安插在了罗马法的"永久更新"框架之中。我坚持认为,这种模式,同我们在约翰斯顿(Johnston)与奇默曼(Zimmermann)理论②中所见到的、仍在运用的模式一般无二。它旨在表明并且实基于已被搁置在争论之外的罗马法传统的连续性和伟大之处。先前的雅利安模式已被摒弃,对罗马法独特性最为崇高的评价亦不再公开援引,但是,这一争论过程中,一种更为新颖的也是更为强劲的模式却被详加展开。

我力图概述该种模式、其使自身免于外来批评的防护措施及其对于实际理解西方法律传统的重要性。

首先,该模式恰基于将传统理解为概念与理念之生命体与再生体那种观念。讨论这个问题,我们此处可倚赖上述伯尔曼关于传统的理论,该理论是最近全面收集整理西方法律传统的集大成者。根据此种理论,谈论法律传统就是要求关注两个主要因素③:其一,法律

---

① Id. ,pp. 31-32.

② Johnston,"Limiting Liability:Roman Law and the Civil Law Tradition";亦见 Zimmermann,*The Law of Obligations*:*Roman Foundations of the Civilian Tradition*。

③ Berman,*Law and Revolution*:*The Formation of the Western Legal Tradition*,p. 5.

制度在前代基础上朝着特定目标持续不断地发展,这种发展跨越代别、跨越世纪,即便未必是恣意的,每一代内也是自觉的;其二,这一发展过程不仅是被设想成一个变化过程,而更被设想成一种有机增长过程。①这种模式中,传统被视作就在那儿的"实实在在"的东西,我们可以观察到的那种东西。它还是我们可参与其中的那种东西,还是依其发展我们可有所贡献的那种东西。但是,"传统"绝不是某种结果或我们策略的创造物,绝不应理解作为绘制一幅意味隽永的图画而强加给外部事实的那种框架的特殊产物。

诚如所述,我便可径直坚持,仍旧根植于法律之中的那种传统观念,现今依然支配人文科学的知性框架观念。②我认为,将不同因素组合一处,以时空区别开来,然后便主张,全部这些因素构成了一种单一的整体,一种单独的、划一的传统;这种方法系接受框架的结果。接受一种框架依赖于一套理论,我们需以该理论论证所使用的框架。摄取理论是一种有目的的活动,为追求某种目的,我们才接受这种理论;靠那些杂乱无章的外部事实,理论无法在我们心目中刻下印痕。这自然意味着,理论倚赖于我们的策略。正因如此,传统的存在归根结底是我们现有策略的产物。那种看似或声称古老的传统,往往生成不久,甚或是人工创造物。③历史过程,记载着从古至今的人类活动,那不过是一种幻想;而过去,某种程度上无非是现时的创造物罢了。④

假设接受了这种历史理解的框架观念,我们就得准备评述两种排中的、相斥的理论:传统和连续性模式及相反的"断裂性"方法。⑤

---

① Id. ,pp. 5-7.

② William Outhwaite,"Hans-Georg Gadamer",in Quentin Skinner(ed.), *The Return of Grand Theory in the Human Science*,Cambridge University Press,1985,p. 23.

③ Eric Hobsbaum, "Introduction: Inverting Traditions", in Eric Hobsbaum & Terence Tanger (eds.),*The Invention of Tradition*,Cambridge University Press,1996,p. 1.

④ Mark Philip,"Michel Foucault",in *The Return of Grand Theory*,p. 78.

⑤ 我阅读了米歇尔·福柯(Michel Foucault)的著作,因而得以推演出历史连续性和断裂性这一区分。Michel Foucault,*The Archeonology of Knowledge*,trans. by Alan Sheridan Smith,Random House,1972.

您可在海登·怀特(Hyden White)的著作中发现类似意见。Hyden White,*The Content of the Form Narrative Discourse and Historical Representation*,Johns Hopkins University Press,1987,pp. 109-184.

注意到这点非常有趣,即过去 10 年间,西方法史学家未予公开讨论一种明显的偏见的性质及其内涵[①]便接受了这种赞成连续性的偏见,倒是马克思主义法史学家,连同某些着力强调结构主义精神中的断裂性问题的激进学者[②],于 20 世纪 80 年代展开了这种讨论,公开提出了(法律)发展中的断裂性问题[③]。注意到这点,甚为有趣。我将历史解说中的政治维度理解为一种为调和历史领域与观众而选择的方法,我觉察到,它极易显现在这种反对姿态中。一个激进的社会很容易以断裂性界定自身,其法史学家亦很容易公然承认"历史进程"中那些大的断裂,公开承认那些革命时机。如果这些激进意见是真实的,那么其对立面,那些非激进意见,亦当是真实的,其间,回顾过去可能有裨于解决一些由戏剧性变动所提出的问题。实际上,引导我们"观察"存在的那种连续性方法,就其根基而论,实基于对历史变迁的一种偏颇但又系统的否认。[④]连续性方法,常将变动内化于某种"开展着"的传统之中,其策略性选择亦趋于被引介作对经严格限定的过去背景的回应,而不啻于一套妥协性、目的性的而多少又是指向设计将来的政治性方案。[⑤]

现在,我们能感觉到这种方法实际上是何等孱弱。之所以孱弱,是因为其所谓基础就存在于发现连续性并怠于接纳变动的欲望之中。可是,这种方法极易于被推翻。由于其基础在于将连续性摆到

---

① 西方历史学家法律领域外间或讨论了这些内涵与性质。例见 Charles Tilly(ed.),Studies in Social Disconuity,Academic Press,1972。

② A. P. Kazhdan,& G. Constable,*People and Power in Byzantium*:*An Introduction to Modern Byzantine Studies*,Dumbarton Oaks Research Library and Collection,1982. 关于结构史的批判性考察,见 Christopher Lloyd,*The Structures of History*,Wiley-Black-well,1993,pp. 66-88。

③ Vladimir Vavrinek,"From Late Antiquity to Early Byzantium",Academia Praha ed.,1985.

④ 关于法史学家将之保守地用作"连续性与传统"的问题,见 Robert W. Gordon,"Critical Legal Histories",36 *Stan. L. Rev.*,1984,p. 57。

⑤ 如果以这种方法承认了自觉设计,便可通过这种"科学"途径处理这一问题,该途径着重强调了"可验证性"与"预见"。Robert C. Clark,"The Interdisciplinary Study of Legal Evolution",90 *Yale L. J.*,1981,p. 1238.

台前,又将变动和断裂置于台后,故我们可采用去正统性步骤来动摇起根基。进而,我们可将进化论模式①与那种考古学在历史事件播扬②问题上所运用的非连续性方法做一比较。断裂性观念实则由福柯建立,他认为,历史将断裂性引入我们的存在,在此意义上,历史才能成为有效的。我认为,这一方法在此处是异常重要的,因为它强烈质疑特定历史意识的价值,强调历史重构的虚拟性特征。③我们接着便可看到,这种断裂性范式是如何同播扬模式联系在一起,又是如何排斥进化论模式的。

据此观点,事件就如同陈述一般,可在其播迁(disperse)中发现,很清楚,它们在理论形成过程中不会自行汇集一处,而需要实在的人根据总体策略通过叙述这一黏合剂将其收集起来,并予加工、处理。任何理论都是某种建构物、人造物,而要建构,就必须排除一些东西,历史就是这样一种同作为事实核心特征的断裂性存在某种关联的叙述形式④。如果我们还记得知性依赖于接纳某种框架,剪裁事实依赖于某种理论,而接受理论则依赖于某种策略,那么,我们便容易倾向于质疑下述问题,即连续性模式较之断裂性替代模式何以总是被优先遴选。罗马人与西方人秉有那种原创天赋,反对借鉴其他文明,因之,我认为,评价其天赋时,务须溯及某种更为宏大的策略,某种为现代西方工业社会所炫耀的"文化"优越性策略。终究,一种新型财富,需要一种谱系学,这样就可说明,它并非像显现出的那样新颖。

本文第二部分,我力图说明,何以有理由接受那种相反意见而抛

---

① Charles C. Lemert & Garth Gillan, *Michel Foucault*: *Social Theory and Transgression*,Columbia University Press,1982,p. 41;亦见 Michel Foucault,*Language*,*Counter-Memory*,*Practice*,ed. by D. F. Bouchard,Cornell University Press,1977,p. 154。

② 关于将"播扬"用作人文学科中,见 Jacques Derrida,*Spur*: *Nietzsche's Styles*,trans. by Barbara Harlow,The University of Chicago Press,1979。

③ White,*Metahistory*: *The Historical Imagination in Nineteenth-Century Europe*,pp. 1-2.

④ J. Derrida,*Marigins of Philosophy*,trans. by Alan Bass,University of Chicago Press,1982,p. 291.

弃这种成见。我此处愿意强调的是，这种讨论如何对于法律史，尤其是比较法，是那样地至关紧要。播迁、播扬与传播，其实是一码事。播迁就是发散，就是抛离，就是蔓延，就是传播，好似水滴喷洒，又如在土地、岩石与草丛中播种。所以，法律史中的播扬与断裂性问题囊括了法律特征的传播问题。

如前所述，沃森的法律移植理论①恰好契合了这种框架，可以说是非常有用的。该理论通常被觑为保守的、低劣的。②但我相信，它必将成为法史批判理论的一种有力武器。沃森理论所起到的去正统性作用，尚未被正确理解，因而其革命性潜能相应亦未被充分肯认。我无意赞同沃森的所有主张，其中许多观点，我就存在异议。它同其他理论一样，我们可通过汲取其中某些特征同时摒弃其他特征来解构这种理论。我同样认为，假如我们计划接受那些接踵而至的法律移植理论方面的读物，那就必须保留沃森的整套理论。现在，我将要做的便是激进而非保守地解释这套法律移植理论，展示这种保守主义方式如何有助于批判。

如果有人假定法律与其运作其间的社会固有一种封闭关系，那么，法律移植最终当是不可能的。沃森反对这种观念；他设定，法律发展主要由借鉴发展而来，这些为数可观的外来因素陶铸了法律史的品格。③通常，法律制度就是诸种其他制度模式的混合体。社会生活中，借鉴无处不在，法律中外来因素的普遍性问题因之很难单独从某种特定法律之中获得解释。仅在有别于其他文化传播意义上，法律借鉴要求一种特别解释。研究法律的观念传播问题需要的不单是罗列那些外来因素，更重要的是考究那些文化参与条件与那种法律"统一体"得以建立、维系的文化选择。由是观之，文化存在本身便包容了其矛盾因素，如接纳外来因素，自意识形态方面将这些因素构成

---

① Watson, *Legal Transplant: An Approach to Comparative Law* (2d ed.).

② Ewald, "Comparative Jurisprudence(II): The Logic of Legal Transplants".

③ Watson, *Legal Transplant: An Approach to Comparative Law* (2d ed.), p. 6; Watson, *Legal Origins and Legal Change*, p. 293.

一个整体等。①终究,比较法致力于创建一套关于法律问题、法律变迁问题、法律制度同规则及其运作其间的社会间的关系问题等的理论。②正如罗斯科·庞德(Roscoe Pound)所指出的:"法制史大抵是一部自其他法律制度处借鉴法律素材的历史。"③我认为,这可称是对法律与法律传统批判观点的完美表述。

在那种我称为沃森法律变迁的"机缘论方法"(serendipity)中,我品评出了些保守韵味。他争辩道,主要是变迁决定了何种法律会被借鉴④:法律移植不是那种通称的系统探寻最适合模式的结果;社会经济因素并不像素日法律社会理论所假设的那样会产生不打折扣的效果,法律很大程度上是一套有其专属领地的自足运作机制。⑤沃森在其解说中强调众多法律移植的荒谬性与偶然性,其用意,某种程度上,实在于嘲讽任何努力创建理论的做法。就此而言,他是一位常违规者(scofflaw),为了使每一种想象得到的理论销声匿迹,他举出了大量的反例。

批判沃森提遴的法律自足性理论,我认为是一种误解,政治上亦是天真的。他的前提是,法律大抵是自足的,因为它很大程度上是那些同社会要求相对隔离(而仅仅)探求合法性的造法精英们的作品。据此,沃森的法律自治理论,特别在西方国家⑥,可用以批判现存的、非法的法学家精英统治阶层。⑦该理论向我们展示了一幅法律图景,

---

① Alan Watson,"Comparative Law and Legal Change",37 *Cambridge L. J.*,1978,pp. 313,326.

② Id.,pp. 321-34.

③ Roscoe Pound,*The Formative Era of American Law*,Little,Brown and Company,1938,p. 94。

④ Watson,*Legal Transplant:An Approach to Comparative Law*(2d ed.).

⑤ Alan Watson,*The Evolution of Law*,Johns Hopkins University Press,1985,p. 119.

⑥ 关于沃森理论被用以指代,推动法学精英与政治领袖合作的技巧,参阅伊斯兰法律 Horowitz,"The Qur' an and the Common Law:Islamic Law Reform and the Theory of Legal Change",42 *Am. J. Comp. L.*,1994,pp. 543,570。

⑦ 关于强调精英的作用,将之视作进化论历史主义(progressive)区别于新马克思主义分析学派的一个显著特征这一问题,见 D. Kennedy,Critique,*A Critique of Adjudication*(*Fin de Siecle*),p. 284.

其间,法律便是为法学家们所追逐的外来因素集束,他们否认事实,他们提供高度复杂的解释理论,从学术上阐述诸种充任合法化策略的(法律)进化谱系。设若果真如是,充盈于罗马和英国法律史中的,便是那些总是同社会及其特定群体、阶级的需要、愿望相脱节的引人注目的事例,[①]尤其西方国家,法学家、精英层正在主张一种名不副实的合法化(这一事实)也便显而易见了。[②]

解读沃森理论,可为批判(工作)奠定一个坚实的基础,它本身也表明了比较法如何可用作权威去正统性方案。我认为,上述解读业已阐明事件传播是如何会被看作由偏见充斥的谱系学与寻求合法性的职业精英们出于意识形态而填塞于某统一体之中的,假如我们仅仅采纳沃森的观点而不进一步对照其他法国哲学家的话。

解读此种由主要罗马法学家之一沃森所宣扬的法律移植理论,完全可用以处理法律进化中的连续性和断裂性问题,因之亦可用于反对职业罗马法学家们的通行理论。

在这些问题上,如果采取连续性方法[③]研究罗马法和西方法律传统,那么,我就会坚持,自海外的每一次借鉴或同过去的每一次断裂,无不是一种旧制更新,抑或一种对将前种因素转化为纯粹罗马成就

---

① 这一理论,体现在沃森对其批评者的答复中,关于"重述该理论"的问题,见 Alan Watson, "Legal Change: Sources of Law and Legal Culture", 131 *U. Pa. L. Rev.*, 1983, pp. 1121, 1136-46。

② 我认为,这些精英分子的基本策略就在于"填充沟壑",以寻求合法化权威,国内若无可适用者,则求诸海外。此种做法并未妨碍追逐一种更详尽的、政治上更为主动的策略。它代表一种自我合法化的基本形式,且显然建筑于 prestige and exclusion 那种隐含逻辑的基础之上,即法律制度被分作尊贵的和低贱的两种,答案只能从前者那里汲取,同时也可移植到后者那里。那可称是一种"食物链",一种靠该链条的最后环节来维系的"食物链"。关于法律移植中"尊贵法"的作用问题,见 Rodolf Sacco, "Legal Fornants: A Dynamic Approach to Comparative Law", 39 *Am. J. Comp. L.*, 1991, p. 1。

③ 关于历史评价的断裂性与延续性间的对立问题的讨论,我阅读了米歇尔·福柯(Michel Foucault)的著作,因而得以推演出历史连续性和断裂性这一区分。Michel Foucault, *The Archeonology of Knowledge*, trans. by Alan Sheridan Smith, Random House, 1972. 您可在海登·怀特(Hyden White)的著作中发现类似意见。Hyden White, *The Content of the Form Narrative Discourse and Historical Representation*, Johns Hopkins University Press, 1987, pp. 109-184。

的原创性评价,如果采取一种倾向于接受国的观点,我常常可能坚持,那种天赋同样会在从外界可吸取的观念和技巧此项准备工作中发现其表达方式。"当来自一种法律制度的文本被吸纳进入另一法律制度时,构成该被吸纳法律制度文本的效用将是一种诸种需要、诸种价值、诸种后者而非前者的意义系统本身所具有的功能",这一点,亦甚为明确。①而且那也相当真实,因为借鉴乃是一种创造性和选择性的活动。但是,关键在于,制度塑造了异域灵感,且由于外部"联系"或外部"干扰",其内部文化策略亦得以展开;否则,我们无法获致,这些制度是否取得成功。

应当清楚,这并非什么赞同或谴责外来法律制度的问题。我无意谴责该制度,亦无意为那些舶来品贴上劣等性标签。即便确属劣等,那也只是西方法史学家将某种(理论)建构强加其上的缘故。在我看来,那恰是一个渊源批判论问题;②可一旦追根溯源,那么,很明显,其何处缘起同何以与如何被接纳,便显得同等重要。若称是(同社会)隔绝开来的精英阶层隐匿了法律制度的束状性质,又出于合法化目的创设了谱系学,那么,该做法,通过否认同那些不受欢迎、令我们毫无感念之情的文明间的那种不受欢迎的联系,代表了一种典型的排外情绪。

三、西方天赋之批判

(一)西方法族

我上文第一部分末尾展开的断裂性观点,若同现代欧洲法律与经典古罗马法间的关联联系考察,则尤为重要。如述,重申此种传承

---

① Bernard S. Jackson,"Modeling Biblical Law:The Covenant Code",70 *Chi.-Kent L. Rev.*,1995,pp.1745,1755.

② 据称,渊源批判论系古代文学史中的某种倾向,其时,回溯传播线索,试图以尽可能接近其初始形式的方式存储文。见 L. A. Reynolds & N. G. Wilson,*Scribe and Scholars:A Guide to the Transmission of Greek and Latin Literature*(3d ed.),Oxford,The Clarendon,1991,p.207。

关系,正是奇莫曼(Zimmerman)理论[1]的要旨所在。

断裂性模式,我敢断言,同样为像彼得·施太因(Peter Stein)那样著名的法学家[2]所持有,他认为,奇莫曼之强调古典法律,影响了对现代民法根源的正确理解。

假如我们也持有为人文学科所接纳的且上节业已讨论过的那种知性框架观念的话,便可自由寻觅罗马法之独特性与连续性理论意在满足的那些需求。首先,一旦罗马法被视为泊自异域的特征集束,它便会成为更为宽泛的地中海法的又一轮循环,其现代法学研究中的特殊地位也便随之丧失。复则,罗马法若非一套自古迄今的连续传统,则称现代法律渊源于彼,显系舛讹。罗马迄今的历史中,曾闪现过太多的断裂;而某种潜在开展着的传统虽细节变动但本性恒久,唯有那一形而上学观念,方能缓和上述断裂。罗马法再次丧失了其在法学知识中的特殊地位。

再则,稍事回顾上文论述过的对沃森精英理论的解读,我们就会发现之所以维系此连续性模式的特殊原因所在:那些原由原本同作为职业人员的罗马法学家的存续(能力)紧密关联。此间,存在他们的既定利益,(故而)难免偏狭,我认为,其既定利益慎需自评判替代理论和替代模式处获得解释。

此类次生群体的特殊利益必然波及法律的一般图景。设若现代法律果真扎根于罗马法的独特性,我们仍可将西方法律史理解为一种统一体,一种绵延亘贯罗马、中世纪迄于卓尔不群的现代法律的现行优势的统一体。西方法律分裂为两大法族:普通法系与民法法系;然而,比较法学致力于确立(二者的)共同根源,确立两大法系以局部变异为标志的趋同式的现时态融合,此项努力业已完全取代了传统的英国孤立主义。[3]比较法学,连同罗马式的法律史,已经转化为法律

---

① Zimmerman,"*Roman Law and European Legal Unity*",*in Towards a European Civil Code*.

② Peter Stein,"Rienhard Zimmermann's The Law of Obligation: Roman Foundation of the Civilian Traditions",38 *Am. J. Legal Hist.*,1994,p. 94.(书评)

③ 关于主流理论的批判,见 Pierre Legrand,European Legal Systems Are Not Converging,45 *Int'l & Comp. L. Q.*,1996,p. 52。

领域内全球文化统治的一项方案,由是,此种倾向,颇为真实;①而其主要策略就是那种有别于西方的诸种法律文化的异域化。巴比伦法、埃及法与叙利亚法无不是怪异的,罗马法则不是,即使它建立在奴隶制与大量巫术基础之上。②

尽行摒弃连续性模式而接纳断裂性模式,我的论点发生了有益的变动。③我将这种方法同解释观念与历史工作观念联系起来;如果像上文那样参照沃森法律移植理论,参照渊源批判论的标准形式——通常是法律史领域外所接受的那种批判形式,它同样可被合法化。④

断裂性模式所提出的理论是,罗马法可看作源于多种不同渊源,它被人们推行达数世纪之久,那些人怀有不同动机,并根据新的目的,(不断)遴选、修葺、重述和拓展旧日记述。接踵而至的结论并非开展于其初始渊源的一种连贯的、统一的传统,实则,它来自一系列不同制度设置和不同文化图景。这些不同的制度设置、不同的文化渊源处于传播之中,集成进化论模式妄图通过否认传播与断裂来解决这一问题。

据此观点,罗马法历久不衰的"更新"能力,并非表明罗马法自身所具有特殊能力,相反,却是后世学者们具有吸纳新规则、新方案并附会于罗马法文本昔日权威的结果。科普特、埃塞俄比亚、中国文本

---

① Kennedy,"New Approach to Comparative Law: Comparativism and International Governance",p. 581.

② 见 Part II. B. 后的讨论(标题是"Contract, Magic and Exotic")。

③ 关于历史评价的断裂性与延续性间的对立问题的讨论,我阅读了米歇尔·福柯的著作,因而得以推演出历史连续性和断裂性这一区分。见 Michel Foucault, *The Archeonology of Knowledge*, trans. by Alan Sheridan Smith, Random House, 1972. 您可在海登·怀特(Hyden White)的著作中发现类似意见,见 Hyden White, *The Content of the Form Narrative Discourse and Historical Representation*, Johns Hopkins University Press, 1987, pp. 109-184。

④ 关于渊源批判论,见 Reynolds & Wilson, *Scribe and Scholars: A Guide to the Transmission of Greek and Latin Literature*。亦见 John B. Gabel & Charles B. Wheeler, *The Bible as Literature*(2d ed.),Oxford University,1990,pp. 84-87. 如今,这些研究领域中,渊源批判论已显得非常过时了;关于书中所使用的多种方法,见 Geoge Aichele et al., *The Postmodern Bible: Bible and Culture Collective*, Yale University Press, 1995;但它仍可用作有效批判那种旧式法史领域的武器。

无不具有这种功能。①此种"罗马回忆"所反映的,并不是罗马作品本身的性质,而是那种统治欧洲的合法性策略。

我所提议的这一方法论转变将产生许多西方法律意识形态方面的后果。其一,西方法律至多是异域而非其他的拼合物。其二,西方法律不止源于罗马法,而同样源于其他古代法,这意味着一种关于西方制度及其起源的更为全球化观点。确实,这亦指明了,"西方"法律并非像我们平素确信的那么"西方"。

本文后半部分的策略在于通过揭示"尚古主义",强调异域主义以批判那种通行的对罗马法的"意识形态"诠释。我竭力阐明,即便坚持其评价者所接受的标准,罗马法亦非尽善尽美。的确,驳倒一种反对理论的最好办法就是遵循相同原理。鉴于此,我甚至间或采用旧式进化论模式,以资昭示罗马法之伟大性濒临危机时那些传统文献中所隐含的矛盾。

我的论辩将集中在少数却是核心的示例上:契约理论,国家理论、解纷方式及古代职业精英们对于法律文化形成的作用。

为此,我将倚赖法史学家们所接受的观点,即虽遭激烈的批评,但可抛弃其偏见进而以其反对解说作为基础。故而,毋须倚重新的理论、新的发现,只消重新解读那些可资利用的学说即可。

1. 罗马与西方

此处,我将就罗马法史的基本情况做一概要说明,它固非本文论辩的必要组成部分,但做此说明势将有裨于读者适应下文。本文将着重倚赖于著名罗马法专家罗宾逊(O. F. Robinson)的解说。②

传统观点认为,罗马建立于公元前 753 年,随着公元 565 年皇帝查士丁尼驾崩而终结。此跨度,"约十三世纪,可概略划分为四个基本阶段:王政时期、共和时期、元首时期、专政时期"。③第二、三、四时

---

① 关于后世法学家移植查士丁尼罗马法这一问题,见 Berman, *Law and Revolution*: *The Formation of the Western Legal Tradition*, p. 129。

② Robinson et al., *European Legal History*(2d ed.), p. 3。

③ J. A. C. Thomas, *Textbook of Roman Law*, North-Holland Publishing Company, 1976, p. 13。

期之开端均以暴力危机为标志,那些新的制度安排因之得以产生。

王政时期过于久远,又因神话故事而晦暗不明,很难直接契合此处我们所论述的历史。虽如此,但我们亦可从其政制安排中隐约辨析出三个基本要素:国王,是罗马最高官吏、宗教领袖、大法官和最高军事统帅;元老院,是罗马氏族首领会议;军伍大会(the popular assembly),是由所有可服兵役的自由民组成。我们的论述稍后开始,其时,这种政制安排已完全为一种新的共和政制所取代。

根据罗宾逊的标准解界说,自公元前 366 年迄公元前 1 世纪,贵族共和制下的罗马政制已相当稳固,它包含三个因素:官吏、元老院和平民。[1]但是,共和国实质上处于成型于氏族框架下的少数几家望族的统治之下。[2]官吏行使执法权和行政权,逐年选举,且来自学院。元老院咨询机构,由望族家长与卸任官吏充任。平民,即所有成年男性公民,应上述机构官吏召集而集会,选举新的官吏,通过或搁浅被提交的法案。管理公民是裁判官的职责所在。[3]公元前 242 年之后,设立了另一种裁判官以管辖涉外案件。尤应注意的是,这些制度还只是罗马城邦的制度,尽管它们后经调整充当了管理帝国的角色;直至罗马帝国后期,扩展了的城邦仍被实质性地保留了下来。

公元前 133 年始,罗马社会出现的那场重大的变革,当归因于此项工作范围外的诸多因素。[4]就本文目的而论,它足以令人忆及,旧的家族制度倾颓了,单一家族朱力亚家族登台并成为统治家族,恺撒便属于这一家族。[5]第一位"皇帝"奥古斯都(August)创建了新的政制安排,成为元首制之造端。[6]"这一时期,各会议、元老院、各官吏职位均

---

① Robinson et al. , *European Legal History*(2d ed.),p. 3.

② J. Andreau & H. Bruhns (eds.),*Parente et Strategies Familiales dans l' Antiquite Romaine*[*Kinship and Family Strategies in Ancient Rome*],École Française de Rome,1990,p. 254(该书将罗马家族制度并入了更为宽泛的地中海通行方案).

③ Robinson et al. , *European Legal History*(2d ed.),p. 3.

④ 见 P. A. Bunt,*The Fall of The Roman Republic*,The Clarendon Press,1988。

⑤ 见 Ronald Syme,*The Augustian Aristocracy*,The Clarendon Press,1986。

⑥ Robinson et al. ,*European Legal History*(2d ed.),p. 9.

被保留了下来,理论上仍发挥着先前的功能。"①新的理论并未建立,"皇帝"形式上仍是一名官吏,仍是元老院首席议员。(Princeps senatus 自此成为用以标识该时期的"元首"标签)皇帝同时担任多少是非自愿军队的统帅。尽管尚欠缺新型法律权力的形式设置,但是皇权渗透进了所有的政府部门,更要紧的是,这种新型制度被认可为是正常的和必要的。

公元 212 年,安托尼亚那敕令(Antoninian Constitution)将罗马公民权拓展至帝国境内所有居民,旧的城邦架构即随之瓦解。这一事实非常重要。②我们通常用它指代罗马法的全球化。此前,罗马法确是罗马人自己的法律,帝国其他居民则很大程度上生活于其本民族制度之下。届此,罗马法被全球化了,它真正成了这个帝国的法律架构,但却被重组于一种新型的基础上了。

公元 3 世纪是一个经济、政治的动荡时期。③"罗马统治的前 262 年间,曾出现过 25 位皇帝,后 50 年间则出现了 21 位。"④这一阶段,罗马权力成了一个封闭的系统;由于日耳曼部落大举侵入帝国西部,帝国东部便在经济上和政治上占据了优势。我们常以"第三阶段的大危机"或单以"大危机"(the Great Crisis)来指称这一危机。它标志着罗马史的一个重大断裂。⑤

地奥克莱努斯皇帝(Diocletian)(公元 284—305 年),原伊利里安(Illirian)将军,⑥于该世纪末,在一种新型政制基础上重振王室权威,由此开启了专政时期。⑦ 他将帝国权力并归拥有强大中央官僚机构

---

① Id. ,p. 10.

② Wolfgung Liebeschuetz,The End of the Ancient City,in John Rich(ed.),*The City in Late Antiquety*,Routledge,1992,p. 4.

③ Robinson et al. ,*European Legal History*(2d ed.),p. 2.

④ Id.

⑤ Peter Brown,*The Making of Late Antiquity*,Harvard University Press,1978,p. 2 (该书辩称,公元前 3 世纪当在任何关于晚近罗马史的解说中占据中心位置).

⑥ 罗马伊利里安行省辖地大致相当于前南斯拉夫疆域。

⑦ Stephen William,*Dicoletian and the Roman Recovery*,Psychology Press,1985.

的元首,甚至迁都罗马。①地奥克莱努斯企图将君主政体组建于旧式宗教基础上。但他驾崩后 7 年即公元 312 年,君士坦丁大帝(Constantine)则更乐于倚重流行于帝国东部希腊语精英们中间②的基督教信仰,③他最终在位于欧亚大陆间的一个半岛的君士坦丁堡(Constantinople)即今天的伊斯坦布尔(Istanbule)建立了一个新帝国。讲拉丁语的西部,其军队实际由日耳曼人组成,其宗教信仰为天主教,还是于公元 395 年西奥多皇帝驾崩后同讲希腊语的东正教分裂。数十年后,掌握西罗马帝国军队的日耳曼将领④不再借用前者的名义,⑤帝国遂分裂作无数新兴"欧洲"王国。由君士坦丁重建的东罗马帝国,至最后土耳其人征服君士坦丁算来,又持续了千年之久。

2. 埃及与东方

如同前者,我简约勾勒了罗马法史,此处,我还将概述本文论辩所涉及的其他地中海法律史;因其与主题紧密关联,将特别论及埃及法。此种述要,同样并非本文论辩的必要组成部分,特严格限于与本文相关的那些观念。

"地中海",作为一个地理区域,同时从一般观点⑥或法律观点⑦来看,亦可被用作空间概念,借以指谓拥有共同历史进程的不同人种。古地中海法的范围相当广袤,包容了近 3000 余年的历史。⑧

---

① Id., p. 41.

② Andrew Alföldi, *The Conversion of Constantine and Pagan Rome*, trans. by Harold Mattingly, The Clarendon Press, 1948。关于罗马帝国体制下基督教的出现,亦见 R. McMullen, *Changes in the Roman Empire*, Princeton University Press, 1990, pp. 124-155。

③ Peter Brown, *Authority and the Sacred Aspects of the Christianisation of the Roman World*, Cambridge University Press, 1995, p. 3.

④ 请记住,拉丁语中,"emperor"一词仅意指军队的最高统帅。

⑤ 我无意深入考究西罗马帝国的最后覆灭。关于一套那些最重要的理论的完整回顾问题,见 Mortimer Chambers (ed.), *The Fall of Rome: Can It Be Explained?*, Holt, Rinehart and Winston, 1963。

⑥ 一般见 Fernand Brandel, *The Mediterranean and the Mediterranean World in the Age of Philip II*, trans. by Sian Reynolds, Harper & Row, 1972。

⑦ Walter Selb, *Antike Rechte im Mittelmeerraum: Rom, Griechenland, Agypten und der Orient [Ancient Mediterranean Laws]*, Bohlau, 1993.

⑧ Geoffrey P. Miller, "Foreword: The Development of Ancient Near Eastern Law", 70 *Chi-Kent L. Rev.*, 1995, 1623.

古埃及史习惯分作三个基本阶段：古王国时期（公元前 2659—前 2160 年）、中王国时期（公元前 1991—前 1785 年）、新王国时期（公元前 1540—前 1070 年）。[①]其后，埃及国家史便以外族入侵作为界标；那时，王国并入波斯帝国（the Persian Empire），直至后者被由亚历山大大帝统领的希腊人征服。公元前 332 年，便开始了所谓的"托勒密"时期，这一名称源自亚历山大的将领托勒密（Ptolemaeus），亚历山大驾崩，此公做了埃及国王。

地中海区域包括埃及所在的非洲海岸，[②]关于这一地区法律的文献，数世纪内，增长进度甚为缓慢，其时，欧洲业已出现了一些论著，[③]皮伦尼（Pirenne）的三卷本著作《论埃及法》（*Treatise on Egyptian Law*）、[④]西奥里多里德（Aristide Theoridorides）的贡献[⑤]及部分特别关注犹太法的比较分析作品。[⑥]末了，我们现在还可在美国文献中寻

---

① Barry J. Kemp, *Ancient Egypt: Anatomy of a Civilization*, Routledge, 1989, p. 14.

② 关于 1945 年前的英文著作目录，见 Adolf Berger & A. Arthur Schiller, *Bibliography of Anglo-American Studies in Roman, Greek, and Greco-Egyptian Law and Related Sciences*, 1945, pp. 1939-1945。

③ 例见 Erwin Seidl, *Ägyptische Rechtsgeschichte der Saiten-und Perserzait* [*Egyptian History*](3d ed.), J. J. Augustus, 1968; Bernadette Menu, *Droit, Economie, et Societe de l' Egypte Ancienne: Chronique Bibliographique* [*Law and Society in Chronique Bibliography*], Menu Bernadette, 1984, pp. 1967-1982; Bernadette Menu, *Recherches sur l' Histoire Juridique, Economique et Sociale de l' Ancienne Egypte* [*Legal, Economic and Social History of Ancient egypt*], 1982。

④ Jacques Pirenne, *Histoire des Institutions et du Droit Prive de l' Ancien Egypte* [*History of Ancient Egyptian Law*], Fondation égyptologique reine Élisabeth, 1932; Jacques Pirenne & Aristide Theodorides, *Droit Egyptien* [*Egyptian Law*], Institut de Sociologie, 1966.

⑤ Aristide Theoridorides, "The Concept of Law in Ancient Egypt", in J. R. Harris (ed.), *The Legacy of Egypt* (2d ed.), 1971, p. 290.

⑥ Jacob J. Rabinowitz, *Studies in Legal History*, R. H. Cohen, 1958（该书比较了犹太法与埃及法）。

觅这一主题的复兴,①那些文献表现了对此地区法律制度的日益增长的兴趣。

古埃及坐落于干燥的冲积平原,被界说为上一个靠水吃饭的社会。②埃及通过合作完成大规模经济、合作开展公共劳作,③合作冶炼那时所知的最为坚硬的青铜器而形成了国家。所有这些均要求一个强有力的中央行政组织。虽然如此,一般不认为古埃及人对法学做出了太多贡献。然而事实却是,现存最早的僧侣纸草中流传下了数目可观的法律文献;④在不同王朝时期,均有法律文献发现。其中,案例记录随处可见;而且还提及一部如中王国般久远的法典。⑤应感谢那些楔形记述,是它们将现有古代中东法史证据延展至公元前3000年早期,那些最早展示了一套高度组织化的法律制度。⑥的确,很难再有比埃及这样更为有案可稽古代(法律)制度了。我们所面对的是大批精确描述了公法实践和私法实践的丰富而又详尽的原始资料。⑦如

① Ross VerSteeg,Law in Ancient Egyptian Fiction,24 *Ga. J. Int'l & Comp. L.*,1994,p. 37;Cruz-Uribe,*Saite and Persian Demotic Cattle Documents:A study in Legal Forms and Principles in Ancient Egypt*;David Barrington Taylor,"Law Under the Pharaohs",6 *Pol'y L. Rev.*,1980,p. 66. 关于比较视角,见 Robert C. Ellickson & Charles DiA. Thorland,"Ancient Land Law:Mesopotamia,Egypt,Israel",71 *Chi-Kent L. Rev.*,1996,p. 321。

② Karl W. Butzer,*Early Hydraulic Civilization in Egypt:A Study in Cultural Ecology*,University of Chicago Press,1976,pp. xii-xv;亦见 Ellick & Thorland,"Ancient Land Law:Mesopotamia,Egypt,Israel",p. 332。

③ Karl A. Wittfogel,*Oriental Despotism:A Comparative Study of Total Power*,Yale University Press,1957,pp. 49-100;亦见 Richard A. Posner,*The Economics of Justice*,Harvard University Press,1981,p. 144。

④ A. Arthur Schiller(ed.),*Ten Coptic Legal*,The Metropolitan Museum of Art,1932,p. 3.

⑤ W. M. Flinders Petrie,*Social Life in Ancient Egypt*,Kessinger Publishing Company,1923,p. 77.

⑥ Raymond Westbrook,"What is the Covenant Code?",in Bernard M. Levinson(ed.),*Theory and Method in Biblical and Cuneiform:Revisim,Interpolation and Development*,1994,pp. 15,20.

⑦ J. G. Manning,"Demotic Egyptian Instruments of Transfer as Evidence for Private Ownership of Real Property",71 *Chi-Kent L. Rev.*,1995,pp. 237,237.

今,我们尽可谈论那一有条不紊进展越数代之久的高度发达的法律制度。①

我们现有的古埃及法知识皆获自象形文献(Hieroglyphic)、僧侣文献(Hieratic)、通俗文献(Demotic)、亚拉姆语文献(Armaic)和科普特语文献(Coptic)。象形文献经考证系第四千纪晚期的埃及文本。僧侣文献由约公元前 2500 年的象形文献逐次发展而来,它使原先正式的图式文字转化为草体文字。通俗文献之发展得益于公元前 650 年后的法律文件和商务文件速记。②亚拉姆文献之于丘墟中的法律比较尤为重要,③它是西方闪族语的一支,闪族语最初流行于今天叙利亚的某些地区,后来便演化成亚述、新巴比伦语与波斯帝国一些地区的外来语。它取代了公元前一千纪中期盛行于地中海东部的迦难尼特方言(Caananite)与希伯来语。因而,许多以亚拉姆文文献反映了发达商法制度下的商务实践。

科普特语,后盛行有加,直至中世纪晚期仍是埃及基督教徒的通用语言。从比较观点看,科普特法几乎是唯一的。它代表了存在 500 余年的法律制度混合物的最后阶段。科普特法开始于阿拉伯征服(公元 641 年),一直延展至约 12 世纪被阿拉伯法所替代。存在为数众多的科普特文献,我们可依赖的文字资料可谓异常丰足的。④许多情况下,科普特文献可为我们提供关于远古习惯方面的信息。比如,古埃及买卖制度是科普特人的制度基础,它先于罗马法,却又被后者保留了下来。⑤

---

① Nili Shupak,"A New Source for the Study of the Judiciary and Law of Ancient Egypt: 'The Tale of the Eloquent Peasant'",51/1 *Journal of Near Eastern Studies*,1992.

② George R. Hughes,*Saite Demotic Land Leases*,University of Chicago Press,1952, p. 46.

③ Reuven Yaron,*Introduction to the Law of Aramaic Papyri*,The Clarendon Press, 1961(该书比较了犹太法与埃及法).

④ A. Arthur Schiller (ed.),*Ten Coptic Legal*,The Metropolitan Museum of Art, 1932,p. 3.

⑤ Id.,p. 4.

托勒密时期与希腊—日耳曼时期,这两个时期对于接下来的论辩非常有用。埃及托勒密对应于一个更为广泛的地中海文明框架,它以希腊主义著称,表征一种治希腊模式、新型东方模式与埃及模式于一炉的混合物。当公元前最后 20 年奥古斯都年间,罗马以元首制为后盾占领了整个这一地区,希腊化王国,包括托勒密埃及王国,也便随之走上了末路。①是故,在由古代埃及转向罗马化的埃及这一过程中,希腊化环节自可能的法律移植眼光看来是至为关键的。

希腊主义确系一个偏狭的字眼。这个字眼由德罗森(John Gus-tavus Droysen)在致其比利时朋友阿伦特(W. A. Arendt)的信简中所创。②书信的主题是解释"使徒行传"(the Acts of Apostles)(6∶1),中间提及耶路撒冷基督徒共同体的分裂。共同体中"操希腊语者"不断攻讦"操希伯来语者",德罗森将前者理解为东方希腊人,现在当然很清楚,保罗的原意是欲将"操希腊语的犹太人"与"操希伯来语或亚拉姆语的犹太人"作一对照。但 5 年之后,德罗森的著作《希腊化的历史》(Geschichte des Hellenismus)把这一谬误当成公认的真理。很明显,希腊化这一术语,强调的是希腊精英们的作用,相应也便否认了非希腊文化的贡献。此类术语混淆径直触及了问题的根源,即希腊化被解说为一个时期,那中间,希腊文化向东传入印度。③

一如所述,亚历山大驾崩后,其将领(托勒密)接替了他,将所征服的那一广袤无垠的疆域瓜分作几个王国。但整个领土内却形成了一种立基于新的共同文化的共同文明。这个过程被称作"类并"(Synchretism),④这个词源于希腊,意即将不同模式网罗一处。确实,英美文献中盛行的历史重构模式,是那种希腊样式与非洲—亚洲样

---

① Erich S. Gruen,*The Hellenistic World and the Coming of Roman*,University of California Press,1984.

② Michael Avi-Yoran,*Hellenism and the East*:*Contacts and Interrelations from Alexander to the Roman Conquest*,University Microfilms International,1978,p. 1.

③ Id.,p. 3.

④ Sir William Tarn & G. T. Griffith,*Hellenistic Civilization*(3d ed.),Arnold,1952,p. 339(关于该主题的一项经典学术工作).

式互动模式。①希腊化的两种载体是语言和制度：因"克伊尼语"（Koine）扬名的希腊语简化形式成了整个帝国的通用语，这种状况一直持续到罗马征服之后。②罗马帝国东部使用希腊语而非拉丁语作为其通用语言。问题在于，生自这种混合文化的共同制度肇始于何处？既然我们业已勾画出了少许叙述单位，因之便可深入考察我们为比较罗马法与非洲—地中海法而举出的示例了。

我们将首先考虑罗马契约法的魔力和缺陷所在，接着是埃及和中东国家的契约法。再往后讨论的是国家的产生。

（二）契约，巫术与异域法

契约法领域对于我们的考察，颇有裨益。罗马法中契约法广受青睐且影响深远，其余则难与之同日而语。③正是这部分法律技巧，今天仍被奉为新型、通用的欧洲法框架之圭臬。④

即便如此，甚至沃森亦同时承认，我们可正当指摘罗马契约法所存续数世纪之久的且为罗马法学家所意识或应当意识到的那些重大缺陷。⑤

首先，罗马人并未发展出一般契约理论，亦未发展出一部契约法，他们仅着眼于一些单个契约法规。⑥因而，就原初罗马法而言，民法传统实反其道而行之。典型的传统罗马法学家竭力抹杀这点，即使他们承认罗马法确有缺陷。譬如，巴克兰德（Buckland）与迈克奈尔（McNair）妥协道："罗马法中，一般契约理论……现在，必须建立，必须摆上桌面。这点，在古代著作中至多是闪烁其词的，法学家们执拗

---

① Amelie Kuhrt & Susan Sherwin-White (eds.), *Hellenism in the East: The Internatin of Greek and Non-Greek Civeilizations from Syria to Central Asian After Alexander*, University of California Press, 1987.

② Gabel, *The Bible as Literature*(3 ed.), p. 148.

③ 直接引自 Alan Watson, *Society and Legal Change*, p. 12。

④ Zimmermann, *Roman Law and European Legal Unity, in Towards a European Civil Code*, p. 148.

⑤ Watson, *Society and Legal Change*, p. 12.

⑥ Berman, *Law and Revolution: The Formation of the Western Legal Tradition*, p. 129(该书主断言，是欧洲法学家后来从特殊类型的罗马契约抽绎出了那套契约法理论).

地论述了许多具体契约。"①谓某些东西"在古代著作中是闪烁其词的"与"必须摆上桌面",意思何在？罗马法中绝无契约理论,现代必须整体构建,这点,再明白不过了。应留意,这是运用普通渊源批判论的必然结果,②正如在法史领域以外的其他领域运用这种方法一样。

同样清楚的是,否认这种历史批判论只有通过存在一种限制性对话才可得到解释,该对话之主要用途便在于罗马法的伟大性限于困顿时排除历史批判论。我们亦能体察,采用连续性模式与那种更为适当且简明的断裂性模式,结论会有所不同。如采纳前者,则可谓现代被摆上桌面的某些东西,在被历史批判论视之为无益的古代罗马法著作中闪烁其词,仿佛我们摆上桌面的是那些连罗马人自己都以为是闪烁其词的宗教信仰。如采纳后者,则一般契约法便成了现代成就,参照某些罗马文本,最终得以合法化。

巴克兰德与迈克奈尔则走得更远,他们引述了下述事实,即尽管罗马法学家执拗地论述了具体契约,他们仍(将罗马法)同其他契约进行类比,并规范地援用了这些类比③,以资论证存在一种隐晦的、宽泛的理论。更为特别的是,此种推理绝难用作消弭这些批判。严格说来,必须采用来自同其他契约的类比,它们印证了缺乏那种一般理论,而采用这些类比并非意味着所有契约仅仅是契约。可确定,罗马人亦觉察了各种契约是相似的,因为他们以相同标签标识它们;但罗马人并未继续前行,就如同为必须采用那些完全意味着相似性而没有同一性的类比所证实的那样。法学家们仅看到了类比,即各种契

---

① W. W. Buckland & Arnold D. McNair, *Roman Law & Common Law: A Comparison in Outline* (2d ed.), F. H. Lawson(ed.), Cambridge University Press, 1965, p. 265(附带强调).

② 据称,渊源批判论系古代文学史中的某种倾向,其时,回溯传播线索,试图以尽可能接近其初始形式的方式存储文。L. A. Reynolds & N. G. Wilson, *Scribe and Scholars: A Guide to the Transmission of Greek and Latin Literature* (3d ed.), Oxford, The Clarendon, 1991, p. 207.

③ 见 id。

约间的雷同之处，仅此而已。抹杀这些事实甚为有趣，我们需返回那里。

我们务须仔细考察各种契约，恰因为罗马法学中并不存在契约法学。①我将选取沃森曾加以论述的两个示例：最古老的罗马契约，要式口约与买卖契约。二者，在现代文献中均做了详尽讨论。前者可澄明罗马法及其他古代法中广为流行的异域法和巫术，后者则可展现罗马法律思想所特有的技术性缺陷。我们将再次倚重沃森以夯实我们的理论。

关于要式口约，此契约形成于询问与解答：②"您承诺了么？""我承诺了。"当事人必须当面订立，相关仪式亦需一体遵行。③只有一个动词可以使用，"Spondesne…?"，"Spondesne"，其他动词无法产生法律效力。不难看出，此处生效的只是一种词汇巫术信仰。准确而言，词汇，只有词汇，才可产生法律效力。后来，罗马法进化废除了这种词汇的庄严性，但它毕竟续存了几个世纪，④这点，也是真的。我们可强调变迁，亦可指示其原始的巫术形式。但当有人诉求一种原始制度的优越性时，再强调变迁便成了一种不那么正统的动向。⑤通过评价一种制度最终导源于其特有前提这一事实，我们如何可以主张那种优越性呢？

为澄清要式口约中的仪式皆是纯粹的巫术及异域法，我将考虑契约仪式的两种基本功能。它们标志谈判终结，亦为契约及其条款提供了证据。要式口约仪式仅具前一功能而不具备后一功能。这一要式口约的严重缺点，罗马人虽众所周知，但并未获得即时补救。

尽管早期契约史晦暗有加，其神圣特征及作为法律制度的缺陷

---

① 此后，我将继续倚重与沃森相同的分析。见 Watson, *Society and Legal Change*, pp. 13-15。

② J. Inst. 3. 15.

③ 关于这种罗马契约法解说，见 Watson, *Society and Legal Change*, pp. 12-15。

④ Id.

⑤ Id.

还是被追溯至"spondeo"一词的特殊用法。该词源于希腊,意为"我举杯承诺",①它代表了一种神誓,由于罗马神誓意味着乞求上帝见证,故无须其他契约用语。此种神誓转化成了法律工具,但法学家们却未加校正。

第二个示例关涉买卖法。罗马人认为,买卖是一种诺成契约,是故,它仅以当事人同意为生效要件,无须任何形式要件。虽然这些契约被介绍作"罗马法的伟大发明之一",②但我们必须铭记,罗马法中存在四种诺成契约,即买卖、租赁、合伙和委任,对于一个高度发达的契约制度似乎少了些。

罗马买卖法的重大缺陷在于缺乏内在保证(inherent warranties)。买方不会接受卖方价格。卖方除非是在交易场所,除非是奴隶或驮畜交易,否则是不会做出交易标的无严重瑕疵这类隐含保证的。法学家们企图设立卖方的一般责任(条款),但这一过程仍处于古典时代的摇篮阶段。买方可通过同卖方订立要式买卖契约以保护自己的权益,许多情况表明,这是通行做法。但实践中,买卖交易可因获得合意契约利益而终结,当事人需当面交付,并求助于上文所述的巫术。

同沃森一样,我们亦想获致,内在保证观念对于罗马人而言是否是过于精致与先进了:"答案很直接,不!"③例如,沃森解释道,反对内在保证被囊括于要式买卖契约中,④那是另一种要求在土地上转让财产的巫术仪式。

故而,很明显,买卖契约被限定在货物交易上,不需双方会面。可是,无法创设保证条款,而不限于设订要式买卖契约,这使买方欲

---

① Id. ,p. 15.

② Id. ,p. 14.

③ Id. ,pp. 14-15.

④ Id. ,p. 15. 要式买卖是一种象征性仪式,要求双方当事人(转让人和受让人),五名见证人,一杆秤和一个铜块。被交付人必须庄严宣称,某物将成为他的财产,并以铜块敲击秤。Jolowicz & Nichoas, *Historical Introduction to the Study of Roman Law*, pp. 143-144.

获致其货物的合理价格,将更为困难。要式买卖契约未订立之处,是否立即购买,商家只好踌躇不决。买卖契约中缺乏内在保证条款,"大大削减了该契约的用途"。[①]

我认为,这种解说尤其适于对罗马法进行批判性评价。它同时适于对即使是沃森那样优秀的学者亦持有的前罗马偏见进行批判性评价。沃森在其著作中主要通过罗马法、早期英国法之示例来阐发私法同社会需求、社会需要间的凿枘之处,这一做法俾使其现有关于法律发展、法律与社会间关系的理论更令人难以置信。此处可见,起作用的还是那种典型的偏见:如果罗马法,甚至"早期光荣普通法"(the Glorious Early Common Law)有缺陷,那么,"法律"本身就存在缺陷。上述偏见并未考虑到我们所把握的、沃森论断中所包含的那一更为简明的理论:罗马法(甚至连同早期英国法均)具有那种特殊续展(evolve)能力,那种应付一系列严重问题的能力,至少公元 2 世纪末,罗马法之原创性特征便湮没在更为进步与高度发达的行省法之中。[②]此处,其主要缺陷就在于罗马法学家所具有的那种创制新型(法律)形式使之更好地适应社会的能力。沃森所援引的英国法示例亦重复了罗马法的缺陷,其缺陷可能就在于上述西方职业精英阶层。沃森理论固然是正确的,但我认为,将法律的内在属性描述成一个自足领域方面,它走得太远了。他特所指一种是罗马法和后来的西方法律相对隔离的精英阶层承受这种缺陷。

我认为,如比照其他古代地中海法,就可以更好地理解罗马契约法尚古主义。

鉴于强调罗马法尚古主义与异域主义,我们必须将其放置在希腊主义后创立起来的框架中加以处理。如前所述,埃及文明中的希腊一罗马时期相当重要,因为它同古典罗马法相与并存。我们务须

---

①   Watson, *Society and Legal Change*, p. 15.

②   Infra pp. 549-555.

忆及,根据古时属人主义原则,埃及法通行于埃及境内的埃及人中间,①正如希腊人受制于希腊法之下一样。②所以,数世纪间,这两种法律制度相互隔绝。而事实上,我们可确定,罗马时代埃及法仍在运转,那时,如同托勒密时代,土著埃及人在其本族法之下持续形成了一个有别于希腊生活的独立群落。令人惊异的还有,埃及民族法甚至安托尼亚那敕令之后仍然保持了它的效力。③它体现了这套法律制度所特有的独立性与持久性,届此,埃及(法律)制度得以存续,得以最终对当代罗马法实践产生某种影响。此外,罗马当局获得城市自治立法权,比如亚历山大,古代世界主要文化中心之一。④托勒密时期和罗马时期明显区分了希腊法与埃及法,并创立了一套冲突法规则,以资解决现实问题。契约法领域,其原则是,(法律)文件所使用的语言决定了(何者为)居于支配地位的法。⑤当事人则通过以所选语言达成协议来选用罗马法、希腊法或埃及法。刑事案件中优先使用希腊法,一旦案件涉及不同国籍当事人,希腊法则被排他适用。

希腊法、罗马法与埃及法三者间的相互影响,这一问题非常复杂。学者们所描述的是,许多契约条款特别保证领域均来自埃及制度,因而形成了三者因素构成的法律制度。⑥这点,对我们的讨论殊为重要,因为,罗马买卖法与商事交易法中的保证条款相当匮乏。无论其同社会需求怎样脱节,罗马法的缺陷都可能存在,原因在于当事人亦可能决定援用其他法律制度。

此处所指的并非那些新发现,而是"二战"末以来众所周知的那

---

① Raphael Taubenschlag, *The Law of Greco-Roman Egypt in the Light of the Papri* 332 *B. C. E.* -640 *C. E.* (2d ed.), Herald Square Press Inc. ,1955. 我更愿引述第一版以强调其上述史料的发现时间,后者在罗马法学家中多被一笔带过或忽略不计。

② Id. pp. 5-6.

③ Id. p. 7.

④ 关于亚历山大的文化属性(relevance),见 Gabel, *The Bible as Literature* (3 ed.), pp. 148-49。

⑤ Taubenschlag, *The Law of Greco-Roman Egypt in the Light of the Papri* 332 *B. C. E.* -640 *C. E.* (2d ed.), pp. 19-20.

⑥ Id. pp. 21-27.

些事实,注意这点非常重要。我们正经历一场前台/后台式的转向,一种转换可资利用之意义的批判性(主要)动向。如我们欲以古老的日耳曼范式研究那种并非与世隔绝的罗马法,地中海盆地其他法律制度,我们便可就整个主题立即得出一种与前述大相径庭的观点。罗马法是特定群体的法律,它服从与古老形式,但决非罗马帝国自身的法律。更为明确的是,它并非商务交易方面最值得倚赖的法律,特别在古地中海世界、非洲海岸、近东经济最发达的地区。由此看来,法律学院赋予罗马法以极端重要性,似乎有其特殊的意识形态根由,且同现实脱节。

3 世纪大危机之后,[①]我们在主要法学家或罗马法学家遗著之埃及残卷中发现,盖尤斯、保罗(Paulus)、巴比尼安(Papinian)、乌尔比安(Ulpian)[②]甚至通过埃及制度,在安托尼亚那敕令以降仍发挥着作用。此等史实反映了一项法律知识方面的文化活动,后者暗示,具备行省特点的罗马法,其根基原在埃及。它亦很可能是一种文化运动,因为整个帝国立法极少强加于地方外来法之上,留意这点,甚为必要。托庇施拉克(Taubeshlag)毫无偏见地承认,地方法渐进的罗马化业已同相似的罗马法希腊化达成了某种平衡,[③]据此,则此运动中间,出现了一种混合制度。我们亦可注意到,该主张并未畀予埃及法以应有声誉,因为他所指的是希腊主义,进而强调的也只是(印欧)希腊法成分。无论如何,我们都可随后读到,像商事法那样的高级领域,希腊法之于罗马法的影响依然强劲持久且至关重要。此种影响,可在有利于当事人的契约法原理的发展中见到,可在为埃及—希腊法所发展了的分配规则与独立缔约人法最终由查士丁尼在帝国法层面上提出这一事实中见到。[④]

---

① Infra Part II. F(标题是"Redaction and Deromanization")。

② Taubenschlag, *The Law of Greco-Roman Egypt in the Light of the Papri* 332 B. C. E. -640 C. E. (2d ed.),pp.26-27。

③ Id.,p.46。

④ Id.,p.51。

直至如今,我们仍在提及埃及法的晚近时期,但如基于新近文献中回顾先前时代,我们即可发现,甚至埃及王国时期便存在结体完备的契约法制度。[①]历史记录保留了大量契约,这点,自 20 世纪末就为罗马法专家们所周知,埃尔曼(Erman)也记述了这点,如同所有惯用如下严格的规定形式表达的专家们一样:

A 与 B 订立契约,

同时,A 应当将 y 交予 B,

可视为,B 随之同意。[②]

较之罗马法实践,该形式的确类似现代契约,它是成文的,展示了所应考虑的事项,且其中并无巫术形式。对此,我们毫无奇异之感,倒是罗马法规定同我们的法律概念无些许相同之处。如考察了那些古老文献的细节部分,那种感觉会日见强烈。其调整财产转让的条款通常采用下述形式:[③]

"我已将它卖给了你以换取银币";

"我已将其交付于你以换取银币";

"我已将奶牛及其后嗣交付于你"。

假设一个罗马人欲转让其财产奶牛,他不会签署一纸具备标准格式的文书,用类似理性的方法来考虑进行一场谈判要式买卖,而是须同他方当事人面面相对,当着五名见证人朗读一种有些像戏剧之类的东西:曼奇帕蓄(mancipatio);[④]亦需一杆秤,持秤人与一个铜块。受让人手持被转让物品或其一部分,巫术般地象征其存在,并口诵道:"根据罗马人的法律,我主张该物为我所有,连同此铜块和铜秤

---

① Adolf Erman & Hermann Ranke, *La Civilisation Egyptienne*〔*Egyptian Civilization*〕, Payot & Rivagles, 1994, p. 196.

② Versteeg, *Law in Ancient Egyptian Fiction*, p. 66.

③ Cruz-Uribe, *Saite and Persian Demotic Cattle Documents: A study in Legal Forms and Principles in Ancient Egypt*, p. 43(该书对这些文献做了精确解释,并逐字翻译了这一埃及文献).

④ 见 A. Arthur Schiller (ed.), *Ten Coptic Legal*, The Metropolitan Museum of Art, 1932, p. 3;亦见 Jolowicz, *Historical Introduction to tie Study of Roman Law*, pp. 143-149。

一并交付于我。"接着,他务须以铜块敲击铜秤,并依对价方式将其交予转让人。请注意,即使前述买卖中,铜块同真实价格亦毫无关系。而且,如当事人在戏剧符号中犯了某种错误,则财产无法转让。这便是古典时代的仪式! 更为奇怪的是,罗马法学家在评价需有五名见证人在场这一条件时,将之视作防止未来纠纷的一种方法,①就好像成文文契无法达致那种效果一样。此外,在古埃及成文文契可很容易证明占有转让,而罗马公民,比如在土地转让中,欲实现占有则必须在土地走过!②由不再需从整个土地上走过,到只需从一片土堆上跃过,这一进化竟被看作法律事务方面罗马人天才的一大成就! 假定比较两种法律制度,我认为,古代法学者将多少赧于承认,埃及法律概念化必定不同于罗马,尽管埃及法律制度之于一种高级文化,其复杂程度适中。③

我们所谈论的埃及可同样用于论证其他古代近东法。譬如,我们可在亚述法中④发现罗马法中所无法发现的高度发达的利息计算与利息复合制度;发达的铜表法制度记录了一种债务,一种作为可适用保证的可转让票据的债务。⑤另外,商队被组织成为一个商事单位,其间,所有费用、税收、损失与收益均由参与者分担与配置,⑥那被当作仅在欧洲中世纪间才获得的一项成就。⑦现今,我们知道一套成熟的法律制度,⑧在公元前 3 千纪闪族法律文献中所发现的契约交易的

---

① Jolowicz & Nicholas, *Historical Introduction to tie Study of Roman Law*, p. 145.

② Id., pp. 152-53(该书讨论了事关土地让与的占有转让)。

③ Cruz-Uribe, *Saite and Persian Demotic Cattle Documents: A study in Legal Forms and Principles in Ancient Egypt*, p. 101(附带强调)。

④ Klaas R. Veenhof, "In Accordance with the Words of the Stele": Evidence for Old Assyrian Legislation, 70 *Chi-Kent L. Rev.*, 1995, pp. 1717, 1722-1724.

⑤ Id., pp. 1724-1729.

⑥ Id., p. 1731.

⑦ 关于中世纪商业金融组织,见 Robinson et al., *European Legal History*(2d ed.), pp. 100-105。

⑧ Westbrook, "What is the Covenant Code?", p. 28.

基本模式确是贯穿楔形文献与亚拉姆文献、通俗文献而残存下来的。[①]

我们无心详细讨论这个问题,但今天若将罗马法发展与埃及或近东法发展加以对照,我们会更深切地感到,法学研究中罗马法举足轻重的地位不是别的,正是那种饱经磨砺的日耳曼范式遗产的产物,21 世纪伊始,它便落伍了。罗马法的"存续"及其"更新",故而只能从其意识形态基础处获得解释,亦即作为一种服务于统治方案的现实错觉。这一结论将通过对国家理论的进一步思考与解决下面将讨论的争论而得以加强。

(三)国家的起源

我们前面讨论了私法领域的一个核心问题,即契约法的发展问题;下面所要论述的涉及公法领域另一重要示例,即自法律角度(考察)内在连贯的国家观念的发展。

摆在面前的第一个问题是,罗马法是何时,如存在、发展出国家观念的?罗马法的主要特征之一,现代研究者看来,确系整体上缺乏一种公法。这点很清楚且毫无争议,我们可看到,就连传统都承认,"罗马法并未提出一种清晰的、可资操作的国家定义"。[②]

国家理论的要义在于其相对于特定人或实际执政者(为核心)的特定家族(所具有的)独立性,即国家本身作为独立法人而存在那一事实。此种存在仅以管理规则与权威合法化加以确保。[③]就罗马法,我们业已对公元 3 世纪大危机之后出现的元首时期与专政时期做了明确区分。

元首造端于一种特殊的官职,并且从未丧失这一特征。因而无

---

① 见 id. , p. 22;亦见 Yochanan Muffs, *Studies in Aramaic Legal Papyri from Ele-phantine* , Brill, 1969。

② Mayali, "Social Practices, Legal Narrative, and the Development of the Legal Tradi-tion", p. 1469.

③ Robert Nozick, *Anarchy, State and Utopia* , Basil Blackwell, 1974, p. 113(该书认为,最关键的是国家享有对于某一疆域内动用武力的垄断权).

论如何也未出现任何嗣位法律制度。假使存在过一种杂乱无章的嗣位史,就是通常持有偏见的罗马法学家也不得不承认罗马政制方面的这一重大缺陷。[①]下述情形确实是司空见惯的,嗣位方面军队起到了相当大的作用,许多情形下,由帝国不同部分组成军队,各自都竭力将自己的领袖推上元首宝座,因之均通过军事实力解决问题。有时,元老院操纵实质选择权。各派别尤其"军人"的数目和实力,将决定性地影响扶持他们的提名人掌握权力,但那不会触及他们行为的法律性质。如有多名被提名人,除非被取代则每名被提名人都是合法的。

问题就在于,没有设立任何规则,没有创建任何理论应对这一核心问题。此处,如上述做法并无不妥,则表明罗马法学家"无力"发展这样一套学说。即便罗马政制史巨擘,亦肯认,罗马帝国决不存在任何政府制度,它完全丧失了奥古斯都式的合法性观念,[②]而且,他们将其描述为倚靠法律之上的革命加以缓解的独裁政体。[③]

出现于公元 3 世纪的大危机,自塞维鲁(Alexander Severus, 235 C.E)遇难至戴克里(Diocletian, 284 C. E.)登基,那是一个动荡不宁和灾患四伏的时期。然而,内部秩序却得以重建,嗣后数代相对较为平稳的王朝统治了帝国的大部疆域。公元 4 世纪的政制模式,我们发现,的确完全不同于先前罗马原初政制(模式)。因而很容易区分帝国前期与帝国后期,前期脱胎于共和国,延续至公元 3 世纪,后期则于公元 4 世纪立国于迥然不同的统治原则之上。(此二时期)与过去的显著差别及这些原则的外部根源,甚至均为传统文献所认可。

其稳定性得以获致的方法,主要是表现为下书三种转化:帝国权力向东方模式的君主政治的转变、共同执政官间的区域划分以及行

---

① Jolowicz &. Nicholas, *Historical Introduction to the Study of Roman Law*, pp. 353-355.

② Theodor Mommsen, *Romisches Staatsrecht* [*Roman Constutional Law*], Bd. 2, Cambridge University Press, 1887, p. 844.

③ Id., p. 842.

政机器的重新组织。①

依照新模式,帝室尊严演化成了一件神圣的事情,皇帝理论上不再是芸芸众生中第一公民,相反成为一种包裹在仪式之中的遥远但又神圣的身份。②一种神一般的帝王仪式建立起来了,③接着君士坦丁改革于公元 312 年接受基督教之后转化成了一种认为皇帝是上帝代言人的学说。戴克里行政重组则将整个帝国(权力)均归结于此,此后,便不再有帝国法与行省法的分别了。君士坦丁最后将民政从军事当局独立出来。如今,皇帝及其僚属们运用其司法管辖权统摄了全部民事管理事务。司法裁判官由政府任命,常设官僚机构皆为政府而设。此外,如上所见,国家在解纷过程中最终趋于支持私人当事人。

这里,我们已经有了一个清晰的帝国概念,它有神圣的君主制和强大的官僚机构,二者皆非传统罗马政制所有。这一神圣的君主政体分别军务与民政,接管了对社会官僚式的控制。

不论我们如何看待专制政体,很明显,不从现代批判姿态的观点,而从传统进化论范式出发,中央国家这一发明才算得上一项成就。同样明显的是,罗马政制通过在文化层面上借鉴"东方"模式由无序转化为一系列有序的原则和实践。而问题是,这些模式来自何方?

在大危机之后④占据优势的帝国东部行省,通常称为"希腊式"的那种统治形式得以延续下来。⑤这一权力组织形式,如述,衍生于公元

---

① Jolowicz & Nicholas, *Historical Introduction to the Study of Roman Law*, p. 421(附带强调).

② Robinson, *The Sources of Roman Law*, p. 17.

③ 关于该仪式发展及其较早出现问题,一般见 Lily Taylor, *The Divinity of the Roman Emperor*, Porcupine Press, 1931.

④ 请回顾,戴克里迁都至 Croatia 的 Spalatum、君士坦丁迁都至 Byzantium(Istannbul, Turkey)的问题,见 William, *Dicoletian and the Roman Recovery*, pp. 148, 205。

⑤ G. W. Bowersock, *Hellensim in Late Antiquity*, University of Michigan Press, 1990.

前 332 年亚历山大波斯埃及帝国的征服活动。故而,我们需做的,即考察希腊主义可能的埃及或亚洲形式,及大危机后罗马新式管理制度中稍晚的、可能的具体表现形式。我们可从第一个问题处开始。

就希腊式国家权力组织形式的原创性这一问题,学界已有分野,我们可再次将前述两种模式做一对比。第一种模式公然指向希腊式君主制的亚非起源,希腊式国王是埃及君主制的继承者。[①]第二种模式,我们曾见到了完全否认此种起源而独指向希腊人自足发明的诸种理论:君主制纯粹是一种希腊军人政府,而之所以采纳宗教形式,同时借鉴业已存在特别埃及业已存在的官僚组织形式,仅仅是为了更好地控制地方民众。[②]

我们亦可将该方法与通行观点作一对比,此处,借用这一观点,只是要强化我的理论。那些法学家们常钟情于此种形式,[③]尤其是此种通用方法,鉴于此,有必要注意,即便希腊自足性发明的支持者们亦承认,希腊国王们采纳的是埃及和波斯的君主制形式。他们补充道,那些睿智的国王们决意采用业已存在的特别是埃及的官僚制度。现在我所坚持的是,所谓权力形式与行政组织形式,自通行观点观之,乃权力结构之本质所在。至此,我们务须声明两点:统治者之作为神圣的个人及所有者(deus et dominus)而存在的这一特征,及中央官僚机构之展开。下文讨论中,我将径直阐明:

埃及国家亦具备此类特征;

此类特征存在于希腊主义之中。

公元 3 世纪危机以降,罗马帝国始具有此类特征。我们得以理解此种说法,是通过地中海文明亚非层面之中的政治文化多元主义,所

---

① 见 Pierre Leveque, *Le Monde Hellenistique*, A. Colin, 1969, p. 54;亦见 C. W. McEwan, *The Oriental Origin of Hellenistic Kinship*, University of Chicago Press, 1934。

② Andre Aymard & Jeannine Auboyer, *L'Orient et la Grece Antique* (5th ed.), Presses Universitaires de France, 1967, p. 396.

③ P. S. Atiyah & Robert S. Summers, *Forms and Substance in Anglo-American Law: A Comparative Study of Legal Reasoning, Legal Theory and Legal Instructions*, The Clarendon Press, 1987, p. 7.

谓非西方起源之西方世界模式得以传播,实得益于此。而且,很明显,国家学说之诞生,虽未在罗马法方法中获得发展,但亦须视作来自传统进化论的一项重大成就。①

这些观点即便成立,我们仍须忆及,希腊主义统治的共同特征建立于王权崇拜基础之上,后者意指一套曾出现于亚洲与埃及且作为同君主紧密联系的官僚体系的中央政府组织。②国王崇拜由亚历山大本人首次引入,他攫取了法老与波斯皇帝的名义,并自称埃及大神(Ammon)之子。而立于王权崇拜巅峰的,正是这位亚历山大皇帝,他的祭司们得到了埃及高层的襄助。类似情况,未曾出现于古希腊,但埃及君主制的神圣特征却著称于世,并成为诸项研究的主题。③更令人难以信服的是那种用以描述埃及制度的偏见,即埃及"与西方的差异程度,纵使较之美索不达米亚(Mesopotamian),⋯⋯一种神授王权(god-king)专制,④亦是有过之而无不及",似乎埃及制度从未成为希腊式王国的基础,⑤如述,甚至未曾移植入罗马帝国。此类解说中存在西方意识形态,后者并非根植于历史,亦非根植于实践,相反,恰恰根植于虚幻。

何者为希腊主义的权力象征?马其顿王朝终被认为是诸法老王朝法统的继承者,自古老做法中,它借鉴了王冠、权杖、印玺环饰作为其权力象征。⑥据这种托勒密王朝观念,官员之于国王的朝觐礼仪得

---

① J. L. Comaroff & Simon Roberts, *Rules and Processes: The Cultural Logic of Dispute in an African Context*, University of Chicago Press, 1981, p. 5(该书描述了进化模式). 但亦见 David Cohen, *Law, Violence and Community in Claaical Athens*, Cambridge University Press, 1995, p. 5(该书批判了进化论模式)。

② McEwan, *The Oriental Origin of Hellenistic Kinship*, pp. 47-49.

③ 例见 R. A. Schwaller de Lubicz, *Le Roi de la Theocratie Pharaonique*[*The Pharaoh as a Theocratic King*], Flammario, 1961。

④ D. Brendan Nagle, *The Ancient World: A Social and Cultural History*(3d ed.), Prentice Hall, 1996, p. 24.

⑤ Taylor, *The Divinity of the Roman Emperor*, p. 247(该书自波斯处而非埃及处追溯神授王权的根源)。

⑥ Taubenschlag, *The Law of Greco-Roman Egypt in the Light of the Papri* 332 B. C. E. -640 C. E., p. 562.

以建立,国王肖像用于装饰铸币,国王行止于即位之后皆逐日实录,
牺牲贡献王灵为其飨用,国王诞辰为举国吉日,国王驾崩为举国丧
期——①一切均令人惊异地习以为常。那自系世袭君主制,但王位继
承顺序,由调整私有财产继承顺序的类似制度来调整。

后来,所有那些特征都为罗马人所借鉴。如上文所见,随着亚利
山大公元前 30 年 8 月 1 日的征服,托勒密王朝遂陷落奥古斯都之手,
后者作为前王朝的继承者接管了整个国家,于是,罗马统治者荣膺了
曾为其前任者埃及与希腊所荣膺的相同荣誉。②根据罗马政府制度,
这片土地授权一名行政长官管辖,他同时充任帝国地方代表。③作为
这个国家整个民政与军政首脑,行政长官演化成了原托勒密国王的
复制品。大危机期间或以后,戴克里求助于帝国"所有者和神"的帝
权观念("Dominus and deus",由是衍化出了"专制"这一时期名称),
尽管该观念之于帝国西部颇为生疏,但在埃及却并不新鲜,那里照旧
将这种权力归于国王。在罗马政府形式领域内,我们已经有了一个
整合各种希腊观念的符号以资区别作为行省的埃及与帝国其余部
分。戴里克采用了新型管理模式后,确实褫夺了诸埃及城市所享有
的特权。

总而言之,帝权神圣性观念兴起于罗马与东方世界观念诸观念
紧密相联的时代,特别是与埃及王国与中东王国保持特殊联系的时
代。④重要的是忆及,统治者那种在帝国基督教化之后一直存续下来
的观念,即使该种观念曾被以基督教语言重新表述过。⑤

我们务须强调这一事实,即基督教统治原则与统治形式同马其
顿原初传统大相径庭。马其顿传统,作为人民主权代表,建立在军事

---

① Id. ,pp. 562-563.
② Id. ,pp. 567-569.
③ Naphtali Lewis,*Life in Egypt Under Roman Rule*,Oxford University Press,1983,
p. 9.
④ Taylor,*The Divinity of the Roman Emperor*,p. 1.
⑤ 基督教皇帝自命基督教界最高的精神领袖。见 Berman,*Law and Revolution:The
Formation of the Western Legal Tradition*,pp. 88-89。

会议基础之上,后者在决定王位继承事物方面发挥作用。[1]虽然这种会议的作用当初不完全是理论上的,但后来其意义亦不免流于形式。[2]故而很容易理解,埃及与马其顿君主制是怎样建立在不同的基础之上的,而在马其顿制度与罗马制度,却存在很大的相似性;在希腊主义与罗马帝国后期,自行推选统帅的军事会议均为世袭君主制所取代。那便是部分通行的"印欧"偏见,它将前种形式评介作由自由人组成的反对东方君主制下的奴隶制度的一种会议。然而那却类似于那种通过周期性军事政变而自由因得以保障的"皮诺切特理论(Pinochet theory)",该种理论认为军队在政制选择中具有关键性作用。此外,如前述,此种对于马其顿与罗马军事会议的评价,连同对传统进化论解说的评价一道衰落了。自国家的经济理论观之,[3]埃及形式较之马其顿与罗马形式更为有效,它被证明在罗马帝国东部的确是相当有效的,那里不仅接纳了它,而且延续达千年以上。帝国史中也不尽是恶劣的记录。

我们所要讨论的第二个主要问题是官僚组织的展开。[4]古埃及曾被界定为围绕负责社会管理的官僚组织的。[5]埃及物质资料的获得,最明显的有财富、宫殿、庙宇及征服,所有这些均依赖于一种管理资源的特殊技巧。[6]无论如何看待这种官僚组织,很明显,在上述进化论偏见模式中,它代表了某种进化:[7]官僚组织在这种背景下可能意味

---

① Taubenschlag, *The Law of Greco-Roman Egypt in the Light of the Papri* 332 B. C. E. -640 C. E. (2d ed.), p. 564.

② Id.

③ 例见 Posner, The Economics of Justice, pp. 143-145。

④ 一般,可见 T. F. Carney, *Bureaucracy in Traditional Society: Romano-Byzantine Bruaucracies Viewd from Within*, Coronado Press, 1971。

⑤ Kemp, *Ancient Egypt: Anatomy of a Civilization*, pp. 109-111.

⑥ Id., p. 111.

⑦ 那足以令人忆及韦伯那一著名理论,该理论强调了发展一种形式理性、官僚组织、通过训练有素的法律专家形成法律的重要性所在。见 Max Weber, *Max Weber on Law in Economy and Society*, ed. by Max Rheinstein, trans. by Edward Shils, Harvard University Press, 1966, p. 304。

着效率,①同时意味着执行公共规则的能力,比如,在同大体上是希腊执行制度的强烈对比之中。②

古埃及官僚多被限定为一群强有力的神职人员,而罗马则通常委任法学家管理社会,③出于标准的(所谓)前西方偏见,二者间形成了鲜明对照。然而埃及官僚等级制度的僧侣色彩并不那么浓厚。所谓肩负管理职责的"神职人员"大都是些门外汉,④他们部分时间供职神庙,部分时间从事正常的世俗职业。此处,"神庙"应理解作一种公共设施,而不限于祈祷场所。神职人员不承担伦理职能,其主要职责只在于辅弼法老执行其最重要的职能:维持神设秩序(埃及用语是"ma'at")。那是一项技术性职能,需要的不是内在的纯洁性,而是仪式上的纯洁性。此种职位构成了一种管理结构,一种特殊政制,它们在希腊主义与罗马统治期间亦曾保持不变。⑤埃及失陷,但管理方面却少有变动,⑥出于实用目的,这一制度延展到了罗马时期并无任何明显变化。而作为一种事实,是罗马当其危急关头为振兴业已痛苦不堪的帝国而沿用了这些保存下来的模式。⑦

因而,如审视这些发现,我们可看到,后期罗马帝国之建立,多大程度上应归功于埃及和近东保留下来的那些模式,应归功于摒弃先前罗马政治组织制度。如进一步考察罗马法律进程之硬核——解纷

---

① 请记住,奥古斯都占领"中央化的"(centralized)埃及之时,埃及正是当时最为富饶的谷物产地。Sherman LeRoy Wallace, *Taxation Egypt from Augustus to Diocletian*, Princeton Univ. Press, 1938, p. 1.

② Douglas M. MacDowell, *The Law in Classical Athens*, Thames and Hudson Ltd., 1978, pp. 53-67.

③ Infra pp. 543-545.

④ D. Brendan Nagle, *The Ancient World: A Social and Cultural History* (3d ed.), Prentice Hall, 1996, p. 28.

⑤ 典型的西方偏见认为,埃及(法律制度)是一种没有进化、没有发展的制度,而作为一种主要的(但却是否定性的)文化特征,实是由其复件标示出来。有时,上述稳定性亦带有那种这一偏见。见 id., p. 24.

⑥ Wallace, *Taxation Egypt from Augustus to Diocletian*, p. 1, 7.

⑦ Jacque Pirenne, "L'apport Juridiqie de l'Egypt a la Civilisation[Egyptian Legacy to Legal Culture]", in 1 *Studi in Onore di Edoardo Volterra*, 1971, pp. 153, 163.

机制,这一趋势将更为显明。

(四)法律机制

目下,我们可提出下述基本问题:罗马法究竟是否存在,①因为,我们业已见到了罗马契约法的缺陷与尚古主义,亦业已见到那种内在国家观念直到公元 3 世纪之后依然如何不同于罗马法律思想,其时,罗马法律思想采取了一种明显不同的形式。我认为,如不能强制执行法律所授予的权利,如不能强制执行构成法律的那些规则,则我们便无法谈论一种规则或原则体系,称其为法律制度。于是便可顺理成章地探讨:罗马法律机制是否保障人们获得正义?我坚信,这个问题不能倚赖任何实用的或普遍的法律正义定义,那只是一个了解罗马法是否强制执行其规则的问题。罗马法正义机制是否足以保障强制执行这些规则?

那是一个非常基本的问题,而要充分论述这一问题,就必须将罗马法学家与历史学家两种不同的解说加以对照,历史学家并不持有那种罗马法学家就其专业问题方面所持有的偏见。故而,我将首先向读者提出罗马法律过程方面罗马法学家的标准解说,接着将提出取自声名昭著的历史学家的解说。罗马法学家的理论预设了罗马人具有解决法律问题的技巧,历史学家则全然反驳了这点,这点亦将在两种解说的比照当中呈现出来。唯有运用意识形态用语,此种偏见方可再次得到说明,而一旦披露这点,读者便会抛弃这种观点,转而支持那种替代意见。

依据法学家的解说,②有谁(迄于公元前 200 年后一段时间)如欲提出请求,则请求人(或原告)只需通过口头请求形式传唤被告人,并

---

① Paul Veyne,"L'Empire Romain〔The Roman Empire〕", in Philippe Aries & George Duby(eds.), *Histoire de la Vie Privee*, tome 1, Editions du Seuil, 1985, pp. 164-171. 该书借鉴了两种不同的英语版本, *History of Private Life: From Pagan Rome to Byzantium*, vol. 1, Belknap Press, 1987, and Paul Veyne, *The Roman Empire*, trans. by Arthur Goldhammer, Belknap Press, 1985。

② Robinson, *The Sources of Roman Law*, pp. 80-84.

可劝告或强制非自愿被告人。当事人双方必须到裁判官那里启动第一阶段诉讼,请求人须以既定用语陈述其适当请求形式。争议问题澄清之后(litis contestatio,证讼),则由裁判官任命承审员(judex)负责审理所提交地案件。承审员必须调查事实,做出判决。若判决支持请求人,则通常采取明确金钱数目的形式。判决执行依赖于裁判官权威,但需由请求人提起方可生效。

现在,可考查历史学家就同一理论所做出地解说了。[①] 假定我拥有一个继承自祖父的小型农场,富庶的邻人觊觎这笔财产,遂带领其奴隶闯入农场,赶走我们家族,并将家族成员殴打致死。这种情形,法律将如何处理(迄于公元前 200 年后一段时间)?根据罗马法,邻人所为系侵权行为——过错私犯(a private wrong)。于是,我们便可提起诉讼,便可将其扭送公堂。故而,我们务须从邻人奴隶手中将其擒获、带走,因于地牢,直至听讼日。假如做不到这点,审判则无法启动。我们只有成为那些保护人的被保护人方有可能做到这点。我们服从谁,谁便成为我们的保护人,他将派出奴隶去抓获邻人,诉讼遂得以启动。裁判官本人并不审理案件,他将委派一个私人作为承审员。假定该承审员判决财产返还,则依据罗马法,法庭尚不能下达恢复原状令,法庭只能责成被告人赔偿损失。接下来,我们便应夺取(体力上的,因而需求助于保护人)被告人物品、将其菆买于公众,自行提取上述小型农场价金,余额部分,退还邻人。

有谁会艳羡此种令人费解且得来不易的正义?伏尔泰(Voltaire)曾言,他所欣幸的是那未曾承诺给他的乐土、戈壁与病河。而我要说,我所欣幸的则是不受罗马法支持的权利。那是一种专为上层强权家族而设计的正义。它的确很难由法律制度获得说明,因为那是一种法律强制执行制度,而法律强制执行所依赖的仅仅是当事人双方的社会实力。[②] 那是一种追逐复仇的方法,国家管理之所以

---

① Veyne,"L' Empire Romain[The Roman Empire]",pp. 164-171.

② Peter Garnsey,*Social Status and Legal Privilege*,The Clarendon Press,1970,p. 189.

介入其中,就是要确证特定巫术形式是否得到了应有尊重。纯技术讨论与偏颇式叙述终将无法掩盖这一真理。虽显粗鲁,现代罗马法学家间或确实亦承认这点[①]:"请求人,如社会或经济地位低于被告人,常会面临许多困难。"[②]

下述即我将强调的另一个相关问题。通常,介绍罗马法时并不注重其异域主义与巫术方面,只是在解说亚非习惯时方关注这点。这种策略显然有意将罗马法描述为现代观念的根源,将其他古代法推向这种严肃思考的边缘或根本就排除在外。[③]我将简要回顾那种见解,即如前述契约法,罗马法,与现代所谓"理性"相距甚远,通常处于实务程序领域,且充斥着巫术与异域色彩。请回忆,原告人需以既定用语陈述其适当的请求形式。正是盖尤斯告诉我们,一个人因葡萄被损坏而希望获得诉讼救济时,根据十二铜表法(XII T 8.11),[④]他却败诉了,原因在于他使用了"葡萄"而非"树木"一语。此类事例,俯拾皆是。我将集中论述下点,即不以公元前 2 世纪的实践而谴责罗马法;我想指出的仅是,将罗马法评价为现代正义的先驱这种见解着实怪异,因为,很不幸,事实正是向着相反的方向发展:法律并非在此基础上展开,而恰恰背离了这些观念。那么,这些观念竟为何者?罗马法是否由私人复仇的巫术组织发展那一初始阶段而来?

公元前 2 世纪之后,我们所描述的机制朝着所谓"程式制度"(Formular System)方向发展,大约公元前 150 年年末始占据支配地位。[⑤]如今,请求人必须俾使其请求适合于令状(writ),以资请求裁判官授权救济。不管怎样,将被告扭送至法庭仍是请求人的事情。一

---

① J. M. Kelly,Roman Litigation,Oxford University Press,1966,pp. 6-12. 可参见稍后(罗马法学家著作)。

② Robinson,*The Sources of Roman Law*,p. 80. 其间,关于传唤程序,我们发现,很清楚,被告人有时可直接驳回请求人(的请求)。

③ 关于异域化之作为一种比较法策略,见 Kennedy,"New Approach to Comparative Law:Comparativism and International Governance"第四部分第四章。

④ Robinson,*The Sources of Roman Law*,p. 81(该书引述了 G. Inst. 4.11).

⑤ Id. ,p. 85.

旦到庭,被告人可能决定接受所用程式,也可能就其文书格式提出抗辩。只有当事人双方均接受该令状作为诉讼基础时,裁判官才会任命承审员,签署审判授权令。原则上,责成往往采取金钱方式,而执行却仍是胜诉请求人的事情,只有他才可使判决付诸实施。①很容易发现,"新"制度是前一制度的发展,但结果却对请求人更为不利。请求人使请求符合于某种既定令状,并同另方当事人就所用令状格式达成一致后,仍需借助保护人的有力帮助才可启动诉讼。因而我们所考查的罗马法的缺陷并未囿于其初始阶段,同有着纯粹罗马起源的主流模式一样,延续达数世纪之久。

只是在公元 3 世纪大危机之后,其正义机制才戏剧性地朝着最终是建筑于国家主动干预的基础之上的全新形式发展。此种新形式以非常程序(cognitio)而著称,案件不再交由裁判官与私人承审员负责,而由审理案件全过程的帝国官员负责管辖。请求人须向法庭提交成文诉状,而传唤令亦在法庭的支持下发布。常设法庭设立,当事人双方所需证人亦被传唤到庭,接受处罚或询问。②执行也可能得到官方权力的支持。另外判决也不再局限于金钱赔偿。法官亦可下令恢复原状或特别履行。

如述,新制度是在一套迥然不同的观念之下被设计出来的。然则这些观念又源于何处? 可确证,非常程序是行使于行省的一种管辖权,因之,很有可能是受到了希腊实践的影响。③进而,固有罗马法(jus civile)与"外来法"间的任何差别消失了。④大规模法律现代化出现了,晚期帝国法律进程则标志同先前法律机制的巨大断裂。

仅仅是在大危机之后,罗马法才具有了实效,才独立当事人双方的社会、政治权力。易言之,仅当罗马法丧失了其初始特征专而继受

---

① Id. , p. 88.

② Id. , pp. 90-96.

③ Id. , pp. 95-96.

④ 这是公元 212 年安托尼亚那敕令的后果之一,该敕令将实践中的罗马公民权扩展至帝国境内全体居民。见 Robinson, et al. , *European Legal History*(2d ed.), p. 3.

了帝国后期更为"东方"的特征时,它才变得真正适合西方法律意识形态了。虽然显而易见,但传统职业罗马法学家罗马法优越性方面的偏见,迫使我们将这种新型的、有效的制度描述为其初始过程的某种"扭曲"。①

毋宁说,如我们最终摒弃偏见,则将看到,我们的法律观点,尤其法定权利强制执行的观点,更大程度必须归功于地中海盆地东部而不是罗马,而那里的法律实践却鲜为人知。我认为,法学院中暴露出的意识形态的强烈程度,可以下列标准揆度之,即我们所发现的肯认罗马法之作为一种实际有效的法律制度的这一点的难易程度,即肯认仅当初始罗马法被行省法律实践"扭曲"之后法律权利强制执行观念才得以发展这一点的难易程度。

(五)新兴法学家理论

现在,我们可得出罗马法和西方法的显著特征:法学与世俗职业的发展;较之其他古代法和异域法,在罗马,"法学家"代表这种传统的主导特征。②借此,我意指独立的世俗法学家阶层之作为社会管理与法律进化的中轴传动装置这一独特现象。

由是观之,西方法律显然是罗马人成就的载体,后者建立在此种种独立专家精英阶层基础之上。

罗马法学家理论进而被用于否认外来因素的重要性方面:即便外来因素曾出现过,它们亦将变得相对不那么重要,因为最终是外来制度,它们亦需由法学家们转化为实在的法律制度,只有那些法学家们才真正用心构建精致的学说与理论。是故,罗马法学家的存在及他们在法律形成过程中所发挥的文化作用,实质上是在为社会管理领域所辩称的至上性进行辩护。

因而,我们须考察这些法学家们是何许人也,他们何以及如何发展起来。首先,根据通行解说,与其说时专门以他人的名义在法庭上

---

① Jolowicz & Nicholas, *Historical Introduction to the Study of Roman Law*, p. 398.

② Schulz, *History of Roman Legal Science*, p. iv("罗马法学是罗马人天才之最纯粹、最初始的表达").

活动,不如说是作为演说家,如家喻户晓的西塞罗(Cicero),[①]他们只是就法律事务提出建议。他们争论法律问题,更重要的是就此著述。就这样出现了大批作家,他们在法律方面为我们留下了大量的学术文献,那些文献表面上可看作是罗马法律文化的独特之处。它们皆出自法学家们的手笔,演化成了帝国后期的法典法,最终铸就了查士丁尼《国法大全》,[②]特别是《学说汇纂》。[③]由于《学说汇纂》自 12 世纪始成为欧洲大学的基本教科书,[④]这些文献于是便成了西方法律进化的共同基础。历代法学家以此为基础接受训练,其构思与范畴便成了现代欧陆法典的形式,有时甚至成为它们的内容。假使我们忆及,例如,甚至是曾开创了美国大学法律教育的郎代尔(C. C. Langdell),亦参照罗马法学家的理论检视普通法学说,便很难说是夸大了这些学术成就的重要性。[⑤]

罗马人的伟大之处就在于其法学,后者也是其声誉的主要标志。此处我想说明的是:古代罗马法学家的出现,当归因于罗马法律过程的实质性缺陷,我们无法继续漠视罗马以外其他独立法律学术传统存在的可能性了,而且,罗马法律发展的主要成就很可能就是在帝国法律非罗马化(de-Romanization)背景下取得的。可见,我通过挑战罗马乃至西方法律独特性与至上性主张,再次触及了整个既成观念。

---

① 一般见 Bruce W. Frier, *The Rise of the Roman Jurists*, Princeton University Press, 1985, pp. 185-186。

② 查士丁尼《国法大全》包括四部分:《法学阶梯》为法学院学生提供了一部入门教科书,《学说汇纂》汇集了大批权威法学著作,《法典》收集了大量帝国立法,《新律》则囊括了查士丁尼本人所颁布的成文法。

③ 关于查士丁尼敕训(instructions),汇编者同时将法律提要与帝国立法编辑在一起;因而,保存在《国法大全》中的法律,既非古典时期的权威立法,亦非查士丁尼时代法律的简单陈述,而只是一种多层混合体,它们反映了特定的编辑策略。见 Robinson et al., *European Legal History*(2d ed.), p. 3。

④ Id., p. 42.

⑤ 一般见 C. C. Langdell, *A Selection of Cases on the Law of Contracts*(2d ed.), vol. 2, Little, Brown & Company, 1879, p. 987。

第一点要强调的便是法学家们的社会出身。罗马社会明显不同于现代社会通例,其法学家并非属于中产阶级。即使他们非常富有,亦并非出身王族或显贵。相反,他们来自上流社会,[①]具有贵族血统。[②]我们所听到的后共和时期(ensuing,自公元前 3 世纪中叶始)[③]的法学家几乎都是元老院成员——300 名国家领导人。他们富庶、强大且声望显赫,多数均配有顾问。这些家资万贯、权倾朝野的人物何以都成了法学家?罗马法律过程何以需要这些法学家?

我认为,罗马法学家之所以出现于上流社会,根源于上文已部分考查过的、罗马法所具有的两大制度性缺陷。缺乏常设法庭与专职法官,此其一;其二,罗马直至后经典时期仍未出现法学院。[④]

罗马法律制度相当原始,相当不完备,一直必须为法学家留出空间,同时又将法律管理重任局阈于强有力的私人公民。其法律过程,如述,分裂为两部分:第一,国家官吏之后;第二,真正的审判却委诸非专业承审员。专职法官之缺失,要求法学家不仅为当事人双方而且为决定案件的外行法官提出建议。由于国家官吏并非专职法学家而是职业者政治家,所以亟须熟稔法律的人员为其出谋划策。法学家渐次跻身那种隐藏在后的非正式职业,他们为涉身诉讼过程的人们提供专家意见,而其原因恰在于罗马法院系统尚未建立。

这便解释了为何会出现法学家,但是仍需补充说明他们何以属于上流社会。如忆及罗马法律机制,我们便会记起那里并不存在官方强制传唤与执行制度。而那些博学且位高权重的人们何以愿耗费时日去创建一套复杂的法律知识呢,特别是在所有一切均依赖于处于胜败关口的当事人双方各自的社会力量那种背景之下。事实是,实践中当事人如欲成功传唤被告人,就必须委身豪强,成为其被保护

---

① Robinson et al. , *European Legal History*(2d ed.),p. 1.

② Schulz, *History of Roman Legal Science*,p. 42.

③ Robinson,*European Legal History*(2d ed.),p. 43.

④ Id.

人。法律过程背后是保护制度（Patronage），①正是此种保护制度方可解释清楚罗马法的这些特征。②保护制度是一种将居民分作保护人与被保护人的社会制度，前者将在社会活动中保护后者。这是广泛流行于地中海地区的一种社会组织模式：保护制度主导的社会制度中，无须以成文法去规定司法制度，由保护人操纵一种中人制度（middle-men），承审员，他们可以自己的名义在不同群体间分配正义。③这一图景同对罗马法律机制的公允描述极其匹配。但必须注意，前罗马偏见异常强劲，甚至于坚持连保护制度本身都是罗马人的发明！④而事实是，由于缺乏法定权利的强制执行制度，罗马人制度在保护制度基础上得以保存，其法律机制得以完善，然而，它却被为其他国家的不同方案所取代。

如果我们采用保护制度解释罗马史，便可看到，上流社会成员在诉讼之中有其个人利益：他们就是法律。他们可以确保传唤与执行；他们身居强力家族上层，负责执行法律规则，此种意义上，他们本身便是活的法律神话。因而，我认为，我们可以法律机制及其在解纷过程中所表现出来的缺陷来解释罗马法学家问题。

由此，我们亦可考查哪些文献是罗马法学家们的作品。每件作品都是某种什么东西，恰因为这些法学家们均出身罗马望族，这便为其法学营造了一种直至古典时期末方见"消弭"的特别氛围。⑤共和时期法学被称为贵族文献，就如同共和时期官吏制度是一种贵族制度

① Ernest Gellner & John Waterbury (eds.), *Patrons and Clients in Miditerranean Societies*, Duckworth, 1977; Samuel N. Eisenstadt & Luis Roniger, *Patrons, Clients and Friends: Interpersonal Relations and the Structure of Trust in Society*, Cambridge University Press, 1984.

② 请记住，即使今天某些民法国家，法律顾问也还被称为其委托人（client）的保护人（patron）。

③ Niels Peter Lemche, "Justice in Western Asia in Antiquity, or: Why No Laws Were Needed!", 70 *Chi-Kent L. Rev.*, 1995, p. 1695.

④ Ronald Syme, *The Roman Revolution*, The Clarendon Press, 1939, pp. 369-386.

⑤ Schulz, *History of Roman Legal Science*, p. 23. 我认为，对于这种偏见，读者自有公论。

一样。法学亦被国家科学,因为它们同为操纵政治管理的那帮人所操纵,其间,毫无非罗马人的立足之地。这些法学家们又出身负责发展神法的僧侣学院。①起初,他们身居大祭司之职。早在公元前3世纪就萌发了一场导致私法与自神法中分离出来的法律世俗化运动,即使到了公元2世纪大祭司也还是私法领域主要的资政者(consultant)。穆奇亚(Mucia)家族,事实上垄断了这一行业,至少当时三个著名的法学家穆奇亚斯·斯卡沃拉(P. Mucius Scarvola)、李锡尼乌斯·克拉苏斯·穆奇亚努斯(P. Licinius Craasus Mucianus)、穆奇乌斯·斯凯沃拉(Q. Mucius Scaevola)就属于这一家族,经他们,我们方得以立即达致法学之高潮与终点。可假设,正是此希腊式世俗化倾向使得大祭司放弃了私法,进而导致纯粹世俗法律文献的崛起。确实,据我们无从所知,那一阶段罗马法学始终未能完全摆脱希腊的影响。共和时期最后两个世纪,罗马法学为多元文化的希腊主义所取代。②因而,即便罗马法律文献亦可追溯至同东方间的某种联系。这点,在一部流传甚广的著作中早有反映,该书主张,"罗马法学自身便蕴含了巨大的潜力······但······仍需希腊形式这一的"。这一极端重要的后果无非是,罗马科学业已在希腊科学框架内发展为一种希腊类型的专门科学。③

通过参照希腊(印欧)形式,通过参照通行的将希腊主义与希腊文化混为一谈的偏颇做法,我们可以评价那种"契约"及其及醚类化(etherization)主张。④可以承认契约,但需指谓希腊式契约。事实上,希腊从未发展出一套自足的法学,一种特殊的法律职业,⑤因之,假定

---

① Id. ,pp. 40-41.

② Id. ,p. 38. 亦见 Peter Stein,*Regulae Juris：From Juristic Rules to Legal Maxims*,The University Press,1966,p. 54.

③ Id. ,pp. 38-39.

④ Avi-Yoran,*Hellenism and the East：Contacts and Interrelations from Alexander to the Roman Conquest*.

⑤ George M. Calhoun,*Introduction to Greek Legal Science*,The Clarendon Press,1994.

契约孕育了罗马法学胚胎,无疑是相当落伍的。"希腊主义"式契约是带来了某种变化,①而且确实也是罗马法某种特别的变化,但我仍旧认为,罗马并未单独发展出一门"法学"。我们务须将这些发现与关于其他古代地中海法律做一比较。通常都承认,其他国家并不缺乏立法,但缺乏科学。通常亦认为,并不存在像埃及或闪族法学之类的东西。因而,法律研究方面的天赋或技能自然只能为印欧人所独有。

此种传统排斥见解,现在应当根据一种可称为学术作品的近东法典法方面的新理论重新审视之。据该理论,这些法典,不应单单被看作几件立法,而且应被当作科学文献,后者不过是在介绍法律。②它们为法官提供了一部法学文库,为法庭提供了一簿参考文献。③原本它们只是教材,可后来却变成了法律文本。④就这样,古代法典,如美索不达米亚法典,便被视为那种学术传统的一部分。这一理论得以成立的前提是,古代以色列法是一种更为宽泛的法律传统的有机组成部分。⑤该传统尚处争议之中,而它却涵盖了古代近东地区,那里,楔形文献与知识广为传布,但其影响,感觉上甚至超出了这些界限。那不仅是一个实践中所采用的相近规则问题,⑥而且是一个围绕法律的两种法律制度与智识活动间的相似性问题,其间展示的是一种确定且非偶然的联系,大大超越了针对社会的诸问题而产生的不可避免的相似性限度。我们所知的来自楔形资料的那七部法典、⑦盟约法

---

① Stein, *Regulae Juris: From Juristic Rules to Legal Maxims*, p. 23.

② Westbrook, "What is the Covenant Code?", pp. 15-36.

③ Raymond Westbrook, "Biblical and Cuneiform Law Codes", 92 *Revue Biblique*, 1985, pp. 247, 255.

④ Bernard S. "Jackson, From Dharma to Law", 23 *Am. J. Comp. L.*, 1975, p. 490.

⑤ Lemche, "Justice in Western Asia in Antiquity, or: Why No Laws Were Needed!", p. 1696.

⑥ J. Muffs, *Studies in the Aramaic Legal Papyri from Elephantine*, SDIOAP, 1969.

⑦ Codes Ur-Nammu(CU)(c. 2100 B. C. E.), Codex Lipit-Ishtar(CL)(c. 1930 B. C. E.), Codex Hammurabi(CH)(c. 1750 B. C. E.), Assyrian Law(AL), Hittite Laws (HL), Neo-Babylonian Laws(NBL). 见 Martha T. Roth, *Law Collctions from Mesopotamia and Asia Minor*, Scholars Press, 1995。

法律文集(Ex 21,2-22,6)与申命记法律文集(Dt.21,1-25,11),①所有
这些均可即时被承认属于同一文献类型。最近的研究表明,这些法
典,至少最初便是法学论文。②它们发源于美索不达米亚科学王国,那
种形式假设为由苏美耳人发明并通过巴比伦人将其带到楔形文献曾
经渗透其间的近东地区每一个角落。

　　书写学院(scribal school)建立起来了,讲授语言及其楔形文字,
埃及与安娜陀利亚(Anatolia)地区,③同我们联系更为紧密的乃是这
一理论。这种书写学院,④较之书写技艺的学校,要稍多一些;它们被
真正记述作诸古代近东大学,⑤那里也研究法律,讲授法律。

　　据维斯特布鲁克(Westbrook)所述,⑥其教学方法如次。出发点
是一份案件判决,进而参照边缘判例。事实与判决均以假设方式重
述:若 J 为 a 行为,则法律后果为 b,接着便通过变换技巧考察争论焦
点,所谓变换技巧,就是变换,就争论事实进一步附加一系列变换。
这种法律教学方法,同那种参照希腊做法得出的所谓"苏格拉底"方
法何其相似。⑦如果我们将其同罗马贵族所篡、代表利益的、带有异域
情调的法律著述做一比较,许多方面都将相当熟悉;在社会保护制度
下,那些罗马贵族是法律的私人强制执行者。此外,着重强调罗马法
学这一做法掩盖了下述事实,即罗马直到罗马帝国晚期在东部建立

---

　　① 这一理论面临挑战,见 Bernard S. Jackson,"Modelig Biblical Law: The Covenant
Code",70 *Chi.-Kent L. Rev.* ,1995,p.174。但是,他亦同样承认我们此处所指出的中东
法律的"智慧"之维。

　　② Raymond Westbrook,*Studies in Biblical and Cunei form Law*,J. Gabalda,1988,
p.2.

　　③ Id.

　　④ A. Leo Oppenheim,*Ancient Mesopotamia*,The University of Chicago Press,1964,
pp.243-256,272-275.

　　⑤ Westbrook,*Studies in Biblical and Cunei form Law*,p.3.

　　⑥ Id.,p.4.

　　⑦ Id.,p.3. 即便维斯特布鲁克,亦执迷于那种通行话语中的流行偏见。该话语称,
上述书写方法"同我们所使用的方法有所不同",较之希腊方法,那种方法是"分析工具",因
而"无法创制出一般范畴,亦无法定义这些术语"。见 Id。希腊方法是垂直性的,而美索不
达米亚人却平行地延缓了这种方法的发展。

这类学校时,它们尚不存在,类似书写学校之类的东西亦不存在。①

故而,古代法典的基石衍生自学院问题,不同制度下这些问题形成了制度间通过科学传统得以薪火相传的(法律)原则。②古代法典之作为学院教材,多用作训练司法官吏。③如果坚持这种理论,我们便会发现,法律领域内文化活动的存在并非罗马人的发明创造,就法律教育言之,在罗马比在地中海盆地其他地方更具异域情调。此即本节末了的要旨所在。罗马主要法学家的文献于古典时期末产生,为考察这一时期的具体情形,下节,我将重述对罗马法学的此种理解。

(六)法典编纂与非罗马化

如前节末了所见,我的理论是,地中海、非罗马、非希腊地区远在罗马之前便存在法学研究这一学术传统,且此类研究均被规范地组织为诸书写学校。反之,出于回应法律过程的诸多重大缺陷,罗马法学研究并未诞生于任何严密的组织之中,相反却委身于贵族成员。是故,可做一结论,即罗马法并不独特,其法学传统也只是建立在一套与接踵而至的西方法律传统全然不同的方案之上。④罗马原初法学研究传统亦不独特,它同我们仍然称为西方法族的那套东西毫无瓜葛,因而亦非发源于此。罗马缺乏司法人员,缺乏法律学院,那倒是造端于这些特有缺陷的罗马特产,因为,罗马人早已表明自己无力创设那些制度。

罗马这一特殊情况贯穿了整个古典时期,但亦在不断变化。元首制初期,法学家虽仍来自罗马民族,但血统已不再那么重要。拉比

---

① 关于贝鲁特(Beyrouth)与君士坦丁堡及作为法律"发展"终端之一的查士丁尼《国法大全》,见 F. H. Lawson, *Many Laws: Selected Essays*, vol. 1, North-Holland Pub. Co., 1977, p. 86。

② Westbrook, *Studies in Biblical and Cuneiform Law*, p. 4.

③ 不同于 polemica non importante per noi 法院法律文库及智者法(wisdom),此处所讨论的只是整个非罗马法律文化传统的存在。Lamche, "Justice in Western Asia in Antiquity, or: Why No Laws Were Needed!", p. 23.

④ 关于罗马法学家与后世欧洲民法学家的显著不同,见 Schulz, *History of Roman Legal Science*, p. 23。

奥(Labeo)虽系一名关键人物,虽曾跻身密谋刺杀恺撒的布鲁都(Brutus)交际圈子,但从未担任过行政官职;卡必多(Capito)只不过是一名百夫长(centurion)之孙。①到古典时期末,尤里安(Julian)生于一个尊贵的非洲家族,盖尤斯本人则或许来自东部某行省。②另一主要示例关乎巴比尼安。阿米留斯·巴比尼安(Aemilius Papinianus)可能是整个罗马法学史上最响亮的名字,③其影响至深,以致根据《引述法》(*Law of Citations*),④权威各方数目相等时,他的意见便足以打破那一平衡。他并非罗马人,在我看来,关注此点,非常重要。人们相信他是叙利亚人,⑤而事实上他还是塞维鲁帝(Severus)的堂兄弟。塞维鲁帝第二任皇后尤里亚·多姆娜(Julia Domna)虽来自海姆萨(Hemesa),实则是海姆人(Homs)。多米休斯·乌尔比安(Domitius Ulpianus)原出生于泰尔(Tyre),⑥他担任了皇帝的首席法律顾问,并继任此职,直到公元 228 年为乱军所害。罗马三大主要法学家,巴比尼安,乌尔比安与保罗,仅有后者被认定是罗马人。后来,专政时期,例如《学说汇纂》最重要的编辑者特里波里亚努斯(Trbonian)便来自巴菲利亚(Paphilia),而查士丁尼本人就是伊里安人。

自维斯帕西安时代,一种新型法学家出现了。这些新型法学家们经常担任官职,并领取逐年增加的俸禄。旧式贵族法学家的观念发生了变化,他们不再是独立贵族成员,而同政府紧密相联,成为食禄官员。许多也并非罗马人。这种趋向往往被标示作官僚法学家的崛起。⑦再往后,专政时期,法学家们归属于确定的群体,公元 4 世纪

---

① Id. ,p. 102.

② Id. ,p. 103.

③ Jolowicz & Nicholas, *Historical Introduction to the Study of Roman Law*, p. 391.

④ Codes Ur-Nammu(CU)(c. 2100 B. C. E.),Codex Lipit-Ishtar(CL)(c. 1930 B. C. E.),Codex Hammurabi(CH)(c. 1750 B. C. E.),Assyrian Law(AL),Hittite Laws(HL),Neo-Babylonian Laws(NBL). 见 Martha T. Roth, *Law Collections from Mesopotamia and Asia Minor*, Scholars Press,1995。

⑤ Jolowicz & Nicholas, *Historical Introduction to the Study of Roman Law*, p. 399.

⑥ Id. ,p. 402(该书补充了如下典型偏见,即那可能"仅仅"意味着那里是他的家乡).

⑦ Schulz, *History of Roman Legal Science*, pp. 103-104.

前夕,辩护人演变成为真正由法律学院而不仅仅是由像帝国时代修辞学院[①]训练的法学家。

第一批法学家时代前,法学中根本就没有非罗马人的生存空间。但从那时起,很明显发生了某种戏剧性变化。我坚信,自大危机始,情况变得有利于非罗马人,他们在一种更为多元的社会中共同参与了那一罗马法之非罗马化方案。

如述,公元212年,安托尼亚那敕令实际将罗马公民权拓展至帝国境内全部自由民。[②] 理论上,通行的法律人格学说,当意味着所有人因此都可适用罗马法,依据前者,法律适用有赖于当事人的个人身份。我认为,罗马史的这一重大断裂,因其所带来的深刻后果,甚至因其对于罗马法学的后果,故而必须获得全面评价。此前,罗马法被视为罗马公民的法律,即仅适用于罗马城邦及其居民的法律。"城市"是罗马世界形成过程中的基本单位。[③]不同城市具有不同的法律地位,自然,罗马城市在帝国中占有特殊的地位。元首制政治制度与管理制度延续下来,因为罗马法持有一种对抗更新的特殊态度,后者则成型于古代城市管理制度。公元3世纪大危机伊始,这种基本单元崩颓了。罗马城市及其居民法首次变成了帝国法。

初一见,仿佛以此指代罗马模式拓展向整个帝国的过程。但是,这个过程可用别的方式表述,我们可以罗马法学家的解说理解这一问题:由于罗马法所调整地人口数目与公元3世纪政治动荡次数均急剧增加,因此便产生了普遍要求"简明化"与确定性。公元3世纪晚期,出于此目的,"基本"法律著作大量刊行,后来又被广为接受,成为法庭工作指南。[④]改造罗马特殊制度以适应新兴都市社会,将其描述

---

① Id. ,pp. 267-277.

② Robinson,et al. ,*European Legal History*(2d ed.),p. 3.

③ City and Country in the Ancient World(Andrew Wallace-Hadrill & John Rich eds. ,Routledge,Chapman & Hall,1991);亦见 J. H. W. G. Liebeschuetz,Antioch:City and Imperial Administration in the Later Roman Empire 167(Clarendon Press,1972),该书专门探讨了民事制度的转型问题。

④ Robinson et al. ,*European Legal History*(2d ed.),p. 4.

为一种"简明化"进程,且为迎合该进程又采用了罗马法"庸俗化"这一含混且有害的标签;①上述做法正是罗马法学家偏见的典型之处。本文的理论将以"非罗马化"术语指代这一过程,它意指俾使罗马法丧失了其优越地位的那一多元文化社会之中的法律全球化。如前,那个世纪末,罗马帝国在完全不同的观念基础上得以重建,甚至连都城都迁离了罗马。

那些伟大的法学家之所以出现在这一时期,是因为欲使过时的罗马学说与制度适应于新情况,就要求以宏大样式构想这项工作;注意到这点非常重要。帝国的都市特征、引介新型观念而带来的民族特质的改变,这些均是不言自明,昭然若揭的,②但却同当时法学家何以繁盛这一问题无甚关联。我设想,我的理论可给出一个简单的答案:为使罗马法适应都市的多元文化社会,就必须打破先前的民族特质,法律(方面的)努力实际受制于这一需求。假如我们根据断裂性(方法)推理,且由于这些法学家的著作无不穿插在了作为一笔欧洲遗产的查士丁尼《国法大全》之中,我们便可发现,来自于罗马人天赋的西方法律如何并非来源于对带有原先特质的,城市主导的且可能是人种主导的法律,而是来源于全球化与多元文化主义,后者则是罗马人、非罗马人一道摒弃旧式法学模式进而寻求一条新的道路所带来的结果。

"庸俗化"理论,恰意味着原初罗马法因其他法律间的接触而发生了某种变化,且还意味着它带有某种污浊与贫困的韵味,仿佛剥离要式口约巫术、要式买卖、哑语或巫术用语"承诺"便丢掉了什么似的。若接受了这种理论,我们便无法理解上述成就。而要做到这一点,便需在帝国非罗马化的背景之下看待这个问题。如我们接受了这一理论,则部分最杰出的法学家皆是非洲人或叙利亚人这点绝非微不足道。此种情况虽非至要,然而,欧洲、非洲与中东法律进化过

---

① Robinson et al., *European Legal History* (2d ed.), p. 4.

② Jolowicz & Nicholas, *Historical Introduction to the Study of Roman Law*, p. 419.

程中这一关键时期的特殊面貌(却甚为要紧)。

后期,法学家消失了。他们被吸纳进入管理阶层,但无须遮掩,这一事实,连同规则的公共执行制度与常设法庭的设立,又成为一项成就。法学家异域主义不见了,这有利于更为规范的职业与常设法律学院的发展。君士坦丁朝出现了许多法学家,但已不再是传统意义上的法学家了:"仅仅"[1]包括帝国机构重的法律顾问、学院的法学教授、法庭上的辩护士与法官。我们目击了这一政府机器内的法学家整合。这是因为,发展为现代意义上的制度已不再抱守那种宗族式的与后宗族式的司法组织了。旧制度消失了,一种新型法院与学院组织制度出现了,我们必须在既有标准基础上,尤其是自保守主义观点出发,将其界定为一种更好的、公正的管理制度。

由此种解说,我们可觉察,晚期罗马帝国已经于法律非罗马化的多元文化背景之下在很大程度上偏离了原初罗马法模式。我坚持,这一过程并非一种有机进程,而是以大危机革命时代为标志,伴着同过去的重大断裂。该过程同法律编纂过程紧密相联,因为它流传后世,成为后来的欧洲法律文化。[2]诸文本自然不是自发形成的。而大危机之后却发生了编纂活动,有人就在我们所依赖的罗马文本基础上制作出了一套善本。流传后世的罗马法遗产并非单独由旧式罗马法原材料构成,亦包括生成于全球化努力中的那些著作。假如我们以这些术语表述编纂问题,那么便可准确评价罗马法遗产究竟曾包含些什么内容。编辑者可能遴选、重组、补充必要的联系,可能插入各种解释,甚至可能自己构建某种描述性或解释性框架,借此展示那些材料。欧洲法律文化立基于专政时期的诸法典,正是当时那些官僚法学家们,他们完成了许多伟大的法律文献:[3]《格雷戈里安努斯法典》(the codex Gregorianus)、《海摩格尼安努斯法典》(the codex Hernogenianus)、《狄奥多西法典》(the codex Theodosianus)等,它们

---

① Robinson, *The Sources of Roman Law*, p. 48.
② Robinson et al., *European Legal History* (2d ed.), p. 42.
③ Schulz, *History of Roman Legal Science*, p. 267.

被称为西方中世纪巅峰时期法典的主要渊源,查士丁尼法典编纂则首当其冲,成为公元 12 世纪大学兴起之后法律学术文献之中的标准教科书。①

我认为,必须适时评价这项编纂工作,考察其起因。罗马法皆被编纂成为法典,因为法典代表了一种全新的文化传播模式。它类似于 CD 只读存储器发明,被传输的每种信息均以新版式加以复制。因而,法律文本的最终编纂都是一个作为遗产的旧式文化向后世传输这一更为一般的问题的组成部分。下文,我们将说明法典提供了那些新的版式,以及编纂过程发生于非罗马化时期,自历史意识观之,它又意味着什么。

旧式法学文本常制作成卷状,尤其是卷状纸草。"纸草纸由生长于尼罗河沿岸富饶地带的芦苇秆加工而成,加工需要一个漫长的过程。"②"成品纸张被对边粘贴一处,滚转成卷,二十张为一卷。"③其天敌为潮湿,搁置于沙土中与千年古墓之中,可望长期保存。事实上由于气候原因,许多草纸仅在埃及存留下来。这种纸张是最经济的书写材料,较之羊皮纸或犊皮纸要便宜许多。但自西班牙至叙利亚并无此类纸卷保存下来,(因为)除埃及中部与北部,湿气都是相当严重的。

法典的发明创造了书籍,而不是纸卷。④ Codex 为拉丁语,仅指一定数量的羊皮纸或纸张。这种新方法保证了著作选辑得以更长时段、更为安全地保存下来。它肇始于公元 2 世纪晚期,但直到公元 4 世纪才占据支配地位,其时,全球化新背景下展开了法典法汇编工作,"法典"一语亦用以指代法律文集。如前述,它类似于与 CD 只读

① Robinson et al. ,*European Legal History*(2d ed.),p. 42.

② Lionel Casson,*Ancient Trade and Society*,Wayne State University Press,1984,pp. 155-157.

③ Id. ,p. 156.

④ E. G. Turner,*The Typology of the Early Codex*,University of Pennsylvalia Press,1977;C. H. Robert,"The Codex",40 *Proc. of the Brit. Acad.* ,1954,pp. 169,173.

存储器,它们保存经典作品中古老的智慧。我们所拥有的,大体上便是我们保存在法典中的。

当然,这是一项伟大的遴选与排除工作,亦是一种重述先前智慧的有意识的努力,还是一种权威合法化的过程。《狄奥多西法典》中,自公元426年,通常以《引述法》而著称。① 我们可发现一条规定,指定哪些解答可作为权威加以引用,因而排除了其他著述。该法典为实践设定了一条规则,其效力一直延续至查士丁尼时代,②查士丁尼法律编纂替代了所有早期法律与法律著述。③查士丁尼《国法大全》的确是一个新的开端,它亦如此设想。由此出发,它具有所谓罗马遗产的"敕令"性质,但它实实是非罗马的。该方案重述了"典籍"中过去的情况,那真正是一项决定权,它有权决定谁被授权发表言论,谁又被剥夺了此项权利,东罗马帝国新情况下,其本身便是极其重要的。"罗马"遗产原是"东方"思想的遗产。

关于其在欧洲法律学院的最后运用,最重要的文献便来自《学说汇纂》编纂工作,④它完全就东部背景,由非罗马人特里波利亚努斯在非罗马皇帝查士丁尼主持下编定而成。正是这部著作,为我们留下了"一部关于我们传统的著作",而且,很清楚,此种传统不再是原初罗马传统。我们最后的主张,因而便是,数世纪来我们称为罗马遗产的东西,原本就是,由非罗马法学家在造端于大危机后的帝国非罗马化阶段之非罗马背景下所编定的最后一部著作。否认这一编定过程,否认它最终发生在非罗马人中间这一事实,乃是一种伪造历史意识与伪造对非罗马人的感恩之情的纯粹的意识形态解说。

---

① Robinson, *The Sources of Roman Law*, p. 20.

② Jolowicz & Nicholas, *Historical Introduction to the Study of Roman Law*, pp. 452-453.

③ Robinson, *The Sources of Roman Law*, p. 20.

④ David Pugsley, *Justinian's Digest and the Compilers*, U. K. Maslands Ltd., 1995.

四、结论:"西方精神之终结"

自法史角度观之,本文说明了,罗马法在古代世界无权主张其至上性。同其他法律一样,该种法律亦弥漫着巫术色彩与异国情调。除此之外,罗马司法制度尚存在重大缺陷,其法学与法律职业的发展亦并不那么独特,二者均根源于其法律机制的重大缺陷。最终,只是在公元 3 世纪大危机之后,罗马法律方接近现代标准。相较之下,埃及法与闪族法的许多特征皆为罗马法所借鉴,因为它们被证明"优于"同时代的罗马法。

法律领域内的罗马至上性,纯粹是 19 世纪历史主义偏见所编造的神话。历史主义与我们所讨论的现行标准并不接近,亦不足以继续依赖之。此种历史主义是矛盾的,因为它否认西方之于非西方文明所应怀有的歉疚之情,且斥之为罗马因素之"庸俗化""玷污"与"扭曲",另外,它亦取得了一些使自身获得改善的成就。这一神话还是反动的文化政治学的产物,其自身建筑于排斥非印欧舶来因素的特殊逻辑基础之上。通行框架被政治化了,因之拒斥非洲闪族的任何贡献。即便采取一种保守的观点,我们也应当主张采用一种较为中立的观点。我认为,上文并未包含多少政治学(成分),倒是有不少"否认型"政治学明示了那种传统方法。

拒斥那一通行的不当图景对于西方法律传统之历史意识自身有重要的意义,该传统应被视为一项多元文化事业,而不啻一种文化的特殊进化过程,且多半不应再被看作一种单一的、持续的传统。这意味着,以通行图景为基础的管理方案是不牢靠的,且必须抛弃。而传统倒是常用来掩盖一套蓄意的方案:对它们及其创新需求,多是一种异常征兆,因为它拒绝被其他种族与其他文化所"玷污"。此种征兆,我认为来自源于罗马法学这一弥天大谎。因而我们务须描绘一幅关于我们过去的新型图画,它将淡化,亦可能消解"我们"与"他们"间的既有差异。激进论向我们提出了新的要求,而现在我们所需要的正是一种新型意识。

依旧求月？
——为印度更好的正义创造机会[*]

[英]沃纳·蒙斯基[**]著　陈王龙诗[***]译

一、摘要与引论

此篇介绍性文章继续探讨本专号三篇文章所涉及的关键话题，并将其纳入"法律"内部多元性的有效运用创造新机遇的广泛探讨中，探讨的重点是"法律与社会""法律与发展"和"法律与治理"问题所带来的复杂关系。当然，这是比较困难的。要不失重点地做好，就必须意识到，首先，法律自身本质上就是极为多元的，这必然使其受到跨学科探究，而不仅仅是在如今的全球化背景下分析外国或检视国

[*]　本文原载于 *Verfassung und Recht in Übersee*，2016 年第 2 期，即 Fundamental Rights and Directive Principles：The（Un）fulfilled Promises of the Indian Constitution 专号。该专号另外三篇文章是：Tanja Herklotz，"Dead Letter? The Uniform Civil Code through the Eyes of the Indian Women's Movement and the Indian Supreme Court"；Anna-Lena Wolf，"Juridification of the Right to Development in India"；Florian Matthey-Prakash，"School Management Committees as a Means for Bottom-Up Implementation of the Right to Education in India"。

[**]　英国伦敦大学亚非学院南亚法荣休教授。

[***]　清华大学法学院 2014 级博士生。

家法时才如此,因为这类多元性相当深刻,且由来已久。现今,我倾向于称其为丰富多样的多元性,人们可以广泛地将其理论化,以呈现与上述三个话题领域有关的法律多元主义之内在多元情境。不过,法律多元主义如今正日益成为公认的事实,而"不再被视为神秘的研究领域",[1]尤其是当我们将亚洲和非洲的法律体系纳入视野之后。[2]所以,我们可以直接讨论具体执行方面的问题(或根本没有执行,这依具体情况而定),因为这三篇文章都在辨别和批判对缺乏进步的认识,并寻求补救办法。

在这样的背景下,我又提出早前使用过的一个独特意向,[3]因为我意识到改革导向的激进主义分子往往是在求月,[4]换句话说,他们通常为了一个理想的发展规划、进程和理性秩序(当然还包括正义)之方案而激烈游说或直接提要求,却在最终的结果只是其愿望的一个镜像时生气又失望。或许人们还会在镜像中发现未曾预料的意外因素。我认为,耶输陀(Yashoda)的古老戏法远胜于母牛对后代的慈爱(vātsalya,指父母对儿女之情)。这也是多样性管理的一种非言语策略,与正义的全球性修辞密切相关。它让生活继续和谐,绕过需求和欲望里那些琐碎而急切的麻烦事,让更清楚的情形有机会出现。在这方面,须要指出,对印度现有法律和其他发展状况的总体评价通常都是明显负面的。而且,常常是出于某种政治甚至个人议程,对印度任何试图有尊严地予以保持之事务进行片面、敌对的修辞诋毁,以及情绪恶劣、毫无建设性的贬损。解读学术作品,与解读司法判决一

---

① Anne Griffiths, "Reviewing Legal Pluralism", in Reza Banakar & Max Travers (eds.), *Law and Social Theory*, Oxford, Hart Publishing, 2013, p. 269.

② Werner Menski, *Comparative Law in a Global Context*: *The Legal Systems of Asia and Africa*, Cambridge, Cambridge University Press, 2006; William Twining, *Globalisation and Legal Theory*, London, Butterworths, 2000, p. 55.

③ Werner Menski, "Asking for the Moon: Legal Uniformity in India from a Kerala Perspective", *Kerala Law Times*, Journal Section, 2006(2), pp. 52-78.

④ 这个著名的故事可以简单地概括为:克里希那小时候想要月亮作玩具,他的母亲耶输陀(Yashoda)机智地拿起一面镜子,于是游戏开始而生活继续。

样,实际上可以通过了解作者生平而获益,以更好地理解为什么会有某些特殊的视角、媒介以及结果。

除了受惠于构成本专号主体的三篇文章外,本文尤其受启发于森早前完成的宏大研究,该研究认为"出发点很重要,特别是选择回答哪些问题……而不是其他问题"。① 这种广泛的后罗尔斯分析,认为正义是理性公平,是一种平等,而不是备受推崇、如月般的均等,并如实指出,"全球正义不是一个切实可行的议题,因为世界正义所要求的复杂制度现在没有在全球层面出现"。② 这一冷静而有益的提醒意在表示,对正义作任何全球划一地分析所面临的风险,与修辞性的求月没什么不同。更有效的做法——如同本专号三篇文章所展现的——是努力思考和争取更多更好的地方正义。顾名思义,就像"更多"和"更好"这两个简短的词所表示的,目标不是在希望的天空里独自占有所有合乎愿望的鲜亮归宿,如同研究成果表达忧虑"仅仅意在消除某些非常不公平的制度安排"。③ 但是,"非常不公平"的确切含义仍然受高度的主观评价和特定情况推敲的左右,比如,愤怒可以很容易被操纵或可能被(滥)用作战略上讨价还价的工具。同样,在了解南方国家主要的人权保护观点时,推宁(Twining)发现,他们那意在解释不同观点的多元主义愿望一直冒着"忍人所无法忍"的风险。④ 而确定什么是"非常不公平"或"无法忍受",无疑又将引发无休止的讨论。虽然我们会快然同意,当今世界里,一些人死于饥饿是无法忍受的或非常不公平的,但是,鉴于不同行为者各有各的价值判断,想要评判确保一定程度的发展、年轻人的基础教育或家庭法中的性别

---

① Amartya Sen, *The Idea of Justice*, Cambridge, Belknap Press of Harvard University Press, 2009, p. 9.

② Amartya Sen, *The Idea of Justice*, p. 25; William Twining, *Globalisation and Legal Theory*, p. 9. 有类似的表述,"任何趋向于全球政府的事情都不会在可预见的未来提上日程"。

③ Amartya Sen, *The Idea of Justice*, p. 26.

④ William Twining (ed.), *Human Rights, Southern Voices*, Cambridge, Cambridge University Press, 2009, p. 218.

平等方面的不足之处,却困难得多。

那么,如果有些参与讨论的人继续倔强地认为他们自己的观点正确而别人的都错误,我们该怎么办？就此,森认为"许多不当之事都是人们出于种种原因而受到蒙蔽所做的"。① 由于人类无法找到一个全球认可的"法律"定义,这就意味着我们将永远无法就正义达成具有普遍约束性的共识。因此,既然"根本无法评判出绝对公正的社会制度",②那么正义向来就不是一个可识别的结果或永恒的完美状态,而是幸福之月的匆匆一闪。森认为,对不公正的抵制,通常都是通过愤怒的辩论进行的。挫折和愤怒有助于激发我们,可是为了评价和效力,最终我们必须依赖理智的审思,获得对这些抱怨(如果有的话)的理由以及能做些什么解决深层次问题的可靠和可持续的认识。③ 森进而建议:"如今的挑战在于强化已有的参与过程,全球正义的实现将在很大程度上取决于这个进程。这可不是一个微不足道的事物。"④

认识到这一挑战,我力求表明,在民众、社区、国家以及自觉于正义的激进主义之概念和方法越来越多元的情况下,即便我们在此仅仅聚焦于印度的基本权利问题,这一领域的复杂性也是非降反升的。议论和批评嘈杂入耳,同时还有很多对重大失败的愤怒和失望。然而,人们在建立更清楚的相关参数上似乎还是取得了相当大的进步,特别是在确定更复杂的基准评估和促进貌似有理而现实的正义形式方面。因此,学术话语的复杂运用就不是徒劳的,尽管它充满令人厌烦之物。最重要的是,它可以增进对法律固有之多元性、多学科用途以及局限的认识。意识到这种局限和无常的变动性,我们就可以深入讨论像正义这样的远大理想。追求完美正义之月如今仍然是诱人的捷径之策,好不过想要一个称心如意的玩具这类幼稚的渴望。

---

① Amartya Sen, *The Idea of Justice*, p. 32.

② Ibid., p. 11.

③ Ibid., p. 390.

④ Ibid., p. 410.

人们永远不会停止对这个理想的镜像之外貌进行繁复推敲。因此，本文也在考察本专号三位年富力强的作者在多大程度上意识到了这种局限，并准备在接下来的论证中开展建设性的工作。

二、社会—文化研究与多元情境管理的进展

本专号的三篇文章基本上采取了批评性和积极建设性的进路，这令我印象深刻。为了将印度的法律和其他方面发展状况更清楚地展现给更广大读者，这些文章当然不缺少批评性的评价，而且也没有直接就去支持现状主义者的立场，如果有人表示对法律的局限有所认识，通常会立刻受到指责。这三篇文章也都含蓄地承认，从欧洲中心主义的视角看，相比于我们所熟知的发展和法律，印度的情况完全是另一回事。因此，对我而言，本专号引出了非常有趣的问题，即德国的年轻人如今为何以及如何更显见地从事南亚法律相关问题研究。这确实很重要，年轻的德国学者应该挺身而出，并且受到鼓励，以促进关于印度法律发展问题的全球性探讨，尽管他们不得不用英文写作。我于 20 世纪 70 年代在德国学习印度学和地理学，后来由于德国的学术体制架构中没有南亚法律领域的教席，便到后殖民时代的英国工作了几十年，如今看到德国大学意识到印度法律的重要性，对我而言，即便不是一个彻头彻尾的奇迹，也几乎相当于看到一轮新月。我们听到很多关于 21 世纪正在成为"亚洲新时代"的声音，一些主要的全球性律师事务所也报告他们从参与亚洲和非洲案件中获得的收益在大幅上升。因此，如果德国学者也能够关注投资方面的问题[①]，则定会有所斩获。不过，我还没有看到这方面的成果。这再一次表明，研究滞后于实际的发展。

但是，关注亚洲、非洲和拉丁美洲的重要国家——简言之，南方

---

① Kwang W. Jun & Harinder Singh, "The Determinants of Foreign Direct Investment in Developing Countries", *Transnational Corporations* 5(2) 1996, pp. 67-105; Pravakar Sahoo, "Determinants of FDI in South Asia: Role of Infrastructure, Trade Openness and Reforms", *Journal of World Investment and Trade* 13(2) 2012, pp. 256-278.

国家——不能仅仅着眼于跨国法律、贸易事务（或者如今可能正眼于全球留学市场的教育事业）中的经济利益。这也将有助于我们认识到，几乎每个学科都有其复杂性和内部多样性。欧洲已不再是世界的权力中心，出于但不仅仅出于此，我们须要更明确地承认，许多欧洲中心主义的学术观点已经将我们引入歧途，并在继续误导我们得出失之偏颇的推论，这种推论一跨过博斯普鲁斯海峡或直布罗陀海峡便失去普遍有效性。① 其他学者认为，在爱德华·萨义德的学说出现后，如今任何关于东方"他者"的讨论都只能在欧洲中心主义的范畴内进行。然而，如果后续的修辞认为"有关印度文化的纯粹科学学问在西方不可能出现，甚至更为悲剧地在印度也不可能出现"②，似乎就有些过分了，因为这是在奉行殖民主义、盎格鲁中心主义的观点，该观点或许很有影响力，却并不是全球文化史同鸣中的唯一一声音。尽管我们和印度人可能在古代是远亲，但作为欧洲人，我们总能明白印度不是欧洲。我们意识到全世界除了我们之外还有其他文化与法律，知道印度文化古老且丰富多样，知道启蒙运动是并没有被全球以同一方式共享的特定文化进步，知道殖民开化的努力与影响从未完成，或者实际上今天正在被逆转，这在拉丁美洲的许多地方表现得很突出。许多欧洲观察家可能不喜欢这样的观点，当然，时间总是短暂的，人们必须有所专攻，有所专注。简言之，我想说的是，有些人已经（或自己觉得）在一定程度上为殖民主义成就挥之不去的骄傲余韵所折服，相比于他们的作品，非盎格鲁中心主义的著述能够告诉我们更多印度最新的发展情况。

聚焦于发展权、基本受教育权以及家庭法领域内的性别正义权这类复杂的全球性难题，本专号的三篇文章开始强调，今天的亚洲和非洲在宪法制度和治理领域也取得了新的进展，古老地方观念和概念对这些进展的滋养不亚于那些现代进口而来或被迫接受的观念或

① Werner Menski,"Beyond Europe",in Esin Örücü & David Nelken（eds.），*Comparative Law. A Handbook*,Oxford,Hart Publishing,2007,pp. 189-216.

② Prakash Shah,*Against Caste in British Law*,Basingstoke（UK），2015,p. 3.

形式,我认为这不是出于偶然。如上所述,这种情况在拉丁美洲也发生了,这确实值得进一步研究,意大利和西班牙正在加强这方面的合作探索。① 值得注意的是,意大利学者对印度这些新进展的关心程度②似乎超过了英语世界或欧洲其他地区的学者。这促使我们意识到,如同英国和德国,意大利已经成为南亚裔重要的移民目的国,这对该国学者将如何思考各类法律问题有重大影响。③ 如果人们采用这种新的自觉于多元化的视角,更多的互联互通以及随之而来的全球—地方性就会变得非常明显。正如本专号所确证的,如今,如果你是一个愿意纵目远望的比较宪法学者,并且有足够的进取心接触遥远地方语境里高度复杂的问题,那么你就可以尽情享受这个世界了。在这方面,访问互联网资源很有帮助,的确,我们需要更多借助于互联网的研究。正如我将在下文进一步断定的,我们在此读到的内容表明,很多工作还处于进行中且远未完成,这怎么看都是法律本来的生命故事。法律从不真正解决任何问题,却在互动和发展的复杂过程中无处不在。因而,激进主义的法律学说通常是某种形式的求月,提出一些需要进一步努力才能做出精确回答的要求。④ 倘若我们明白这种激进主义不过是为更多的戏谑性论证补充能量,那就没什么不对,尽管讨论的主题可能涉及生死。希望这能够带来更多的良好发展。

虽然管理法律多元主义不是本专号的明确主题,但在现今关于法律(未)履行的各种承诺的讨论中,它显然是最复杂的话题之一。

① 我在这里指的是坐落于博洛尼亚和拉文纳的高级研究机构。读者们可以参阅 6 卷本的 Stanley N. Katz（ed.）, *Oxford International Encyclopedia of Legal History*, New York, Oxford University Press, 2009。

② See Domenico Amirante, *Lo Stato Multiculturale. Contributo alla Teoria dello Stato dalla Prospettiva dell'Unione Indiana*, Bologna, Bononia University Press, 2014.

③ Werner Menski, "Rethinking Legal Theory in Light of South-North Migration", in Prakash Shah & Werner Menski (eds.), *Diasporas and Legal Systems in Europe*, London, Routledge-Cavendish, 2006, pp. 13-28.

④ Werner Menski, "Asking for the Moon: Legal Uniformity in India from a Kerala Perspective", pp. 52-78.

况且,最终总得有人去为空中明月所承诺的所有美好事物或法律激进主义者梦寐以求、列于发展议程上的理想事物埋单。当然,这并不意味着相关政府应该直接收紧钱包,袖手旁观,什么事也不做,或只是制定一些正式法律,进而声称工作已经完成并且/或者这已经是尽力而为的结果了。除了质问"进展"到底是什么,以及预期目标是否合理和可持续之外,我们还须记住,大量的资金和资源被浪费在各种多余的、微不足道的以及不必要的事情上,因此,资源稀缺这个借口听起来通常并没有说服力。这也适用于今天所有的南亚国家,它们或许战略性地塑造了一个贫困形象,但总体上毫无疑问不是绝望的贫穷国家。例如,如果印度有钱进行核领域以及空间领域的实验,它为什么不能在基础教育上投入更多资源？这大概与议程设置及优先权问题有关。事实上,众所周知,印度对高等教育领域的关注似乎多于对基础教育问题的关注。① 因此,发展滞后往往与基础资源的缺乏有关,而且好像持续表现为在政策方向及理想目标上无法达成一致的结果,或完全是各方缺乏积极参与和善意的结果。

有些利害关系人,从狭义上讲不算法律行为者,但却是与法律有关的代理人和参与者,他们提出的宏大目标可能会给这类多重声音和显著的滞后添入更多麻烦。激进主义者或许希望能够看到如基础教育进步之类的发展。但是,如果有些人不想"被发展"呢？虽然,很多看似很理智的人要求将全民教育视作一项人权,但是有些人没有看到或意识到它所涉及的问题,近期的地方田野研究有力地证实了这一点。② 这引出了要求人们参与发展议程中去的正式法律结构之作用方面的问题。与此相似,许多聚焦于性别问题的激进主义者希望能有适用于全体印度人的统一法律,并至今仍在期待将这一战略作为实现均等的手段。但是,许多印度民众似乎并不相信这是正确

① Pawan Agarwal (ed.), *A Half-Century of Indian Higher Education*, Essays by *Philip G. Altbach*. New Delhi, SAGE Publications, 2012.

② Ramdas Rupavath, "Tribal Education: A Perspective from Below", 36/2 *South Asia Research*, 2016, pp. 206-228 (forthcoming).

的前行方向,甚至许多激进主义者如今[如同坦杰·赫尔克罗茨(Tanja Herklotz)所证实]也已不再赞同统一民法典的计划。在这里讨论的所有方面,我们不仅发现意见多样性需要受到尊重,还发现发展激进主义之"油壶"有明显的漏洞,没有适足的法律执行能够将其完全堵住。

不出所料,鉴于"印度次大陆惊人的内部异质性",①就印度而言,观念和偏好的多样性显然是理智思考的实际结果。因此,森非常恰当地指出:"在处理相互冲突的观点时,需要与自己及他者进行理性的探讨。"②然而,这也表明,在承诺基本未兑现的背景下,令人担忧的虚无主义并不是可行、可持续或实际上可接受的选择。这一劝告不仅是在提醒激进主义者和学者,而且是在以与旧的秩序模式不同但相关的方式将每个人都绑定到新的正式结构中,该方式试图实现和培养一种正确的行为(Karmic)责任感。有趣的是,这一点如今在印度宪法中得以体现,自 1976 年以来,印度宪法第 51-A 条载有一个基本责任目录。这些与当前的讨论密切相关,因为它们似乎使每个人都有义务尽最大可能为国家及其进步做贡献。最明显的是第 51-A条 j 部分,该部分明确规定,每个印度公民都有义务"在个人和集体活动的所有领域努力追求卓越,使国家不断在更高的水平上竭力奋斗,创取成就"。

在这里,我们再次发现了明月理想的一丝古老影像,虽然光芒和外形焕然一新。即便每个人都各尽其位(当然这本身是一个不切实际的期望),其也是一个看似容易实现的理想之镜像。因此,自古以来,无尽的谈判和巧妙的兼顾各方一直是法律博弈的主要代名词,适用于各种层次的承诺。这种可能非常繁重的义务同时要求个人、各种社会群体、协会、国家以及如今整个国际社会为"良好的法律"和正义做贡献。所有这些法律行为者都面对持续且通常非常激烈的针对

---

① Alan T. Wood, *Asian Democracy in World History*, New York & London, Routledge, 2004, p. 39.

② Amartya Sen, *The Idea of Justice*, p. x.

不同观念、愿望和议程的内部斗争。[①] 这在概念上涉及所谓东方文化似乎通过奋发努力展现之事物，穆斯林称这种奋发努力为 ijtihad，即努力了解和遵循神之意志，争取"正确的法律"，维持秩序，避免混乱。印度教徒认识到冲突很可能长久不断，于是通过参考与达摩（在人生中任何时刻必须做正确之事的义务）相关的各种范畴界定这种发现正确法律、避免混乱（有一个用于指称这种混乱的术语 mātsyanyāya，通俗地讲就是"shark rule"，鲨鱼法则）的努力。我在这里提出这些概念，不是意在将其视作"宗教"路标，而是视作不同文化背景的指示标，即便是今天，它在文化建构中也起关键作用。几十年前，日本的千叶教授曾强调基于身份的法律观点（他称为"法律公设"）的重要作用，并指出，不论在哪里，法律都具有文化特性和动态性。[②]

我们无法解释"好的生活"和"正确的法律"这类灵活观念在不同文化背景中意义为何，因而一些好心的人总认为应该告诉他人如何生活，因为他们感知了深刻的不公正或根本不可容忍之事。结果，对激进主义者而言，如今甚至有更多的诱惑吸引他们为"他者"设计方案以"帮助他们"改善生活。然而，关键问题在于，人们是否曾停下来从他们各自的视角反思或追问这些"他者"可能在想什么。况且，正如前文已指出的，在广大南方国家，我们面临在欧洲根本无法想象的问题比例和广度。例如，弗洛里安·马泰-普拉卡什（Florian Matthey-Prakash）在其文章里讲道，在印度这个有 12 亿人口且以年轻人为主的国家，实现受基础教育权意味着需要瞬时激活大量种类繁多且尚未就位或根本无法正常运转的资源和设施。

紧接着，人们便强烈质疑，到底在何种程度上，例如发展权或儿童受教育权这样最基本的期望，能够真实地由任一名副其实的法律

---

① 例如，古时有言，达摩（dharma）的根本来源是个人良知（Werner Menski，*Comparative Law in a Global Context: The Legal Systems of Asia and Africa*，pp. 209-222）。

② See Masaji Chiba（ed.），*Asian Indigenous Law in Interaction with Received Law*，London & New York，KPI，1986，excerpted in Werner Menski，*Comparative Law in a Global Context: The Legal Systems of Asia and Africa*。

行为者或法律体系提出或许诺？尤其是在民主国家,未执行承诺可能会导致负面的选民反应。虽然这三篇文章没有对印度是一个民主国家提出严重质疑,但却提出如下疑问:向民众许诺月亮而后却只提供这个理想之物的模糊镜像的国家,是怎样的民主虚构呢？不过,在陷入指责性的失望之前,我们要记住,与许多预言相反,印度的民主制度已经存活下来并在继续茁壮成长,即使它选出了一个印度教民族主义的政府,这类政府其时仍受作为基本法的宪法(著名的"国家的基石"①)约束,许多观察家对此不曾提及。值得注意的是,尽管——或者可能正是由于——不可思议的多样性继续存在,这种民主发展还是(/才)在印度得以实现。② 印度的政策及其执行当然不是完全未受干扰,但总体上比西侧近邻巴基斯坦③、东侧近邻孟加拉国(1971年以来)的政策更自觉于多元性、更具建设性。与巴基斯坦相比,年轻的孟加拉国取得了巨大(尽管不是很稳定)的民主进步。④ 孟加拉国最近在宪法里又加入了一种令人惊讶的复杂方法来应对多样性。⑤ 南亚地区,特别是这里提到的三个大国,全都远未达到与宏大的全球发展目标保持一致,不过,也都取得了明显的进步。⑥

印度是以基本权利保障的形式(第3篇,第12～35条)还是仅仅以所谓国家政策之指导原则的形式(第4篇,第36-51-A条)表达对促

---

① Granville Austin, *The Indian Constitution, Cornerstone of a Nation*, New Delhi, Oxford University Press, 1966.

② Bipan Chandra & Sucheta Mahajan (eds.), *Composite Culture in a Multicultural Society*, New Delhi, Pearson Longman, 2007.

③ Werner Menski et al., *Public Interest Litigation in Pakistan*, London & Karachi, Platinium & Pakistan Law House, 2000.

④ Alan T. Wood, *Asian Democracy in World History*, p. 22.

⑤ Werner Menski, "Bangladesh in 2015: Challenges of the Iccher Ghuri for Learning to Live Together", *Journal of Law and Politics*, University of Asia-Pacific, Dacca (September), 2015, pp. 9-32.

⑥ See Moazzem Hossain, "Building Responsible Social Protection in South Asia: India's Food Security Act as a New Direction", 34/2 *South Asia Research*, 2014, pp. 133-153; Ashok K. Pankaj (ed.), *Right to Work and Rural India*, New Delhi, SAGE, 2012; and Florian Matthey-Prakash in this Special Issue.

进发展的各种承诺，或许在形式上有差异，但在实质上，这两类条款如今必须放在一起解读。例如，如同在 2002 年补入 1950 年印度宪法的第 21-A 条所确认的，如果最弱势群体没有免费受教育的基本权利，那么儿童的基本生命权就没什么意义。[①] 同样，在生命权与清洁水源或无污染空气之间的关系方面，印度也发展了完善的法理学。[②] 这些关系早已为人所知，在一个自觉于权利的情境中激活它们是完全适当的，该情境使这些纸面权利提供基本正义所需的基础构成要素。然而，依据阿玛蒂亚·森关于不当之事长期存在的谨慎介绍，[③] 我们不应忘记，任何地方的法律都仍然在某种程度上是一种"应该"，而不是一种确定的"是"。当然，人们可以庄重地宣称，1950 年印度宪法中的基本权利保障是一个法律事实，是一个受保障的"是"。然而，由于这些基本权利中有很多仍在受到大规模地违背和侵犯，人们也必须承认，这些基本法律同时也保持浓厚的虚构性，即很大程度上还是一种"应该"。这并不意味着印度法律本质上是坏的或不完善的。尽管它在现实中提供了月亮的各种镜像，但其本身就是求月，那些镜像通常无非是在表明巨大需求带来的挑战与我们所熟悉的不在同一个级别和规模上。理论上讲，作为法律的变动性及情境特殊性的副产品，不实施理性观察向我们建议之事，反映所有法律在其情境特殊性中具有内在的动态本质。这种担心和了然不能成为无所作为的借口，但是，是与应该之间、确定性与灵活性之间、固定规则和例外之间的各种不一致，实际上在世界各地都体现了出来。

如果想要评判基本权利发展和执行方面的合理进展，人们可以在多大程度上承认法律的内在灵活性和局限性？或者，如果我们对这个地球上有数亿人每天仍在忍饥挨饿这一事实保持清醒的认识，那么我们的高贵和自私自利有多少合理性？最近，在欧洲举行的几

---

① 值得注意的是，孟加拉国如今为所有小学生提供免费教材。

② Sangeeta Ahuja, *People, Law and Justice: Casebook on Public Interest Litigation*, Vol. I-II, London, Sangam Books, 1997, esp. vol. 2, chapter 9.

③ Amartya Sen, *The Idea of Justice*, p. 32.

场博士培养多机构研讨会上,我们一直在开玩笑说,博士后研究员没有基本权利。抛开这种精英场合里准确但自我批评式的嘲讽,连基本的工作权利都得要求,这合理吗? 这一权利是自觉于权利的国家应该对其所有有劳动能力的公民予以保障的,印度制宪会议在 20 世纪 40 年代就已经这样做,且如今可能还打算在其他人身上付诸实施。[①] 或者,向所有需要这种支持的人发放救济,而不带有国家对除选票以外任何回报的期待,就足够了吗? 就较合人意了吗? 本专号的这几篇文章还没有触及当前关于印度国内这个具体问题的广泛而激烈的争论。潘卡吉(Pankaj)意识了这个问题,即连用一份单调乏味的工作就能够轻松解决的工作权都可能快速变为一个悖论,[②]那休闲权又何以谈起呢? 或者,与此相应,儿童的玩耍权何以谈起呢? 这里,难点在于寻求适当的平衡和可容忍的界限。介入这些问题将引出更多的难题:如果相当多的人不想依据国家的引导自我成长,如果他们根本不愿工作,如果儿童或他们的父母无意或甚至可能厌恶入学,那该如何是好?[③] 自觉于发展、聚焦于权利的国家是否应该开始对那些拒绝成为既定的理想法律、社会和经济发展方案之一部分的个人(或可依据前文所述的印度宪法第 51-A 条 j 部分)定罪? 我们是否应像殖民统治时那样监禁懒惰者,甚至将它们送进疯人院?[④] 更多棘手的问题出现了。

如果像安娜-莱纳·沃尔夫(Anna-Lena Wolf)在其文章里所赞同的那样,发展权确实有充分的理由,那么是否有理由将发展权正式化和法律化,并进而期望所有利害关系人贡献自己的力量? 潘卡吉的

---

① R. K. Reddy Kummitha,"Social Entrepreneurship as a Tool to Remedy Social Exclusion: A Win-Win Scenario?",36/1 *South-Asia Research*,2016,pp. 61-79.

② Ashok K. Pankaj,*Right to Work and Rural India*,p. 73.

③ Ramdas Rupavath,"Tribal Education: A Perspective from Below",pp. 206-228 (forthcoming).

④ Shilpi Rajpal,"Colonial Psychiatry in Mid-Nineteenth Century India: The James Clarke Enquiry",36/2 *South Asia Research*,2015,pp. 61-80.

论述①提到了阿玛蒂亚·森的早期作品②，认为"体面劳动"是一项基本权利，同时提出一个重要的问题，即对这一领域的规制只是或主要是国家及其各种代理人的任务吗？本专号的作者还提出了一些与正式法律规章的限度密切相关的问题。弗洛里安·马泰-普拉卡什认为，可以通过更充分的家长参与对教育结构进行有组织的微调。同样，坦杰·赫尔克罗茨注意到，民众的私法事务不能完全适用统一的、国家中心主义的规章，因为其没有考虑个人需要和情境特殊性。

　　总体来说，三位作者都发现，他们所考察的领域明显存在执行方面的缺陷，但与此同时，也确认其有显著的进步。由于有进步，同时也缺乏进步，发展激进主义者面临混杂的信息，因而势必会不满意。可这个玻璃杯是半空的还是半满的？值得注意的是，除对各种明显的失败给予有力的负面批评以外，三位作者都注重让读者明白，尽管进步确实有限，但法律本身也存在固有的局限性。他们在核心观点上有些细微差别，但似乎都意欲表达，法律可以是一个有效的工具，但正式的法化或许不一定会产生预期的或理想的结果。因此，国家中心主义自上而下的正式规章可能不是正确或唯一合理的方法，这一点清楚地体现于，制定被许多观察家认为是良好范例的印度统一民法典的努力现今实质上已经被中止和放弃。法律作为一种社会科学，在任何情况下都依赖于社会背景③和公众作为法律行为者的参与，而不仅仅局限于哈特意义上的官僚、立法者和法官，如前所述，每个人都在各种功能和角色中相互关联。

　　在此，我想补充一点，许多穆斯林（不仅仅在南亚）今天仍不愿意承认，作为人生蓝图的神之律法并不仅仅是一种理所当然的假设，而是需要由人类行为和解释付诸运作，因此它也严格取决于你在哪里生活，所以，这里的"法律"实际上也不只是神之律法。同样，多元化的实现与那些最为现代、复杂，且据称很理性的公约和法规密切相

---

① Ashok K. Pankaj, *Right to Work and Rural India*, pp.73-76.

② Amartya Sen, *Development as Freedom*, Oxford, Oxford University Press, 1999.

③ William Twining, *Globalisation and Legal Theory*, p.30.

关。熟练掌握相关技能的人可以制定这种理性的体系和方案并将其形式化,但它们必须被置入生活现实,并完美地被普通民众以持续而可接受的方式应用于社会—文化和社会—经济情境中,而且由人们进行自我管理,前提是他们必须接受相应的结果。因为,自律调控是一个与实践相关联的概念,至今仍然非常有影响力,在南亚地区尤其如此。制定自上而下的法律,既不理想也不足够。与此同时,尽管世界上仍有太多的人被剥夺通常并不是由他们自己创制的基本权利,立法、理论学说以及其他法律学问还是得以茁壮成长。

不过,在对这种混乱局面进行理论化方面,我们也取得了一些进展。例如,塔玛纳哈(Tamanaha)、塞奇(Sage)和乌尔科克(Woolcock)最终认识到法律人和发展事务从业者很有必要进行合作,而不是做彼此的主要批评者,他们认为:在 21 世纪最初的几十年里,发展共同体发现自身面临一系列严峻的挑战,这些挑战涉及改革那些调节民众、企业、国家和国际行为者之间关系的制度机制,以及以被广泛认为是合法、公平和有效的方式进行这种改革。[①]

可是,什么是"合法、公平和有效的"?尽管这段引文本身并没有明确指出主要的困难依然在于价值判断而不是规则或程序方面,但我们却又一次面临以主观价值标准为标尺衡量发展这个问题。如今,就像上述引文及其所依附的研究成果所证实的,法律人和发展专家都知晓并更公开地承认,只要求改革和制定新的法律仍然很容易。法律之于规则的重要性不亚于其之于价值和程序的重要性,这种认识现在还没有被充分理解,因此对法律多元性的分析仍然没有达到足够的深度,依旧有可能形成有所偏颇的法律理论。在制定了一项声称已虑及多元性之某些方面的法律之后,人们不能就此置身事外而仅仅去期望进步和"发展"。然而,如今这仍然是法律和政治工具箱中——以及国际关系和人权事业工具包中——一个主要的法

---

① Brian Z. Tamanaha et al. (eds.), *Legal Pluralism and Development: Scholars and Practitioners in Dialogue*, Cambridge, Cambridge University Press, 2012, p. 14.

律招数，被用来对一个更好的世界进行选择性的激进主义描绘和想象，在听起来很美好的演讲中、报纸上或如今的网络上就令人向往的发展给出许诺。与此同时，太多的人（其中许多正是印度人）继续忍饥挨饿、未受良好教育、有待发展仍旧是明显的全球现实。[①] 因此，似乎应该将重点转移到欠发展人群的需求上，这方面的议程比在任何特定国家为所有公众制定统一的法律都重要得多，更不用说在印度这样一个大国了。

的确，全球绝大多数人今天仍受制于法律多元性的特定文化形式，特别是在人法领域，我们须要意识到，人们大多选择继续受制于某种"传统"法律的原因通常在于其与身份建构的模式密切相关。尽管这不能排除出现无法容忍的歧视之可能性，并且引发了关于必须进行逐步改革的争论，但许多"现代的"利害关系人仍然不断地试图识别、命名并指责这类基本的社会—法律结构。这些不一定就是"宗教的"，但是却经常从修辞上被谴责成是"宗教的"，并被描绘为发展滞后和基本权利被剥夺的罪魁祸首，特别是涉及性别问题时。就印度而言，这一点在达加姆瓦（Dhagamwar）、[②]帕拉夏尔（Parashar）[③]和桑加利（Sangari）[④]早先的作品中显而易见。如果制定适用于所有情况且满足所有期望的好的法律是个相当简单的事情就好了！这里有个潜在的问题，许多家族法律人和发展专家是精英行为者，他们没有以足够的深度反思价值、相互矛盾之道德和伦理形式的作用，这些与他们所期望的结构性架构有所关联。换言之，这些改革主义者仍然

---

① Moazzem Hossain,"Building Responsible Social Protection in South Asia: India's Food Security Act as a New Direction", pp. 133-153.

② Vasuda Dhagamwar, *Towards the Uniform Civil Code*, New Delhi, The Indian law Institution, 1989; id., *Law, Power and Justice: The Protection of Personal Rights in the Indian Penal Code*, New Delhi, Sage Publications, 1992.

③ Archana Parashar, *Women and Family Law Reform in India: Uniform Civil Code and Gender Equality*, New Delhi, Sage Publications, 1992.

④ Kumkum Sangari,"Politics of Diversity. Religious Communities and Multiple Patriarchies",30/50 *Economic and Political Weekly*, 23 December 1995, pp. 3287-3310, and 30/51,30 December 1995, pp. 3381-3389.

只是坚持以实证主义为中心，他们那种国家中心主义的理智，假定所谓的世俗法律将会是价值中立的。就像坦杰·赫尔克罗茨所说，如今我们取得了一些进展，因为已被证明在特定社会条件下只是白日梦的那些珍贵的传统进步观念正在被更清楚地确认为令人迷惑的修辞，这种修辞是在将我们拉回梦想之境，而不是在为未来的政策提供完善的理性指导。这主要是意识形态方面的斗争，往往涉及基本价值和伦理问题，甚至还会涉及这些先入之见的个性化表现问题。坦杰·赫尔克罗茨对印度女权主义组织长期的内部争斗进行了很好的研究和描述，这种内部争斗就是一个重要的例子，表明每个观月者看到的月亮都不尽相同。即便没有明确谈及价值和伦理，激进主义者们在进步程度及进一步干预和改革的必要性方面往往也无法达成一致。通常，他们并不赞同对"他者"进行伦理评价，这是他们的权利，这些他者要么是他们的激进主义伙伴，要么实际上是方案声称将会受益之人。不过，在这方面，我无法就激进精英主义的不确定影响给出足够的警示，这一主义似乎尤其受到研究性别问题的南亚学者推崇。在激进主义者所主张的意欲施加于他者，和倾听人们试图给予帮助的他者的声音之间，正确的边界在哪？在关于权利的讨论里，以自我为中心的个性化倾向无法识别被法律多元主义理论清楚地认定为平衡性妥协之命脉的达成互通互联的基本法律条件——实际上的平等而非绝对均等。因此，我在以印度为主题的社会—文化研究中发现了很多进步之处，这在本专号的文章里也有所体现，但是，对于那些甚至在某些领域声名卓著的学者至今普遍无法站在他们口口声称所代表为之争取权利者的立场上（如果这些人的确有立场的话）对待问题，我依然表示怀疑。

三、多元主义方案通过倾听不同声音而具有进步优势

在生活经验中，由于法律结构是无处不在的多元实体，这意味着没有人能够或应该有理由在不询问他人（尤其是外国人）意见的情况下对其生活方式横加干涉。事实上，本专号的三篇文章相当自信地

认为法律多元主义越来越受到全世界的认同,他们看起来都尊重这种基本立场,尽管程度各异。这本身极为重要且具有启发性,因为太多的激进主义法律人没有意识到,在当前深刻的法律多元主义情境中,他们自己的激进主义是有容忍限度的。那么紧接着问题就在于,这种多元主义意识达到了何种远度和深度。强调如下内容可能显得有些乏味,即各种内部多元的法律结构也都是权力机制,因而有可能成为压制和剥夺权利的工具,而不是只会促进发展的工具。同样不言而喻的是,大多数法律也有各种摇摆不定的经济意图。在某种国家中心主义的孤立实体意义上,法律不只是法律,而是内在地与其他一切联系在一起,认识到这一点,使我们坚定地回到法律多元主义的中心领域。目前,人们较为普遍地认为,这种具有变动性的法律多元主义可能确实是个问题,但它或许也能提供解决问题的方法。我们正在全球范围内改进对法律多样性和多元性管理方法的认知。显然,意大利主导的那些令人欣喜的学术研究对此有所推动,①尽管总要面对一些模糊的因素和潜在的不稳定风险。② 法律可能在允许一些行为的同时限制另一些行为,因此我们永远也不能避开如下重要责任,即评判什么是互联互通性或相应结果的更理想的基本原则,依据森的精神③,要尽可能理性地评判。由于一个利害关系人或索偿者的权利几乎不可避免地被视为对他人权利和福利的侵犯,许多案件无法得到简单的评判,尤其是传统价值和伦理与现代价值和伦理有所抵触且/或有所竞争之时。在寻找"好的"现存法律的过程中,这种价值冲突似乎是系统性的且不可避免。④ 这就意味着该过程的主题是"给予和接受"或理性的互动,而不只是对"他者"的容忍,森对此有

---

① See the Special Issue of Jura Gentium, Vol. XI: *Pluralismo Giuridico*. Annuale 2014 edited by Mariano Croce[ISSN 1826-829][http://www.juragentium.org].

② Loïc Wacquant,"Marginality, Ethnicity and Penality in the Neo-Liberal City: An Analytic Cartography",37/10 *Ethnic and Racial Studies*,2014,pp.1687-1711.

③ Amartya Sen, *The Idea of Justice*,p.9.

④ Werner Menski,"Plural Worlds of Law and the Search for Living Law",in Werner Gephart (ed.), *Rechtsanalyse als Kulturforschung*,Frankfurt a. M,Klostermann,2012, pp.71-88.

透彻明智的理解。我们须要综合性地倾听和接触，甚至是接触那些人们所厌恶和瞧不起并不愿意接触的利害关系人和观点。这往往很棘手，但我认为非接触本身就是一种不可容忍的直接经验暴力，也是一种不可容忍的认知方式。本文显然无法探得那些复杂的多元主义方法导引和处理这些挑战，但我们发现，在许多实践领域，进行这种自觉于多元性的导引具有重要意义。① 分歧、斗争甚至战争，直至全球"反恐战争"（"反恐战争"实际上已在南亚产生巨大反响而我们对此却少有知晓），都可能在法律多元结构的各个层次上（或以不同规模）爆发。这种冲突似乎在对权利的坚持与责任意识不相称的场景中更为突出，这种责任意识是"传统"民众或许还没有完全失去的一种文化意识、一种敏感性，尽管"现代"立基于合约的自私自利看起来是在对已获保障之人进行帮助和过度支持。② 这不是什么新的内容，但是在人们寻找平等均衡和合理折中的语境下，这一点必须得到重视。

虽然强调法律不仅仅是国家法如今已算是老生常谈，但全世界太多的法学院在教授法律方面仍然令人沮丧地过分关注于那些有时被称为"公认的基本法律原则"（black letter law）方面的内容。③ 这不利于通过法律获取管理多元性的能力。因此，强烈地批评持续不断，认为学习和"践行"法律造成了缺乏深谋远虑④，甚至还可能对自身有害，因为它阻碍人们认知各种形式的危害。与此同时，我们今天生活在自觉于权利的时代，相关的激进主义者直接以他们通常相当主观

---

① See Werner Menski, "Legal Simulation: Law as a Navigation Tool for Decision-making", *Report of Japan Coast Guard Academy* 59(2.1) 2014, pp. 1-22, http://harp. lib. hiroshima-u. ac. jp/jcga/metadata/12172? 1=en (last accessed on 25 April 2016).

② 就此，我们可以顺带指出，政治伊斯兰实际上相当现代。

③ See earlier Allan C. Hutchinson, "Beyond Black-Letterism: Ethics in Law and Legal Education", 33/3 *Law Teacher*, 1991, p. 301.

④ Joanne Conaghan, "Law, Harm and Redress: A Feminist Perspective", 22/3 *Legal Studies*, 2002, pp. 319-339.

的评判指责和断定某些具体的危害。因此，像桑加利①这样的积极"进步"学者从言论自由中获益良多，但长远来看，这种尖锐的修辞似乎会破坏理性探讨的学术气氛。如果据信具有进步性的诠释发展到甚至使用事实上错误的法律细节构建所使用的关键证据，正如印度沙赫·巴诺(Shah Bano)案及其影响②清楚展现的那样，那么立基于权利的论证链条可能就需要(通常是彻底的)修正，③重要的人权组织也应参与修正。④

坦杰·赫尔克罗茨明确指出，这种或许是在严重短视之情况下产生的法律，实际上可能会成为"一纸空文"(dead letter)。简言之，它忽视了如下事实：法律实际上是应用伦理以及应用政治的一种形式。⑤ 实际上，本专号的三位作者在讨论各自的话题时都采用了一种遵循社会—法律进路的复杂方法，这种方法始终着眼于印度的实际情况，对书本和纸张中的法与相关民众生活经验中的法有所区分。我们还发现，印度的案例正在受到高度关注，这很令人欣慰，幸好这些案例现在可以在几个网站上找到。毕竟，印度是世界上重要的国家之一，它的最高法院非常忙碌，比遥远且压力较小的美国最高法院面临多得多的挑战。美国的情况如此轻松当然不是因为其所有贫困、发展滞后、接受教育或权利保护方面的问题已经借由人法得到永

---

① Kumkum Sangari, "Politics of Diversity. Religious Communities and Multiple Patriarchies", pp. 3287-3310, 3381-3389.

② Werner Menski, "The Uniform Civil Code Debate in Indian Law: New Developments and Changing Agenda", 9/3 *German Law Journal*, 2008, pp. 211-250.

③ 对萨泰(Sathe)而言似乎也有此必要，参见 S. P. Sathe, "Uniform Civil Code. Implications of Supreme Court Intervention", 30/35 *Economic and Political Weekly*, 2 September 1995, pp. 2165-2166。萨泰是非常受人敬重的印度宪法教授，他显然意识到并承认了多元主义的潜能，我在与其进行的私下交流中也发现了这一点。但是，他过于注重世俗的先入之见，而没有意识到宗教和文化在身份建构方面的重要作用。

④ 仔细阅读弗拉维亚·艾格尼斯(Flavia Agnes)社会—法律方面极为有趣的文章，可以发现印度的激进主义学者有可能会(尽管不情愿)修正早先设想的观念，并接受某些新的观念以进行建设性的探讨。

⑤ Allan C. Hutchinson, "Beyond Black-Letterism: Ethics in Law and Legal Education", p. 301.

久解决。最近关于"奥巴马医改法案"的激烈争论,特别是关于国家对那些艰难求生、生活无忧以及可能需要国家帮助但却从未对国家福利库有任何贡献的人提供何种保障的争论,表明即便在全世界最发达的国家,基本的权利保护问题也没有撤出议程或得到解决。或许只有在像印度这样的地方,这些问题的广度和比例才比其他任何地方都显著,毕竟,印度仍有3.5亿贫困人口。[①] 而且,我们还须牢记,印度的人口数量是美国的4倍。即便是南亚地区一些较小的国家,比如巴基斯坦和孟加拉国,其人口数量也是德国或英国的好几倍。设想同样的法律程序在如此大的国家能够像在建立已久且小得多的国家里一样运行,是不合理或不现实的。另一个显著的不同在于,印度最高法院实际上意识到了倾听没有权利、没有代表的普通人的声音(假设他们提交真实案件引起法庭的注意)是其最基本的规章之一部分。[②] 因此,在激进主义的公共利益诉讼语境中,这使得印度法院在适当情况下能够保护这些受害个人或群体,防止其基本权利受到过度侵犯。[③] 如今,当家庭法院比10年前更为认真地倾听贫困妇女的生存要求时,一些形式崭新的弱势群体扶持行动便得到认可,如我们在2015年年末对孟买的Majlis进行考察时所看到的。我们再一次拥有了希望的讯息,但这还不是盈月般的"完全正义"。

我们正努力搞清楚,自觉于多样性的权益和期望管理在现实生活中(尤其在司法中)是如何运作的,对此,如下方法或许有所帮助,即更多地关注决策顺序,某种意义上说就是考察司法编排,虽然其看起来更像是即兴创作,但仍显示一些方法上的线索。采取这种以实

---

① Moazzem Hossain,"Building Responsible Social Protection in South Asia: India's Food Security Act as a New Direction", p. 145.

② Menski et al., *Public Interest Litigation in Pakistan*,重点参阅第4章(pp. 106-132)。

③ 前高等法院法官艾耶尔(V. R. Krishna Iyer)对印度主要的激进主义法官之心理进行过广泛而深刻的研究。他退休后生活了很长时间,完整地向我们讲述了印度法院为何以及如何变得如此富有积极作用。参见 V. R. Krishna Iyer, *Leaves from My Personal Life*, New Delhi, Gyan Publishing House, 2004。

践为中心的进路，人们会很快意识到各个决策者的定位是关键的因素，因为这影响或决定子决策链条的出发点，理论上讲，这些子决策在逻辑序列中相互依循。在表明宪法可以就完美正义之理想给出权威规定的同时，必须清楚地认识到，该理想的达成将仍然是幻象。由于制定的法律实际上没有产生正义，①而只是产生使法律自身享有更为安全之地位的基础，那么一旦有违反该理想的事情发生或持续，另一个国家机关（最可能是法院）就不得不在任何可能的压力情境中找到对策。显然，法官视自己为国家的发言人和代理人，如果他们认真履行自己的责任，且不受自身社会联系和/或伦理承诺的不当影响或动摇，这一点便会在他们所追求的理性决策过程中体现。在研究和训练场景中，人们发现，机敏的法官会从他们作为国家代理人的立场出发，考虑其他法律因素的关切和声音。在欧洲许多国家，作为国家代理人的法官明显会重视人权考量，若这是各个国家法律秩序的正式组成部分，则更会如此。但一个经验丰富且自觉于权利的法官还会寻求查明，情境的伦理关切及其社会—文化维度是否被合理地考虑在内。忽视那些与法律有关的"其他"因素将导致决策程序产生的结果有缺陷。关于此，空间有限，就不多讲了。事实上，好的法官在工作中是认可和践行法律多元主义的。

同样，人权激进主义者和国际法行为者最好能够将自己定位为有远见的理想主义者。如果相反，他们既否认国家及其管辖权的作用，又忽视民众的习惯和传统且/或认为宗教时代已经结束，那么如前所述，他们就相当于在实施暴力。这表明，此类法律行为者在他们自身权力和信念的重要性问题上自欺欺人。同样，任何作为决策制定者的"习惯"或"宗教"发言人都不能否认，不同种类法律的另外两个我们已经提及的代理人同样有权参与如今的全球性争论。事实上，这种认识意味着，单一形式的法律不能在缺少他者有效参与的情况下运行，不管我们是否认为该种形式的法律具有传统自然法和伦

---

① 印度宪法第 32 条可以作为这方面的证明，该条确认请求权是基本权利的一部分。

理的多样性,是社会——法律的进路及其多重规范,是国家法的各种代理人、代表以及态度,或者是国际法、人权激进主义者以及观点。实际上,无论我们的具体观点和出发点是什么,我们总会从一个固定的视角立场出发,所以,我们须要倾听和接触其他的法律声音。

这就是为什么仅仅制定正式法律并认为大功告成会导致不完全的正义。同时,这也表明,只是抱怨任一具体法律的具体目标没有实现或一项政策(不论这项政策有多重要、多关键)没有得到执行,并不足以令人满意。因为人们完全可以认为那是缺乏法律沟通和互动过程的结果。完全正义——印度宪法第 142 条以及孟加拉法律里的一个概念——实际上是一种理想,一种“应该”,不能仅仅颁布于纸上。因此,我们不能指望围绕任何具体法律问题的斗争能够结束或停止,特别是当斗争涉及数百万人的广泛权利时。法律确实有许多模糊的边界,而且正式的法律有很多局限。对此仍持怀疑态度的人,或许可以参考几乎被遗忘的其他早期研究成果,比如,阿洛特(Allott)[1]提供了很多有趣的例子证明在法律的广泛领域内不同声音之间缺乏沟通。因此,成功进行平衡的关键在于熟练地倾听所有相关的声音,以及如同森[2]所主张的,理性地尝试尽最大可能接近理想的目标。

四、三篇文章

聚焦于印度,本专号的三篇文章都既以各自的方式就好的法律之本质是什么进行严谨而宏观的发问,又结合当今印度法律的特定话题进行具体探讨。他们选择了宽泛的理论进路,这与基本已被遗忘的德国法律学者、哲学家鲁道夫·施塔姆勒(Rudolf Stammler,1856—1938)的做法非常相似,他当年就曾强调,人们须要仔细考量“善法”。[3] 三位作者注意到了如阿玛蒂亚·森和乌潘德拉·巴克西

---

[1]　Antony Allott, *The Limits of Law*, London, Butterworths, 1980.

[2]　Amartya Sen, *The Idea of Justice*, p. 9.

[3]　在与乌潘德拉·巴克西的几次交流中,我逐渐意识到,他了解施塔姆勒的观点,而且对于法律有可变的本质这一观点,他领会到了其中的要旨。

(Upendra Baxi)这样的现代印度学者的作品，在此，他们基本上对如下关键问题进行审视：在今天这个高度复杂的世界里，即便是最基本的权利，能否实际上由立法法令或司法决定创生和强化。各种形式的法律有能力促进甚至产生新的现实吗？正式制定的法律是否比政策声明或某些政治人物的程序化言论所表达的虚伪愿望更有力量和正确性，并因而更加有效？或者相反，其是一个令人感到不自在甚至无法容忍的现实？即各种法律及立法活动在树立和促进私人参与和公共资助所确定并认可的好的发展方面，依然明显潜力有限。我们只是通过探讨这些使自身变得勤奋？或许能从过程中获益但实际上无法改变任何事？他们没有采取这种愤世嫉俗的进路。所有三位作者都认真地展开各自的讨论，不同程度地看到了积极变化的可能性，因此他们强调，必须继续保持警惕并做出进一步的努力，以实现理想的结果。

这种讨论及时地把一个关键问题摆上台面，即如今重要的法律目标和期望在多大程度上仍然是不切实际的幻想、纯粹的虔诚希望，或毫无意义的纸张、实际上的一纸空文（如坦杰·赫尔克罗茨所直接指出的）。不过，这方面的不足之处和疑难问题并不是印度特有，只是本专号集中探讨印度罢了。由于基本权利的获得问题在各地都仍然是一个难题（尽管通常在规模上不及印度），因此，以认为印度未能系统地履行宪法承诺对其进行指责，便是错误或不适当的。世界上没有哪个国家能够声称在任何时候都能完全维护正义。理想瓦解、基本权利的完全保障方面出现失败和混乱，不只是因为有人或组织蓄意阻碍，还因为自然灾害和重大事件可能在任何时候发生，没有人能够对其作出预测。

在最近的一些著述中，我认为这种实际的和可能的混乱情境——以及/或对它的恐惧——是所有人类文明似乎都熟悉并常常会寻求对之进行缓解的一个古老现象，人们意识到这些事情的终极控制权并不掌握在人类手中。印度教徒的文化典籍和现有词汇中有个概念叫作 kaliyuga，意为坏的时代，在该时代，自律调控是无序的，而且可能直到很久以后某个理想的时间节点才能被恢复。在此,我们又看到了月亮,尽管它离我们很远。一些富有洞察力的作品(最典型的是 Hallaq 的作品①)告诉我们,穆斯林意识到启示随着先知(毕竟是位凡人)于 632 年去世而停止,先知的所有同伴之后也逐渐去世,因而人们对混乱的恐惧会更加严重。早期指导者的逝去导致后代人通过对《古兰经》和逊奈进行苦心考察和阐释(ijtihad)来努力理解清楚神的旨意,这使得人们开始忧虑即便是受过适当训练的穆斯林学者也会在某个时刻去世。对于缺乏保证和权威指导,其他文化和宗教也有自己的担忧。尽管历史早就应该告诫我们集体和个人如何才能够不做某些事情,但媒体还是通过报道如今由我们人类长期进行宗教争夺所导致的全球混乱而赚足了关注。可是,如果我们求助于法律,情况会好些吗?

这三篇文章的作者都是年轻学者,他们成长于一种以人权争论、国际法视角以及国家法,而不是宗教关切和习惯性规范作为主导性法律力量和法律现象的学术环境中。他们的研究从一开始就清楚地反映这种主导潮流,即特定的宪法保障没有得到充分执行,因而人权方面还有很严重的问题需要解决。但是,如果这种发展许诺是建立在一系列由老练的治理与发展操控者建构的虚假期望或错误看法的基础上,而且他们可能有自己的日程打算证明他们所宣称的是"善法",该如何是好? 我们能够相信激进主义的声音是进步的和好的? 或者,他们只是在遵循他们各自偏爱的不同方式而不是"传统"(不管是"宗教"还是"习惯",以及/或国家中心主义观点)的力量?

当然,以这种方式提出这些问题的麻烦在于,多元现实主义观点或互联性复杂意识观点或(坦杰·赫尔克罗茨指出,女权主义活动家所持有的)交差性观点直接使所有急切想要看到某种具体发展之人的希望和要求破灭。激进主义进步者和组织可能已经投入了大量的

---

① Wael B. Hallaq,"On the Origins of the Controversy About the Existence of Mujtahids and the Gate of Ijtihad",63 *Studia Islamica*,1986,pp. 129-141.

精力倡导采取某个具体步骤或执行某个具体方案。如果这些被热切盼望的改革没有实现，可能就会心生紧迫感甚至绝望。[①]

就这三篇文章具体而言，安娜-莱纳·沃尔夫就发展权（她视为国际法之下的一种正式而不具有约束力的权利）近来如何成为印度法理学必不可少的一部分进行了考察和探讨。她告诉我们，印度法官如何在一种被视为法化的过程中将这项权利纳入国家法律体系，这个形式化的过程增加了那些被提交最高法院并由其处理的要求的分量。印度法官不仅承认人有发展权，而且还创造性地将其表述和应用于法院对一系列问题的处理中。尽管这被看作积极的，但本文作者还是心怀不安，担心和害怕这种策略同样可以被用来限制和否认某些主张和权利，尤其是在发展基础设施的语境下。这非常恰当地点明，如今的印度法律在这个问题上有持续的严重分歧，但在我看来，这意味着良好发展的可能性中存在信任方面的缺失。

该分析很得当，证实了作为治理工具的法律具有自相矛盾的可能性，因此可能在允许一些权利的同时又限制另一些权利。显然，更大规模的研究可以更详尽地将其理论化，并且将通过应用多元主义方法而获益。我们须要对法律决定无论怎样都能"解决"某个问题这一诱人想法进行重新审视。对发展的探讨本身明显激励了印度选民，本文作者忽视了这一点，尽管许多选民还没有意识到这实际上将给某些人带来何种风险。另外，根据我对第 51-A 条的看法，可以认为印度法律里有这样一项法律义务（我认为其不仅仅始自 1976 年），即在所有可能的方面，参与发展既是为了公共利益也是为了私人所得。这可能会使发展权源自国际法的最初假设成为泡影，或至少使

---

① 20 世纪 80 年代有过这方面的例子，达加姆瓦（Dhagamwar，*Towards the Uniform Civil Code*，New Delhi，The Indian law Institution，1989）认为人法制度对人权保护有害，极力敦促印度引进统一民法典，斥责"无用的争议"（p.71）并要求采取紧急行动。与此同时，作为明智的学者和有经验的田野工作者，他还指出"一旦引进统一民法典，很有可能出现一阵严重的社会动乱"（p.76）。那么，何来这种激进主义的紧迫感？我们后来发现，有很多相当个人化的原因。

其受到质疑。

我们知道，印度法理学如今已进入相当成熟的阶段，"可持续发展"之概念日益凸显。对于什么应该算是和不应该算是可持续发展的理性评判，正面临长期争论，森[1]认为这种争论对于接近"正义"至关重要。因此，该文很好地说明了印度决策者以及作为一个国家之印度在平衡各种利益冲突方面要应对巨大挑战。无论发展权来自国际法、国内规章还是民众的求月之梦想、愿望，我们都不能期待会有迅速、一致且简单的解决方法。

弗洛里安·马泰-普拉卡什对 14 岁以下印度儿童的基本受教育权进行了深入研究，这项权利被 2002 年宪法第 21-A 确认为一项基本权利，并由 2009 年所谓的受教育权法案加以巩固。作者认为，值得注意的是，事实上近年来印度为了更多和更好的正义，在减少青年文盲方面取得了重大进步。此外，该文就印度公共利益诉讼的方法和局限性提出了深刻见解，并指出基础教育方面的案例在高等法院极为少见。虽然这也突出了印度对高等教育的优先关注，但实际上，未兑现之权利的关键因素不在于基础教育不受重视，而在于未能提供好的教育。

由于无法得到完满的月亮镜像，作者采取了建设性的进路，即通过家长自助考量其他法律赋权。他认为，根据现行法规，学校管理委员会的作用合法且重要，但是须由家长激活。这方面有一些成功的地方案例（尤其是在喜马偕尔邦）能够证明该路径是可行的。作者指出，许多家长可能不了解现有法规，且仍无法在改进他们儿女的基础教育方面施加压力。这在最近的一些研究中得到了证实，这些研究采用的是自下而上的视角。鲁帕瓦特（Rupavath）指出，在特伦甘纳邦的一个部落村庄，几乎三分之二的监护人不知道有这些委员会，这表明文盲家长被忽视或被压制了。[2] 因此，可以考虑从其他相关方面

[1] Amartya Sen, *The Idea of Justice*, p. 9.
[2] Ramdas Rupavath, "Tribal Education: A Perspective from Below", pp. 206-228 (forthcoming).

388

着手改善基础教育质量，即不仅争取更多的家长努力和参与，也对教学风格和选择合适的教学语言进行反思。而对正在被教授的内容进行考察或许更为有效，因为没有理由不告诉儿童他们有些权利没有实现。鲁帕瓦特表示，许多部落儿童不喜欢学校，辍学率很高，不注册和随意缺勤的情况非常普遍，他警告说，如果不采取紧急行动，这就会造成文盲的恶性循环。显然，在这方面，正式法律已经到位，尽管确保更好的正义如今总体依旧是全社会的责任，而且有很多各种各样的利害关系人牵涉其中。①

坦杰·赫尔克罗茨讨论的是另一个已被多次提及的复杂情况。基于对印度妇女运动与最高法院之间互动的研究，她指出，"国家政策之指导原则"（第 44 条）对引进统一民法典有所展望，但聚焦于性别的印度统一民法典议程已经随着修辞的显著修改而明显改变。她所考察的两类主要利害关系人现在已经接受了法律多元主义，尽管是出于不同的原因。虽然阿洛特②早已认为印度统一民法典"无非只是一个遥远的海市蜃楼"，赫尔克罗茨还是指出，尽管该计划所采取的形式与其支持者所设想的不同，但其并不是"一纸空文（dead letter）"。相反，它化身为一个和谐的混合结构，在民众主张、激进主义期望和实际法律现实之间达成了另一种类型的妥协。事实上，这种法律变色龙依据环境而采用不同的形状和颜色，在保留人法制度的同时，使法院参与到循序渐进的激进主义中，以实现更多和更好的性别正义。因此，这篇文章已经看到了月亮之镜像，并为进一步的改革努力打下了激动人心的基础。

五、结论

法律发展、教育和法律统一对权利保护构成严峻挑战，并且导致人们（如我们现在看到的）不停地要求采取行动以实现更好的正义。

---

① Ramdas Rupavath, "Tribal Education: A Perspective from Below", pp. 206-228 (forthcoming).

② Antony Allott, *The Limits of Law*, p. 216.

本文已经以多种方式表明,我们需要理性的多维度方案以及持续的可行性与局限性评估。发展权、全体印度儿童基础教育方面的事务有待改进,同时,正在进行的印度人法的协调进程也需要进一步微调。这几篇文章主要是提出各种执行模式方面的关键问题,而不是考量某一具体法律是源于国际法还是国家法,或者某一具体规定是被非正式地确立还是更加非正式地制定。在不充足或不完整之正义的所有情形中,问题不在于是否需要进一步的改革和改进,而在于如何更好地管理它们。阿玛蒂亚·森①的忠告使我们明白,没有理由去徒劳地表达抗议、厌恶、蔑视或不赞成,因为我们已经取得了很多成就,尽管还有不少需要改进之处。

目前,针对这些重要话题所进行的协力学术探讨,已经整体确立了法律多元主义的情境,它给予我们完备的方法以及内容丰富的工具箱。本专号阐明,这里讨论的每一个问题都涉及一个法律的子系统,这个子系统应被视为与法律其他子系统有所交叉并部分融合,特别是印度宪法。由于一切都显然是动态且具有变动的,而且宪法本身可以进一步修订或补充,因此完全有必要对可能的进一步改革进行认真思考。这几篇文章虽然已经提高了我们对业已取得的成果的认识,但同时也指出必须保持警惕,并且强化了继续求月之愿望。不过,在这个论证过程开始时所提到的那个月亮现在已然不再是同一个了,因为我们的认识已经改变。适应于这种变化,我们以一种不同的眼光来感知月亮。对于那些观察印度法律和治理之复合发展的人们(以及我们自己)来说,这本身就是发展和教育的一个重要方面。

这些关键的讨论似乎证实了法律内在多元这一论断。因此,正式的法律制度可以制定任何数量的规则,但本质上却并足不以改进正义的实际处境。由于法律总是部分地保持为一种"应该",所以想要实现产生更好的正义这一远大理想,就须要转向对适当的执行过程进行关注。这可能会产生新的规则体系,但这些体系也不可能做

---

① Amartya Sen, *The Idea of Justice*, p. 9.

到令各个利害关系人都认为其在完全公平地运作。进而，不可避免地会产生新的谈判过程或修改现有的过程，对复杂利益和观点冲突进行动态平衡，总是与特定的价值体系和主观评判相联系，且总是依赖于社会背景，[①]这方面的内容在本文不一而足。这几篇文章尽管是在求月，且不能提供现成的答案，但为所有相关者打开了进一步理性参与的窗口。这似乎是我们在这里所能做到的一切，即评判印度在确保更好法律方面的进步程度，表明自觉于多样性的理性在强化正义方面起着核心作用。这些敞开的窗口有助于保持有一个月亮值得要求的希望，也有助于表明在讨论与印度相关的正义问题时，没有理由陷入失意的绝望中。

---

① William Twining, *Globalisation and Legal Theory*, p. 30

印度法的现实主义观*

[美]唐纳德·R.小戴维斯著** 鲁 楠译***

1794 年在北印度,一名原告提起诉讼,欲要求从被告处返还一女奴。法官判决支持被告,理由是,根据文件或证据无法确认该女子的身份,而且被告的家庭占有女子的祖先作为必需品,已历三代。①1611 年在西印度,一名原告向村办事机构主张其世袭权利,认为村落头人地位为被告所非法篡夺,而被告的家族谋杀了原告的祖父,且谎称原告父亲欠下债务。法官判决支持原告,将职位返还给他,并宣告债务主张属于欺骗。② 1607 年在南印度,一位王室官员谋杀了一位婆罗门,遭当地人逮捕,这些当地人显然目击了罪行。凶犯被群众拘禁

---

 * 本文发表于 Donald R. Davis,Jr. "*A Realist View of Hindu Law*",19/3 *Ratio Juris.*,September 2006,pp. 287-313.

 ** 美国威斯康星大学亚洲语言与文化系(Department of Languages & Cultures of Asia)教授。

 *** 清华大学法学院助理教授。

① Lariviere Richard W. ,"A Sanskrit Jayapattra from 18th Century Mithilā",in Richard W. Lariviere(ed.),*Studies in Dharmaśāstra*,Calcutta:Firma KLM,1984,pp. 49-80.

② Smith Graham & J. Duncan M. Derrett,"Hindu Judicial Administration in Pre-British Time and Its Lesson for Today",95 *Journal of the American Oriental Society*,1975,pp. 417-423.

在本地寺庙，并遭到殴打。由于凶犯的身份，必须得到本地与区域长官的允许，以使寺庙当局适用本地法。允许得到承认，该事件经由婆罗门长者和其他王室官员商议，而王室官员处死了凶犯。①

将这三个印度教法中的案件关联起来的，既非一部共同的实质法典，若违反这部法典，拟议的罪行得到惩处，也非一套处理犯罪和其他不法行为的标准法律程序。在印度教传统的因素中，关联在于一种处理法律问题的共同法学或训练，近来这被称为司法判决的共同"法学体制"（jurisprudential regimes）。② 每个地方在特定规则，特别是印度总体传统中所确立的印度教法原则的选择调试过程中都创造了自身的实践法律制度，而这种法律原则据所知为法论（Dharmaśāstra），即关于宗教和法律义务（达摩［dharma］）的文本（śāstra）。这种调试形成了构造本地法律制度，尤其是法律程序的法学体制。③

探究印度教法，尤其是自古典和中世纪印度（一个长时段，大体跨越公元前 500 年至公元 1700 年）以来，法论中所体现的印度教法的一般属性，目前为止并未出现令人满意的方法，以界定在这些作品中

---

① Davis Jr. & Donald R. , "The Boundaries of Hindu Law: Tradition, Custom, and Politics in Medieval Kerala", in Ed. Oscar Botto(ed.), *Corpus Iuris Sanscriticum et Fontes Iuris Asiae Meridianae et Centralis* , Turin (Italy): CESMEO,2004, pp. 83-88.

② Richards Mark J. & Herbert M. Kritzer, "Jurisprudential Regimes in Supreme Court Decision Making",96 *American Political Science Review* ,2002, pp. 305-320.

③ Ibid. , p. 305. 理查兹和克利策指出："最高法院做出判决的法学体制通过以下方式将最高法院的判决结构化，即确立哪些案件因素与判决相关，以及（或者）设定审查的等级或平衡各位大法官的意见在评估案件因素过程中得到使用。"他们对该术语的一般定义是"一个关键先例，或者一组相关先例，它们为最高法院的大法官在某一特定法律领域得出判决过程中，评估一个案件的关键因素的方式赋予了结构"（ibid. , p. 308）。我借用"法学体制"这一概念，恰是由于印度法的判决程序反映理查兹和克利策所提供的很多描述，除了他们显然不必要地将此概念限定到最高法院，以及不那么显然地，他们将法学体制强烈地与普通法的先例观念挂钩。我感谢贾延特·克里希南（Jayanth Krishnan）对此参考文献提供的帮助。

描绘的法律制度。①特别是，争辩围绕以下问题持续不休，即例如"自然法"或"实证法"这样的界定在印度教法律史语境中是否恰当。本文既探索了界定印度教法整个"体系"，特别是法论文献的法学的恰当方式，也探索了运用这些标签进行学术投入背后的原因。我的描述并未宣称体现印度的全部法律史。我的关注和结论限于并主要脱胎于对法论关于法律程序和判决表述的观察。法论对自前现代印度以来的法律，提供了最系统而详尽的沉思，尽管是以学术话语的形式。②

印度教法中法律想象的中心是一幅发展的学科形象($śās$)。人们将法律视为由学科创造的一种和谐秩序。促使社会和世界变得和谐有序的过程，不断在以下条件中被想象：法律文献($śāstra$)据说为了训练人们，并推动恰当的行为；诫命($śāstra\ āsana$)矫正并惩罚对这种

---

① 在某种意义上，尼尔森(J. H. Nelson)对印度法的尖锐批评仍然持续存在："'印度法'这种东西曾经存在在这个世界上吗？还是'印度法'仅仅是头脑中的幻影，由不懂法的梵文学家和不懂梵文的法律家所想象?"(Nelson James Henry, *A View of Hindu Law as Administered by the High Court of Judicature at Madras*, Madras: Higginbotham, 1877, p. 2)。例如，帕特里克·格伦(Glenn H. Patrick, *Legal Traditions of the World: Sustainable Diversity in Law* (2nd ed.), New York, NY: Oxford University Press, 2004, pp. 271-300)的另一种富有洞见的工作仍然例证了写作关于印度法内容的诱惑，即无须理解梵文，并严重依赖于对印度法的殖民主义理解和创造，将其视为一种处于盎格鲁—印度法广泛笼罩下的一种属人法体系。例如，格伦使以下观点长存不灭，即存在印度法的两个学派(ibid., p. 291)，正如罗歇(Rocher Ludo, "Hindu Law and Religion: Where to Draw the Line?", in S. A. J. Zaidi(ed.), *Malik Ram Felicitation Volume*, New Delhi: Malik Ram Felicitation Committee, 1972, pp. 167 194)所言，这是一个殖民主义的错误。他也没有意识到，弥曼差诠释学和假定在印度法中的关键作用[例如，吠陀的神学观念是"超人"的($apauruṣeya$ or "beyond human")(此处用中括号?)破坏了他的讨论，在 274 页，参见脚注 9 以下(这个怎么改?)]。不应过分指责格伦重复教科书和印度法"经典"的错误理解，而且他仍然提供了诸如"诗性法"(poetic law)这样的概念，这对于理解印度法不无帮助，但对于梵文知识的完整把握，对印度历史、诠释学和宗教的了解对展现和描述印度法而言，都十分必要。作为一个对法律感兴趣的印度学者，为了掌握印度法，在本文中，我希望离开对印度法的印度学讨论，转向对非专业人士而言可理解的描述，但仍忠实于传统本身。

② Davis Jr. Donald R., "Intermediate Realms of Law: Corporate Groups and Rulers in Medieval India", 48 *Journal of the Economic and Social History of the Orient*, 2005, pp. 92-117.

秩序的背离;学生(*śiṣya*)是处于以下过程中的受训者,这一过程臻于受到完满训练和受教育者(*śiṣṭa*)状态的成就,他以身承载合乎规矩的正直和礼貌(达摩),因而能够富有权威地谈论和宣说达摩。另外,法律程序是由于维持完美训练的失败所导致的必要之恶。恰如一份著名的印度教法律文献所描述的:"当人们将达摩作为他们的唯一目标,而且是真理的宣说者时,便没有法律程序,没有敌对,也没有自私。当达摩消失于人群,法律程序便形成。"①为了按照印度教法自身的术语理解它,我们必须既探究这一训练过程,也探查背离得到矫正,冲突获得解决的法律程序。

在理想世界,分析印度教法的最佳方法论将包括其法律理论或法学,以及实际判决的代表性案例。然而,研究印度教法传统的困难在于,缺乏实际法庭案件的记录,尽管存在以上援引的极少数事例。②因此,更不可能遵循卢埃林(Llewellyn)和霍贝尔(Hoebel)的英明例子和建议,即探查"系争案件",将其作为"法律发现的最安全大道"。③相反,我们不得不退求其次,仔细而严密地考察印度教法的法学教科书,以洞察其法律概念。然而,在印度思想中,关于法律本质的结论性观点不需要自动下降到传统印度教法学者带有偏见的视野之下。

本文的核心观点是,法论文献的作者们承认并拥护一种形式的

---

① *Laws of Nārada* 1. 1-2;Lariviere,Richard W. (ed.), *The Nāradasmrti*, trans. by Richard W. ,Delhi: Motilal Banarsidass,2003,p. 254.

② 在印度关于法院实际案件的历史记录的确很少,但这并不意味着法律实践的历史证据完全欠缺。来自中世纪印度的碑铭和档案材料提供了关于法律实践的有用信息,但是以合同、法律命令、抵押契据等形式,而一般非以案例报告形式体现。见 Derrett J. Duncan M. ,*Religion, Law, and the State in India*, 1968, London: Faber. p. 171ff. ; Derrett J. Duncan M. ,"Factum Valet: The Adventures of a Maxim",in *Essays in Classical and Modern Hindu Law*,vol. 3,Leiden: Brill,1976,pp. 1-24; Davis Jr. Donald R. ,"Recovering the Indigenous Legal Traditions of India: Classical Hindu Law in Practice in Late Medieval Kerala",27 *Journal of Indian Philosophy*,1999,pp. 159-213; Davis Jr. Donald R. ,"Intermediate Realms of Law: Corporate Groups and Rulers in Medieval India",pp. 92-117. 其中有如何利用这些证据阐明印度法律史各方面内容的例子。

③ Llewellyn Karl N. & E. Adamson Hoebel,*The Cheyenne Way: Conflict and Case Law in Primitive Jurisprudence*,Norman,OK: University of Oklahoma,1941,p. 29.

法律现实主义,而这种现实主义表明了它们对法律程序的理解,特别是对判决的理解,而且表明了作为印度教法理论基础概念的达摩。[①]这种现实主义主张意味着,法论文献不仅构成了对法律的二阶法学反思,而且就是脱胎于现实法律实践的规则和讨论。[②] 换言之,如果我们不将法论文献视为法官适用的文本之法典,而是视为用于说明一套法律制度的素材、假定和分类,我们便能够利用这些文献洞察法律的理论和实践。

这一方法要求一种关于何谓法律的不同视角,而并非巧合的是,法律现实主义者[③],特别是卢埃林,不成功地尝试采纳关于"初民之法"的主流讨论,认为这种法是"你无法忽视的事物,如果你希望掌握关于法律的任何值得了解之事的话"。[④] 在各社会中,无政治国家、无组织化法庭和法典化规则的法律制度的存在,令法律现实主义者着迷,因为它可能教导我们,了解在西方语境下法律如何在实践中运

---

① 人类学家、社会学家和殖民历史学家久已承认现实主义,它将实际的纠纷解决扎根于现代印度,可以在种姓法庭、乡村长老会(panchayats)等地方,亦即在国家的普通法院之外发现。(Rudolph Lloyd I. & Susanne Hoeber Rudolph, *The Modernity of Tradition*: *Political Development in India*, Chicago, IL: University of Chicago Press, 1967, pp. 253-293)。我在此处的论点是,甚至在法论文献的学者法学当中也能发现这种现实主义,它脱胎于并依赖于实践中的法,尽管它们保存了一种压制历史和地方化的经院表达模式。

② Lariviere Richard W., "Dharmaśāstra, Custom, 'Real Law', and 'Apocryphal' Smṛtis", in Bernhard Kölver(ed.), *Recht, Staat, und Verwaltung im klassischen Indien*, Munich: Oldenbourg, 1997, pp. 97-110; Davis Jr. Donald R., "Intermediate Realms of Law: Corporate Groups and Rulers in Medieval India", pp. 92-117.

③ 对我的论点而言,将法律现实主义作为进行比较研究的一种潜在富有成果的理论工具,与它和美国法律现实主义的历史关联区别开,是很重要的。一些作者,如莱特(Leiter)省略了二者的区别,有时这导致法律现实主义概念的混淆和限制。我不否认,作为概念的现实主义的历史源头来自美国,以及在较弱程度上,来自法律现实主义的斯堪的纳维亚形式,但我不想在此处限制我的论点到这些历史运动的代表们所言或未言及的事情,这与他们的理念持续下去一样重要。为了清楚,我只有在指涉具体的历史运动、组织、个人或论点时,遵循运用"现实主义"这一大写字母的通常意思。

④ Llewellyn Karl N., "A Realistic Jurisprudence—the Next Step", 30 *Columbia Law Review*, 1930, pp. 431-465.

作。正如霍贝尔所指出,"'初民之法'是法律现实主义的追随者",① 因为它例证了共同的现实主义关注:对形式主义的拒绝和对法律非确定性的意识,②在裁判中事实的重要性,③以及对法律实用性的主张。④ 尽管印度教法的理念和制度的精密和复杂使"初民"的标签变得不恰当,但一种现实主义的视角仍然可以恰切应用于印度教法学。

因此,我将利用晚近法律现实主义的学术论说,将其视为一种理解法学和法律实践关系的有价值方法,即使现实主义本身,或任何现实主义者个人并未提供一套综合的法律理论。⑤ 我的整个观点是,法律现实主义,尽管并未精确界定⑥,提供了一套比较法和法律理论的有用框架。因此参考现实主义的印度教法研究是更大的比较法计划的组成部分,该计划将现实主义视为一种比较法研究的有益启发式

---

① Hoebel E. Adamson, "Law-Ways of the Comanche Indians", in Paul Bohanan (ed.), *Law and Warfare: Studies in the Anthropology of Conflict*, Austin, TX: University of Texas, 1967, p. 188.

② Dagan Hanoch, "The Realist Conception of Law", 21 *Tel Aviv University Law Faculty Papers*, 2005, pp. 5-11.

③ Leiter Brian, "Legal Realism", in Dennis Patterson(ed.), *A Companion to Philosophy of Law and Legal Theory*, Oxford: Blackwell, 1996, p. 269.

④ Twining William, "Talk about Realism", 60 *New York University Law Review*, 1985, p. 384.

⑤ Murphy Jeffrie G. & Jules L. Coleman, *Philosophy of Law: An Introduction to Jurisprudence*, Rev. ed., Boulder: Westview, 1990, p. 35. 推宁(Twining William, "Talk about Realism", pp. 359-371.)令人信服地探讨了最著名的现实主义者卡尔·卢埃林对于赞同并被标识为任何特定法理论的保留态度,"因为定义遗漏并过于强调社会制度之间独特而差异的因素,而非连续性和相似性"(ibid., p. 366)。达甘(Dagan Hanoch, "The Realist Conception of Law", 21 *Tel Aviv University Law Faculty Papers*, 2005, pp. 1-66)近来试图论证,一种作为动态机制的现实主义概念,其有意识地缝合法律中一系列互不相融的承诺:规范性 vs. 权力、科学 vs. 艺术,以及传统 vs. 进步。他对于现实主义以下风格的检讨非常有说服力,即现实主义者灵活地避免削减其法律理论,使之偏于二元对立的任何一边,而这是现实主义核心理论承诺的示证。但是,作为融惯的现实主义理论或法律概念的一种表述,达甘的文章又相对缺乏说服力,因为它并未提供定义或明确界定,而是提供了一系列特点的罗列,并认同一种可共存性的策略,其中在理论上彼此对立的法律因素在实践中融为一体。

⑥ 见下文五个特点的罗列,尽管并非决定性的,但体现了现实主义法律观的特性。

理论起点。① 这一方法的一个优点在于,避免了先入为主地采取两极分化的,而且某种程度而言令人麻痹的"自然法"或"实证法"立场。无疑,最好从法论文献开始对达摩的阐述之处起步,在其中法是一个部分,②也就是说,是达摩与吠陀经之间联系的一部分,而吠陀是印度古老的赞美和礼拜之书。③ 以此为起点,将首先引导我们讨论,印度思想是否为自然法提供了空间。

一、自然法理论对印度教法不适用

传统自然法理论包含两个原则性要素:①存在一种超越的法律渊源,该渊源以上帝或理性的形式存在,实证法受其衡量;②法律和道德必然而且密切关联,正义和道德价值处于法律权威的核心。④ 自然法的阿奎那式基本观点在自然法意义上广泛适用于印度的情况,由吠陀创造的既定、永恒、构成性的宇宙秩序为经验的、情境的和历

---

① 谢尔曼·杰克逊(Sherman Jackson)对伊斯兰法中法律现实主义的研究堪称模范,这些研究在现实主义范畴中重新想象伊斯兰法学。例如,参见 Jackson Sherman, "Fiction and Formalism: Toward a Functional Analysis of *Uṣūl al-fiqh*", in Bernard G. Weiss(ed.), *Studies in Islamic Legal Theory*, London: Brill Jackson 2002, pp. 177-201。

② Rocher Ludo, "Hindu Conceptions of Law", 29 *Hastings Law Journal*, 1978, pp. 1283-1305.

③ 在神学意义上,吠陀经绝非仅仅是文本。出于本文的目的,铭记吠陀经的两个有区别的特点很重要。第一,它们是永恒的(*nitya*, see PMS 1.1.18);第二,它们是超越的,或"超人"的(*apauruṣeya*, see PMS 1.1.29)。这是所谓弥曼差的诠释哲学的观点,它与法论的法律推理密切关联。关于吠陀经这种观点的弥曼差论证的更多内容,见 Pollock Sheldon, "Mīmāṃsā and the Problem of History in Traditional India", 109 *Journal of the American Oriental Society*, 1989, p. 607ff。

④ Murphy Jeffrie G. & Jules L. Coleman, *Philosophy of Law: An Introduction to Jurisprudence*, Rev. ed., Boulder: Westview, 1990, pp. 11-19.

史决定的实证法提供了一套参照标准(dharma/ācāra)①。所有达摩/习惯法(dharma/ācāra)在神学意义上据称都源自吠陀(在技术上称为vedamūlatva,吠陀根文本),这似乎将后者置于相对于前者的超越地位。然而,问题在于超越的性质。它是否意味着实证法"基于"吠陀?在任何直接的实质意义上,都未必如此。正如罗歇(Rocher)提醒我们的:"甚至一个不经意的观察者也会注意到,在神启经(śruti)中几乎没有任何达摩的规则,甚至法律的规则更少。"②吠陀并非达摩或法的直接实质渊源,而实际上,在吠陀文献中达摩似乎是相对不重要的一个术语。③ 因此,吠陀的首要性是象征和意识形态意义上的。④ 正如 Sankararama Sastri 所说,将吠陀作为完美、永恒和超人类知识与达摩相联系,构成了"印度神学和哲学整个大厦建基其上的主导性根本虚构"。⑤

因此,在吠陀形式中的自然法超越要素是存在的,但很微弱。印度教法的吠陀属性是一种法律拟制,这种拟制仅仅为印度教法学的

① 将达摩界定为"实证法"遵循了保罗·哈克(Paul Hacker)、威廉·哈布法斯(Wilhelm Halbfass)、吉姆·菲茨杰拉德(Jim Fitzgerald)及其他人的论点,他们在近几十年来,都对达摩的学术性理解进行重要修正做出了贡献。其他人,诸如林加特(Lingat)和蒙斯基(Menski)将达摩与吠陀相关联,但与 ācāra,即地方习惯法相对立。魏斯勒(Wezler)近期的论点具有说服力,即达摩在法论中的意思与在吠陀经中的意义不同(Wezler,2004)。奥利维尔(Olivelle)通过以下方式推进一步,他表明在吠陀经中,"达摩至多是这些文本词汇标中的边缘术语,它在吠陀经所描绘的宗教世界中,并未扮演核心角色"(Olivelle Patrick,"The Semantic History of Dharma in the Middle and Late Vedic Periods",32 *Journal of Indian Philosophy*,2004,p. 491)。

② Rocher Ludo,"Hindu Conceptions of Law",p. 1293. 比较 Lingat(*The Classical Law of India*,trans. by J. D. M. Derrett,Berkeley,CA: University of California,1973,pp. 7-8):"在实际事实中,吠陀文本关于达摩规则的方面包含内容极不充分。严格来讲,吠陀经(saṃhitās)甚至不包含一点可直接用于作为行为准则的实证规则。"

③ Olivelle Patrick,"The Semantic History of Dharma in the Middle and Late Vedic Periods",pp. 491-511.

④ 关于在印度宗教和哲学思想中吠陀经地位的杰出讨论,见 Halbfass Wilhelm,*Tradition and Reflection: Explorations in Indian Thought*,Albany,NY: State University of New York Press,1991.

⑤ Sankararama Sastri,*Fictions in the Development of the Hindu Legal Texts*,Adyar: Vasanta,1926,p. 46.

整个体系涂抹了一层自然法的光泽。从神学意义上讲,这种拟制具有至关重要的意义,因为它为法论之法的权威提供了一种不容置疑的基础。然而,在法律史的意义上,这种拟制没有意义,因为达摩的实质内容几乎与现存吠陀经的条款毫无共同之处。从碑铭、文学作品和域外观察者中获知的法论和其他圣传经(smṛti)文献,以及习惯法(āaāra)体现了达摩的实质内容。因此,本文聚焦于法论和习惯法的历史角色和相互关系,这些共同体现了达摩和法的实践规则,尽管这些规则不同于严格的正统神学。正如奥利维尔(Olivelle)所指出:"那么,在达摩的神学正确定义和认识论,与达摩的规则现实之间存在不一致。"①吠陀经与印度教法的神学关联主要是一种遥远的背景,在其映衬之下,法哲学得到发展,而实际的法律事务得到施行。

然而,依据吠陀经的首要地位具有一种实践后果②,亦即在吠陀传统中的训练和教育,诉诸先人的培训,在理论上作为一种最终凭证,富有权威地宣说达摩和法的实证判定。与其说吠陀文献的实质内容是达摩和法的吠陀正统的终极试金石,不如说决定什么是达摩的权力,掌握在博学而受到吠陀经训练的个人手中。其理念是,在吠陀传统中受到恰当训练的人不会,实际上也无法做出法的决定,亦即达摩的判定,这将触犯正统。而一旦判定和创设达摩的权威转移到人,③印度教法的自然法性质便遭到暗中破坏,尽管将吠陀经作为达

---

① OlivellePatrick, *Dharmasūtras: The Law Codes of Āpastamba, Gautama, Baudhāyana, and Vasiṣṭha*, Delhi: Motilal Banarsidass, 2000, p. 15.

② 人们也应注意,正统印度教徒对吠陀的深刻笃信所带来的更普遍的意识形态和社会学后果,亦即一种以正统印度礼仪实践和"一种自我普遍化和自我疏离的复杂理论结构"为标志的严格而极端的种族中心主义和仇外情绪(Halbfass Wilhelm, *India and Europe: An Essay in Philosophical Understanding*, Albany, NY: State University of New York Press, 1988, p. 187)。由于它也与吠陀有神学关联,达摩也"只有在被视为密切接近于这种复杂的印度教年代学(xenology)和内向的传统主义时才能够被理解"。(ibid. , p. 320)印度法学通过以下方式参与了这种年代学计划,即聚焦于属于印度共同体的最正统——婆罗门——的规则。其他共同体则附属于法论的范围,但这种精英主义和种族中心主义成为恢复广泛印度法律史的另一种障碍(尽管并非不可克服)。

③ Davis Jr. Donald R. , "*Dharma* in Practice: *Ācāra* and Authority in Medieval Dharmaśāstra", 32 *Journal of Indian Philosophy*, 2004, pp. 813-830.

摩和法的终极渊源得到普遍崇敬。

在印度教法中诉诸人的权威也表明,处于自然法理论核心的道德批判主义因素在印度教法学中付诸阙如。在法论神学中,存在三种达摩渊源:①神启的吠陀文献(śruti);②"追忆"吠陀传统的文献(smṛti),法论是主要的例子;③由通晓吠陀及其相关训练的人所确立的规则或习惯法(ācāra)。显然,每个渊源的重点都直接或间接指向吠陀经本身,但所欠缺的是任何诉诸道德或伦理的法律渊源。这种法律渊源观意味着每种渊源都由经验加以确定。为了解达摩或法,人们或者查阅文献,或请教共同体中"善良"并"通晓吠陀"的人。在此情境中,不诉诸道德权威是必要的,甚至不值得追求。哈布法斯(Halbfass)写道,达摩是:

> 在哈克(P. Hacker)意义上是"实证法",而且"根本是经验的"。但这种"经验主义"同时也具有规范性,因为它依靠神圣文献和实际行为应当具有模范性和规范性的人群来加以适用。这几乎未给理性的伦理批判,或"自然"与"实证"法的对立留有任何余地。传统拒绝或漠视将达摩伦理化和普世化的尝试。①

在这一意义上,达摩作为规范经验主义的产物,在理论上拒绝了任何道德修正,因为这些规则系由于其永恒和超人的性质,而非由于其正当或道德价值而有效。② 如果达摩不允许印度教法的任何范围的道德批判,那么自然法理论的这种主要特征便不适用于印度的情况。

---

① Halbfass Wilhelm, *India and Europe: An Essay in Philosophical Understanding*. Albany, NY: State University of New York Press, 1988, pp. 332-333.

② 当进行伦理考虑时,献祭仪式提供了看似非道德的达摩行为的一个好例子,但这无疑要求并依赖于正直的人。尽管佛教徒和其他印度传统,甚至印度教传统都赞美非暴力(ahiṃsā)的美德,但印度教徒仍然坚持在仪式化的动物献祭这种受控的环境下,维护了对此美德的一项例外。显然,印度教传统在经验上确立了确定的达摩规则,在这种情况下来自吠陀文本本身,相反超越任何伦理考量之上。

因此,总体而言,认为印度教法"体现了自然法的文化特殊形式"①的论断必须加以重估,因为自然法的任何原则因素都不适合印度教法学。② 如果我们对比印度教法学的原则与自然法理论的原则,我们会进而发现自然法和达摩在两种传统中各自构想的不同风格。阿奎那提出某种程度上不恰当的自然法最著名的格言是"恶法非法"(*lex injusta non est lex*)。③ 法律实证主义的支持者经常不公正地讽刺这一格言为"否认邪恶规则的法律有效性"。④ 菲尼斯(Finnis)径直否认了这一主张并认为,与此相反,"(自然法)传统走得如此之远,以至于认为,为了维持对法律制度整体的尊重,存在遵守这种非正义法律的义务⑤"。因此,传统自然法理论支持对一种特定"非自然"法规则的服从,如果制度整体在总体上正当,而且"对法律的公共不服从可能暗中破坏制度"⑥的话。这里所关注的是要保护自然法作为至高

---

① Menski Werner, *Hindu Law: Beyond Tradition and Modernity*, Delhi: Oxford University Press, 2003, p. 43.

② 即使自然法理论对于印度的情况不适用,但无法否认印度法具有的根本宗教性。达摩融合了社会、政治、法律、宗教和人格规则在其范围内,而没有区分涉及盥洗功能、神圣礼仪、合同等规则之间性质。印度法是一种宗教法律体系毫无疑问,但其宗教性并非完全来自与吠陀经之间肤浅而在很大程度上是神学性的联系。关于印度思想中法律与宗教的联系,见 Rocher Ludo, "Schools of Hindu Law", in *India Maior* (Gonda Volume), Leiden: Brill, 1972; Lariviere Richard W., "Law and Religion in India", in Alan Watson(ed.), *Law, Morality, and Religion: Global Perspectives*, Berkeley, CA: University of California, 1996, pp. 75-94.

③ 对此格言的澄清讨论,见 Finnis John, *Natural Law and Natural Rights*, Oxford: Clarendon, 1980, pp. 363-366; Bix Brian, "Natural Law Theory", in Dennis Patterson(ed.), *A Companion to Philosophy of Law and Legal Theory*, Oxford: Blackwell, 1996, p. 226。

④ Hart Herbert L. A., *The Concept of Law*, 2nd ed., Oxford: Clarendon, 1994, p. 207.

⑤ Finnis John, *Natural Law and Natural Rights*, p. 365. 在引用的叙述之前,菲尼斯对其"并行义务"(collateral obligation)观念提供了一套更完整的构想,"如果一个不公正的约定实际上与其他具形式渊源的法律同质……而""其获得一般认可,良好公民可以(并不总是)在道德上被要求遵守这一约定,这是必要的,为了避免弱化'法律',即作为整体的法律体系(的规则、制度和安排)"(Finnis John, *Natural Law and Natural Rights*, pp. 361-362)。

⑥ Bix Brian, "Natural Law Theory", p. 227.

法源或法律构架的整体性,尽管允许这样的例外,即在特定情况下承认非正义法律的合法性和义务。因而对这种非正义法律在将来或下一步进行道德批评的能力和必要性便得到了维持。

在印度教法学中,一个可资比较的原则涉及"人们所厌恶"(anathema to the people,lokavidviṣra)规则。这一原则主要来自中世纪对印度教法学的经院评注,这些评注与实际上并未实际得到遵守的法律和宗教实践相关联,尽管这些实践为法论所规定。一个法律实例是禁止偏向于长子的不公平遗产分割,尽管存在著名的规则允许甚或要求不公平的分割。① 根据评注家在本案中的主张:"的确在法论中能见到这种不公平的分割;但是,由于这为人所厌恶,故未得到实际遵行。"②关于是否"公众的厌恶(便)足以构成对一项实践的谴责",或者也能"废除法论中记载的规则",评注者之间也有一些不同意见。③ 若不考虑这种不统一,显然法律实践至少作为一个向导,指向对达摩中疑难或冲突规则的恰当诠释性理解,而且可以在某些情境下,取消由一项达摩规则所正式创设的义务。换言之,印度教法学赞成一项能达到恰当建构法治的原则,在这种情况下,法论文献所创设的规则可以被社会事实所废除。④ 正如一份中世纪法论文献所记载:"就算任何尘世性质都无法拥有法论文献作者的话语所具有的同等权威,但尘世事物有时仍必须作为法论加以依赖。"⑤人们认为,自然法理论旨在面对以非正义法律形式出现的对社会事实的权益性让

---

① Lingat Robert,*The Classical Law of India*,trans. by J. D. M. Derrett,Berkeley,CA:University of California,1973,p. 191.

② *Mitākṣarā* on *Laws of Yājñavalkya* 2.117. 评注家援引了文本中更早期的一个权威规则作为附加理由:"由于禁令(at *Laws of Yājñavalkya* 1.156)规定'无法引向天国,并为人所厌恶者,即使是达摩,也不应被实践'。"

③ Lingat Robert,*The Classical Law of India*,p. 192.

④ 这一原则必须与废止相区别,因为后者意味着一种之前的接受,后来退化成废弃或不遵守。"人们所厌恶"原则涉及规则被调整或排除出地方法律制度的方式,而不管其在文本中或在其他共同体中作为被接受规则的地位。

⑤ Medhātithi on *Laws of Manu* 8.3;Jha,Ganganatha,*Manusmrti with the "Manubhāsya" of Medhātithi*,10 vols,2nd ed.,Delhi:Motilal Banarsidass,1999,2.74.

步时,维持自然法的至上性,而印度教法学则承认在决断达摩和法时,社会事实的至上性,不论是否与吠陀"自然法"存在任何冲突。这是法律实证主义的基本意旨。

有人可能提出反对意见,认为"人们所厌恶"原则似乎以公共道德为理据,反对一项达摩规则,在上文引用的事例中,人们认为偏向长子的遗产分割"不道德"。我将承认,在特定时空下,这一原则可能包含道德因素,因为被反对的规则可能被认为不道德(或更好的表述是,不恰当),但其范围被明确限定,而且并不假装将该规则作为一项对自然法想象的诉求加以普遍化或道德化。更重要的是,处于该原则核心的,使达摩规则并未实际得到遵行的主要是经验事物,是社会事实①,而非使规则无效的自然或道德之法。

拒绝达摩规则的另外两个在法理上获得承认的方法证明,在自然法理论意义上对法的道德批评在印度教法中闻所未闻。第一个原则处理"卡利时代的禁令"(prohibitions of the Kali era,kalivarjya),也就是说,由于印度认为,时间经过四个时代(yuga),而每个时代道德不断恶化,而且逐渐背离正法,因此,其行为和规则被视为无效。卡利时代,作为最后的时代,意味着在这个最堕落的时代,人类全然无法遵守之前具有权威的规则。第二个原则称为"紧急状态达摩"(emergency dharma,āpaddharma),是指仅在灾难性环境中允许的行为和规则,例如饥荒、战争、干旱等。在这样的时期,一些非法行为,例如盗窃食物,作为求生的必要手段,是正当而且被允许的。②"卡利禁令"与"紧急状态达摩"原则都明确承认并将一种不可避免或必要的非道德性并入法论体系,这或者是因为宇宙经过漫长时间逐渐陷入道德退化的地步,或者因为紧急环境要求旨在求生的非道德行为。此处,基于艰难社会环境的非道德规则和行为证成法律的变迁或

---

① "人们所厌恶"原则,也可称为一项规则,以哈特的次级变化规则的方式发挥作用,亦即存在一种规则,借此特定法律的初级规则可以做出调整以符合变化的社会事实。

② 关于 kalivarjya 和 āpaddharma 二者的讨论,参见 Kane P. V, *History of Dharmaśāstra*,vol. 3,Poona:Bhandarkar Oriental Research Institute,1962-1975,p. 926ff。

例外。

二、印度教语境中的现实主义和实证主义

基本的自然法理论①似乎与印度教法学不相兼容,这立刻迫使我们寻找一种描述印度思想中法律概念的更恰当理论。最近几年,人们所知的法律现实主义运动,特别是其美国版本,联合了卢埃林(Llewellyn)、科恩(Cohen)、弗兰克(Frank)、拉丁(Ladin)、摩尔(Moore)等学者,从 20 世纪 20 年代至 40 年代,已经在法哲学和法学学者当中引起了兴趣。推宁提醒我们,②不要在这批以现实主义者为标签的学者群体中寻找统一的法律理论,更不要推断他们拥有共同的理论立场。考虑推宁的提醒,即不要运用诸如有具体风格的现实主义这样的弥散性概念,无疑针对印度事例,我希望探索一种法律现实主义道路的经验延伸,以既使印度教法对非专业人士变得可以理解,也能通过运用印度之外的范畴和概念复兴印度教法的研究。

在数部近期的著作中涉及的一个方面是,在早期现实主义者的作品中发现了现实主义和实证主义的关联。例如,推宁自己便指出,霍姆斯和卢埃林两位学者都未注意到他们对实证主义的主张,他们都坚持了实证主义的基本法律观点。③ 塔玛纳哈(Tamanaha)更进一步,认为"如果你从现实主义者和实用主义者那里剔除了实证主义、行为主义和事实—价值二分,你便去除了他们信念的核心成分,而不是毫无损失地去除错误的虚假陈述"。④ 更显然的是,莱特(Leiter)通

---

① 　与天主教神学家和法哲学家们相联系的高度复杂的自然法理论在宗教研究和法律理论界中继续引发可观兴趣。但出于本文的目的,证明印度法和自然法理论之间存在一定具有根本性的不兼容,便足以质疑用后者描述前者的妥当性。我不主张全然反驳自然法理论,而只是表明,它对于理解传统印度法而言没有帮助。一项针对与自然法竞争的法律观的逐条辩驳是 Finnis 2002,其内容在某种程度上具有辩护性,也不无助益。

② 　Twining William,"Talk about Realism",pp. 329-384.

③ 　Twining William, *Globalisation and Legal Theory*, Evanston, IL: Northwestern University Press,2001,pp. 79,133.

④ 　Tamanaha Brian, *Realistic Socio-Legal Theory: Pragmatism and a Social Theory of Law*, Oxford: Clarendon,1997,p. 47.

过试图为现实主义提供一种更稳定的哲学基础,而扩展了早期现实主义者的计划,该基础的形式是他称为"一种基于实用主义观点的自然化法学"。[①] 而且,莱特也论证了法律现实主义对法律实证主义的必要信赖,他相信,法律现实主义仅仅是一种恰当的司法理论[②],而后者则是一种完整构思的法律整体理论。[③] 遵循关于现实主义和实证主义关联的这些洞见,我的观点是,印度教法的现实主义同样也以对法律实证主义的潜在主张为基础。在本节,我将勾勒我运用法律现实主义作为一种理解印度教法的方式,进而在下一节,以印度教法律文献为证据,论证我对一种现实主义维度的利用的正当性。

法律现实主义观至少存在五个特点,对于理解法论文献中使用的达摩和法的方法具有意义:

(1) 关注司法程序,特别是司法判决中的事实;

(2) 考量与司法过程相关的"关于法官的心理—社会事实";

(3) 反对法律判决中的形式主义,即严格单纯依照法律理由,并接受非法律理由;

(4) 构想更具体的,针对具体情形的规则,而非抽象、一般的法律规则;

(5) 规则的经验性因果关系的怀疑主义,而非规则概念意义的怀疑主义。

---

① Leiter Brian, "Rethinking Legal Realism: Toward a Naturalized Jurisprudenc", 76 *Texas Law Review*, 1997, p. 275.

② 莱特(Leiter)争辩认为,法律现实主义主要是一种司法理论,这既背叛了一种美国偏见,也抚平了法律现实主义代表作家之间的历史性差异。莱特通过为法律现实主义建构,他自己会说重构一套圆融一贯的哲学基础作出了巨大贡献,但为了这样做,他有时误传了现实主义者的历史地位和一致性,而这些现实主义者是他理论的来源。参见推宁(Twining,1985)对法律现实主义的有益历史考察。我感谢本文的匿名读者指出推宁的作品供我参考。

③ Leiter Brian, "Legal Realism and Legal Positivism Reconsidered", 111 *Ethics*, 2001, pp. 278-301.

尽管这一特点清单并未穷尽法律现实主义中法律和司法概念，但我相信，它清楚体现了现实主义法律观的核心要素，而学术界会一致赞同这些要素。[1] 当然，建立这一清单也是为了对照印度教法学的因素，而这种印度教法学也展现了与此相似的主张和关注。像哈特[2]这样的法律实证主义理论家对法律现实主义，特别是其"规则怀疑主义"的有力回绝给多数法哲学家留下了这样的印象，即现实主义是一种"哲学笑话"（用莱特的话）。检验现实主义和实证主义的密切联系缓和了现实主义者/实证主义者之间的刻薄辩论。哈特指责现实主义者是绝对"规则怀疑主义"。针对这一空洞批评的一项有力驳斥是莱特对概念性规则怀疑主义和经验性规则怀疑主义的区分。[3]

现实主义者被指责为，主张在法律规则形式中，"法治"的说辞仅仅是修辞，而在现实中，法律不过是法官的作为。为了回应这一广为接受的看法，莱特区分了在概念层面法律规则的无意义怀疑主义和在经验语境下法律规则值得肯定和未受反驳的怀疑主义。为了论证这一主张，莱特不仅吸收了早期现实主义者的潜在哲学主张，而且为现实主义寻找一独特的，在很大程度上全新的哲学基础。由于论证规则不构成法律概念的组成部分导致无数逻辑上和法律上的谬误，现实主义通常拒绝了这种概念性的规则怀疑主义，并接受了规则的重要性，包括承认规则作为法律的概念性或哲学性基础。然而，这并不意味着，在经验情况下将规则适用于事实会自动或自然导致特定判决，即庞德[4]在很久以前批评为"机械法理学"的东西。相反，法律

---

① 法律现实主义的九个"一般背离点"（common points of departure）的经典列表见 Llewellyn Karl N. ，"Some Realism about Realism——Responding to Dean Pound"，44 *Harvard Law Review*，1931，pp. 1236-1238。此处对我的目的而言，并非不重要的是，我所有的要点都被承认具有专门的法律现实主义之维的特征。这种"现实主义"以合理的方式捕捉了这些要素，而这对于在经验上运用该术语描述印度法也已足够。

② Hart Herbert L. A，*The Concept of Law*，p. 136ff.

③ 以下描述，我依靠 Leiter Brian，"Legal Realism and Legal Positivism Reconsidered"，pp. 288-300。

④ Pound Roscoe，"Mechanical Jurisprudence"，8 *Columbia Law Review*，1908，pp. 605-623.

至少以三种方式表现不确定性：①语义模糊性使对制定法或判例法的解释服从显然而"界限模糊"(penumbral)的案件(哈特提出的观点)；②在形成实际判决中依赖非法律理由(政治、共同体接受、个人伦理，等等。①)意味着，类似案件可能导致不同法律结果；③可用法律学说渊源的多样性。② 因此法律的不确定性③与如何决定规则是否法律的问题是不同议题。从概念上讲，根据承认规则，特定规则被承认为法，但在实践层面，法律的不确定性迫使人们诉诸一种规则的经验怀疑主义，而该主义允许我们考虑在法律适用中非法律理由的作用。莱特论断："简而言之，现实主义者无法成为概念的规则怀疑主义者，因为他们关于法律不确定性的主张假定了一种合法性标准的非怀疑论叙事，而这种叙事在强硬或专一的实证主义者所发展的观点中有着最明显的亲密关系。"④

在印度教法学中，法律不确定性问题也很重要。正如我们所见，在现实主义观中，不确定性来自语义模糊性，来自司法判决中诉诸非法律理由，以及来自可能的学说法源的多样性。在印度教法中，关于达摩的不确定性是法论和与之相联系的诠释学训练——弥曼差(Mīmāṃsā)的作者们的核心关注。特别是达摩的正确认识论被设计出来，通过将所有达摩渊源置于经验范围之内，以消除不确定性。如果接连参考的达摩渊源对达摩而言是不确定的，那么人们就只需要参考下一个渊源。要言之，通过包含习惯法(ācāra)，即在实践中根据逻辑确定和创设的达摩，作为达摩的一项渊源，不确定性在实践中得

---

① 当然非法律理由一旦在法律中作为理由加以适用，便成为法律理由。通常的意思是，非法律理由是指不以规则为基础的理由，但我这里所遵循的是，将这些理由作为非法律理由援用的总体实践。

② 用达甘的话说："法律学说的非确定性首要来自于在选择适用规则时可能出现的偏差，而非来自一旦选定规则后，该规则的模糊性。"(Dagan,2005,8)。

③ 对美国法律现实主义者而言，非确定性问题在上诉案件中最明显，而在他们看来，却并非所有司法判决的特征，因为很多，甚至大多数判决只要直接适用相关法律规则便已足够，而这些规则多是无争议的。因此，现实主义通常似乎会反对"普遍的非确定性"观点，而这一观点由批判法学传统和后现代主义法学的一些学者提出。见 Leiter,1997,273。

④ Leiter Brian,"Legal Realism and Legal Positivism Reconsidered",p. 293.

以消除。① 在印度教法中,诉诸经验方案解决法律不确定性问题表明,印度教法的一种现实主义维度可以令人信服地将这一传统纳入可行的范畴。

法律实证主义的假定建立在一项主张或两大(有时是三大②)宽泛原则的基础上。③ 首先是分离命题:"法律是什么与法律应该是什么,是不同的问题。"④质言之,与自然法理论相反,这是一项关于法律和道德并不必然关联的主张。法律和道德的分离,实际上抵触将达摩和法伦理化和道德化,这当然是印度教法的特点,正如我已经讨论的。⑤ 其次,便是社会命题:"在任何特定社会中,什么是法在根本上是一项社会事实。"此处的问题在于,如何区分法律规则和其他种类的规则。哈特的承认规则观念在法律学者中间已经或多或少成为典范,但辩论仍在持续,涉及"是否社会命题同样表述了一项约束,该约束涉及检验法律有效性的内容,而任何承认规则都能表述这种内容"。⑥ 在某些"柔性实证主义"学者的观点中,作为实践中获得社会承认的承认规则可以"包括法律有效性的检验标准,该标准参考了道

① Davis Jr. Donald R. , "*Dharma* in Practice: *Ācāra* and Authority in Medieval Dharmaśāstra",pp. 813-830

② 希玛会在通常的两原则列表之中增加一项惯例原则。惯例问题往往被包含于社会事实命题之下,特别是当作为区别柔性或包容性实证主义和刚性或排他性实证主义时,它是主要的标准。此处我关注于分离性和社会事实性作为法律实证主义的独特主张(Himma Kenneth Einar,"Inclusive Legal Positivism",in Jules Coleman and Scott Shapiro(eds.), *The Oxford Handbook of Jurisprudence and Philosophy of Law*,New York,NY: Oxford University Press 2002,pp. 125-165)。

③ Ibid. Marmor Andrei,"Exclusive Legal Positivism",in Jules Coleman and Scott Shapiro(eds.), *The Oxford Handbook of Jurisprudence and Philosophy of Law*, New York,NY: Oxford University Press,2002,pp. 104-124.

④ 关于这一效应,比较卢埃林著名的叙述"为了研究目的实然与应然的暂时离婚……"。Llewellyn Karl N. ,"Some Realism about Realism—Responding to Dean Pound", 44 *Harvard Law Review*,1931,p. 1236.

⑤ 奥贝耶塞克从不同视角得出了类似结论,大意是印度婆罗门教传统是"非伦理化"的(Obeyesekere Gananath, *Imagining Karma: Ethical Transformation in Amerindian, Buddhist,and Greek Rebirth*. Berkeley,CA: University of California,2002,pp. 99-102)。

⑥ Leiter Brian,"Legal Realism and Legal Positivism Reconsidered",p. 287.

德和其他实质性合法性标准,如果这些是官方实际援引以解决纠纷的标准的话"。① 相反,"刚性实证主义者"则坚持认为,承认规则的本质也必须受到社会事实的约束,特别是"关于系谱或渊源之事实"的约束。② 自约翰·奥斯丁(John Austin)以来,规则的系谱与合法性标准的关联便成为法律实证主义的标志。③

在印度教法学中,什么算是达摩,亦即承认某些初级规则为达摩的次级规则的内容,在很大程度上由特定规则的社会接受,以及由"好的""有学识的"和"权威的"人的宣传所决定,或者以这种人所撰写的权威文献(śruti or smṛti)的形式,或者是在当前情况下确立的实践规则(ācāra)。换言之,印度教法的承认规则是系谱问题,尽管由两个不同的,但彼此关联的系谱。④ 唯有在一项规则在一份权威文献中出现,或者是在本地被接受的法律的组成部分时,该规则才被视为达摩。没有"道德或其他实质合法性标准"影响承认规则。相反,依靠各种社会组织内精英的社会权威为中心的经验认识论,规则被承认为达摩。因此,除了现实主义,实证主义,实际上是"刚性实证主义"必须也作为传统印度教法理论的恰当描述来了解。⑤

三、印度教法学中的法律现实主义

在推动法律现实主义核心要素的过程中,印度教法律文献十分明显包括以下理念:在作出司法判决时,是并且应当首先参考事实,其次才参考规则。在印度教法中,关于法律程序之描述性特征的经典列表中,以下内容来自《那罗陀法论》(*Laws of Nārada*):

---

① Ibid.

② Ibid.

③ Murphy Jeffrie G. & Jules L. Coleman, *Philosophy of Law: An Introduction to Jurisprudence*, p. 23.

④ 关于印度法中承认规则的讨论,见 Davis Jr. Donald R. , "Intermediate Realms of Law: Corporate Groups and Rulers in Medieval India", pp. 92-117。

⑤ 为了简便,我在此处涉及现实主义,这被理解为,我将该术语理解为以我刚刚描述的方式嵌入了法律实证主义的一项主张。

据说一项法律程序有两条路径,因为它根据事实或技术性错误来推动。事实意味着,它受制于真实环境,技术性错误意味着,它由粗率或狡计所推动。由于国王负责执行达摩,因此他不应容忍技术性错误,尽管这种错误是难以捉摸的。国王应当仅仅诉诸事实,因为达摩是其荣耀的根源。①

在法论中,此处和其他地方对错误的意旨(chala)所关注的,既有一种无心之失破坏正式起诉的情况,例如,错误陈述了一个地名或人名,更重要的是,包括具有故意和误导性质的法律操纵和欺诈。尽管在传统印度教法中,法律代理几乎闻所未闻②,但在原被告之间表述各自情况的能力之间的不平衡问题仍然存在。因此需要嘱咐国王,即印度教法中的法官典范,以及其他法官,在判决案件时参考事实,而非参考法律操纵机巧。

如果我们考虑其他法论文本,即《祭言法论》(*Laws of Yājñavalkya*)中的一条类似规则,以及后来关于这项规则的一项评注,我们会进一步洞察,了解事实在司法判决的决定理由中发挥的核心作用。主文本写道:"国王应当忽略法律操纵机巧,依据事实履行法律程序。甚至事实如未确立,也会经由诉讼程序而导致败诉。"③关于本段落的一条评注分析法律程序的这两条"路径":

> 正因为原告和报告只说真相,法庭的掌控者及其法官也必须受制于采取友好谈话的标准技巧,等等。④ 当情况如此时,可以无须参考证人证言或其他证明手段作出判决(也就是说,事实相互规定)。但并非在所有案件中,事实都能

① Lariviere Richard W. , *The Nāradasmrti* , p. 259.
② Rocher Ludo, "'Lawyers' in Classical Hindu Law", 3 *Law and Society Review* , 1969 , pp. 383-402.
③ *Laws of Yājñavalkya* 2. 19.
④ 对司法考察和实际上根据法论的所有的人类考察而言,标准技术都是友好对话、赠品、异议和惩罚。见 *Laws of Yājñavalkya* 1. 346。

准确查明。当无法查明时,就必须通过证人证言作为可接受的替代方式,作出判决。遵循事实的法律程序是原则,遵循法律操纵技巧的法律程序是替代方案。① 通过证人证言、文书等决定法律程序。有时对事实的准确认定是可能的,有时不可能,因为证人证言存在(对事实的)的背离和加工,等等。②

印度教法明显偏向于将司法判决主要建立在事实考量的基础上,超出事实发现的形式法律程序被视为疑难案件中的必要替代方案。不过,在两种"路径"中,案件事实认定在法律程序正常过程中都是至高无上的。在很多或多数案件中,似乎事实并非总是难以分辨,在很多案件中甚至没有争议,因此在印度教法中,多数既定法律程序都采取一种近乎地方性的和小额诉讼(small-claims)的法庭。③ 在作为法论中典范的小范围共同体中,几乎不太可能出现匿名或秘密的行为,能够逃脱印度人尽皆知的熟人社会(close-knit society)的耳目关注。④

印度教法中事实的力量为印度教法学家对"事实不可改变"(*factum valet*)原则的坚持而得到证明,也就是说,"不应为之事随着作为而有效"。⑤ 这一箴言适用于以下情况,尽管特定行为似乎违反法律的精神甚或条文,但该行为被认为合法。这一箴言在英国殖民统治时代有些残忍地被用于允许在法论和多数习惯法规则之下禁止

---

① 此处在原则(*mukhya*)行为和可接受的替代行为或变通(*anukalpa*)之间的区分是技术性的。在所有案件中,遵守原则的行为模式都较佳,但变通完全正当。

② *Mitākṣarā* on *Laws of Yājñavalkya* 2. 19.

③ Rudolph Lloyd I. & Susanne Hoeber Rudolph, *The Modernity of Tradition*: *Political Development in India*, pp. 256-258.

④ 至少,犯罪行为鲜有未被察觉的。Davis Jr. Donald R., "Recovering the Indigenous Legal Traditions of India: Classical Hindu Law in Practice in Late Medieval Kerala", pp. 159-213.

⑤ 完整的拉丁箴言为"*quod fieri non debet, factum valet*"(see q. v. Black's Law Dictionary)。

的行为,例如仅能收养一个儿子。① 不过,甚至是在法论中,"事实不可改变"原则也用于论证比如家庭共有不动产的赠与或出售。② 在中世纪关于《摩奴法论》(*Laws of Manu*)的评注中,这一原则通过以下方式表述:"事实情况不能由于违反法律文本而遭摧毁。"③当然,对我们的目的而言显然的是,当违反法论规则的行为在实际上已经完成的时候,法律甚至承认这些行为。在此处,法律解释部分包含将特定规则视为建议性的"应当",而非强制性的"必须"。④ 对成文法特定语法形式背后准确内容的审慎思考和微妙解释,既表明对法律规则重要性的关注,也表明一种使这些规则符合主要法律现实的努力。"事实不可改变"在印度教法中的运用通过以下方式深化了其现实主义,即采用一个法律箴言允许事实在某些情况下战胜法律。

除了印度教法学所要求的认真考量案件事实外,也应考虑法官、证人、诉讼当事人等的"心理—社会事实",因为它们影响案件的正当结果。在此问题上,印度教法采取了比法律现实主义更宽广的视野,而后者仅狭隘地关注法官。无疑,现实主义当然会鼓励考虑所有有助于预测法律纠纷结果的相关"心理—社会事实"。然而,另一个体现出来的重要差异,恰恰来自这种现实主义者通过考量这类心理—社会事实预测司法判决的欲望。这种意义上的预测成分与法论不同,但文献仍然建立了一套明确的标准,涉及法官和法律程序中其他参与者的预期心理和社会特征。印度教法学在理想层面要求法官、

---

① Derrett,J. Duncan M.,"Two Inscriptions Concerning the Status of Kammālas and the Application of Dharmaśāstra",in *Essays in Classical and Modern Hindu Law*,vol. 1,Leiden:Brill,1976,pp. 86-110.

② Rocher Ludo,"Jīmūtavāhana's *Dāyabhāga* and the Maxim Factum Valet",59 *The Adyar Library Bulletin*,1995,p. 89.

③ Medhātithi on *Laws of Manu* 8. 3. 罗歇(Rocher Ludo,"Jīmūtavāhana's *Dāyabhāga* and the Maxim Factum Valet",pp. 83-96)没有注意到这一段落,但这进一步证实了他的论点,即法论中的很多情况都可以隐含地运用这一原则。罗歇引用了Jīmūtavāhana 的 *Dāyabhāga* 中一段类似论述:"因为行为一旦做出,一百个文本也无法改变它。"

④ Rocher Ludo,"Jīmūtavāhana's *Dāyabhāga* and the Maxim Factum Valet",p. 87.

诉讼当事人和证人都拥有正直诚实的个性,对于法官,拥有通过正规的教育获得的权威,或者一种获得集体承认的、对于群体利益的代表性。在多数法官,以及较轻程度上,证人和诉讼当事人之间,他们的这些心理形象的公共性和由社会决定的预期,发挥约束法律恣意和不可预测性的作用(比较 Leiter ①)。特别普遍的是,像现在的法学院一样,受到信任的训练和教育方式,教导法官,其次也包括诉讼当事人和证人,采取类似的法律推理模式。② 不过,即使没有这种训练,法论仍然赋予例如印度无数商业组织、行会和协会的首领以权利和责任,去判决他们自身之间的纠纷。③ 在这种情况下,公共性乃基于共同的集体利益和知识,以及在这一组织中对有操守的代表领导的共同需要。既而印度教法的实证性同样或者更加扎根于法律程序中各种人类行动者共享的心理和社会教养和训练,正如它扎根于一套应被严格执行的共享法律规则一样。这一点对于回应以下不断存在的误解十分关键,即将法论的本质作为一种形式的书面之法,该法根本未获执行。在印度教法律文献中大量诉诸理性、逻辑和常识(yukti,nyāya,等等)进一步证明,存在这种关于法律问题的共享心理—社会内容,亦即存在法律推理的共同和客观决定或可决定的标准。以下来自《那罗陀法论》(*Laws of Nārada*)1. 34 的段落④证明了这一立场:"但是当在法论和法律实践之间出现冲突时,便要求合乎理性

① Leiter Brian,"Rethinking Legal Realism:Toward a Naturalized Jurisprudence", pp. 280-281.

② 关于传统印度法中"自由解释"的缩减,以及法律推理的公共性,见 Dhavan Rajeev,"Dharmaśāstra and Modern Indian Society:A Preliminary Exploration",34 *Journal of the Indian Law Institute*,1992,pp. 517-518。

③ Davis Jr. Donald R. ,"Intermediate Realms of Law:Corporate Groups and Rulers in Medieval India",pp. 92-117.

④ Lariviere Richard W. (ed.),*The Nāradasmrti*,p. 261.

(*yukti*)的程序,因为法律实践优先,而达摩因之失效。"①印度教法的现实主义观允许我们在这些宣告中看到的,是法论作者之间存在的强烈偏好,这是为了避免形式主义,并寻求基于完整考量案件真正事实的恰当判决。这样这一案件便与其他案件相关联,和类似案件所基于的推理中的相关规则相联系,而这种推理处于所有法律推理的中心。② 实际上,人们争论的所有印度的逻辑,包括法律思想,都运用举例推理(reasoning by example)。③ 最著名的法论文献,《摩奴法论》描述了考虑类似环境、动机、个人偏好以及作出判决时相关因素的需要:"正如一位猎手根据血迹追踪动物的位置,法官也应当运用演绎推理追寻正义(达摩)的位置。当他主持一项司法程序,他应密切关注真相,诉讼的标的,自己、证人、地点、时间和表象。"④用印度教法学者前辈戴瑞特(J. D. M. Derrett)的话说:"真正终局的判决长远看来既基于恰当的考量,也同样来自于法官拥有的智慧。"⑤这种考虑司法判决的、赞美非法律理由和法律渊源多样性的现实主义情怀,在印度教法的法理学中也很常见。

除了司法判决的非法律理由,法律程序整体的发展也"最明确地表明,印度教法能够逐步超越严格和绝对形式主义的阶段,达到基本上属于现实主义的体系,在该体系中,衡平和良好判断变得越来越占

① 此处我的翻译遵循了 Asahāya 的读本和逻辑。但这一段按字面意思翻译为以下文字更有道理:"当两种法论文献之间出现冲突时,基于常识的程序在传统上会得到采纳,因为法律程序效力更强,因而达摩失效。" Rocher Ludo,(Vācaspatimiśra's)*Vyavahāracintāmaṇi: A Digest on Hindu Legal Procedure*,Gent: Gentse Orientalistische Bijdragen,1956,p.170.

② Levi Edward H.,*An Introduction to Legal Reasoning*,Chicago,IL: University of Chicago,1949.

③ Ganeri Jonardon,"Ancient Indian Logic as a Theory of Case-Based Reasoning",31 *Journal of Indian Philosophy*,2003,pp.33-45.

④ *Laws of Manu* 8.44-45; Olivelle Patrick,"The Semantic History of Dharma in the Middle and Late Vedic Periods",p.126.

⑤ Derrett J. Duncan M.,*Religion,Law,and the State in India*,p.223.

据优势"。① 特别是在印度教法中，辩诉双方的风格都从一种形式主义的关心转变为一种现实主义程序，形式主义的关心伴随对控诉与辩护的精细规划，这种规划都会导致无数致命缺陷，而在现实主义程序之下，控辩双方都获得矫正错误的回旋余地，并发展出其他形式的辩护，以表达复杂的指控。这两种辩护形式是特殊例外抗辩（the plea of special exception, pratyavaskandana）和混合辩护（mixed reply, saṃkīrṇottara），二者都允许被告直接提出复杂的辩护，例如承认某些因素同时否认其他因素，或者提出一项合法例外。从同样的现实主义可以在印度教法的审判过程引证证据的方式看到，这是一种几乎没有任何限制的程序，只要法官认为进一步的事实输入可能影响案件结果便可以。②

在以下意义上，刑罚也展现了印度教法在根本上的现实主义，即针对特定犯罪，没有自动的刑罚。根据凯恩（Kane）的研究，"法论并不主张同样的刑罚必须匹配同样的犯罪，而枉顾经过、性质，或者罪犯的身体和心理状况。它们总是考虑到情有可原的情况"。③ 导致犯罪的各种情况处于印度教法律程序中惩罚条款的前端。在麦达提西（Medhātithi）称为"犯罪与刑罚的典范段落"中，《摩奴法论》指出："（国王）唯有在他充分确定了动机，准确确定了时间、地点，并仔细考量了罪犯的能力和犯罪的严重性之后，才应对那些应受惩罚者施以刑罚。"④对法律规则严格条款之外的因素的考量，承认这些规则的整体性和意义，同时声称，这些规则在产生最后判决中存在限制。

那种认为非法律理由应当融入法律判决的观念也延伸至以下命

① Rocher Ludo. , "The Problem of the Mixed Reply in Ancient Hindu Law", in *Studies in Law: An Anthology of Essays in Municipal and International Law*, Bombay: Asia Publishing House, 1960, p. 387.

② Rocher Ludo. , "The Theory of Proof in Ancient Hindu Law", 18 *Recueils de la Societe Jean Bodin*, 1963, pp. 325-371.

③ Kane P. V. , *History of Dharmaśāstra*, 3. 392.

④ *Laws of Manu* 8. 126; Olivelle Patrick, *The Law Code of Manu*, New York, NY: Oxford University Press, 2004, p. 132.

题,即需要为实践出现的案件提供具体规则,而一般规则与这些具体规则相反,只能为实际法律纠纷的特性提供模糊的指导。在印度教法的文献和人类学资料中,都能看到一种整体进路。① 例如,莱瑞维尔(Lariviere)写道:"从人类学文献中,我们了解到,在印度纠纷从不是通过衡量一组抽象事实来加以解决的〔除了在(现代)印度政府法院以外〕,而是公开或隐含地考虑一个个人所卷入的整体历史和关系。原因在于,在印度人看来,每组事实都是独特的,因而每场纠纷都具有独特性。"②"总体历史"的观念作为恰当判决案件的关键,概括了印度教法的现实主义。中世纪的法论文献确认了超越抽象文本规则,而采用更具体性质规则的需要:

> 总之,创造一份(权威)文本的,是其权威来源。然而,
> 当必须(在某一具体案件中)做出一项法律判决,仅仅文本
> 具有权威力量便不恰当,因为不能认为关于法律程序的文
> 本是基于达摩,因为案件胜败的程序:一是采取了早已决定
> 的形式,二是已从明白的渊源中获知。③

评注家的陈述是将法论一般文本规则的权威与以下规则进行对比,即据人们所知来自法律先例和尘世渊源,如习惯法的规则。④ 显然评注家想要承认法论规则在概念上的重要性,但同时主张,这些规则永远不应成为判断的唯一决定因素,也就是说,主张一种法论规则的经验怀疑主义。换言之,评注家承认法论建立的法学体制的重要性,即在一项判决中评估各种因素,包括文本之法、地方习惯法、共同

---

① Dhavan Rajeev,"Dharmaśāstra and Modern Indian Society: A Preliminary Exploration",p. 516.

② Lariviere Richard W. ,"Dharmaśāstra,Custom,'Real Law',and 'Apocryphal' Smṛtis",pp. 100-101.

③ Medhātithi on *Laws of Manu* 8. 3; Jha, Ganganatha, *Manusmrti with the "Manubhāsya" of Medhātithi*,2. 76.

④ Derrett J. Duncan M,"The Concept of Law According to Medhātithi",in *Essays in Classical and Modern Hindu Law*,vol. 1,Leiden: Brill,1976,p. 182.

体的潜在反应、个人政治等因素。此外,评注家举例说明吠陀传统在法律实践事务方面的边缘地位,以至于否认法论文献中关于法律程序(vyavahāra)的讨论与吠陀经有任何联系。从否认法律程序源自吠陀权威这一点,我们可以推论,对这种程序而言,达摩的权威,亦即其品质必然来自吠陀之外的、具体的地方性标准。

因此,法论的一般规则从不是印度教法故事的终结。这些规则必须通过创设其他法律规则得以推行和具体化,这些法律规则赋予法论的原则或精神以实践的法律语境。[1] 正如另外一个中世纪评注所述:"应当服从那些受到训练的人们所确立的标准,来理解法律文本的意义而非以其他方式,这些人详细阐述了圣域(Āryāvarta)。"[2] 司法判决的结果要考虑一个案件的"整体历史",首先,案件的所有相关事实;其次,相关的地方性标准。当形成任何法律判断时,必须在原处重构一般性和具体性。"一项司法判决的价值",戴瑞特说:"与其说由于其接近抽象正义而被赞赏,不如说由于其能适当取悦(或触怒)当事人双方,使他们彼此冲突的诉求妥协,以及防止他们后来以某种借口重启争端而受赞扬。"[3] 司法判决的具体性是印度教法的一

---

[1]　Davis, Jr., Donald R., "Intermediate Realms of Law: Corporate Groups and Rulers in Medieval Indi", pp. 92-117.

[2]　Viśvarūpa on *Laws of Yājñavalkya* 3. 250; Kane P. V, *History of Dharmaśāstra*, 3. 874.

[3]　比较艾伦·沃森所提供的法律定义:"法律是一种被人们所接受的,将纠纷清醒制度化,并在既定恰当程序中使判决有效的方法,该程序以防止进而出现不受管制的冲突为具体目标。"见 Watson Alan, *The Nature of Law*. Edinburgh: Edinburgh University Press, 1977, p. 22. Derrett J. Duncan M., *Religion, Law, and the State in India*, p. 219. 印度法的这一特点可能看起来破坏了印度教中法律的形式性,但法律的明确性并不需要专断或特设,尽管林加特(Lingat)和戴瑞特(Derrett)的论点如此,因为印度法的结果,现实主义者可能说可预测性乃基于特定的渊源,这些渊源在很大程度上提供了形式性,尽管这种形式性的限度也得到了承认。关于印度法的这一问题,参见 Lariviere Richard W., "Dharmaśāstra, Custom, 'Real Law', and 'Apocryphal' Smṛtis", p. 99ff。

个标志,这意味着,达摩在每个独立的情况或案件中不断被重新确定。① 法律现实主义承认以下想象观念具有类似的有限性,即受人珍视的法律虚构,如"法律面前人人平等"和"法律的一致性"在实践中是完美落实的。

因此,在法律程序的每个阶段和过程中,印度教法学都将案件事实放在首位,尽管法律规则会被提出并受到尊重;要求考量法律程序参与者的心理—社会事实,但坚持在共享教育、训练和推理中存在的一致基础;避开形式主义,尽管描绘了一种形式的程序;鼓励依赖地方性标准,正如这些标准被认为浸润了法论的精神。② 所有这些因素都反映法律现实主义的特征,使印度教法学的现实主义进路比其他理论维度更具有生命力。

为了总结这种以现实主义条目对印度教法的描述,我首先转向在《布利哈斯帕提法论》(*Laws of Bṛhaspati*)中发现的一段著名的一般论述,该论述涉及为了在实践中理解法律,需要超越文本规则。这个宣告说:"不应仅仅依靠文本(*śāstra*)便做出法律判决;当辨别缺乏常识,便造成对达摩的破坏。"③ 一位评注家针对这一段落谈到,此处的"常识"意味着在人们之间发现的常规法律实践(lokavyavahāra)④,但评注家们的一般共识则主张,逻辑、理性和正义能更准确地把握其

---

① 印度法的这一特点可能看起来破坏了印度教中法律的形式性,但法律的明确性并不需要专断或特设,尽管林加特(Lingat)和戴瑞特(Derrett)的论点如此,因为印度法的结果,现实主义者可能说可预测性乃基于特定的渊源,这些渊源在很大程度上提供了形式性,尽管这种形式性的限度也得到了承认。关于印度法的这一问题,参见 Lariviere Richard W, "Dharmaśāstra, Custom, 'Real Law', and 'Apocryphal' Smṛtis", in Bernhard Kölver(ed.) *Recht, Staat, und Verwaltung im klassischen Indien*, Munich: Oldenbourg Lariviere, 1997, p. 99ff。

② 达甘(Dagan)将现实主义的法律概念描述为一种故意的平衡策略,它恰恰在对法律的这些种类相互冲突的承诺进行平衡,而这很好地把握了遍布于印度法的现实主义精神。Dagan Hanoch, "The Realist Conception of Law", 21 *Tel Aviv University Law Faculty Papers*, 2005, pp. 1-66.

③ *Laws of Brhaspati* 1. 114; Aiyangar Rangaswami, *Rajadharma*, Adyar: Tha Adyar Library, 1941, p. 19.

④ 请再次注意对法律经验性渊源的不断诉诸。

意旨。① 最明显的可能是另一评注家的观点,他认为一项法律判决"缺乏对合理情况的认真考量,便恰是所谓确凿无疑的(法律)错误"。② 这并非是说文本毫不重要,只不过文本不应成为作出判决的唯一根据。此处需要区分的,正是印度教法学中的经验怀疑主义和对规则作为法律基础之重要性的概念性承认这两者,而前者将规则作为特定法律结果产生的生产性理由。

实际上,显然印度教法将法论规则视为区分正误的根源。来自《摩奴法论》的一条中世纪评注的一个深刻例子说明了这一点。在一项关于是否应当在法律上区分一般性宰杀(hiṃsā)和在特殊情况下宰杀,例如动物牺牲或战争的讨论中,一项表面的异议便被提出,认为法论前后不一致地规定了特殊形式的宰杀,却禁止一般意义上的宰杀,因此,法论的"整体"不能作为法律的真正权威。在经过一系列严肃的反驳之后,评注家认为,人们不能通过反对宰杀的一般通常禁令的类比,推论规定的宰杀形式的有罪性。作出这一区别的理由最为有趣:"因为宰杀这一事实本身并不能使其成为有罪行为,而是(针对宰杀的)禁令使其有罪。"③由于特定的宰杀形式并不受禁止,而实际上被规定,因此一般的禁令便不适用。在这种情况下,规则,即一项禁令使某一特定形式的宰杀成为错误或违法,而非该行为本身的邪恶或非道德性使其如此。没有规则的话,在法律上任何正确或错误都无法确定。这一观点是一种强烈的实证主义合法性观念的理

---

① Joshi Laxman Shastri, *Dharmakośa*. Vyavahārakāṇḍa. vol. 1, part 1, *Wai:Prājña-Paṭha-Śāla-Maṇḍala*, 1937, p. 98.

② Ibid. 这里的错误在理论上指的是通过上诉可纠正的错误,尽管在印度法中,上诉程序既没有在印度法学中得到妥善理论化,也没有历史证据能够恰当证明。值得注意的是,理性和正义由同样的术语描述,即 nyāya,该术语指的恰是一种特殊的逻辑,但在广义上指涉合法的推理。此处的正义不意味着与某种道德法相一致,而是基于事实、规则、潜在结果等考量的合理性。关于 nyāya 与达摩关联的更多论述,见 Davis Jr. Donald R., *Dharma in Practice: Ācāra and Authority in Medieval Dharmaśāstra*, p. 816。

③ Medhātithi on *Laws of Manu* 2. 6; Jha, Ganganatha, *Manusmrti with the "Manubhāsya" of Medhātithi*, 1. 62.

解,该理解认为合法性建立在恰当建构的规则基础上。因此在印度教法中,规则的概念性价值在于它们与合法性的深切关联。在法论中正确与错误的广泛划分的确立是印度教法的概念基础。然而,在此基础上,环境及真实案件和情况的特殊事实必须超越单纯的文本,转向对"总体历史"和地方法的考量。

四、现实主义维度的印度教法和国家

印度教法律史的一个令人烦恼的问题是,在其政治性国土内,政府和国家在多大程度上参与了法律的管理和创设。对印度前现代政治史的研究表明,统治者和国家在立法意义上对法律的形成几乎没有什么直接影响。[①] 林加特(Lingat)将印度国王描述为"一位管理者,而非立法者"——这是一个有用,但夸大的描述。总之,在印度教法中,国家很少直接参与被视为该制度的一项缺陷或不足,特别在英国统治者的眼中是如此,他们通过强迫印度教法变成以国家为中心的体系的一部分,从而剧烈改变了印度教法。然而,沃纳·蒙斯基机敏地展现印度教法的超越国家属性实际上成为其稳定性和连续性的原因。[②] 印度教法的现实主义维度允许我们将达摩和法视为并不完全屈从于国家或中央政府者,而且表明,法律和政府的某种脱钩实际上对形成稳定的法律制度非常必要,这种法律制度超越了政治和政体的潮涨潮落。多数实证主义者都以主张法律根据国家创设作为其谱系。但在印度教法中,之所以能够实现法的长久稳定,恰恰是因为它并非某一王朝或统治权的产物。拉吉夫·达文(Rajeev Dhavan)认

① Lingat Robert, *The Classical Law of India*, trans. by J. D. M. , Derrett: University of California, 1973, p. 207ff; Stein Burton, *Peasant, State and Society in Medieval South India*, Delhi: Oxford University Press, 1980, p. 264ff; Appadurai, Arjun, *Worship and Conflict under Colonial Rule: A South Indian Case*, Cambridge: Cambridge University Press, 1981, p. 68ff; Kulke Hermann(ed.), *The State in India*, 1000-1700, Delhi: Oxford University Press, 1995.

② Werner Menski, *Hindu Law: Beyond Tradition and Modernity*, Oxford University Press, 2003.

为,印度教法和法论是市民社会,而非国家的组成部分,而且与超越政治权力控制的制度和理念相关联。① 将法的权威置于在经验上可参考的文本和地方精英人士渊源之中,赋予印度教法相对于其他法律制度的一种显著的稳定性。伊斯兰法提供了一种有益的比较情况,因为穆夫提(muftīs)的法学家法也保持了一种脱离国家操控的分离存在状态。但与印度教法不同,伊斯兰法以实际适用法律的卡迪(qāḍī)法官的形式,其适用与国家存在显著关联。在穆斯林社会,穆夫提和卡迪之间存在密切联系,尽管伊斯兰法是伟大的实践结果,但穆夫提像印度教法学家一样,总是维持不依赖于国家的传统完整性。② 就国家任命的法官适用法律而言,与印度教法相比,在穆夫提的作品中体现的伊斯兰法更直接地展现在每个穆斯林和其他市民的生活中。

我们不知道印度统治者能够在何种程度上任命法官,尽管法论文献规定了这种任命。国家与法律的实质缺乏直接关联表明,与像伊斯兰法这样的制度相比,印度教法对民众生活的影响相对较弱,伊斯兰法拥有强大的连续性,这是因为它与国家权力有着明显,或者说有意识地从未完全整合的联系。③ 有人可能会从这一比较中推出一条一般规则,即法律影响行为的力量直接取决于其与国家联系的程度,但法律的稳定性取决的这种联系程度与此相反。法论中的印度教法体现了一种稳定但弱势的制度,该制度存续了 2000 多年,但总是在实践中要求补充和协商,因为文本本身不断地得到认定。这种法

---

① Dhavan Rajeev,"Dharmaśāstra and Modern Indian Society: A Preliminary Exploration",pp. 516-522. 达文的文章为理解法论文献在其对于市民社会的重要意义方面,其历史与当下的关联提供了一个有说服力的例子,而市民社会是在最近的社会理论中得到广泛讨论的概念。不幸的是,达文并未描绘在印度历史上和现在市民社会的主要因素。他提到了家庭和寺庙,但并未明确描绘这些制度如何赋予法论以手段控制社会。尽管如此,他的文章从各种形式看来,都是近年来在印度法研究中最具挑战性、最富洞见的作品。

② Weiss Bernard G. ,The Spirit of Islamic Law,pp. 186-188.

③ 我也可以对比像德国国家社会主义那样的制度,这种制度也是在特定时期由某一特殊政体为其自身所建立,但由于其政治后台的可喜崩盘而突然告终。国家与法律之间过于密切的联系,使法律与国家的兴隆挂钩,极大削弱了法律的稳定性。

论的反身性确认了其自身的实践限度,它最好被视为法律现实主义观的产物,而这种观念处于印度教法学的核心。

这种意义上的弱势不应解释为不相关或无意义。据我们所知的印度教法实践史证明,法论的法学跨越了印度的很多地区,成为活法的文字和(尤其是)精神的组成部分。相反,应将弱势理解为一种法学的灵活性和适应性,而这种法学在印度的各种不同文化情境中得到应用。[①] 达摩作为一种概念具有深刻的包容性,甚至民族主义内嵌其中,[②]而且它也具有一种磁性,吸引和容纳希望成为"俱乐部一部分"的新社会群体。

像这样运用源自欧洲法学的术语描述印度教法的尝试背后,是一种发展法律和宗教的分析词汇的希望,这种词汇能超越地理边界,正如它参与地方性意义和概念化的必要协商那样。致力于专门研究梵文词汇的学者几乎不被印度学界之外的人所了解,他们的工作为其自身的博学所埋没。用法律和宗教研究的普通读者所熟悉的术语界定印度教法的属性是一种值得的付出,它能引起这一学科整体所呼吁的潜在转化效应和比较的宽度。本文的尝试便是显示法律现实主义对于研究非西方法律制度的价值。在比较法语境下,法律现实主义的先辈们过去对法律的承诺必须获得更新。如果确实如此,那么,现在像法论中所描述的那样神秘的法律制度就不再是文献学家和专家的专门领域。对如印度教法这样的宗教法体系的解神秘化必须快速推进,以驱散那种对大陆法和普通法之外的,令人惊奇的法律思想世界的,隐约存在,但顽固不化的幼稚看法或径直忽视。

参考文献

Aiyangar, Rangaswami. 1941. *Rajadharma*. Adyar: Tha Adyar Library.

---

① 这种灵活性和适应性或许更适合与普通法中衡平法及其法院的历史相比较。法院适用法律的僵化似乎对印度法而言是陌生的,但衡平规则提供了那种广阔研究和"完整历史"的司法判决,这也是印度法的特点。

② Halbfass, Wilhelm, *India and Europe: An Essay in Philosophical Understanding*. State University of New York Press, 1988, p. 172ff.

Appadurai, Arjun. 1981. *Worship and Conflict under Colonial Rule: A South Indian Case*. Cambridge: Cambridge University Press.

Bix, Brian. 1996. Natural Law Theory. In *A Companion to Philosophy of Law and Legal Theory*. Ed. Dennis Patterson, 223-240. Oxford: Blackwell.

Dagan, Hanoch. 2005. The Realist Conception of Law. *Tel Aviv University Law Faculty Papers* 21: 1-66.

Davis, Jr. , Donald R. 1999. Recovering the Indigenous Legal Traditions of India: Classical Hindu Law in Practice in Late Medieval Kerala. *Journal of Indian Philosophy* 27: 159-213.

Davis, Jr. , Donald R. 2004a. *The Boundaries of Hindu Law: Tradition, Custom, and Politics in Medieval Kerala*. In *Corpus Iuris Sanscriticum et Fontes Iuris Asiae Meridianae et Centralis*. Ed. Oscar Botto. Turin (Italy): CESMEO.

Davis, Jr. , Donald R. 2004b. *Dharma* in Practice: *Ācāra* and Authority in Medieval Dharmaśāstra. *Journal of Indian Philosophy* 32: 813-830.

Davis, Jr. , Donald R. 2005. Intermediate Realms of Law: Corporate Groups and Rulers in Medieval India. *Journal of the Economic and Social History of the Orient* 48: 92-117.

Derrett, J. Duncan M. 1968. *Religion, Law, and the State in India*. London: Faber.

Derrett, J. Duncan M. 1976a. Factum Valet: The Adventures of a Maxim. In *Essays in Classical and Modern Hindu Law*. Vol. 3, 1-24. Leiden: Brill.

Derrett, J. Duncan M. 1976b. The Concept of Law According to Medhātithi. In *Essays in Classical and Modern Hindu Law*. Vol. 1, 174-197. Leiden: Brill.

Derrett, J. Duncan M. 1976c. Two Inscriptions Concerning the Status of Kammālas and the Application of Dharmaśāstra. In *Essays in Classical and Modern Hindu Law*. Vol. 1, 86-110. Leiden: Brill.

Dhavan, Rajeev. 1992. Dharmaśāstra and Modern Indian Society: A Preliminary Exploration. *Journal of the Indian Law Institute* 34: 515-540.

Finnis, John. 1980. *Natural Law and Natural Rights*. Oxford: Clarendon.

Finnis, John. 2002. Natural Law: The Classical Tradition. In *The Oxford Handbook of Jurisprudence and Philosophy of Law*. Ed. Jules Coleman and

Scott Shapiro,1-60. Oxford: Oxford University Press.

Ganeri,Jonardon. 2003. Ancient Indian Logic as a Theory of Case-Based Reasoning. *Journal of Indian Philosophy* 31: 33-45.

Glenn,H. Patrick. 2004. *Legal Traditions of the World: Sustainable Diversity in Law*. 2nd ed. New York,NY: Oxford University Press.

Halbfass,Wilhelm. 1988. *India and Europe: An Essay in Philosophical Understanding*. Albany,NY: State University of New York Press.

Halbfass,Wilhelm. 1991. *Tradition and Reflection: Explorations in Indian Thought*. Albany,NY: State University of New York Press.

Hart,Herbert L. A. 1994. *The Concept of Law*. 2nd ed. Oxford: Clarendon.

Hoebel,E. Adamson. 1967. Law-Ways of the Comanche Indians. In *Law and War fare: Studies in the Anthropology of Conflict*. Ed. Paul Bohanan. Austin,TX: University of Texas.

Himma,Kenneth Einar. 2002. Inclusive Legal Positivism. In *The Oxford Handbook of Jurisprudence and Philosophy of Law*. Ed. Jules Coleman and Scott Shapiro,125-165. New York,NY: Oxford University Press.

Jackson,Sherman. 2002. Fiction and Formalism: Toward a Functional Analysis of *Usu_l al-fiqh*. In *Studies in Islamic Legal Theory*. Ed. Bernard G. Weiss,177-201. London: Brill.

Jha,Ganganatha. 1999. *Manusmrti with the "Manubhāsya" of Medhātithi*. 10 Vols. 2nd ed. Delhi: Motilal Banarsidass.

Joshi,Laxman Shastri. 1937. *Dharmakośa*. Vyavahārakāṇḍa. Vol. 1,Part 1. Wai: Prājña-Paṭha-Śāla-Maṇḍala.

Kane,P. V. 1962-1975. *History of Dharmaśāstra*. Poona: Bhandarkar Oriental Research Institute.

Kulke,Hermann, ed. 1995. *The State in India*,1000-1700. Delhi: Oxford University Press.

Lariviere,Richard W. 1984. A Sanskrit Jayapattra from 18th Century Mithilā. In *Studies in Dharmaśāstra*. Ed. Richard W. Lariviere,49-80. Calcutta: Firma KLM.

Lariviere, Richard W. 1996. Law and Religion in India. In*Law, Morality, and Religion: Global Perspectives*. Ed. Alan Watson, 75-94. Berkeley, CA: University of California.

Lariviere, Richard W. 1997. Dharmaśāstra, Custom, "Real Law," and "Apocryphal" Smṛtis. In *Recht, Staat, und Verwaltung im klassischen Indien*. Ed. Bernhard Kölver, 97-110. Munich: Oldenbourg.

Lariviere, Richard W., ed. 2003. *The Nāradasmrti*. Trans. Richard W. Lariviere. Delhi: Motilal Banarsidass.

Leiter, Brian. 1996. Legal Realism. In *A Companion to Philosophy of Law and Legal Theory*. Ed. Dennis Patterson, 261-279. Oxford: Blackwell.

Leiter, Brian. 1997. Rethinking Legal Realism: Toward a Naturalized Jurisprudence. *Texas Law Review* 76: 267-315.

Leiter, Brian. 2001. Legal Realism and Legal Positivism Reconsidered. *Ethics* 111: 278-301.

Levi, Edward H. 1949. *An Introduction to Legal Reasoning*. Chicago, IL: University of Chicago.

Lingat, Robert. 1973. *The Classical Law of India*. Trans. J. D. M. Derrett. Berkeley, CA: University of California.

Llewellyn, Karl N. 1930. A Realistic Jurisprudence—the Next Step. *Columbia Law Review* 30: 431-465.

Llewellyn, Karl N. 1931. Some Realism about Realism—Responding to Dean Pound. *Harvard Law Review* 44: 1222-1264.

Llewellyn, Karl N., and E. Adamson Hoebel. 1941. *The Cheyenne Way: Conflict and Case Law in Primitive Jurisprudence*. Norman, OK: University of Oklahoma.

Marmor, Andrei. 2002. Exclusive Legal Positivism. In*The Oxford Handbook of Jurisprudence and Philosophy of Law*. Ed. Jules Coleman and Scott Shapiro, 104-124. New York, NY: Oxford University Press.

Menski, Werner. 2003. *Hindu Law: Beyond Tradition and Modernity*. Delhi: Oxford University Press.

Murphy, Jeffrie G., and Jules L. Coleman. 1990. *Philosophy of Law: An Introduction to Jurisprudence*. Rev. ed. Boulder: Westview.

Nelson,James Henry. 1877. *A View of Hindu Law as Administered by the High Court of Judicature at Madras*. Madras: Higginbotham.

Obeyesekere,Gananath. 2002. *Imagining Karma: Ethical Transformation in Amerindian,Buddhist,and Greek Rebirth*. Berkeley,CA: University of California.

Olivelle,Patrick. 2000. *Dharmasūtras: The Law Codes of Āpastamba,Gautama,Baudhāyana,and Vasiṣḍha*. Delhi: Motilal Banarsidass.

Olivelle,Patrick. 2004a. *The Law Code of Manu*. New York,NY: Oxford University Press.

Olivelle,Patrick. 2004b. The Semantic History of Dharma in the Middle and Late Vedic Periods. *Journal of Indian Philosophy* 32: 491-511.

Pollock,Sheldon. 1989. Mīmāṃsā and the Problem of History in Traditional India. *Journal of the American Oriental Society* 109: 603-610.

Pound,Roscoe. 1908. Mechanical Jurisprudence. *Columbia Law Review* 8: 605-623.

Richards,Mark J. ,and Herbert M. Kritzer. 2002. Jurisprudential Regimes in Supreme Court Decision Making. *American Political Science Review* 96: 305-320.

Rocher,Ludo. 1956. (Vācaspatimiśra's) *Vyavahāracintāmaṇi: A Digest on Hindu Legal Procedure*. Gent: Gentse Orientalistische Bijdragen.

Rocher,Ludo. 1960. The Problem of the Mixed Reply in Ancient Hindu Law. In *Studies in Law: An Anthology of Essays in Municipal and International Law*,357-387. Bombay: Asia Publishing House.

Rocher,Ludo. 1963. The Theory of Proof in Ancient Hindu Law. *Recueils de la Societe Jean Bodin* 18: 325-371.

Rocher,Ludo. 1969. "Lawyers" in Classical Hindu Law. *Law and Society Review* 3: 383-402.

Rocher,Ludo. 1972a. Hindu Law and Religion: Where to Draw the Line? *Malik Ram Felicitation Volume*. Ed. S. A. J. Zaidi,167-194. New Delhi: Malik Ram Felicitation Committee.

Rocher,Ludo. 1972b. Schools of Hindu Law. *India Maior* (Gonda Volume). Leiden: Brill.

Rocher, Ludo. 1978. Hindu Conceptions of Law. *Hastings Law Journal* 29: 1283-1305.

Rocher, Ludo. 1995. Jīmūtavāhana's *Dāyabhāga* and the Maxim Factum Valet. *The Adyar Library Bulletin* 59: 83-96.

Rudolph, Lloyd I. , and Susanne Hoeber Rudolph. 1967. *The Modernity of Tradition: Political Development in India*. Chicago, IL: University of Chicago Press.

Sankararama Sastri, C. 1926. *Fictions in the Development of the Hindu Legal Texts*. Adyar: Vasanta.

Smith, Graham, and J. Duncan M. Derrett. 1975. Hindu Judicial Administration in Pre-British Time and Its Lesson for Today. *Journal of the American Oriental Society* 95: 417-423.

Stein, Burton. 1980. *Peasant, State and Society in Medieval South India*. Delhi: Oxford University Press.

Tamanaha, Brian. 1997. *Realistic Socio-Legal Theory: Pragmatism and a Social Theory of Law*. Oxford: Clarendon.

Twining, William. 1985. Talk about Realism. *New York University Law Review* 60: 329-384.

Twining, William. 2001. *Globalisation and Legal Theory*. Evanston, IL: Northwestern University Press.

Watson, Alan. 1977. *The Nature of Law*. Edinburgh: Edinburgh University Press.

Weiss, Bernard G. 1998. *The Spirit of Islamic Law*. Athens, GA: University of Georgia. Wezler, Albrecht. 2004. Dharma in the Veda and the Dharmaśāstras. *Journal of Indian Philosophy* 32: 629-654.

编后记

在《古代法》这一法学名著中，梅因做出了一个著名论断，即"所有进步社会的运动，到此处为止，是一个'从身份到契约'的运动"。这一论断极富洞见但也广受争议，如1931年为该书写下导言的喀莱顿·垦卜·亚伦即提到，当时就有争论"究竟有没有从契约到身份的相反运动发生过"，进而指出"可能梅因的这个著名原则，将会有一天被简单地认为只是社会史中的一个插曲"。后来学者对此论断的讨论可谓见仁见智，本辑论衡是这一争鸣传统的又一延续。

记得读本科时，曾听教授们之间互相打趣，看谁的著作先出现在旧书摊上，从该书翻看痕迹上，可知有几人真正读过、读了几次，若留下只言片语之评注，必生"人生得逢知己"的狂喜与得意。梅因《古代法》首次出版于1861年，若得闻147年后，距离伦敦8130公里之外的北京，尚有学者专辑讨论其相关理论，先生泉下有知，必当浮一大白苏格兰高地威士忌或50年陈飞天茅台。

在本辑论衡征稿时，编者杜撰了一系列亦真亦假的问题，如在法律体系的历时性变迁中，"契约"是否必然并终将代替"身份"？在全球化的法律背景下，是否产生或孕育"身份"与"契约"的新型互动？在地方性的法律知识下，"身份"与"契约"是相互对立还是结构补充？时隔数月，竟然收获了来自学术耆宿和青年才俊的数十篇论文，分别从不同法律理论、学科和部门法的视角，对梅因提出的相关命题进行了广泛深入的探讨，足见梅因理论穿越时空的学术生命力；这些论文所反映的问题意识和学术手眼，也足显编者先前所提问题不甚高明。

　　知耻而后勇。读罢这些积淀深厚、洞见闪烁的文字，感佩之余，不禁联想到这样一个角度，如果将"身份"与"契约"这种貌似此消彼长的历时性关系，置于更宏大、也更根本的正义制度框架内进行讨论，也许有助于我们更好地理解和阐发梅因法律历史观的意涵。

　　在对古印度经典文本《薄伽梵歌》的研究中，高鸿钧教授指出："正义的制度及其所承载的原则和精神，是正义的结构，而生活在结构之下的人，是制度运行的动力。"因此，制度（如罗马法或现代的契约制度）作为一种正义的结构，总是依赖于个人，尤其是担当该制度核心角色的个人来实现或表现其正当性，而这种角色往往以"身份"的形式被标注或框定；同时，处于制度之下的个人并非总是被动地执行制度，而是通过自己的行动或言说能动性地诠释该种制度，在该制度中扮演自己的社会角色，或在履约中阐明自身的身份立场。在这样的情境中，个人所拥有的知识与经验和制度所承载的精神与原则之间完成了一种"浸入式"或"钟摆式"的对话与互动，使生命个体与社会群体向达致真正的理解迈出了坚实的一步，并为两者之间形成新的关系、契约或范式创造了可能性。而更为历史学家或人类学家所关注的副产品是：在上述的对话与互动中，契约的合法性和有效性可能被重新评价，甚至契约本身也可能被重构或重订；制度本身的正当性将被加强或减损，甚至在极端情况下导致旧制度的毁灭和新制度的创设；同时，个体本身则因自身言行受到某种合法性、守约性的评价，这种评价可能来自其宗教、文化、法律乃至"市井中的人情世故"，但却可能极大地改变这一生命个体乃至其所属群体的命运与观念。

　　归根结底，如同个体生命对意义的渴望，社会群体对正当性的追求也是根本性、内生性和持续性的，尽管在契约磋商或权力游戏中，这一需求常常让位于表面性、外部性和暂时性的权宜。从这个意义上说，身份或契约都是只法律体系与社会现实进行互动的一种媒介，其指涉往往来自也将最终反馈于法律与社会的意义结构。

衷心感谢导师高鸿钧教授对本辑论衡编辑的悉心指导,感谢全程全力完成本辑论衡编辑工作的鲁楠师弟和陈西西师妹,特别衷心感谢各位不吝赐稿的学术前辈与青年学者,以及为本辑专号辛苦付出的清华大学出版社朱玉霞和袁帅两位编辑。

是为记。

袁开宇

2018 年 3 月 30 日